M. David Brecht, Stefanie Hardt

ROADTRIP HANDBUCH

Balkan-Halbinsel

„Fahre in die Welt hinaus.
Sie ist fantastischer als jeder Traum."

Ray Bradbury

Vorwort

Jedem Roadtrip wohnt ein besonderer Zauber inne. So zu reisen wie es einem gefällt, erzeugt ein unvergleichbares Gefühl von **Unabhängigkeit** und **Abenteuer.** Jeder hat die Wahl, ob er sich schnell oder langsam, in großen oder kleinen Etappen, auf dem kürzesten Weg oder über mäandernde Nebenstraßen zum nächsten Ziel aufmacht. Wer so reist, der sucht die **Freiheit,** der will nur den eigenen Plänen folgen und seine persönliche Vision von der perfekten Reise verwirklichen. Sein Auto als „Home-away-from-Home" im Urlaub und auf Reisen zu nutzen bedeutet, an den schönsten Orten so lange verweilen zu können wie man will und ganz den eigenen Impulsen folgen zu können. Entscheidend ist nur die eigene Lust und Laune. Wo zieht es mich als nächstes hin? Was möchte ich sehen? Wo möchte ich übernachten?

Vom **Kombi** mit umgelegter Rückbank über den **Campingbus** oder **Minivan** bis zum **Profi-Offroad-Reisemobil** eignet sich hierfür fast jedes Fahrzeug. Kaum ein Teil Europas ist dabei so spannend zu entdecken wie die Balkanhalbinsel. Ihre Ausläufer erstrecken sich von den Julischen Alpen im Norden Sloweniens über die sonnenverwöhnten Küstenregionen der Mittelmeerküste und die schroffen Erhebungen des Balkangebirges zu den Ebenen des Peloponnes und Bulgariens, die schließlich in die Ägäis und das Schwarze Meer abfallen. Dabei vereint sie **zehn Staaten** auf einem Gebiet, das der Größe von Frankreich entspricht, aber von weniger als halb so vielen Menschen besiedelt ist.

Wilde, unangetastete Regionen sind hier ebenso zu finden wie von Handel und Seefahrt geprägte lebendige **Küstenstädte,** abgelegene **Bergdörfer,** moderne **Metropolen** und Jahrtausende alte **Siedlungen.** Wer kein Highlight verpassen möchte und unbeschwert die kulturelle Vielfältigkeit Südosteuropas, das herrliche Essen, seine einzigartige Architektur und Kunst, aber auch Nationalparks und Natur kennenlernen will, für den ist **gute Vorbereitung** das A und O. Doch anstrengende Planungen gehören dank gut recherchierter Hintergrundartikel zu allen wichtigen Sehenswürdigkeiten und landesspezifischen Eigenheiten der Vergangenheit an.

Zusätzliche Informationen zum Reisen mit dem Auto, Van oder Wohnmobil und der Stellplatzsuche bilden die Grundlage für eine unvergessliche Reise durch Südosteuropa. So kann die Tour jederzeit den individuellen Bedürfnissen angepasst werden. Denn jeder Roadtrip lebt auch ein Stück weit von **spontanen Entdeckungen, Einfällen und Geschehnissen.** Dabei viele unterschiedliche Länder und die Verbundenheit mit der Natur unmittelbar zu erleben, macht das Reisen mit dem eigenen Auto zu etwas Besonderem. Verwundert stellen Besucher fest, dass Massentourismus in Südosteuropa vielerorts immer noch ein Fremdwort ist. So konnten sich die Länder der Balkanregion auf ihrem Weg in die EU ihren ganz **eigenen**

Charakter bewahren, von dem Reisende schnell begeistert sind.

Beständig ***gutes Wetter***, niedrige Reisekosten und die neugierige und ***offene Mentalität*** der Menschen tun ihr Übriges, um die Besucher dieser Region ins Schwärmen zu bringen. Dabei kann jeder selbst entscheiden, ob er einem Routenvorschlag folgen möchte, der genau auf eine bestimmte Reisezeit und Dauer abgestimmt ist oder ob er seine Etappen anhand der umfangreichen Beschreibungen selbst zusammenstellen möchte.

Was braucht es mehr für den perfekten Roadtrip? Jetzt nur noch Sachen packen, volltanken und los geht's!

M. David Brecht & Stefanie Hardt

Am Strand in Albanien

Inhalt

Hinweise zur Benutzung

Unser Tipp

Besondere Autorentipps erkennt man an der blauen Markierung.

GPS-Koordinaten

Die GPS-Koordinaten in diesem Buch sind als geografische Koordinaten (Breite und Länge, Lat./Lon.) in Dezimalgrad angegeben, also z.B. so: **GPS N 52.00017, E 8.49119.** Weitere Infos zum Thema unter www.reise-know-how.de/gps.

Auf der Produktseite dieses Buches im Internetshop (www.reise-know-how.de) stehen die GPS-Daten im Format gpx zum kostenlosen Download bereit.

Updates nach Redaktionsschluss

Auf der Produktseite des Roadtrip Handbuchs in unserem Internetshop finden Sie zusätzliche Informationen und wichtige Änderungen.

Was ist der Balkan?

Der östlichste Punkt des Balkangebirges, das **Kap Emine,** ragt nahe Nessebar spitz ins Schwarze Meer. Von hier zieht sich der Balkan circa 600 Kilometer nach Westen. Die Gebirgskette liegt hauptsächlich in **Bulgarien,** ebenso ihr höchster Gipfel, der **Botev** (2376 m).

In der Antike als „Hemus“ bekannt, wandelte sich die gängige Bezeichnung unter türkischem Einfluss. Wörtlich übersetzt bedeutet „Balkan“ im Türkischen ***steiles Gebirge*** oder ***bewaldetes Gebirge.*** Bis Mitte des 19. Jahrhunderts bezeichnete der Begriff lediglich den markanten Gebirgszug, den Reisende auf dem Weg von Zentraleuropa nach Konstantinopel zu überwinden hatten. Spätestens seit der Eroberung Belgrads 1521 war die Balkanhalbinsel im Südosten Europas fest in der Hand des **Osmanischen Reichs.** Die Region wurde schlüssigerweise als „Türkei in Europa“ bezeichnet. Dennoch bildeten Nichtmuslime stets die Mehrheit der Bevölkerung auf der Balkanhalbinsel.

Als sich die Türken infolge des Ersten Balkankriegs ab 1912 komplett vom Balkan zurückzogen, musste eine neue Bezeichnung her. Zwar besaßen westliche Kartografen lange Zeit nur sehr ungefähres geografisches Wissen über die Gebiete des Osmanischen Reiches, inzwischen war aber längst bekannt, dass sich das Balkangebirge nicht über die gesamte südeuropäische Halbinsel erstreckt. Dennoch etablierte sich der neue Name. Von Anfang an erhielt der Begriff „Balkan“ dabei eine negative Färbung, wobei dieser stets mehr als nur eine geografische Angabe war. Hier hatte sich der ***tiefe Graben zwischen der Welt des Christentums und des Islams*** besonders häufig in kriegerischen Auseinandersetzungen manifestiert. Hier stießen beide Machtsphären aufeinander und lagen durch die nach Osten ziehenden Kreuzzüge und dem sich gen Westen richtenden Dschihad über ein Jahrtausend miteinander in Konflikt. Die lange Periode der Aufstände und Vergeltungsschläge unter der Herrschaft des Osmanischen Reichs und die Massaker der Balkankriege machten es zudem leicht, die Region mit Gewalt und Unzivilisiertheit in Verbindung zu bringen. Die andauernden nationalistischen Konflikte des 20. Jahrhunderts sowie die Kriege im ehemaligen Jugoslawien verstärkten dieses Bild.

Häufig wird der Balkan aber auch als ***Brücke zwischen Asien und Europa*** beschrieben, wobei kulturelle und politische Aspekte ausdrücklich in den Blick genommen werden. Vergessen werden sollte dabei nicht, dass friedliche Koexistenz und freundschaftliche Beziehungen zwischen den vielen verschiedenen Kulturen Jahrhunderte lang eher die Regel als die Ausnahme waren. Der ***Austausch zwischen Ost und West*** ermöglichte den Transfer von Ideen und Technologien, oft genug zum nachhaltigen Nutzen des Westens. Seltener als oft angenommen ist es religiösen und nationalistischen Fanatikern gelungen, einen trennenden Keil zwischen die Menschen Südosteuropas zu treiben. Inzwischen erfreut sich auch der zuvor so belastete Begriff „Balkan“ neuer Popularität. Weiterhin bleiben aber viele der südosteuropäischen Staaten sehr sensibel für die ihnen möglicherweise entgegengebrachten Ressentiments und sind zu Recht streng darauf bedacht, Zuschreibungen von Rückständigkeit zurückzuweisen.

Als **Westbalkan** werden Albanien und die Nachfolgestaaten Jugoslawiens, ohne jene Staaten, die der EU beigetreten sind, bezeichnet. Für die geografische Bezeichnung **Balkanhalbinsel,** oft synonym mit **Südosteuropa** verwendet, bestehen konkurrierende Definitionen. Ihrer Einfachheit halber bestechend ist die Bestimmung anhand der gedachten Linie zwischen Odessa in der Ukraine und Triest in Italien. Das Gebiet südlich dieser Linie wird hiernach zur Balkanhalbinsel erklärt. Der Nachteil dieser Definition ist, dass sie Rumänien in der Hälfte teilt und daher nur geografisch eindeutig ist. Außerdem wird Slowenien dadurch ausgeschlossen, was in historischer Hinsicht wenig Sinn macht. Eine verbreitetere Definition erklärt im Groben alle Gebiete südlich der Donau und der Save der Balkanhalbinsel zugehörig. Auch wenn die nördlichen Landesteile Sloweniens, Kroatiens, und Serbiens nördlich dieser Linie liegen, liefert diese Bestimmung eine brauchbare geografische Einordnung, die auch vor dem historischen und politisch-kulturellen Hintergrund plausibel ist.

Tipp

Balkan-Karte

Eine übersichtliche Straßenkarte der ***westlichen Balkanregion*** mit Slowenien, Kroatien, Bosnien und Herzegowina, Serbien, Montenegro, Kosovo, Albanien und Nordmazedonien auf reiß- und wasserfestem Papier findet man in der Landkartenserie world mapping project™ im Reise Know-How Verlag. Karten zu ***Bulgarien*** und ***Griechenland*** sind ebenfalls aus dem world mapping project™ erhältlich.

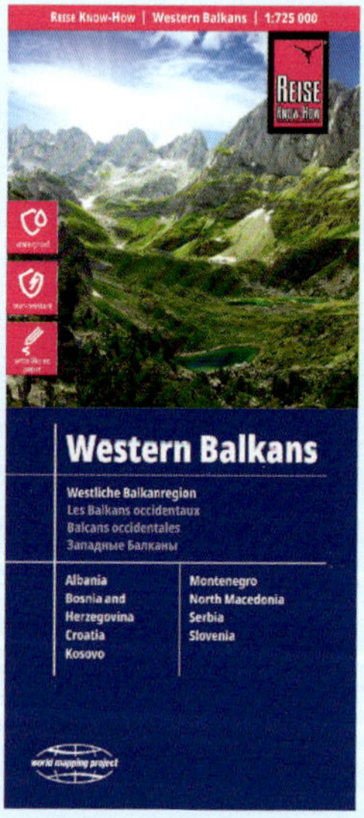

Die Länder

Slowenien | 108

Besonders für Natur- und Sportbegeisterte hat Slowenien viel zu bieten. Mit tiefblauen Gebirgsseen, dem wilden **Soča-Tal (S. 118)** und den Gipfeln der Julischen Alpen sind die Voraussetzungen zum Wandern, Radfahren und Kayaking ideal. Kein Wunder also, dass sich besonders der Triglav-Nationalpark mit dem **Bleder See (S. 110)** zu einem der beliebtesten Ziele des Landes entwickelt hat.

Kroatien | 138

Die lebendigen Küstenregionen Kroatiens mit ihren unzähligen, von Pinienwäldern gesäumten Stränden vermitteln das ultimative Urlaubsgefühl. Nirgends ist es so leicht, jeden Zeitplan zu vergessen. Alles, was man tun muss, ist einfach immer weiter die beinahe 2000 Kilometer lange Küste entlang zu fahren und seine Freiheit in vollen Zügen zu genießen. Wer sich dennoch losreißen kann, um das Landesinnere zu entdecken, wird auch dies nicht bereuen. Die **Plitvicer Seen (S. 154)** und die großen Städte im Norden des Landes bieten jede Menge Abwechslung.

Bosnien und Herzegowina | 174

Unterschiedlicher konnten die beiden großen Städte des Landes, **Mostar (S. 182)** und **Sarajevo (S. 176)**, kaum sein. Dennoch vermitteln beide auf ganz eigene Weise einen Einblick in das Land, das Jahrhunderte lang eine Mittlerrolle zwischen Ost und West einnahm. Die Anteilnahme an den wechselhaften Geschicken des Landes, die immer eng mit der Politik der großen europäischen Mächte verknüpft waren, lässt Besucher schnell eine besondere Beziehung zu Bosnien und Herzegowina verspüren.

Serbien | 194

Das Museum der Geschichte Jugoslawiens in **Belgrad (S. 199)** mit dem benachbarten Mausoleum Titos lässt Besucher eine Reise durch die vergangenen Tage der sozialistischen Republik antreten, die Anfang der 1990er-Jahre mit einem Schlag auseinanderbrach. Zahlreiche, über das Land verteilte futuristische Ehrendenkmäler wie das **Kosmaj Monument (S. 205)** erinnern an die Glanzzeit Jugoslawiens, als die meisten der heute eigenständigen südosteuropäischen Staaten eine gemeinsame Föderation bildeten.

Montenegro | 216

Zu den sehenswertesten Landschaften entlang der Adriaküste gehört ohne Zweifel die Bucht von **Kotor (S. 219).** Hier stoßen die unzugänglichen wilden Berge, die Montenegro so prägen, plötzlich an die Mittelmeerküste. Die steilen Hänge der beinahe 2000 Meter hohen Berge scheinen teils direkt in die Brandung abzufallen und bilden eine hervorragend geschützte Bucht. Hier wurden schon früh Handelsstützpunkte gegründet, aus denen prächtige Städte hervorgingen.

Kosovo | 228

Der jüngste Staat Europas etabliert sich gerade als Ziel entdeckungsfreudiger Reisenden. Wer das Land, das sich vom Krisenherd Europas zum EU-Beitrittskandidaten gemausert hat, verstehen will, darf einen Besuch in der Hauptstadt **Priština (S. 230)** nicht verpassen. Komplementiert wird dieses Bild durch einen Abstecher zu den wichtigsten Zentren der Serbisch-Orthodoxen Kirche, die im Westen des Kosovo beheimatet sind, darunter das **Kloster Visoki Dečani (S. 236).**

Albanien | 242

Die Jahrhunderte alten Städte **Gjirokastra (S. 255)** und **Berat (S. 251)** mit ihren unverwechselbaren steinernen Häusern gehören zu den Orten Südosteuropas mit dem höchsten Wiedererkennungswert. In ihnen manifestiert sich die große Eigenheit der albanischen Kultur und Lebensweise, die für Überraschungen gut ist, Gästen aber ausschließlich Herzlichkeit und Neugier entgegenbringt.

Nordmazedonien | 270

Bisher kaum als Reiseziel bekannt, hat sich die junge Republik abseits der ausgetretenen Pfade vielerorts eine ungewöhnliche Authentizität bewahrt. Wirklich was los ist nur in der Hauptstadt **Skopje (S. 272),** die mit ihren exzentrischen Prachtbauten und vielen Museen einen tiefen Einblick in die jüngere Geschichte des Landes gewährt. Im starken Kontrast dazu bieten die übrigen, deutlich ländlicheren Landesteile vor allem für Naturliebhaber viele abwechslungsreiche Aktivitäten.

Bulgarien | 294

Charakteristisch für Bulgarien sind sowohl die schroffen Gebirgszüge des Balkans als auch seine weiten, zum Schwarzen Meer hin abfallenden Ebenen. Uralte Städte, Kirchen und Klöster sind hier vielerorts besonders gut erhalten. Besonders **Nessebar (S. 313),** die wohl älteste Stadt Europas, und das **Rilakloster (S. 304)** mit seinen unverwechselbaren Deckenmalereien suchen in Europa ihresgleichen. Berühmt ist Bulgarien außerdem für seine vielen außergewöhnlichen Höhlen, manche von ihnen so groß, dass sie den Dimensionen einer Kathedrale gleichen.

Griechenland | 326

Die antiken griechischen Theater, Tempel und Stadien, wie das **Theater von Epidauros (S. 356),** sind Zeugnisse der hellenistischen Hochkulturen, die mit ihren politischen, kulturellen und wissenschaftlichen Errungenschaften bis heute die Zivilisation Europas prägen. Zum Glück sind dem Land an der Südspitze der Balkanhalbinsel zudem traumhafte weiße Sandstrände gegeben, die zum

Faulenzen verführen. So ist es insbesondere der Facettenreichtum Griechenlands, der Besucher in seinen Bann zieht.

Fünf spektakuläre Wanderungen

Slowenien: Durch die Vintgar Klamm | 114
Besonders wenn früh morgens noch der Nebel in der Schlucht steht und sich die erst langsam wärmer werdenden Sonnenstrahlen vorsichtig ihren Weg durch das Laub bahnen, herrscht hier eine mystische Stimmung. Durch die vom Lauf des Wassers tief in den Fels gegrabene Klamm geht es auf schmalen Holzstegen.

Kroatien: Vom Gipfel des Srđ nach Dubrovnik | 163
Vom Hausberg Dubrovniks bietet sich ein atemberaubender Blick auf ganz Dubrovnik und das funkelnde Meer. Vom Gipfel des Srđ schlängelt sich der Weg den Hang hinab und endet direkt an den Stadtmauern. Das geniale Panorama macht den Abstieg zu einer herausragenden Wanderung.

Albanien: Die Lengarica-Schlucht entdecken | 253
Dank ihrer extrem abgelegenen Lage gehört die Lengarica-Schlucht mit ihren heißen Schwefelquellen immer noch zu den echten „Geheimtipps" in Albanien. In die schmale Schlucht können Wanderungen unternommen werden, wobei mit nassen Füßen gerechnet werden muss.

Griechenland: Durch die Vikos-Schlucht | 328
Alle Wege durch die tiefste Schlucht der Welt im abgelegenen Norden Griechenlands sind Dank der tiefen Ruhe inmitten unberührter Natur ein besonderes Erlebnis. Die Durchquerung der gesamten Schlucht nimmt einen ganzen Tag in Anspruch. Es gibt aber auch Abstecher mit deutlich kürzeren Strecken.

Griechenland: Vom Strand auf das Monemvasia-Plateau | 357
Gestartet wird an der schmalen, steinernen Brücke, die Monemvasia mit dem Festland verbindet. Von hier aus geht es durch ein Labyrinth aus Gassen hindurch zwischen weiß getünchten Häuschen und schließlich in steilen Stufen immer höher bis auf die circa 200 Meter über dem Meeresspiegel gelegene Festung.

Die fünf schönsten Nationalparks

Slowenien: Triglav-Nationalpark | 118

Zwar hat Slowenien nur einen einzigen Nationalpark, dieser kann sich aber wahrlich sehen lassen. Mit tiefblauen Gebirgsseen, dem wilden Soča-Tal und den Gipfeln der Julischen Alpen ist er ein Paradies für Naturliebhaber und Outdoor-Sportbegeisterte.

Kroatien: Nationalpark Plitvicer Seen | 154

Die in Kaskaden abgestufte Seenlandschaft mit ihren tiefblauen und grünen Becken gehört zu den beeindruckendsten Naturphänomenen der Balkanhalbinsel. Über die mit Holzstegen angelegten Wege können verschiedene Wanderungen unternommen werden, um den Nationalpark auf eigene Faust zu erkunden.

Kroatien: Krka-Nationalpark | 158

Die Hauptattraktion des Nationalparks ist der langgezogene Skradinski Buk, dessen Strom über 17 Stufen hinabrauscht, um sich schließlich in ein glasklares Becken zu ergießen. Von Nah und Fern kommen Besucher hierher, um zu Picknicken und im Wasser zu planschen.

Montenegro: Nationalpark Lovćen | 221

Die Ausläufer der knapp 2000 Meter hohen Gipfel des montenegrinischen Nationalparks fallen schroff bis an die Küste der Adria ab. Die an die Bucht von Kotor anschließenden steilen Gebirgshänge gehören zu den sehenswertesten Landschaften entlang der Adriaküste.

Griechenland: Vikos-Aoos-Nationalpark | 328

Die beinahe alpine, zerklüftete Gebirgslandschaft im Norden Griechenlands trägt ebenso zur entspannten Atmosphäre bei wie die tiefe Gelassenheit ihrer Bewohner. Auf ausgedehnten Wanderungen kann die wilde Natur erkundet werden, zudem gibt es einige außergewöhnliche Bademöglichkeiten.

Die fünf schönsten Strände

Kroatien: Zlatni Rt | 150

Innerhalb des Naturparks Zlatni Rt (auch bekannt als Punta Corrente) bei Rovinj liegen sowohl lange Kieselbuchten als auch felsige Küstenabschnitte. Die vielen exotischen Bäume spenden Schatten und auf den großen Wiesen kann gemütlich gepicknickt werden. Hier findet jeder sein Lieblingsplätzchen.

Albanien: Porto Palermo | 261

Abgeschirmt von einer ins Meer ragenden Halbinsel liegt der kleine Strand in der Bucht von Porto Palermo. Mit seinem glasklaren und ruhigen Wasser ist er besonders beliebt bei Reisenden mit Vans und Wohnmobilen. Die Lage an der Küstenstraße SH8 macht ihn einfach zu einem idealen Stopp.

Bulgarien: Burgas Saltworks | 315

Zugegeben, der nahegelegene Strand ist hier gar nicht die Hauptattraktion. In den Becken des ehemaligen Salzwerks macht der hohe Salzgehalt das Schwimmen überflüssig, stattdessen treibt man auf der Oberfläche des dank Algen und Bakterien rosa-rot gefärbten Wassers.

Griechenland: Porto Katsiki | 338

Der wiederholt zum schönsten Strand des Landes gewählte Porto Katsiki verzaubert mit spektakulärer Kulisse. Der schmale Streifen mit weißem Kieselstrand wird von azurblauem Wasser und steil abfallenden weißen Kalkklippen eingerahmt. Paradiesischer geht es nicht.

Griechenland: Valtaki Beach | 358

Der lange Sandstrand in der Nähe von Gythio ist vor allem bei Campern und Vanlifern beliebt. Besonders macht ihn das Wrack der gestrandeten Dimitrios, die in den 1980er-Jahren direkt am Strand auf Grund lief. Bei Sonnenauf- und Untergang gibt die Bucht ein ideales Fotomotiv ab.

Fünf aufregende Outdoor-Erlebnisse

Kroatien: Zipline | 162

Über das Cetina-Tal im Süden Kroatiens spannt sich eine der längsten Seilrutschen Europas. Auf acht Abschnitten mit insgesamt mehr als zwei Kilometern Länge fliegt man hier von Steilwand zu Steilwand. Zum Nervenkitzel gibt es obendrein noch ein grandioses Panorama.

Bosnien und Herzegowina: Brücke von Mostar | 185

Dieser Adrenalin-Kick ist seit Jahrhunderten Teil der Stadtkultur Mostars und übt bis heute eine besondere Faszination auf Zuschauer aus. Vom höchsten Punkt der legendären „Alten Brücke" wird unter tosendem Applaus 30 Meter tief in die Fluten der Neretva hinabgesprungen.

Nordmazedonien: Klettern in Demir Kapija | 287

Die für Anfänger perfekt eingerichteten Routen in der Schlucht von Demir Kapija machen den Einstieg ins Felsklettern besonders leicht. Und wer würde dabei nicht gerne von einem ehemaligen Nationaltrainer eingewiesen werden? Hier kommen aber auch fortgeschrittene Kletterer auf ihre Kosten.

Griechenland: Bike Tour Meteora | 335

Die bis zu 450 Meter hohen freistehenden Felstürme bei Kalambaka sorgen bei Besuchern für andächtige Begeisterung. Mit dem Rad durch die Berglandschaft zu fahren ist ein einzigartiges Erlebnis. Dabei hat man die Wahl, entspannt auf dem E-Bike zu cruisen oder Single Trails mit dem Mountainbike entlangzubrettern.

Griechenland: Zulu Bungy | 350

Kopfüber in die Tiefe springen, einzig durch ein elastisches Seil gesichert, darum geht es beim Bungee Jumping. Soweit das bekannte und bewährte Konzept. Außergewöhnlich ist bei Zulu vor allem der Absprungort. Der schnurgerade Kanal von Korinth gibt die perfekte Kulisse für dieses Abenteuer ab.

1

Roadtrip Basics

Vanlife – Was kostet das?

Wer mit dem eigenen Campingbus verreisen möchte, der steht zunächst vor einer größeren Investition. Schließlich sind die Anschaffungskosten für einen Van oder Bus nicht ohne. Ist das Auto aber erstmal da, ist das Reisen mit dem eigenen Fahrzeug vergleichsweise günstig. Die Kosten für Unterkünfte und Flug- oder Zugtickets entfallen, wer über eine Küche verfügt, muss zudem kein Geld in Restaurants ausgeben. Was die Reise letztendlich kostet, hängt von einer ***Vielzahl von Faktoren*** ab.

Der größte Ausgabenposten ist ***Kraftstoff*** zuzüglich etwaiger ***Autobahngebühren.*** Wer also große Strecken in kurzer Zeit zurücklegt, der wird das auch im Portemonnaie bemerken. Kleine Etappen und längere Aufenthalte sind dagegen deutlich günstiger. Den zweiten Platz im Ausgabenranking teilen sich die Posten für ***Übernachtungskosten*** sowie für Eintritte beziehungsweise ***Kosten für Aktivitäten.*** Auch hier kommt es wieder sehr auf die individuelle Reisegestaltung an. Wer gar nicht auf Campingplätze geht, sondern stattdessen frei campt (sofern erlaubt), spart hier natürlich Geld. Eintritte für Museen, Sehenswürdigkeiten und Nationalparks lassen sich kaum vermeiden. Wer jedoch vor allem am Wandern oder Radfahren interessiert ist oder viel Zeit am Strand verbringt, wird auch hier keine hohen Kosten haben. Zwar sollte niemand die tollen kulinarischen Besonderheiten verpassen, die die Balkanländer zu bieten haben, wer sich aber hauptsächlich selbst bekocht, ist in Südosteuropa günstig verpflegt. ***Grundnahrungsmittel*** und ***Gemüse*** sind häufig sehr günstig. Als absolutes Minimum sind circa 10 € am Tag pro Person zuzüglich der Kosten für Kraftstoff zu veranschlagen. Dies bedeutet aber einen sehr sparsamen Reisestil. Wer die schönsten Sehenswürdigkeiten nicht verpassen möchte, gelegentlich im Restaurant isst und alle paar Tage auf einem Campingplatz übernachtet, sollte im Schnitt von ***circa 35 € pro Tag und Person*** ausgehen, Kraftstoff bereits einberechnet. Dies entspricht monatlichen Kosten von etwa 1000 € pro Person.

Ausschlaggebend kann natürlich auch die ***Auswahl der Reiseländer*** sein. Die mit Abstand günstigsten Reiseländer auf dem Balkan sind Nordmazedonien, Kosovo, Bosnien und Herzegowina und Albanien. Hier gibt es nicht viele Campingplätze, frei campen ist gut möglich und die Lebenshaltungskosten sind allgemein geringer als in Mitteleuropa. Besonders bei Lebensmitteln und Kraftstoff macht sich dies für Reisende bemerkbar. Im Mittelfeld der Kostentabelle rangieren Serbien, Bulgarien und Montenegro. Zwar ist hier immer noch vieles günstiger als z. B. in Deutschland, aber der Unterschied ist schlicht nicht mehr so groß. Vergleichbar oder sogar teurer sind nur Kroatien, Slowenien und Griechenland. In Kroatien haben die Campingplätze oft ein eher gehobenes Preisniveau, viele kleine Summen für Eintritte und Autobahngebühren addieren sich ordentlich zusammen, und Restaurants sind recht teuer. Slowenien lässt sich preislich mit Deutschland oder Österreich vergleichen, Camping ist aber vergleichsweise günstig. In Griechenland sind die Lebenshaltungskosten deutlich höher als in den anderen südosteuropäischen Staaten. Lebensmittel, Kraftstoff und Sehenswürdigkeiten sind teurer als man es möglicherweise gewohnt ist.

Neben dem regulären Reisebudget ist es außerdem unbedingt ratsam, etwas Geld für ***unerwartete Ausgaben*** zur Seite zu legen. Insbesondere Autoreparaturen können ein Loch in die Reisekasse reißen.

Welches Fahrzeug passt zu mir?

Hat man den Entschluss gefasst, die Welt mit dem Auto zu erkunden, lässt die Frage, welcher fahrbare Untersatz der Richtige ist, nicht lange auf sich warten. Die Möglichkeiten sind schier unbegrenzt, dabei eine Entscheidung zu treffen ist gar nicht so leicht. Vom Kombi mit umgelegter Rückbank über den Campingbus oder Minivan bis zum Profi-Offroad-Reisemobil kommt hierfür ***fast jedes Fahrzeug*** infrage und jedes hat dabei seine spezifischen Eigenheiten. Gerade bei längeren Reisen sollte man sich über einige wesentliche Punkte Gedanken machen.

Die ***äußeren Maße*** des Autos geben natürlich zunächst vor, welche Möglichkeiten es beim Ausbau des Autos gibt und wofür es später verwendet werden kann. Zentral für die Planung des Innenraums ist in der Regel das **Bett,** da es die größte Fläche im Auto einnimmt. Bei einem Kombi, Kastenwagen oder auch den meisten Bussen und Vans muss das Bett der Länge nach geplant werden, da die wenigsten Autos breit genug sind, damit eine Person bequem quer darin liegen kann. Es gibt jedoch auch einige Modelle, z. B. Ford Transit oder Fiat Ducato, in denen eine Person bis knapp 1,80 m quer, also von Seitenfenster zu Seitenfenster liegen kann. Dies vereinfacht die Nutzung des vorhandenen Innenraums. Die meisten Modelle der Busse und Transporter werden nicht nur in verschiedenen Längen, sondern auch verschiedenen Höhen hergestellt. Im Bus stehen zu können, erhöht den ***Komfort*** enorm. Gerade wenn eine permanente innenliegende ***Küchen- oder Kochvorrichtung*** geplant ist, macht es Sinn, ein Modell zu wählen, das entweder hoch genug ist, um darin stehen zu können oder ein Aufstelldach hat. Insbesondere bei Regen oder kalten Temperaturen ist es angenehm, sich im Fahrzeug aufhalten zu können. Wer in erster Linie Sommerurlaub plant, der muss sich darüber aber weniger Gedanken machen. Wenn mehr als zwei Personen im Auto schlafen sollen, ist in der Regel ein **Hochstelldach** oder ein zusätzliches **Dachzelt** nötig. Grundsätzlich lässt sich festhalten,

Jeder hat eine ungefähre Vorstellung davon, was ein Roadtrip ist. Besonders die **moderne Popkultur** hat den Begriff seit den 1960er-Jahren geprägt, ihm eine gewisse Magie eingehaucht und ihn mit bestimmten Assoziationen aufgeladen. Das Motiv des Roadtrips wurde in Musik und Film immer wieder aufgegriffen und weiterentwickelt. Zusammengefasst geht es darum, mit dem Auto – immer noch eines der Symbole für **Unabhängigkeit** schlechthin – die Grenzen des Bekannten zurücklassen, den Aufbruch ins Unbekannte zu wagen und die Ungebundenheit und Freiheit des Reisens zu genießen.

Bei genauer Betrachtung der ***historischen Entstehung des Begriffs*** wird klar, dass dieses Bild von Wagemut und Freiheitsdrang nicht von ungefähr kommt. Die erste Fernreise mit dem Automobil war tatsächlich ein abenteuerliches Unterfangen. Um die Funktionstüchtigkeit des von ihrem Mann entwickelten Motorwagens unter Beweis zu stellen, machte sich Bertha Benz im Sommer 1888 mit ihren beiden Söhnen auf den Weg, die über 100 Kilometer weite Strecke von Mannheim nach Pforzheim zurückzulegen. Eine echte Pionierleistung in der Geschichte der Automobilität! Ihr Erfolg konnte tatsächlich die Bedenken der Kunden zerstreuen und trug zum wirtschaftlichen Florieren der Firma Benz bei.

Der zu Beginn des 20. Jahrhunderts in den USA begonnene flächendeckende Ausbau der Staaten übergreifenden US-Highways ließ nicht nur die Zahl der zugelassenen Kraftfahrzeuge in die Höhe schnellen, sondern machte längere Reisen mit dem Auto auch erst möglich. In den ***1940er-Jahren*** durchlief das Automobil einen entscheidenden ***Imagewechsel.*** Nicht mehr nur zum Transport oder im Nahverkehr wurde seine Nützlichkeit geschätzt, sondern auch im Urlaub und in der Freizeit. Infolge der technischen Weiterentwicklung und des fortschrittlichen Straßennetzes konnte plötzlich jede Durchschnittsfamilie innerhalb weniger Tage quer durch die USA reisen, ein Unterfangen, das zuvor Monate in Anspruch genommen hätte.

Nicht lange ließ der ***erste Reiseführer für Roadtrips*** in den USA auf sich warten. Dieser enthielt allerdings keine Beiträge zur Urlaubsgestaltung, sondern hatte seinen Ursprung in der Diskriminierung der schwarzen Bevölkerung des Landes. Erst 1964 wurde die Diskriminierung und Herabwürdigung von Afroamerikanern in allen US-Staaten verboten. Zuvor war die Trennung nach Hautfarben in der Öffentlichkeit die Regel. Um der Diskriminierung in öffentlichen Verkehrsmitteln zu entgehen, hatten Afroamerikaner ein besonderes Interesse daran, ein eigenes Auto zu erwerben. Doch auch hier sahen sie sich mit Benachteiligungen und Feindseligkeiten konfrontiert. Viele Tankstellen, Autowerkstätten und Unterkünfte boten ihre Dienste ausschließlich weißen Kunden an. Der New Yorker Postbote Victor Hugo Green brachte daraufhin 1936 die erste Auflage seines ***The Negro Motorist Green-Book*** heraus. Es enthielt eine Auflistung mit Namen und Adressen von Geschäften, die bereit waren, Schwarze zu bedienen. Für 30 Jahre diente dieses Buch schwarzen Autofahrern als Überlebenshilfe.

Laut Umfragen ist ein Roadtrip heute für viele der Traumurlaub schlechthin. Ideale Bedingungen für einen solchen bieten klassischerweise die Flächenstaaten USA, Kanada und Australien. Wegen ihrer Größe können weite Strecken zurückgelegt werden, ohne durch Grenzen aufgehalten zu werden. Als ungewöhnliche Ausnahme kann auch ***Europa*** in diese Liste aufgenommen werden. Die vielen ***offenen Grenzen*** und erleichterten Einreisebedingungen, machen auch Reisen über weite Distanzen möglich. Kein Wunder also, dass unter den Befragten die mit Abstand beliebteste Route in Europa liegt. Die ***Jadranska Magistrala***, zu Deutsch ***Adria-Magistrale***, entlang der Adriaküste bis nach Montenegro, hängt sogar die amerikanischen Klassiker wie Route 66 und Highway 1 sowie die Côte d'Azur und den berühmten Karamea Highway in Neuseeland ab. Als Teil der Europastraße 65 führt die Adria-Magistrale größtenteils durch Kroatien und Montenegro, kürzere Abschnitte befinden sich in Bosnien und Herzegowina und Slowenien. Wer das Abenteuer Roadtrip selbst erfahren möchte, der kann sich hier auf über 1000 Kilometern den Wind um die Nase wehen lassen.

Das „Green Book" von Victor Hugo Green

dass mehr Platz im Inneren des Fahrzeugs mehr Gestaltungsspielraum bringt und mehr Möglichkeiten eröffnet.

Aufgrund des begrenzten Raums im Inneren eines jeden Fahrzeugs sind oft kreative Lösungen für Bett, Küche, Tisch, Sitzmöglichkeiten und Stauraum gefragt. Die **Küchenzeile** kann zur Heckklappe auszieh- oder verstaubar sein, Tische lassen sich hoch- und runterklappen, einige Autositze sind in verschiedene Richtungen dreh- oder verschiebbar. Vieles kann ins Freie verlegt werden. Campingtisch und Stühle machen **Sitzmöglichkeiten** im Auto nicht zwingend erforderlich. Kochen und Abwasch funktionieren auch mit Campingkocher und Spülschüssel. All diese Möglichkeiten setzen aber sonniges Wetter voraus. Bei Regen bedarf es dann mindestens einer Plane oder eines Tarps (Camping-Schutzplane mit Gestänge und Spanngurten). Auf zu viele Kompromiss-Lösungen sollte aber idealerweise verzichtet werden. Je weniger Handgriffe benötigt werden, um das Auto abends „bettfertig" zu machen und um morgens bereit zum Aufbruch zu sein, desto mehr Zeit bleibt, um die Reise zu genießen. Je weniger Zeit für Kochen und Abwasch, das Verstauen von Gepäck und Ausrüs-

Checkliste

Campingfahrzeug

- Budget
- Wie viele Personen reisen mit mir? (Größe und Anzahl, Sitz- und Schlafplätze)
- Wie gut sind meine Kfz-Mechaniker-Fähigkeiten? (Alter und Zustand des Fahrzeugs)
- Wo soll die Reise hingehen, wie sind die Straßen? (Bereifung, PS, Antriebsart und Bodenfreiheit)
- Wie oft bin ich in der Zivilisation? (Volumen der Wassertanks, Strom)
- Muss das Auto stadttauglich sein? (Größe limitiert ggf. Zufahrt auf Parkplätze und in Parkhäuser, Aufstelldach ermöglicht Flexibilität)
- Wann reise ich, wie sind die Temperaturen? (Standheizung und/oder Klimaanlage)
- Wie groß bin ich und möchte ich aufrecht stehen können? (Normaldach, Hoch-/Aufstelldach)
- Wie viel Platz und Stauraum brauche ich? (Fahrzeugbreite, evtl. Hochdach)
- Welchen Komfort brauche ich?
- Fest installiertes oder ausklappbares Bett?
- Fest installierte oder mobile Küche?
- Kühlschrank, Dusche/WC, Schränke
- Ausklappbarer Tisch, drehbare Sitze
- Strom (Zweitbatterie, Solar)

tung sowie das Wiederfinden verstauter Dinge benötigt wird, umso mehr Spaß macht das Leben und Reisen im Auto.

Allerdings hat auch ein kleines Auto oder ein kleinerer Bus seine Vorteile. ***Kleine Fahrzeuge*** sind unauffälliger und nicht auf den ersten Blick als Campingfahrzeug zu erkennen. Wer vor allem ***frei stehen*** möchte, eventuell auch mal in der Stadt, für den ist ein Wohnmobil vielleicht nicht das Richtige. Ein ausgebauter Bus, in dem von außen nicht sichtbar ist, ob darin jemand schläft, ist hier die bessere Wahl. Im Auto zu schlafen wird in vielen Ländern auch abseits von Campingplätzen geduldet. Mit Wohnmobil, Hochstelldach oder Dachzelt kann eher von „Camping" gesprochen werden, das abseits von Campingplätzen ***oft verboten*** ist. Zudem können auf ***Fähren*** meist nur Autos bis zwei Meter Höhe mitgenommen werden. Auf größeren Fähren sind niedrigere Autos immer günstiger. Außerdem lassen Parkplätze und Parkhäuser die Einfahrt von Wohnmobilen oder höheren Autos nicht immer zu.

Wer von vornherein plant, vorwiegend auf ***Campingplätzen*** zu übernachten, der wird wahrscheinlich mit einem ***Wohnmobil*** oder einem größeren Bus glücklicher. Auch wem es wichtig ist, viel Gepäck oder Equipment mitzunehmen oder wer möglichst viel Komfort haben will, dem sei zu einem größeren Modell geraten. In kleineren Fahrzeugen, aber auch in den meisten Bussen, ist regelmäßiges Umbauen zwischen dem Fahr-, Koch- und Schlafmodus nötig. Dies erfordert ein Stück Disziplin und Struktur, um auf dem begrenzten Platz im Auto nicht zu viel Chaos entstehen zu lassen.

Kaufen oder mieten?

Wer wenig oder gar keine Campingerfahrung hat, dem sei nahegelegt, zunächst das ein oder andere Wochenende mit einem ***Leihwagen*** zu verbringen, um zu testen, welcher Fahrzeugtyp in welcher Größe mit welcher Ausstattung am besten zu ihm passt. Es gibt eine Vielzahl von ***Anbietern***, die Campingfahrzeuge vermieten.

Paul Camper
Plattform, um von privat Campingfahrzeuge nach dem Car-Sharing-Prinzip zu mieten. Anfrage und Buchung erfolgt online. Theoretisch sind die Fahrzeuge in 45 Ländern versichert (nicht im Kosovo), wo man letztlich hinfahren möchte, muss man mit dem Besitzer absprechen und sich die Zustimmung einholen. Auf jeden Fall eine Option für diejenigen, die nicht allzu viel Zeit haben und sich noch nicht sicher sind, ob das Vanlife für sie das Richtige ist; www.paulcamper.de.

Road Surfer
Vermietung von T6-Bussen mit Standorten über ganz Deutschland verteilt. Wer Lust auf eine Roadtrip hat, aber nicht auf Komfort verzichten möchte, findet hier

sicher ein Fahrzeug für einen mehrwöchigen Trip. Bereist werden dürfen alle Länder der EU plus Norwegen, Island, Andorra, Albanien, Nordmazedonien, Bosnien und Herzegowina und die Schweiz; www.roadsurfer.com.

Bulli Holiday

Wer schon immer einmal in einem echten Retro-Bulli reisen wollte, ist bei Bulli Holiday an der richtigen Adresse. Hier können kultige T3- und T4-Bullis für längere Reisen gemietet werden. Bereist werden dürfen 28 Länder. Mietstationen gibt es aktuell zwei in Berlin, weitere über Deutschland verteilte Standorte sind in Planung; www.bulliholiday.de.

Campanda

Internationale Plattform, um weltweit Wohnmobile zu mieten. Vermieter der Fahrzeuge sind sowohl Unternehmen mit riesigen Fahrzeugflotten, aber auch Privatpersonen, die ihr eigenes Wohnmobil vermieten, um etwas Geld dazu zu verdienen. Auslandsfahrten in EU-Länder sind nach Absprache gestattet. Bei Reisen in Nicht-EU-Länder bedarf es der vorherigen Erlaubnis; www.campanda.de.

Das eigene Reisemobil

Das Reisen mit dem ***eigenen Van oder Wohnmobil*** schafft ein solch einzigartiges Lebensgefühl, dass manche sich gar nicht mehr vorstellen können anders Urlaub zu machen und nur noch mit Schaudern zurückblicken auf enge Urlaubsflieger und lange Warteschlangen in Bahnhöfen und Abflughallen. Das Abwägen finanzieller Vorzüge oder Nachteile steht bei dieser Art zu reisen daher nicht notwendigerweise im Vordergrund. Dennoch gibt die Reisekasse natürlich ein Stück weit die Reiseplanung vor. Da kann das eigene Auto durchaus die ***günstigste Art des Reisens*** sein.

Für seltene oder kürzere Reisen ist ein gemietetes Reisemobil in der Regel die günstigere Option, verglichen mit der Anschaffung eines Vans oder Wohnmobils. Wer regelmäßig oder gleich mehrere Wochen oder Monate am Stück unterwegs ist, für den rentiert sich der Kauf eines eigenen Wagens. Wer sich nicht entscheiden kann: Am besten einfach die Zahl der Nächte überschlagen, die das Auto jährlich als Campingfahrzeug genutzt werden soll und diese Zahl mit 100 multiplizieren (der durchschnittliche Mietpreis für ein Campingfahrzeug liegt bei 100 €/Nacht). Schnell kann der Anschaffungspreis unter den Kosten für die Fahrzeugmiete liegen, wobei Steuern und Versicherung zusätzlich zu bedenken sind. Möglich ist auch, ein ***Fahrzeug gebraucht zu kaufen*** und nur 2–3 Jahre zu fahren, um es dann wieder zu verkaufen. Beim Kauf eines gebrauchten Autos also lieber etwas mehr investieren und sich Gedanken über einen möglichen Wiederverkauf machen.

Zum Glück ist der Van oder Kastenwagen nicht nur auf Reisen, sondern auch im ***Alltagsgebrauch*** mit (teils-)reversiblem Ausbau ein tolles Fahrzeug. Wer also ohnehin regelmäßig ein Auto benutzen möchte, der kann von dieser Vielseitigkeit und ***Multifunktionalität*** profitieren und muss kein zusätzliches Urlaubsfahrzeug mieten. Wer schließlich das perfekte Fahrzeug für sich gefunden hat, kann sich aber oft gar nicht mehr davon trennen.

Toll am eigenen Reisemobil sind die vielen Möglichkeiten, die ***Gestaltung des Innenraums*** den eigenen Wunschvorstellungen anzupassen. Das kann ein starker Pluspunkt für den eigenen Van oder Camper sein. Immer im eigenen Bett schlafen zu können, Küche und Bad nach den ***eigenen Bedürfnissen*** auszustatten und immer das vertraute Equipment zur Verfügung zu haben, schafft einfach Wohlfühl-Atmosphäre. Mit etwas handwerklichem Geschick kann der Van so zum zweiten (oder sogar zum ersten) Zuhause werden.

Reversibler Fahrzeugausbau

Um mit dem Auto einen Roadtrip zu starten, bedarf es nicht zwangsweise eines Wohnmobils oder Campers. Wer schon über ein Fahrzeug verfügt, für den können Schlaf-, Aufbewahrungs- und Kochmodulsysteme interessant sein, welche ***reversibel ins Auto integriert*** werden können. Es gibt eine Vielzahl von Anbietern, die diese ***Campingboxen*** in allen Preisklassen anbieten. Die **Modulsysteme** sind ideal, wenn man sich keinen Zweitwagen zum Reisen anschaffen möchte, um aus dem Alltagsfahrzeug im Handumdrehen ein Reisemobil zu zaubern.

Smartkamper

Je nach Fahrzeug, Anzahl der Mitfahrer und Bedarf können Schlaf-, Aufbewahrungs- und Küchenmodule unabhängig voneinander oder kombiniert eingebaut werden. Das Besondere: Bei Smartkamper werden auch Pkw-Fahrer fündig, denn das einfache Schlafsystem passt nahezu in jedes Auto; www.smartkamper.pl.

QUQUQ

QUQUQ bietet ein geniales System für einen reversiblen Umbau von Hochdachkombis oder Bussen zum Reisemobil. Die bis ins Detail durchdachte Box beinhaltet eine Koch- und Aufbewahrungseinheit und das Bett in einem! Einfach in den Kofferraum stellen, festzurren und die Verwandlung ist komplett; www.ququq.info.

ElloCamping

Bei ElloCamping werden Einbausysteme für Kastenwagen und Busse gefertigt, die keinen Wunsch mehr offenlassen. Je nach Platzangebot und Anzahl der Insassen sind neben einem Schlaf- und Küchenmodul sogar Energie-, Kühl- und WC-Module erhältlich; www.ellocamping.de.

Dachzelte

Viele lieben es, im Zelt zu schlafen, denn näher an der Natur fühlt man sich nirgends. Man ist drinnen und doch gleichzeitig draußen. Jede Nacht einen Platz zu finden, an dem man ein Zelt aufschlagen kann, ist allerdings oft mühselig. Hier bieten Dachzelte einen tollen Kompromiss! Über 30 Hersteller bieten Dachzelte in zwei unterschiedlichen Systemen: Klapp- und Hartschalenzelte, die preislich etwa zwischen 900 und 3000 € liegen und 40–80 kg wiegen. ***Klappdachzelte*** lassen sich wie Fächer auffalten und bieten verhältnismäßig viel Innenraum. ***Hartschalenzelte*** dagegen sind aerodynamischer und schneller aufzubauen. Jedes System hat seine Vor- und Nachteile, die jeder nach seinen eigenen Bedürfnissen abwägen muss.

Theoretisch kann man auf jedes Auto ein Dachzelt montieren, erforderlich sind nur ***passende Querträger.*** Limitierende Faktoren sind die ***zulässige Dachlast*** des Pkw und der Abstand zwischen den Querträgern, der bei Kleinwagen zu eng für Klappzelte ausfallen kann. Wer sich nicht sicher ist, ob eine Reise mit Dachzelt das Richtige ist, der sollte unbedingt einige Testnächte für eine Entscheidungsfindung einplanen. Die meisten Hersteller bieten einen Verleih an Dachzelten an, so kann man sich – sofern ausreichend Vorlaufzeit vorhanden – durch das Angebot probieren, um für sich die richtige Entscheidung zu treffen.

Dachzelte sind eine gute Alternative zum Camper

Canvaz

Zusammen haben Rumeysa und Jan-Philipp aus ihrer Leidenschaft fürs Campen ein Startup mit Verleih und Verkauf von Dachzelten gemacht. Angeboten werden Dachzelte der Firma Autohome am Standort Butzbach im Raum Frankfurt am Main. Für jeden Kunden wird den individuellen Bedürfnissen und dem Fahrzeug entsprechend eine umfassende Beratung angeboten, um das passende Dachzelt zu finden. Zusätzlich zu den Dachzelten kann auch alles andere, was es für einen Campingausflug braucht, gemietet werden: vom Gaskocher, über Kühltruhe, Campinggeschirr und -stühle bis zu Wasserkanistern. Vom Einsteiger bis zum Camping-Experten findet hier jeder das Richtige; www.canvaz.de.

Jan-Philipp Jaenisch
Zum Oberwerk 6
35510 Butzbach, Deutschland
Tel. 0049 6033 9160900

Camper-Service-Meissen

Thomas hat Jahre lang für Firmen gearbeitet, die Kastenwagen individuell in Reisemobile umbauen und hat sich so ein großes Know-how im Bereich Werkstatt und Teileservice aneignen können. Damit machte er sich selbstständig und bietet nun im sächsischen Meißen einen Camper- und Dachzeltverleih von Treeline sowie individuelle Aus- und Umbauten für Fahrzeuge und Anhänger; www.camper-service-meissen.de.

Camper Service Meißen
Inh. Thomas Kunert
Heinrich-Heine-Straße 54
01662 Meißen, Deutschland
Tel. 0049 3521 4134817, 0049 179 2305797

Advamping

Bei Advamping haben sich die beiden berliner Unternehmer Elena-Maria und Alexander zusammengeschlossen. Sie verkaufen und vermieten ihre selbst entwickelten Dachzelte, die mit hochwertigen Materialien produziert werden und einen hohen Anteil an atmungsaktiver Baumwolle besitzen; www.advamping.de.

König, Elena-Maria; Tusjak, Alexander GbR
Kreuzbergstraße 9 II. Hinterhof
10965 Berlin, Deutschland
Tel. 0049 30 34397564

Camp-Impuls

Als Autosattlerbetrieb mit viel Erfahrung kennt sich der Dipl. Ing. Wolfgang Heise ausgezeichnet mit Materialien und deren Verarbeitung im Karosseriebereich aus. Angeboten werden Dachzelte von James Baroud, Dachträger und Sonnensegel, die gemietet und gekauft werden können. Außerdem im Angebot sind Campinganhänger und Kofferraumausbauten; www.camp-impuls.de.

Dipl.-Ing. Wolfgang Heise e.K.
Fiduciastraße 8a
76227 Karlsruhe, Deutschland
Tel. 0049 721 9613373

Freies Camping

Wer mit dem Campingmobil unterwegs ist, der hat die Chance, an den schönsten Plätzen einfach sein Lager aufzuschlagen und dort über Nacht zu bleiben. ***Allein inmitten der Natur*** ist es oft schöner, als in jedem Luxushotel. Nun aber die schlechte Nachricht vorweg: Freies Camping ist beinahe überall in Südosteuropa ***verboten.*** Wer nun fürchtet, sein Traum-Campingurlaub ginge mit dieser Nachricht den Bach hinunter und sich bereits vor dem inneren Auge auf überfüllten Zeltplätzen zwischen Pfadfindergruppen und Dauercampern eingequetscht sieht, der sei aber beruhigt. In der Praxis kommt dieses offizielle Verbot eher selten zum Tragen. Am strengsten wird es in Kroatien und Slowenien durchgesetzt. In diesen beiden Ländern ist es wenig ratsam, frei zu campen. Dort ist das Übernachten im Auto verboten, und es werden Bußgelder von bis zu 80 € ausgesprochen, in den Nationalparks eventuell mehr. Besonders strikt sind die ***Kontrollen*** in touristischen Regionen, dann ist es eher stressig, frei zu campen. Wie überall gilt aber auch hier, dass das Risiko, nachts von der Polizei gestört zu werden, in der Nebensaison deutlich sinkt und abseits touristischer Regionen zusätzlich geringer ist.

In Slowenien bieten viele Campingplätze einen sehr hohen Standard sowie ein ausgezeichnetes Preis-Leistungs-Verhältnis. Da kann es eine angenehme Abwechslung sein, auch mal auf den Campingplatz zu gehen.

Am unproblematischsten ist freies Camping in Albanien und im Kosovo. In Albanien wird Camping auch außerhalb von offiziellen Stellplätzen geduldet. Im Kosovo gibt es schlicht keine Campingplätze. Dennoch sollte man in beiden Ländern darauf achten, nicht auf Privatgrund zu stehen. Die vielen freistehenden Camper zeugen auch in Griechenland, Bulgarien, Montenegro und Nordmazedonien von dem eher lockeren Umgang mit dem offiziellen Verbot. Wer sich etwas abseits touristischer Gebiete oder Ortschaften hält, der sollte kaum in Schwierigkeiten geraten. Gleiches gilt für Bosnien und Herzegowina. Hier sollte aber niemand abseits ausgetretener Wege unterwegs sein. ***Minen und Blindgänger*** stellen immer noch ein gewisses Risiko dar. Auch in Serbien ist es eher unwahrscheinlich, von der Polizei für freies Camping belangt zu werden.

Nicht unerheblich für die ***Grauzone,*** in der man sich beim Freicampen bewegt, ist auch die Frage, was Camping eigentlich ist. Wer ein Zelt aufstellt, im Wohnmobil unterwegs ist oder sich mit Tisch und Stühlen häuslich einrichtet, dem ist viel leichter die Absicht zur Übernachtung zu unterstellen. Wer hingegen ***unauffällig*** im Van oder Bus schläft, keinen Lärm macht und keinen Müll hinterlässt, der ist vielerorts herzlich willkommen.

Campinggas

Um die Campingküche am Laufen zu halten, muss man sich früher oder später mit dem Thema Gasversorgung auseinandersetzen. Welche Art von Gas in welcher Art von Flasche man selbst braucht, hängt vom Bedarf, Platzangebot und der Reisezeit ab.

Die handelsüblichen Gasflaschen sind mit ***Flüssiggasen*** befüllt. Gase sind nur unter Druck flüssig, so lassen sie sich in der Flasche recht platzsparend lagern (1 Liter Flüssiggas entspricht rund 250 Litern gasförmigem Gas). Dreht man die Flasche nun auf, weitet sich das Gas aus und geht in den gasförmigen Zustand über. Camper und Wohnwagen sind oft mit 5- oder 11-kg-Flaschen ausgestattet. Hier wird das Gas nicht nur zum Kochen, sondern auch zum Heizen und gegebenenfalls zum Betreiben des Kühlschranks verwendet. Wer mit dem Pkw unterwegs ist, dem sollten 3 kg ausreichen. Mit einer 3-kg-Flasche kann man circa drei Wochen kochen, wenn man den Kocher sowohl zum Frühstück für Kaffee und Tee als auch zum Abendessenkochen anwirft. Wer zusätzlich heizt, hat natürlich einen höheren Verbrauch.

Flaschentypen

Je nach Flaschentyp wird ***Propan*** oder ***Butan*** verwendet. Die beiden Gase unterscheiden sich zum einen im Preis (Butan ist etwas teurer als Propan) und vor allem im Siedepunkt. Butan wird bei Temperaturen unter -0,5 °C nicht mehr gasförmig, Propan dagegen vergast erst ab -42,1 °C nicht mehr.

Die ***blauen Campingaz-Flaschen*** sind mit Butan befüllt, die im deutschen Handel erhältlichen ***grauen und roten Gasflaschen*** in der Regel mit einem Gemisch aus 95 % Propan- und 5 % Butangas. In den südeuropäischen Ländern sind die blauen Flaschen des Anbieters Campingaz weit verbreitet. In Nordeuropa, wo die Temperaturen unter 0 Grad sinken können, sind Butanflaschen weniger gut zu benutzen.

Der Unterschied zwischen grauen und roten Flaschen liegt darin, dass es sich bei den roten um ***Pfandflaschen*** handelt, sie bleiben Eigentum des Herstellers und können nur bei Betriebspartnern getauscht werden. Wird die Flasche nicht mehr benötigt, kann sie gegen den Pfandbetrag eingetauscht werden. Ist die graue Flasche einmal gekauft, bleibt sie im Besitz des Käufers und kann in jedem Baumarkt und jeder Tankstelle gegen eine volle getauscht werden.

Befüllung

Ist man länger in der Welt unterwegs, kommt irgendwann der Punkt, an dem die Flasche leer wird. Im besten Fall findet man ein Geschäft oder eine Tankstelle, die den gleichen Flaschentyp im Sortiment hat und tauscht dort seine leere Flasche gegen eine gefüllte. Ist das über längere Zeit nicht möglich, wird man auf die Idee kommen, die Flasche an der nächsten Füllstation oder LPG-Tankstelle einfach selbst zu befüllen. Im Online-Handel gibt es **Adaptersets zum Befüllen** deutscher Gasflaschen im Ausland. Das Ganze ist aber etwas komplexer als man es sich vorstellt. Die Flaschen dürfen nur bis zu 80 % befüllt werden und eine Waage ist nötig. In eine 11-kg-Gasflasche passen zwar je nach Temperatur etwa 13,75 kg, die Flasche darf aber nur bis 11 kg befüllt werden. Wer keine Erfahrung hat, dem sei von diesem Unterfangen dringend **abgeraten.** Insbesondere die blauen Butangasflaschen von Campingaz sollten niemals selbst befüllt werden. Diese Flaschen sind für einen geringeren Druck ausgelegt, verfügen über kein eingebautes Sicherheitsventil und können bei falscher Befüllung mit Propangasgemischen insbesondere bei höheren Temperaturen explodieren.

Möchte man auf längeren Reisen unabhängig sein und die Möglichkeit haben, seine Gasflasche selbst und sicher an jeder LPG-Tankstelle zu befüllen (das ist übrigens in Deutschland generell verboten), der sollte sich eine **Selbsttankflasche** zulegen (zu beziehen zum Beispiel von der Firma Wynen Gas GmbH in Viersen, www.wynen-gas.de). Diese Flaschen sind mit einem Füllstopp bei 80-prozentiger Befüllung versehen.

Transport

Gasflaschen, die im Pkw transportiert werden, müssen ***während der Fahrt abgeklemmt*** werden, die im Wohnmobil nicht. Gegebenenfalls ist ein **Sicherheitsabsperrventil** nötig. Die Ersatzflasche im Camper sollte aber zugedreht und mit der roten Schutzkappe versehen sein. Im Camper und Wohnmobil müssen die Gasflaschen im **Gaskasten** transportiert werden. Dieser muss zum Innenraum luftdicht verschlossen sein und eine Öffnung nach außen haben, damit austretendes Gas nicht in die Fahrgastzelle dringt. Theoretisch dürfen Gasflaschen im Pkw nur kurzzeitig transportiert werden, da keine ausreichende Sicherung gewährleistet werden kann. In der Praxis sucht man einen fixen Platz im Pkw, an dem man die Flasche etwas einklemmen kann, um sicherzugehen, dass sie beim starken Bremsen nicht zum Wurfgeschoss wird.

Navigation

Wem dicke Atlanten zu viel Platz wegnehmen und Karte und Kompass zu unhandlich sind, der navigiert am besten digital. Durch die starke Konkurrenz von Smartphone-Apps sind Navigationsgeräte heute so günstig wie nie zuvor. Beim Kauf eines **Navigationsgeräts** sollte darauf geachtet werden, welche Karten bereits enthalten sind und welche Kosten durch zusätzliche Karten oder Updates entstehen. Außerdem gibt es Geräte, die das Mobilfunknetz nutzen und so dem Verkehrsaufkommen entsprechend optimale Routen vorschlagen können.

Wer kein weiteres Gerät anschaffen möchte, der kann sein ***Smartphone*** für die Navigation nutzen. Apps auf iOS- oder Android-Geräten können sowohl Ortsnamen als auch Koordinaten auf der Karte zuordnen und dorthin navigieren. Auch der aktuelle Verkehr wird dabei berücksichtigt. Außerhalb dichtbesiedelter Gebiete gerät die ***Online-Navigation*** aber durch Funklöcher schnell an ihre Grenzen. Auch verbraucht dies ein hohes Datenvolumen. Vor der Fahrt heruntergeladene ***Offline-Karten*** sind daher zu empfehlen. Bei ausgeschaltetem Internet ist bei einer Offline-Kartennutzung eine dem Verkehr angepasste Routenführung natürlich nicht mehr möglich. Einige Apps erlauben allerdings die Navigation über das Offline-Kartenmaterial und einer optional eingeschalteten dynamischen Routenführung entsprechend dem Stauaufkommen über das Internet.

GPS-Koordinaten können genau wie Ortsnamen in die Suchleiste der Apps eingetippt werden.

Kostenfreie Navigations-Apps

Google Maps

Die Karten werden stets automatisch aktualisiert und bieten bei eingeschaltetem Internet genaue Informationen über Verkehrsfluss und Ankunftszeiten. Bereiche für Offline-Karten können individuell gewählt werden und bieten zusätzliche Informationen wie die Öffnungszeiten von Geschäften und öffentlichen Einrichtungen. Auf eine dynamische Verkehrsführung muss bei ausgeschaltetem Internet verzichtet werden. Heruntergeladene Karten sind für 30 Tage verfügbar.

HERE WeGo

Die App bietet für über 100 Länder verschiedene Pakete zum Download an: Bundesländer, Länder und komplette Kontinente. Aktuelle Verkehrsinformationen können optional auch in der Offline-Karte berücksichtigt werden, sofern eine Internetverbindung besteht. Zusätzlich kann eingestellt werden, dass man beim Überschreiten der zulässigen Höchstgeschwindigkeit gewarnt wird.

OpenStreetMap (MAPS.ME)

Die Open-Source-Anwendung setzt bei der Kartografie auf das Mitwirken von Nutzern, so werden die Karten täglich von Freiwilligen ergänzt. Was dabei entstanden ist, sind äußerst detaillierte Karten. Die App MAPS.ME greift auf die Daten der OpenStreetMaps zu und erlaubt so die kostenlose Nutzung des Kartenmaterials über das Smartphone. Um die Karten zu verbessern, können fehlende Orte ergänzt werden. Auch bei MAPS.ME können Karten für eine Offline-Nutzung heruntergeladen werden.

OsmAnd

Die App greift ebenso wie MAPS.ME auf die Daten von OpenStreetMap zu und bietet, bei vorherigem Download, eine Offline-Navigation. Für die Routenplanung können bevorzugte Straßen (inklusive Steigung) und Fahrzeugabmessungen angegeben werden.

2

Reiseplanung

Allgemeine Informationen

Ausweis

Innerhalb des ***Schengen-Raums*** ist es für EU-Bürger nicht nötig, bei Grenzüberquerungen den Pass zu zeigen. Allerdings kann es in einzelnen Schengen-Ländern nationale Vorschriften geben, die das Mitführen bestimmter Ausweispapiere erfordern. Daher ist es dringend empfohlen, mindestens einen ***Personalausweis*** mitzuführen. Wer noch nicht weiß, ob er gegebenenfalls den Schengen-Raum verlässt oder nicht, sollte unbedingt einen ***Reisepass*** einpacken. Der Führerschein, Bank- oder Kreditkarten gelten nicht als Identitätsnachweis.

Führerschein

Sofern der Führerschein in einem EU-Land ausgestellt wurde, kann er problemlos in allen EU-Ländern verwendet werden. Vor der Abreise sollte die ***Gültigkeitsdauer*** des Führerscheins geprüft werden, läuft er nämlich während der Reise ab, verliert er seine Gültigkeit und wird in anderen Ländern eventuell nicht mehr anerkannt. Vorläufig ausgestellte Führerscheine oder Bescheinigungen werden im Ausland nicht anerkannt.

Grenzüberquerungen mit dem Pkw

Allgemein gilt: Innerhalb der EU ist bereits das ***Autokennzeichen*** der Nachweis für eine abgeschlossene Kfz-Haftpflichtversicherung. Normalerweise wird man deshalb in einem anderen EU-Land nicht angehalten, um zu prüfen, ob ein Versicherungsschutz besteht. Auch Personenschäden, die mit der in der Heimat abgeschlossenen Autoversicherung abgedeckt sind, gelten in der gesamten EU. Allerdings ist es zu empfehlen, die ***Versicherungsunterlagen*** stets mitzuführen.

Notrufnummer

Mit der ***EU-Notrufnummer 112*** kann EU-weit sowohl über das Fest- als auch Mobilfunknetz Notfallhilfe angefordert werden, egal ob Polizei, Feuerwehr oder Rettungsdienst benötigt wird. Die Leitstelle wird den Notruf an die jeweilige Notfallhilfe weiterleiten.

Grüne Versicherungskarte

Mit der „Grünen Karte“, förmlich auch „Internationale Versicherungskarte für den Kraftverkehr“ genannt, weisen Autofahrer im Ausland nach, dass ihr Auto eine ***Kfz-Haftpflichtversicherung*** hat. Seit 1965 wurde die Karte auf grünem Papier gedruckt, doch seit 2021 gibt es sie nur noch in weiß. Ihren ursprünglichen Namen behält sie jedoch trotz des Farbwechsels. Durch die neue Farbe können Autofahrer ihre Grüne Karte nun einfach ***selbst ausdrucken.*** In einigen Ländern muss die internationale Versicherungskarte bei der Einreise vorgezeigt werden. Bei einem Unfall im Ausland kann sie die Regulierung des Schadens deutlich vereinfachen, denn sie enthält wichtige Informationen über den Halter und die Versicherung des Autos. Ausgestellt wird die Karte von der Kfz-Versicherung, wird sie nicht direkt mit der Police ausgehändigt, kann sie kostenfrei angefordert werden. Die Karte ist 3 Jahre gültig.

Europäischer Unfallbericht

Der Europäische Unfallbericht wird in der Regel bei einer Beantragung der Grünen Karte mitgeliefert, alternativ kann der Vordruck auch ***kostenlos*** aus dem Internet heruntergeladen werden.

Weiterführende Informationen

Weitere Informationen zu ***Einreise- und Zollbestimmungen*** sind unter www.europa.eu zu finden.

Krankenversicherung in EU-Ländern

Wer auf einer temporären Reise in einem EU-Land unerwartet erkrankt, hat mit seiner gesetzlichen Krankenversicherung aus dem Heimatland in allen EU-Ländern ***Anspruch auf eine medizinische Versorgung*** und die gleichen Rechte auf Versorgung wie versicherte Personen in dem jeweiligen Land. Die ***Europäische Krankenversicherungskarte (EHIC)*** befindet sich auf der Rückseite der jeweiligen Versichertenkarte und dient als Nachweis dafür, dass man in einem EU-Land krankenversichert ist. Die Versichertenkarten sollte zu jedem Zeitpunkt der Reise mitgeführt werden, doch auch wer keine (Europäische) Versicherungskarte dabei hat, hat ein Recht darauf, behandelt zu werden. Gegebenenfalls müssen die Behandlungskosten zunächst privat gezahlt werden, können nach der Rückkehr aber zurückerstattet werden.

Auslandsreisekrankenversicherung

Ist aus medizinischen Gründen ein ***Rücktransport*** aus dem Ausland erforderlich, ist dieser nicht im Leistungskatalog gesetzlicher Krankenkassen gedeckt und muss privat gezahlt werden. Die gesetzliche Krankenversicherung gilt außerdem nicht im EU-Ausland. Daher ist es dringend zu empfehlen, eine ***Auslandsreisekrankenversicherung*** abzuschließen. Ab etwa 10 € im Jahr können Auslandsreisekrankenversicherungen abgeschlossen werden, das Leistungsspektrum variiert von Versicherung zu Versicherung, daher sollten Leistungen verschiedener Anbieter betrachtet und evaluiert werden. Gut zu wissen ist, dass reguläre Auslandsreisekrankenversicherungen nur gültig sind, wenn man nicht länger als 42 Tage kumuliert im Jahr im Ausland ist.

Wer also eine längere Reise anstrebt, muss eine separate ***Auslandsreisekrankenversicherung für Langzeitreisen*** beantragen. Auch hier variieren Leistungs- und Preisspektrum stark. Mit Tarifen ab 1 bis 3,50 € pro Tag ist zu rechnen. Wichtig ist, dass die Versicherung vor dem Antritt der Reise abgeschlossen wird. Ein nachträgliches Versichern bei Erkrankung ist nicht möglich.

Exkurs

Das Problem des Handlungsreisenden

Das sogenannte Problem des Handlungsreisenden ist ein ***mathematisches Problem*** im Bereich der ***Kombinatorischen Optimierung.*** Die Aufgabe des Problems besteht darin, die Reihenfolge für den Besuch mehrerer Orte so festzulegen, dass die gesamte Reisestrecke des Reisenden so kurz wie möglich ist und die erste Station der letzten Station gleicht. Jeder der von Zuhause aus schon einmal eine Rundreise mit mehreren Zwischenstopps plante und sich dabei den Kopf über deren optimale Reihenfolge zerbrochen hat, der weiß, worum es geht und wird an dieser Stelle wohl hellhörig werden.

Bereits in den ***1830er-Jahren*** wurde das Problem, wie der Name bereits verrät, von Handlungsreisenden erkannt. Um ihr Wissen weiterzugeben, entwarfen sie geeignete Routenvorschläge, die verschiedene deutsche Städte verbanden. Erst 100 Jahre später nahmen sich erstmals Mathematiker des Problems an, bissen sich daran aber lange die Zähne aus. Immer größere Popularität erlangte dieses, da es sich gut zum Test von Algorithmen und Rechensystemen eignet. Auch Informatiker, Biologen, Chemiker und Ingenieure fanden Gefallen an der Knobelei, und viele interdisziplinäre Forschergruppen begannen, sich der Herausforderung zu stellen. Inzwischen stehen ***unterschiedliche Methoden*** zur Verfügung, mit denen auch hochkomplexe Fälle mit mehreren tausend Städten optimal gelöst werden können. Dieses Wissen machen sich heute unter anderem Logistikdienstleister zu Nutzen. Der US-amerikanische Paketdienst UPS führte 2013 ein bahnbrechendes Navigationssystem namens **ORION** (On-Road Integrated Optimization and Navigation) ein, das dem Unternehmen helfen soll, seine Lieferrouten zu optimieren und Zeit und Kraftstoff einzusparen.

Manchmal ist die längere Strecke auch die schönere (Anfahrt zur Vikos-Schlucht)

Statt langer Grübelei und ausgetüftelter Planung bedarf es also nur der logischen Anwendung mathematischer Erkenntnisse, um die ideale Reiseroute zu entwerfen? Nun ja, nicht ganz. Rein theoretisch ist das Problem lösbar, bei der praktischen Reiseplanung gilt es aber, noch eine Vielzahl weiterer Faktoren zu bedenken. Zunächst ist die ***kürzeste Strecke nicht unbedingt die schnellste.*** Gerade in Gegenden mit teilweise schlechten Straßen kann sich ein Umweg am Ende lohnen. Wer gleich mehrere Länder besucht, der wird versuchen, die Anzahl der Grenzübertritte zu minimieren, da diese zusätzliche Zeit in Anspruch nehmen. Auch Wetterverhältnisse und Ferienzeiten können bei der Routenplanung eine Rolle spielen. Hinzu kommen unvermeidbare Zwischenstopps, um Wäsche zu waschen oder Wasser aufzufüllen. Zu guter Letzt gilt, dass die ***kürzeste Strecke nicht unbedingt die schönste*** Strecke sein muss. Die individuelle Routenplanung ist also noch lange nicht ersetzbar. Kein Wunder, dass auch UPS seinen erfahrenen Mitarbeitern die Möglichkeit gibt, von den vorgeschlagenen Routen abzuweichen. Um eine geplante Route einem Check zu unterziehen und mögliche Alternativen aufgezeigt zu bekommen, kann eine entsprechende Software aber hilfreich sein.

Nachhaltiges Reisen

Dass Autofahren grundsätzlich kein besonders umweltfreundliches Vergnügen ist, dürfte inzwischen bei allen angekommen sein. Besonders auf kurzen Strecken oder im Stadtverkehr gibt es bessere Alternativen. Doch wer etwas von der Welt sehen möchte, der wird schnell an die Grenzen seines ÖPNV-Gebiets stoßen. Reisen bedeutet immer, ***Distanz zu überwinden,*** gänzlich klimaneutral ist das bisher kaum zu haben. Nur wer mit dem Rad unterwegs ist hält seine CO_2-Emissionen wirklich gering. Wie schaut es mit den anderen Verkehrsmitteln aus, insbesondere dem Auto?

Wie hoch der CO_2-Ausstoß pro Person ist, hängt in erster Linie von der ***Auslastung des Autos*** ab. Wer z. B. die circa 2000 Kilometer lange Strecke von München nach Athen alleine zurücklegt, der wäre auf einem voll ausgelasteten Linienflug sogar etwas umweltfreundlicher unterwegs gewesen. Fahren mehr Personen mit nach Athen, sinkt der Pro-Kopf-CO_2-Ausstoß natürlich deutlich. Bereits bei zwei Personen im Auto ist die Umweltbelastung nur noch halb so groß, wie bei einer vergleichbaren Flugreise. Das Auto schlägt das Flugzeug dann deutlich. Besser in ihrer Klimabilanz als Auto und Flugzeug schneiden Bahn und Fernbusse ab. Wer auf seiner Reise nach Athen die Menge ausgestoßenen CO_2 auf das Niveau einer Zugfahrt senken möchte, der muss immerhin sechs Personen in sein Auto packen. Mit dem Auto kaum zu erreichen sind die Werte eines Fernbusses. Die häufig gute Auslastung und der für die hohe Anzahl beförderter Passagiere recht geringe Treibstoffverbrauch machen ihn zu einem der umweltfreundlichsten Beförderungsmittel.

Bleibt noch die ***Frage des Preises.*** Paradoxerweise ist die umweltschädlichste Reisemöglichkeit immer noch die günstigste. Die Preise für einen Flug von München nach Athen liegen bei etwa 130 € im Winter, 200 € im Frühjahr und 300 € im Sommer. Fernbus oder Zug kommen an diese Preise nicht im Entferntesten heran, außerdem dauert die Fahrt beinahe zwei Tage. Die Kosten für Kraftstoff und Autobahnmaut werden bei der Reise nach Athen mit einem Van oder Wohnmobil bei circa 350 € liegen. Fahren drei Personen mit, kann das Auto preislich sogar mit dem Flieger konkurrieren und ist dabei deutlich umweltfreundlicher. Allerdings sind zusätzlich Anschaffungs- und Instandhaltungskosten zu bedenken. Ein weiterer ***Vorteil des Campers*** liegt klar auf der Hand: Kosten für Unterkunft und Verpflegung entfallen beziehungsweise sind geringer.

Mit dem ***Van oder Wohnmobil*** zu verreisen ist bei guter Auslastung also sowohl ***relativ umweltschonend als auch günstig.*** Unschlagbar ist außerdem die Flexibilität und Unabhängigkeit, die nur bei einer Reise mit dem eigenen Fahrzeug garantiert ist.

Wer seinen ökologischen Fußabdruck durch eine Reise kompensieren möchte, der kann eines von vielen ***Klimaschutzprojekten*** unterstützen, um das ausgestoßene CO_2 wieder einzusparen. Wie hoch die CO_2-Emissionen eines Autos sind hängt natürlich von seiner Motorisierung und dem Gewicht, der Fahrweise und der Strecke ab. Ein grober Mittelwert schätzt für 1000 gefahrene Kilometer eine Emission von 300 kg CO_2. Für die gefahrene Strecke nach Athen würden circa 15 € ausreichen, um das produzierte CO_2 an anderer Stelle einsparen zu lassen.

Abkürzung über das Meer

Wer nicht gleich alle Länder der Balkanhalbinsel besucht und auf schnellstem Weg in den Süden gelangen möchte, dem sei der Short-Cut mit der Fähre zu empfehlen. Praktische ***Verbindungen zwischen Italien und Griechenland*** bestehen zwischen Venedig und Igoumenitsa beziehungsweise zwischen Venedig und Patras (Peloponnes). Die Strecke wird von verschiedenen Reedereien bedient, die Überfahrt dauert nach Igoumenista 25½ Stunden, nach Patras 32½ Stunden. Auf diese Weise spart man sich 1300–1500 km Fahrstrecke und etwa 1½ Tage Zeit.

Gebucht werden die Fährfahrten online bei verschiedenen Anbietern, wie ***www.greekferries.gr*** oder ***www.adac-faehren.de.*** Letztere sind besonders einfach in der Bedienung und bieten Rabatte für

ADAC-Mitglieder an. Bei der Buchung sind der ***Fahrzeugtyp*** und die ***exakten Maße*** anzugeben, außerdem die Anzahl und das Alter der Passagiere sowie der gewünschte Unterbringungsort (Deckpassage oder Kabine). Mit über 25 Stunden Fahrtzeit ist es anzuraten, einen Platz in einer Kabine zu buchen, eine Nacht auf einem Sitz auf Deck ist zwar günstiger, aber auch entschieden unbequemer.

Camping an Board

Einige Reedereien (z. B. Anek-Superfast Ferries) erlauben Camping an Board. Das bedeutet, man erwirbt ein Ticket für das Fahrzeug und bucht für die Personen nur die günstigen Deckpassagen-Plätze hinzu. Übernachten kann man in seinem eigenen Bett und hat Zugriff auf Stromzufuhr, Duschen und WCs der Fähre. Das Angebot ist saisonabhängig, wird ausschließlich ***zwischen April und Oktober*** angeboten und ist gegebenenfalls nur an bestimmten Wochentagen verfügbar. Vor der Buchung sollte dringend geprüft werden, ob Camping an Board möglich ist. Außerdem ist das Kontingent begrenzt und die Nachfrage groß, daher ist eine rechtzeitige Buchung dringend zu empfehlen.

Camping an Board ist unter Umständen nicht so romantisch wie es zunächst klingt. Die Schiffsmotoren können großen Lärm verursachen, es ist eng, und bei schlechten Wetterbedingungen kann der Aufenthalt auf dem Campingdeck untersagt werden. Man sollte ***ausreichend Zeit vor dem Ablegen einplanen,*** denn Lkw und Campingfahrzeuge fahren zuerst auf die Fähre auf. Das Campingdeck befindet sich in der Regel über dem allgemeinen Parkdeck und hat seitliche Öffnungen für die Frischluftzufuhr. Geparkt wird eng, man wird aber von Lotsen eingewiesen und hat seitlich genug Platz, um die Türen zu öffnen.

Die ***Nutzung von Gasgeräten ist verboten*** und die Gaszufuhr muss an der Flasche abgedreht werden. Auf den meisten Fähren werden aber kostenlos **Stromanschlüsse** (CEE-Norm) angeboten, erforderlich ist ein blauer Adapterstecker.

Der Fährhafen von Igoumenitsa in Griechenland

Reise-vorbereitung

Mit dem Auto länger verreisen bedeutet, spontan und unabhängig zu sein. Dennoch erfordert es einiges an Vorbereitung, um entspannt die Reise antreten zu können. Es empfiehlt sich, dafür etwa ***ein halbes Jahr*** einzuplanen.

Die **Gesundheit** steht an erster Stelle. Um einen vollen Impfschutz zu haben, sind gegebenenfalls mehrere ***Impfungen*** nötig. Daher sollte spätestens ein halbes Jahr vor der Abreise der Hausarzt aufgesucht werden, um den Impfstatus zu prüfen beziehungsweise aufzufrischen.

Checkliste

6 Monate vor Abreise

- Ungefähre Reisedauer und Ziele festlegen
- Fahrzeugtyp entsprechend der Reisedauer und persönlichen Bedürfnisse wählen
- Autokauf oder -miete
- ggf. Autoausbau (max. Beladung und Achslast beachten)
- Standardimpfungen sollten geprüft und ggf. aufgefrischt werden (Tetanus, Diphtherie, Keuchhusten, Masern, Kinderlähmung; zusätzlich empfohlen: Hepatitis A/B, Tollwut)
- ggf. Impfstatus und Chip des Haustiers überprüfen und auffrischen

Checkliste

3 Monate vor Abreise

- Kfz-Zustand in Fachwerkstatt prüfen lassen (HU/TÜV)
- Reisepass (muss mindestens 3 Monate über die Reisedauer hinaus gültig sein)
- ggf. EU-Heimtierausweis beantragen, falls Haustier mitgeführt wird
- Kfz-Versicherung prüfen und ggf. für EU-Ausland erweitern
- Mitgliedschaft Pannenhilfe-Club für Auslandsreisen beantragen
- Führerschein: Gültigkeitsdauer und internationale Gültigkeit prüfen
- internationaler Kfz-Schein
- ggf. Kreditkarte beantragen

Checkliste

1 Monat vor Abreise

- Grüne Versicherungskarte
- Europäischer Unfallbericht
- Auslandskrankenversicherung
- Kopien von Reisedokumenten anfertigen
- ggf. Schneeketten besorgen
- Reifenpannenspray besorgen
- Starthilfekabel besorgen
- Reiseapotheke zusammenstellen
- Offline-Karten herunterladen
- ggf. internationalen Studierendenausweis beantragen
- ggf. Kreditkartenlimit pro Tag und Monat bei der Bank erfragen
- Steckdosenadapter besorgen

Checkliste

Auto- und Campingausstattung

- Warnwesten für alle Mitreisenden
- Schaufel
- Ladekabel
- Powerbank (mobiler Zusatzakku)
- Spannbettlaken, Kopfkissen und Bettdecke inkl. Bezug
- Kühltruhe
- Gasflasche, Adapter, Schlauch
- Gaskocher
- 2 Feuerzeuge
- Bio-Spülmittel
- Schwamm, Handtuch
- Spülschüssel
- Basis-Gewürze und Gemüsebrühe
- Öl
- scharfes Messer
- Schneidebrett
- Geschirr und Besteck pro Person
- Kochlöffel
- Pfannenwender
- Pfanne, großer Topf, kleiner Topf
- Salatschüssel
- Kaffeepulver und -filter, Filtertüten
- Teezubehör
- Wasserkanister (mind. 30 Liter)
- Fertiggerichte
- Obstkonserven
- Reis und Nudeln
- Müllbeutel
- Toilettenpapier, Hygieneartikel
- Desinfektions-/Hygienespray
- Anti-Mückenspray

Die wichtigsten Do's und Dont's unterwegs

Do's

Genug Wasser mitführen

Für den morgendlichen Kaffee, Trinkwasser, Kochen und Abspülen ergibt sich zusammengerechnet ein durchschnittlicher Tagesverbrauch von etwa 5 Litern Wasser am Tag pro Kopf. Je nach Temperatur und sportlicher Aktivität um bis zu 3 Liter mehr.

Wertsachen dezentral aufbewahren

Es gibt keinen Grund, besonders viel Bargeld mitzuführen, alle südosteuropäischen Länder weisen eine ausreichende Zahl an Geldautomaten und Banken auf. Kreditkarten und Pässe sollten immer mitgeführt werden. Sollte etwas abhandenkommen, ist es hilfreich, etwas Bargeld oder eine weitere Kreditkarte im Auto versteckt zu haben.

Biologisch abbaubares Waschmittel und Duschgel benutzen

Selbst nach der aufwendigen Aufbereitung von Abwasser in einem Klarwerk können manche Inhaltsstoffe moderner

Waschmittel nicht mehr vollständig abgebaut werden. Antibakterielle Inhalts- und Konservierungsmittel sind tödlich für Mikrolebewesen im Wasser. Füll- und Rieselstoffe sorgen für die Versalzung von Böden und Gewässern, deren Flora und Fauna dadurch absterben kann.

Offline-Karten benutzen

Auch mit einem Mobilfunkvertrag, der die Nutzung mobiler Daten im Ausland zulässt, ist die Onlinenavigation wegen fehlender Verbindung oft nicht möglich.

Andere Reisende mitnehmen

Manchmal lassen sich die besten Tipps und Neuigkeiten erfahren, wenn man Leute mitnimmt, die per Anhalter reisen. Nette Bekanntschaften ergeben sich auch mit den Locals, die sich immer besonders freuen, von Touristen mitgenommen zu werden. Grundsätzlich gilt, immer auf das eigene Bauchgefühl zu hören. Wer sich unsicher ist, den wird ein zusätzlicher Fahrgast eventuell eher stressen. Unbedingt darauf achten, dass alle Passagiere einen Sitzplatz haben und angeschnallt sind. Nach Sonnenuntergang sollte man die mobile Gastfreundschaft etwas einschränken.

Nach langen Etappen auf den Campingplatz fahren

Auch wer gerne frei steht, sollte nach langen Etappen im Auto in Erwägung ziehen, einen Campingplatz für die Nacht anzusteuern. So steht das Ziel bereits fest und die Suche nach einem geeigneten Platz zum Übernachten entfällt.

Schlafplatz zeitig suchen

Am besten sollte man circa 1½ Stunden vor Einbruch der Dunkelheit mit der Suche nach einem geeigneten Schlafplatz beginnen. So lässt sich entspannt ein Platz für die Nacht finden, der dann auch tatsächlich was taugt.

Wäsche sparen

Mit einem Tages-Outfit und einem Nacht-Outfit kommt man im Sommer ziemlich weit. Das spart Gepäck und Platz im Auto und man muss nicht in jeder größeren Stadt Wäsche waschen.

Entertainment on the Road

Viele Routen ziehen auf der Reise mit ihrem fantastischen Panorama und abwechslungsreichen Landschaften die Reisenden in ihren Bann. Der Blick aus dem Autofenster wird so schon zum Erlebnis. Auf An- oder Abreise oder weniger spektakulären Strecken lassen Hörbücher, Podcasts oder Wiedergabelisten mit Roadtrip-Musik die Zeit wie im Fluge vergehen. Besonders wichtig mit Kindern!

Dont's

Zu viel einpacken

Jedes Auto bietet begrenzten Raum. Es gibt fast nichts Nervigeres, als morgens und abends das ganze Auto auf den Kopf stellen zu müssen, um startklar oder bettfertig zu werden. Zu viele Sachen erschweren das Finden der wenigen wirklich wichtigen Dinge. Was durchaus auch als philosophischer Ratschlag zu verstehen ist!

Beamte oder Polizisten „schmieren"

Es ist nicht ausgeschlossen, den folgenden Satz aus dem Munde eines finster dreinblickenden Uniformträgers entgegengeschmettert zu bekommen: „Oh, you have a big Problem. I have to give you a fine." In der Regel lässt sich der Situation mit Höflichkeit und Beharrlichkeit entkommen. Freundlich bleiben, auf den eigenen Standpunkt beharren und im Zweifel auf einen richtigen Strafzettel mit Quittung bestehen. Eine erfolgreiche Strategie kann auch darin bestehen, schlicht den Besitz jeglichen Bargelds zu leugnen. In diesem Falle muss man sich aber überzeugend bereit erklären, mit auf eine Bank zu kommen, um dort die Strafe einzuzahlen. Keinesfalls sollten Reisende von sich aus Geld oder Naturalien anbieten. Die Sicherheitskräfte der meisten südeuropäischen Länder arbeiten sehr professionell und finden einen Bestechungsversuch alles andere als lustig.

Den Motor auf trockenem Untergrund stehend laufen lassen

Gerade in den heißen und trockenen Regionen Südosteuropas kann sich durch die Hitze unter dem Auto trockenes Gras oder Laub entzünden. Wald- oder Flächenbrände können die Folge sein.

Sein Geschäft nicht ordentlich beseitigen

Auch für den zivilisationsfernen Toilettengang ist inzwischen eigene Literatur erhältlich („How to shit in the Woods" von Kathleen Meyer), ganz so viel Informationen braucht es aber eigentlich gar nicht. Wichtig zu wissen ist, dass die Kontaminierung durch menschlichen Unrat und die lange Kompostierdauer des Klopapiers eine Belastung für die Umwelt darstellt. Wurstlandschaften an beliebten Camping-Spots will außerdem wirklich niemand haben. Ohne weiter in die Materie einsteigen zu wollen, sei so viel gesagt: Jeder Haufen gehört zumindest unter die Erde! Und dazu gehört natürlich auch das Papier. Also, Schaufel nicht vergessen.

Nachts unterwegs sein

Die südosteuropäischen Straßen sind in der Regel in einem durchaus guten Zustand. Es gibt aber immer wieder Abschnitte, die den Fahrer ordentlich in Anspruch nehmen. Gerade Hindernisse oder Schäden im Straßenbelag sind oft weder beschildert noch beleuchtet. Von nächtlichen Grenzübergängen muss abgeraten werden. Zwar ist nachts weniger Betrieb, aber dies kann die oft schlecht bezahlten Beamten in Versuchung führen, Mängel oder Ordnungswidrigkeiten festzustellen, die nur mit einem Bußgeld unter der Hand aus der Welt geschafft werden können.

3

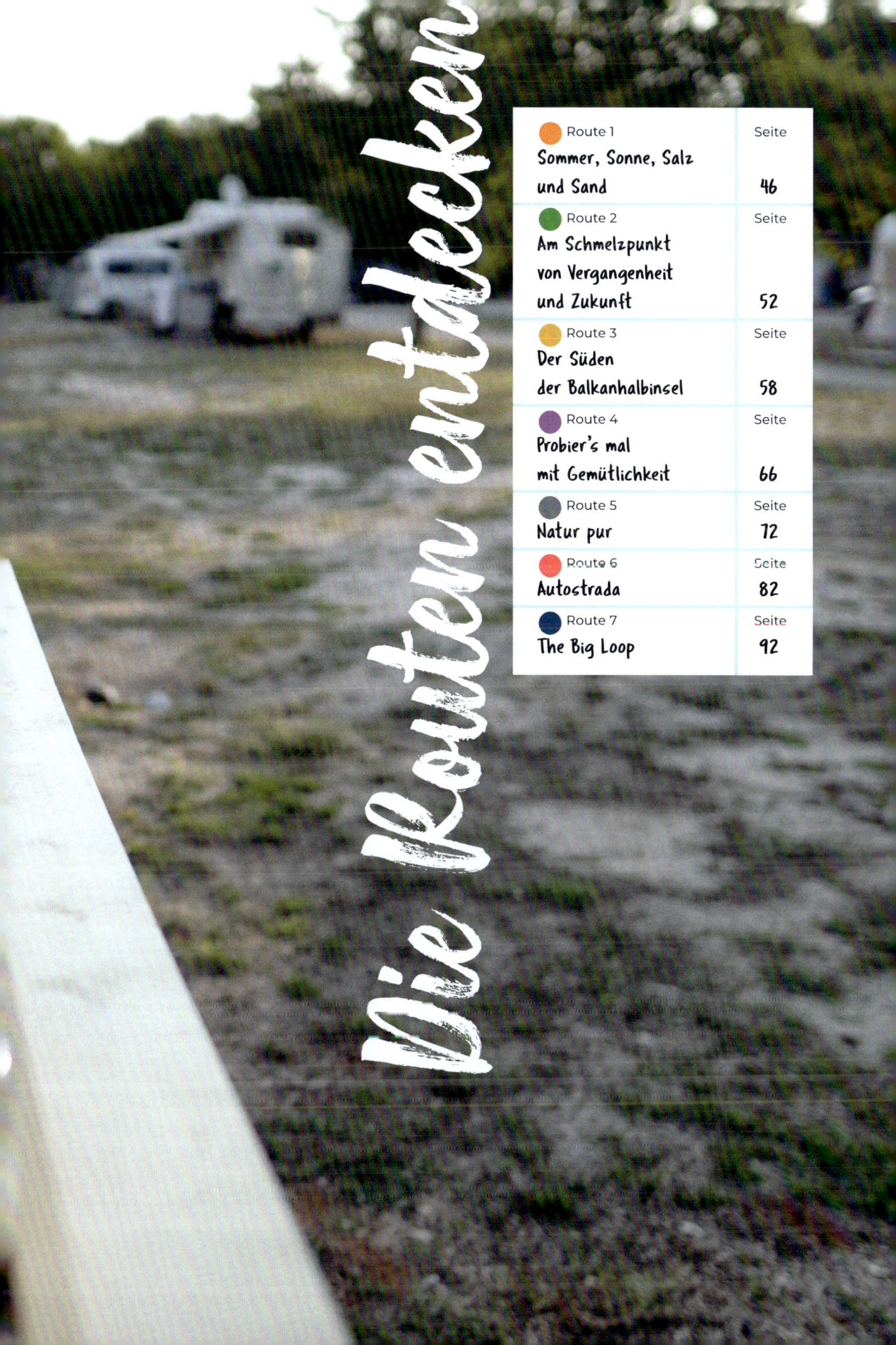

Die Routen entdecken

Titel:	Sommer, Sonne, Salz und Sand		
Etappen:	11	Strecke:	1820 km + An- und Rückreise
Dauer:	3 Wochen	beste Reisezeit:	Mai–September
Ziele:	Slowenien, Kroatien, Bosnien und Herzegowina		

Route 1

Sommer, Sonne, Salz und Sand

Ein großer Teil dieser Route orientiert sich an der legendären Adria-Magistrale (Jadranska Magistrala), die sich an der Adria-Küste von Slowenien über Kroatien und Bosnien und Herzegowina bis nach Montenegro entlang schlängelt.

Dieser Abschnitt ist perfekt, um Natur- und Strandurlaub zu genießen, ohne dabei auf hochkarätige kulturelle und historische Sehenswürdigkeiten verzichten zu müssen. Bei einer solchen Vielfalt ist es kaum verwunderlich, dass die nördlichen Balkanstaaten zunehmend mehr Besucher anziehen.

Ausgangs- und Endpunkt dieser Tour sind die großen Seen des Triglav-Nationalparks. Von hier geht es an der Küste Istriens durch die Kvarner Bucht und die Adria entlang bis zur mittelalterlichen Hafenstadt Dubrovnik, dem südlichsten Punkt der Rundreise. Nach einem Abstecher über die geschichtsträchtige Stadt Mostar geht es über die verschiedenen Nationalparks mit der Möglichkeit zu gelegentlichen Zwischenstopps ans Meer, zurück in die Julischen Alpen. Die ständige Nähe der Küste und die herrlichen Seen im Landesinneren liefern die Basis für diesen Sommer-Roadtrip.

Route 1 – alle Etappen

Etappen und Routenpunkte

Etappe 1
Bleder See → Rovinj;
230 km, 2½ Stunden

Etappe 2
Rovinj → Pula;
40 km, 1 Stunde

Etappe 3
Pula → Kvarner Bucht;
140 km, 2 Stunden

Etappe 4
Kvarner Bucht → Zadar;
180 km, 3 Stunden

Etappe 5
Zadar → Omiš;
180 km, 3 Stunden

Etappe 6
Omiš → Dubrovnik;
190 km, 3½ Stunden

Etappe 7
Dubrovnik → Kravica Wasserfälle; *130 km, 2½ Stunden*

Etappe 8
Kravica Wasserfälle → Mostar; *40 km, 1 Stunde*

Etappe 9
Mostar → Krka-Nationalpark;
220 km, 2½ Stunden

Etappe 10
Krka-Nationalpark → Plitvicer Seen; *170 km, 2 Stunden*

Etappe 11
Plitvicer Seen → Bohinj See;
300 km, 4 Stunden

1 Bleder See

Eingerahmt vom Panorama der Julischen Alpen funkelt der Bleder See im Sommer mit seinem türkis-blauen, klaren Wasser. Vom See aus lassen sich außerdem erstklassige Wander- oder Fahrradausflüge unternehmen.

Seite 110

2 Rovinj

Die malerische Altstadt liegt umgeben von Kiesstränden auf einer kleinen Halbinsel vor der Küste Istriens. Durch enge Gassen steigt man zur Kirche hinauf. Besonders ein Besuch am Zlatni Rt lohnt!

Seite 148

3 Pula

Entlang der istrischen Küste geht es weiter in Richtung Pula. Wer sich für das antike Amphitheater der Stadt interessiert, sollte hier einen Stopp einlegen. Alle Anderen können die Bademöglichkeiten der Umgebung genießen.

Seite 150

4 Kvarner Bucht

Die Straße entlang der Küste ist zwar nicht die schnellste, aber dafür eine der schönsten des Landes und dementsprechend lohnenswert. Viele kleine Ortschaften und Strände geben Gelegenheit zum Anhalten und Verweilen.

Seite 153

5 Zadar

Die autofreie, von dicken Mauern umgebene Altstadt lädt zum Bummeln und Spazieren ein. Danach erfrischen sich Einheimische und Touristen gleichermaßen mit einem Sprung ins Meer an der berühmten Seeorgel.

Seite 156

6 Omiš

Im 14. und 15. Jahrhundert entwickelte sich Omiš zum Zentrum der Seeräuberei in der Adria. Dafür war die außergewöhnliche geografische Lage an der flachen Mündung der Cetina ausschlaggebend. Gewinnbringender für die Re-

Unterwegs im Cetina-Tal bei Omiš

gion sind heute die langen Strände, die viele Besucher anlocken.

Seite 160

7 Dubrovnik

Die Altstadt von Dubrovnik gehört bis heute zu den sehenswertesten Städten des Mittelmeers. Handel und Seefahrt haben ihr großen Reichtum gebracht und eine besondere Beziehung zum Meer entstehen lassen. Was gäbe es passenderes, als die Stadt und ihre traumhafte Umgebung mit dem Kajak zu erkunden?

Seite 162

8 Kravica Wasserfälle

Über die im Halbkreis stehenden Klippen stürzt das Wasser des Trebižat bis zu 28 Meter in die Tiefe. Hier sammelt es sich in einem kleinen See, dessen Farbenpracht an schimmernden Grün- und Blautönen mit der beinahe tropisch anmutenden Vegetation zu wetteifern scheint.

Seite 187

9 Mostar

Dank seiner historischen Rundbogenbrücke ist Mostar mit einem der beliebtesten Fotomotive des Landes geschmückt. Wer wagt den etwa 30 Meter tiefen Sprung in die Fluten der Neretva? Wie kaum irgendwo sonst können Besucher in Mostar zudem aus Erzählungen und Bildern Einblicke in die Jahre des Bosnienkrieges Anfang der 1990er-Jahre erhalten.

Seite 182

Gasse im Ort Skradin
beim Krka Nationalpark

Plitvicer Seen

10 Krka-Nationalpark

Hauptattraktion des Nationalparks ist der 800 Meter lange 17-Stufige Wasserfall Skradinski Buk. Dieser ist als Fotomotiv sehr beliebt, baden darf man in seinem Becken aus Gründen des Naturschutzes nicht mehr. Eine Freilicht-Ausstellung informiert über die wirtschaftliche Nutzung der Wasserkraft des Flusses.

Seite 158

11 Plitvicer Seen

Die in Kaskaden abgestufte Seenlandschaft mit ihren tiefblauen und grünen Becken gehört zu den beeindruckendsten Naturphänomenen der Balkanhalbinsel. Zwar kann man hier nicht baden, aber auf verschiedenen Wanderungen kann der Nationalpark erkundet werden. Wer sich für die 2 2 52 ***Höhlen von Postojna*** (S. 131) interessiert, der sollte auf jeden Fall auf der nächsten Etappe einen Abstecher dorthin machen. Dafür am besten über Rijeka nach Bohinj fahren, das dauert etwa eine halbe Stunde länger als die direkte Verbindung.

Seite 154

12 Bohinj See

Das gänzlich unverbaute Ufer des Bohinj Sees wird von unzähligen hellen Kiesbuchten umrahmt. Wandern, Fahrradfahren und Schwimmen sind hier richtige Naturerlebnisse.

Seite 171

Titel:	Am Schmelzpunkt von Vergangenheit und Zukunft		
Etappen:	15	Strecke:	2760 km + An- und Rückreise
Dauer:	4 Wochen	beste Reisezeit:	April–Juni und September–Oktober
Ziele:	Slowenien, Kroatien, Bosnien und Herzegowina, Serbien, Kosovo, Albanien, Montenegro		

Route 2

Am Schmelzpunkt von Vergangenheit und Zukunft

Wer sich genauso sehr für das historische Erbe Südosteuropas begeistern kann wie für seine tollen Strände und ebenso gerne durch Museen schlendert wie durch Nationalparks, der kommt mit dieser Route voll auf seine Kosten.

Die Balkanhalbinsel ist bei Weitem nicht nur als Badedestination oder als Spielwiese für Naturliebhaber bekannt. Die bunte kulturelle Identität der Balkanstaaten ist ebenso eine Tatsache wie die zahlreichen Konflikte, die sie im Laufe der Geschichte untereinander austrugen. Um die spannendsten, aber auch tragischsten Momente europäischer Geschichte in ihrer ganzen Dimension zu verstehen, muss man die Orte des Geschehens selbst bereisen und den Erzählungen der Menschen zuhören.

Von Slowenien aus geht es mit recht wenigen Zwischenstopps in Kroatien, Bosnien und Herzegowina und Serbien in den Kosovo und nach Albanien. Das bringt am Anfang längere Etappen mit sich, zahlt sich auf dem Rückweg aber aus. Von Tirana, dem südlichsten Punkt der Reise, geht es entlang der Adria zurück in den Norden. Unbedingt ein paar Tage extra für den ein oder anderen Abstecher ans Meer einplanen.

Route 2 – alle Etappen

Etappen und Routenpunkte

Etappe 1
Kobarid → Gedenkstätte Jasenovac; *360 km, 4 Stunden*

Etappe 2
Gedenkstätte Jasenovac → Sarajevo; *270 km, 4½ Stunden*

Etappe 3
Sarajevo → Belgrad; *300 km, 5 Stunden*

Etappe 4
Belgrad → Niš; *240 km, 2½ Stunden*

Etappe 5
Niš → Đavolja Varoš; *90 km, 2 Stunden*

Etappe 6
Đavolja Varoš → Priština; *60 km, 1½ Stunden*

Etappe 7
Priština → Adem Jashari Gedenkstätte; *50 km, 1 Stunde*

Etappe 8
Adem Jashari Gedenkstätte → Kloster Visoki Dečani; *70 km, 1½ Stunden*

Etappe 9
Kloster Visoki Dečani → Tirana; *240 km, 4 Stunden*

Etappe 10
Tirana → Kruja; *30 km, 1 Stunde*

Etappe 11
Kruja → Kotor; *180 km, 3½ Stunden*

Etappe 12
Kotor → Dubrovnik; *90 km, 2 Stunden*

Etappe 13
Dubrovnik → Mostar; *130 km, 2½ Stunden*

Etappe 14
Mostar → Plitvicer Seen; *380 km, 4½ Stunden*

Etappe 15
Plitvicer Seen → Partisanenlazarett Franja; *270 km, 4½ Stunden*

1 Kobarid

Dem kleinen Ort kam insbesondere im Verlauf des Ersten Weltkriegs eine wichtige strategische Rolle zu. Entlang eines speziell angelegten Wanderwegs können die historischen Denkmäler um Kobarid besucht werden, während man die umliegende Berglandschaft genießen und einige der schönsten Abschnitte der Soča erkunden kann.

Seite 114

2 Gedenkstätte Jasenovac

An die hier im Zweiten Weltkrieg begangenen Verbrechen, aber auch an die unzerstörbare Kraft des Lebens erinnert das eindrucksvolle 24 Meter hohe Monument „Blume aus Stein“. Das in der Nähe eingerichtete Museum dokumentiert die Geschichte des Lagers.

Seite 144

3 Sarajevo

Von der bewegten Geschichte der Stadt zeugen sowohl ihre mit roten Ziegeln gedeckten orientalisch-osmanischen Kaffeehäuser und Handwerksgeschäfte als auch die repräsentativen Administrationsgebäude der österreich-ungarischen Periode. Unübersehbar sind jedoch immer noch die Spuren des Krieges und der jahrelangen Belagerung. All dem zum Trotz strotzt die Hauptstadt Bosnien und Herzegowinas vor Lebendigkeit und Optimismus.

Seite 176

4 Belgrad

Wer die ehemalige Hauptstadt Jugoslawiens besucht, der muss unbedingt auch Tito einen Besuch abstatten. Bei Interesse für das 8 ***Kosmaj Monument*** (S. 205) kann man kurz nach Belgrad einen klei-

Die „Blume aus Stein" an der Gedenkstätte Jasenovac

nen Stopp für ein Picknick einlegen, oder sogar dort übernachten.

Seite 199

5 Niš

Zwei Gedenkstätten für die Opfer der deutschen Besetzung der Stadt im Zweiten Weltkrieg geben anschaulich Auskunft über dieses düstere Kapitel der europäischen Geschichte.

Seite 205

6 Đavolja Varoš

Vor dem Hintergrund der durch hohe mineralische Konzentration gelb, orange und rot gefärbten Berglandschaft bieten die in Folge starker Erosion entstandenen Steintürme der sogenannten Teufelsstadt ein außergewöhnliches Panorama.

Seite 209

7 Priština

Wer die Hauptstadt des Kosovo besucht, der sollte einen Besuch im 19 ***Bärenpark*** (S. 234) vor den Toren der Stadt nicht verpassen. Für historisch Interessierte lohnt auch ein Besuch auf dem Amselfeld mit dem Gazimestan Monument.

Seite 230

8 Adem Jashari Gedenkstätte

In Prekaz gibt die Gedenkstätte für den hochrangigen Kommandanten des UÇK Adem Jashari und seine Familie Einblicke in die Zeit des Kosovo-Krieges.

Seite 235

9 Kloster Visoki Dečani

Das beinahe 700 Jahre alte serbisch-orthodoxe Kloster am Fuße der Albanischen Alpen liegt noch immer komplett isoliert hinter den Befestigungsanlagen der europäischen KFOR-Soldaten.

Seite 236

10 Tirana

Die circa 50 Jahre währende sozialistische Herrschaft über Albanien, deren Spuren bis heute allgegenwärtig sind, wird nirgends so umfangreich thematisiert wie in der Hauptstadt. Wer sich für die Vergangenheit Albaniens interessiert und die wichtigsten historischen und kulturellen Ereignisse für die Entwicklung des Landes verstehen möchte, der hat dazu in Tirana die beste Gelegenheit.

Seite 246

11 Kruja

Einst machte Skanderbeg Kruja zum Zentrum des albanischen Widerstands gegen die Osmanen. Die Stadt hat sich mit einem imposanten Museum ganz der Verehrung des Nationalhelden gewidmet.

Seite 244

12 Kotor

Die steilen Hänge der umliegenden, beinahe 2000 Meter hohen Berge scheinen teils direkt ins Meer abzufallen und machen den einzigartigen Charakter der Bucht von Kotor aus. Einen guten Eindruck von der Gegend erhält man auf der Wanderung zur Festung San Giovanni über der Stadt Kotor. Tipp: Auch wer gar nicht plant hier zu übernachten, der sollte den bei Kotor beschriebenen Schlafplatz besuchen.

Seite 219

13 Dubrovnik

Die Altstadt von Dubrovnik gehört bis heute zu den sehenswertesten Städten entlang der Mittelmeerküste. Handel und Seefahrt haben ihr großen Reichtum gebracht, den sie Dank ihrer massiven Mauern und Festungen zu verteidigen wusste. Ein Spaziergang über die Befestigungsanlagen ist nur eine von vielen Möglichkeiten, diese beeindruckende Stadt kennen zu lernen.

Seite 162

14 Mostar

Dank ihrer berühmten Rundbogenbrücke war die Stadt jahrhundertelang wichtiger Kontaktpunkt zwischen Ost und West, der einen Austausch von Waren, Wissen und Ideen ermöglichte. Bis heute ist Mostar in kultureller und wirtschaftlicher Hinsicht der Mittelpunkt der Region Herzegowina. Wie kaum irgendwo sonst können Besucher in Mostar aus Erzählungen und Bildern Einblicke in die Jahre des Bosnienkrieges Anfang der 1990er-Jahre erhalten.

Seite 182

15 Plitvicer Seen

Die in Kaskaden abgestufte Seenlandschaft mit ihren tiefblauen und grünen Becken gehört zu den beeindruckendsten Naturphänomenen der Balkanhalbinsel. Über die mit Holzstegen angelegten Wege können verschiedenen Wanderungen unternommen werden, um den Nationalpark zu erkunden.

Seite 154

16 Partisanenlazarett Franja

Die zum Freilichtmuseum hergerichtete Siedlung tief in der Schlucht zeigt wie die slowenischen Partisanen an diesem Rückzugsort ein Lazarett für ihre Verwundeten während des Zweiten Weltkriegs unterhielten. In der Nähe liegt der kleine Ort Cerkno.

Seite 125

Titel:	Der Süden der Balkanhalbinsel		
Etappen:	19	Strecke:	3730 km + An-, Rückreise und Fährverbindung
Dauer:	6 Wochen	beste Reisezeit:	April–Juni und September–Oktober
Ziele:	Griechenland, Albanien, Nordmazedonien, Bulgarien, Serbien		

Route 3

Der Süden der Balkanhalbinsel

Der Süden der Balkanhalbinsel hält so viele zauberhafte Orte bereit, dass man eigentlich jede Ferien dort verbringen könnte – wäre da nur nicht diese Entfernung; mit der Fährverbindung lässt sich die weite Anreise jedoch sehr komfortabel abkürzen.

Abends in Venedig einchecken, am nächsten Tag zur gleichen Zeit in Griechenland vom Schiff rollen: Diese Rundreise bietet auch für die Sommerferien ein ideales Programm, bei dem es zurück in der Heimat jede Menge zu erzählen gibt.

Traumstrände und Bergregionen liegen im Wechsel entlang dieser Route. Im Juli und August ist es in Griechenland und Albanien allerdings richtig warm. Klimaanlage ist da Pflicht. Je früher die Ferien beginnen, desto besser. Zu Beginn der Rundreise sind die Etappen recht kurz. Erst wenn es auf den Heimweg geht, werden die Distanzen etwas länger. Durch Ungarn und Österreich oder durch Ungarn, die Slowakei und Tschechien geht es von Serbien auf dem kürzesten Weg in die Heimat.

Route 3 – alle Etappen

Etappen und Routenpunkte

Anreise zu Routenpunkt 1
Fähre Venedig → Igoumenitsa; 920 *km, 26 Stunden*
Igoumenitsa → Lefkada;
110 *km, 1½ Stunden*

Etappe 1
Lefkada → Delphi;
260 *km, 3½ Stunden*

Etappe 2
Delphi → Kap Melagavi;
220 *km, 3½ Stunden*

Etappe 3
Kap Melagavi → Valtaki Beach; 200 *km, 3 Stunden*

Etappe 4
Valtaki Beach → Monemvasia;
60 *km, 1 Stunde*

Etappe 5
Monemvasia → Theater von Epidauros;
240 *km, 3½ Stunden*

Etappe 6
Theater von Epidauros → Athen; 130 *km, 1½ Stunden*

Etappe 7
Athen → Meteora;
360 *km, 4½ Stunden*

Etappe 8
Meteora → Vikos-Aoos-Nationalpark;
160 *km, 3 Stunden*

Etappe 9
Vikos-Aoos-Nationalpark → Lengarica-Schlucht;
80 *km, 2 Stunden*

Etappe 10
Lengarica-Schlucht → Gjirokastra; 70 *km, 1½ Stunden*

Etappe 11
Gjirokastra → Albanische Riviera; 90 *km, 2 Stunden*

Etappe 12
Albanische Riviera → Berat;
160 *km, 3½ Stunden*

Etappe 13
Berat → Ohridsee;
160 *km, 3 Stunden*

Etappe 14
Ohridsee → Prilep;
110 *km, 2 Stunden*

Etappe 15
Prilep → Makrygialos;
220 *km, 3 Stunden*

Etappe 16
Makrygialos → Kavala;
200 *km, 2½ Stunden*

Etappe 17
Kavala → Rilakloster;
250 *km, 4 Stunden*

Etappe 18
Rilakloster → Belogradtschik;
270 *km, 4½ Stunden*

Etappe 19
Belogradtschik → Subotica;
490 *km, 6 Stunden*

1 Lefkada

Große Teile der Insel sind von wilder Natur, schroffen Klippen und ihren fantastischen Stränden geprägt. Hier kann man Griechenland wie aus dem Bilderbuch erleben.

Seite 337

2 Delphi

Den Griechen der Antike galt Delphi als der Mittelpunkt der Welt. Hier wurde Apollon, der Gott des Lichts und der Heilung verehrt. Mit dem Orakel entwickelte sich die Kultstätte zur wichtigsten der hellenistischen Welt.

Seite 345

3 Kap Melagavi

Der kleine trutzige Leuchtturm hätte sich kaum eine beeindruckendere Kulisse aussuchen können, als auf dem ausgesetzten Kap. In der Nähe liegt einer der schönsten Strände der Region direkt an einer antiken Ausgrabungsstätte.

Seite 349

4 Valtaki Beach

Besonders macht den Strand das Wrack der gestrandeten Dimitrios, die Anfang der 1980er-Jahre direkt am Strand auf Grund lief und heute ein super Fotomotiv abgibt.

Seite 358

5 Monemvasia

Der von weitem sichtbare schroffe Felsen vor der Küste Griechenlands versteckt den kleinen Ort Monemvasia. Seine besondere Lage hat ihn zu einem beliebten Ausflugsziel gemacht. In den engen Gässchen zwischen weiß getünchten Häusern herrscht immer reger Betrieb.

Seite 357

6 Theater von Epidauros

Die Ausmaße des ungewöhnlich gut erhaltenen Theaters sind selbst für heutigen Standard gewaltig. Wer früh morgens auf den antiken Zuschauerrängen Platz nimmt, die in aller Ruhe umso beeindruckender wirken, kann andächtig seinen Blick über das Theater und die Umgebung schweifen lassen.

Seite 356

In den Gassen von Monemvasia

7 Athen

Das Parthenon und das Erechtheion auf dem Festungshügel Athens gehören bis heute zu den berühmtesten antiken Bauwerken der Welt. Die herausgehobene Lage über den Dächern der Stadt verstärkt zusätzlich die besondere Atmosphäre dieses besonderen Ortes.

Seite 350

8 Meteora

Kaum ein europäisches Naturphänomen zieht Besucher so in seinen Bann wie die steinernen Felstürme in den Ausläufern des Pindos-Gebirges. Auf ihren unzugänglichen Spitzen thronen bis heute orthodoxe Klöster.

Seite 331

9 Vikos-Aoos-Nationalpark

Die Wandermöglichkeiten inmitten der wilden Landschaft des Nationalparks suchen in Europa ihresgleichen. Aber auch wer nicht lange wandern möchte, der kann hier einiges entdecken.

Seite 328

10 Lengarica-Schlucht

Bei Erkundungen durch die Lengarica-Schlucht ist mit nassen Füßen zu rechnen. Bei einem Bad im warmen, schwefelhaltigen Quellwasser kann danach entspannt werden.

Seite 253

Die Klöster von Meteora thronen über Kalambaka

11 Gjirokastra

Besonders von der hoch gelegenen Festung ist der Blick über die an den steilen Hang gebaute Stadt und das von schroffen Bergen umgebene Tal des Drino jede erklommene Stufe wert. Vor allem Kinder finden die zudem ausgestellten Artillerie-Geschütze und das in den 1950er-Jahren nieder gegangene amerikanische Düsenflugzeug spannend. Wer Lust auf einen Abstecher hat, der sollte auf der nächsten Etappe die sehenswerte Quelle 10 **Syri i Kaltër** (S. 258) besuchen.

Seite 255

12 Albanische Riviera

Zwischen dem Llogara-Pass im Norden und der Saranda im Süden hat man in der Nebensaison an der Albanischen Riviera oft ganze Küstenabschnitte komplett für sich allein. Einer der schönsten Strände liegt in der Bucht von Porto Palermo.

Seite 258

13 Berat

Die dicht gedrängten und in Stufen übereinander angelegten Stadthäuser im osmanischen Stil machten die Stadt berühmt und gaben ihr den Beinamen „Stadt der tausend Fenster“. In ihr manifestiert sich die große Eigenheit der albanischen Kultur und Lebensweise.

Seite 251

14 Ohridsee

Baden und Bootfahren sind im Sommer dank des glasklaren Wassers die beliebtesten Aktivitäten rund um den See. Mit

Die Burg von Gjirokastra mit tollem Ausblick

dem Kloster Sveti Naum und der Altstadt von Ohrid gibt es aber auch genug Möglichkeiten, die kulturellen und historischen Besonderheiten der Region näher zu entdecken. Wer Lust hat, kann auf der nächsten Etappe nach Prilep einen Abstecher nach Kruševo zum 24 ***Ilinden Memorial*** (S. 279) machen.

Seite 275

15 Prilep

Umgeben von Tabakfeldern und einer kargen, außergewöhnlich schönen Felslandschaft liegt Prilep am nördlichen Ende der Pelagonischen Ebene. Tausende frei in der Ebene liegende Felsen geben die perfekte Kulisse für Wanderungen in dem steinernen Meer ab.

Seite 281

16 Makrygialos

Der kleine Ort am Meer eignet sich für einen Zwischenstopp auf dem Weg in den Nordosten Griechenlands.

Seite 345

17 Kavala

In und um Kavala liegen unzählige kleine und große Strände, die meisten mit schönem Sand. Wer an der Küste entlangfährt kann sich seinen Favoriten suchen. Außerdem sollte man das Aquädukt nicht verpassen, das quer durch den Ort führt.

Seite 342

18 Rilakloster

Dank seiner farbenfrohen Fresken gehört das abgelegene Kloster zu einer der berühmtesten Sehenswürdigkeiten Bulgariens. Besondere Bedeutung erlangte es zudem, da es vielen Freiheitskämpfern im Kampf um ein unabhängiges Bulgarien als Zufluchtsort diente.

Seite 304

19 Belogradtschik

Inmitten hoch aufragender Steinnadeln, die einst am Grund eines Ozeans entstanden, liegt die Festung von Belogradtschik. Es lohnt auch ein Abstecher zu der in der Nähe gelegenen 22 ***Magura-Höhle*** (S. 297).

Seite 296

20 Subotica

Berühmt ist die Stadt vor allem für ihre herrlichen Bauten im Jugendstil. Für die in Subotica geschaffenen Bauwerke ist der bewusst gesuchte Einfluss von Stilelementen und Mustern der Volksarchitektur und volkstümlicher Kunst aus Ungarn und Rumänien charakteristisch.

Seite 196

Die Festung von Belogradtschik

Titel:	Probier's mal mit Gemütlichkeit		
Etappen:	12	Strecke:	1840 km + An- und Rückreise
Dauer:	5 Wochen	beste Reisezeit:	Mai–Juni und September
Ziele:	Slowenien, Kroatien, Montenegro, Bosnien und Herzegowina		

Route 4

Probier's mal mit Gemütlichkeit

Von all den tollen Orten und Sehenswürdigkeiten auf dem Balkan konzentriert sich dieser Routenvorschlag auf jene, an denen man gut länger als zwei Nächte bleiben kann, ohne dass es langweilig wird.

Von den großen Seen des Triglav-Nationalparks über die Adriaküste mit ihren unzähligen Stränden und beeindruckenden Städten geht es südwarts bis nach Montenegro. Immer wieder entfernt sich die Route dabei vom Meer, um die Nationalparks, aber auch historisch und kulturell bedeutende Sehenswürdigkeiten im Landesinneren anzusteuern.

Bei beinahe allen ausgewählten Orten gibt es die Möglichkeit, auf einem Campingplatz zu übernachten. In der Hauptsaison (Juli und August) ist es dann aber auf jeden Fall erforderlich, für Campingplätze oder Unterkünfte vorab zu reservieren.

Route 4 – alle Etappen

Etappen und Routenpunkte

Etappe 1
Bleder See → Höhlenburg Predjama; 110 *km*, 1½ *Stunden*

Etappe 2
Postojna-Höhle → Kvarner Bucht; 70 *km*, 1½ *Stunden*

Etappe 3
Kvarner Bucht → Zadar; 240 *km*, 3 *Stunden*

Etappe 4
Zadar → Krka-Nationalpark; 80 *km*, 1 *Stunde*

Etappe 5
Krka-Nationalpark → Omiš; 110 *km*, 1½ *Stunden*

Etappe 6
Omiš → Kravica Wasserfälle; 100 *km*, 1½ *Stunden*

Etappe 7
Kravica Wasserfälle → Dubrovnik; 140 *km*, 2½ *Stunden*

Etappe 8
Dubrovnik → Perast; 80 *km*, 1½ *Stunden*

Etappe 9
Perast → Kotor; 10 *km*, 15 *Minuten*

Etappe 10
Kotor → Sarajevo; 260 *km*, 4½ *Stunden*

Etappe 11
Sarajevo → Plitvicer Seen; 340 *km*, 5½ *Stunden*

Etappe 12
Plitvicer Seen → Bohinj See; 300 *km*, 4½ *Stunden*

1 Bleder See

Eingerahmt vom Panorama der Julischen Alpen funkelt der See im Sommer mit seinem türkis-klaren Wasser. Vom See aus lassen sich außerdem erstklassige Wander- oder Bikeausflüge unternehmen. Als Basis für Ausflüge, Badetage und Wanderungen bieten sich die beiden tollen Campingplätze bei Bled hervorragend an.

Seite 110

2 Höhlenburg Predjama und Postojna-Höhle

Die Erlebniswelt um die Postojna-Höhle bietet Programm für mehrere Tage. Mit ihren unterirdischen Sälen, Brücken und Tunneln ist die Höhlenlandschaft von Postojna eines der ungewöhnlichsten Naturschauspiele weit und breit. Dass die Tropfsteine dabei die unterschiedlichsten Formen bilden, ist wohl keine Überraschung. Doch wer hätte mit so vielen verschiedenen Farben gerechnet? Der nahe, wunderschön im Wald gelegene Campingplatz überzeugt mit seiner sehr ruhigen und einladenden Atmosphäre.

Seite 130, 131

3 Kvarner Bucht

Die Straße entlang der Küste ist nicht die schnellste, aber dafür eine der schönsten des Landes. Viele kleine Orte und Strände geben Gelegenheit zum Verweilen.

Seite 153

4 Zadar

Die autofreie Altstadt lädt zum Bummeln und Spazieren ein. Danach kann man sich mit einem Sprung ins Meer an der berühmten Seeorgel erfrischen. Der zentral gelegene Campingplatz direkt am Meer ist eine gute Basis für einen Ausflug in die Stadt.

Seite 156

5 Krka-Nationalpark

Hauptattraktion des Nationalparks ist der 800 Meter lange 17-stufige Wasserfall

Im Krka-Nationalpark

Skradinski Buk. Dieser ist als Fotomotiv sehr beliebt. Eine Freilicht-Ausstellung informiert über die wirtschaftliche Nutzung der Wasserkraft des Flusses. Zudem können Wanderungen und Radtouren durch den Nationalpark unternommen werden.

Seite 158

6 Omiš

Im 14. und 15. Jahrhundert entwickelte sich Omiš zum Zentrum der Seeräuberei in der Adria. Dafür war die außergewöhnliche geografische Lage an der flachen Mündung der Cetina ausschlaggebend. Heute locken die langen Strände der Region viele Besucher an.

Seite 160

7 Kravica Wasserfälle

Über die im Halbkreis stehenden Klippen stürzt das Wasser des Trebižat in die Tiefe. Hier sammelt es sich in einem kleinen See, dessen Farbenpracht an schimmernden Grün- und Blautönen mit der beinahe tropisch anmutenden Vegetation zu wetteifern scheint. Von hier kann gut ein Tagesausflug nach 9 14 46 ***Mostar*** (S. 182) unternommen werden.

Seite 187

8 Dubrovnik

Die Altstadt von Dubrovnik gehört bis heute zu den sehenswertesten Städten des Mittelmeers. Handel und Seefahrt haben ihr großen Reichtum gebracht und eine besondere Beziehung zum Meer entstehen lassen. Bei einer Wanderung oder Gondelfahrt auf den Hausberg der Stadt, einem Spaziergang über die Befestigungsanlagen oder einer Kajaktour kann das beeindruckende Dubrovnik aus ganz unterschiedlichen Perspektiven entdeckt werden.

Seite 162

9 Perast

Ein Zwischenstopp in dem beschaulichen Städtchen gibt Gelegenheit, in einem der vielen traditionellen Restaurants entlang der autofreien Promenade einzukehren und das Panorama der Bucht von Kotor zu genießen. Von hier aus können größere und kleinere Bootstouren durch die Bucht unternommen werden.

Seite 218

⑩ Kotor

Die steilen Hänge der umliegenden, beinahe 2000 Meter hohen Berge scheinen teils direkt ins Meer abzufallen und machen den einzigartigen Charakter der Bucht von Kotor aus. Einen guten Eindruck von der Gegend erhält man auf der Wanderung zur Festung San Giovanni über der Stadt Kotor.

Seite 219

⑪ Sarajevo

Von der bewegten Geschichte der Stadt zeugen sowohl ihre mit roten Ziegeln gedeckten orientalisch-osmanischen Kaffeehäuser und Handwerksgeschäfte, als auch die Administrationsgebäude der österreich-ungarischen Periode. Unübersehbar sind immer noch die Spuren des Krieges und der jahrelangen Belagerung. All dem zum Trotz strotzt die Hauptstadt Bosnien und Herzegowinas vor Lebendigkeit und Optimismus.

Seite 176

⑫ Plitvicer Seen

Die in Kaskaden abgestufte Seenlandschaft mit ihren tiefblauen und grünen Becken gehört zu den beeindruckendsten Naturphänomenen der Balkanhalbinsel. Über die mit Holzstegen angelegten Wege können verschiedenen Wanderungen unternommen werden.

Seite 154

⑬ Bohinj See

Das gänzlich unverbaute Ufer des Bohinj Sees wird von unzähligen hellen Kiesbuchten umrahmt. Wandern, Radfahren und Schwimmen sind hier richtige Naturerlebnisse. Zu guter letzt wartet sogar noch ein preisgekrönter Campingplatz.

Seite 121

Omiš liegt direkt an der Mündung der Cetina ins Adriatische Meer

Titel:	Natur pur		
Etappen:	24	Strecke:	4130 km + An- und Rückreise
Dauer:	8 Wochen	beste Reisezeit:	März–Juni und September–Oktober
Ziele:	Slowenien, Kroatien, Bosnien und Herzegowina, Montenegro, Albanien, Griechenland, Nordmazedonien, Kosovo, Serbien, Bulgarien		

Route 5

Natur pur

Mit ihren beeindruckenden Naturerlebnissen, vielen abgelegenen und dünn besiedelten Regionen und einer beachtlichen Zahl an Nationalparks ist die Balkanhalbinsel wie gemacht für Outdoorbegeisterte – zum Wandern, Baden und Radfahren finden sich hier hochkarätige Möglichkeiten.

Start- und Endpunkt dieser Rundreise sind die schönsten Orte des Triglav-Nationalparks im Norden Sloweniens. Von hier geht es parallel zur Adriaküste bis nach Griechenland. Oft stehen sowohl die Schnellstraßen im Landesinneren, als auch die Küstenstraßen zur Wahl. Die traumhafte Route entlang der Küste gehört zu den schönsten Europas. Wer bestimmte Streckenabschnitte lieber zügig fahren möchte, der wählt die Schnellstraßen.

Von Lefkada in Griechenland, dem südlichsten Punkt der Route, geht es über Nordmazedonien, den Kosovo und Serbien nach Bulgarien. Hier liegt der östlichste Punkt der Reise. Nun geht es quer durch Serbien und Kroatien zurück nach Slowenien.

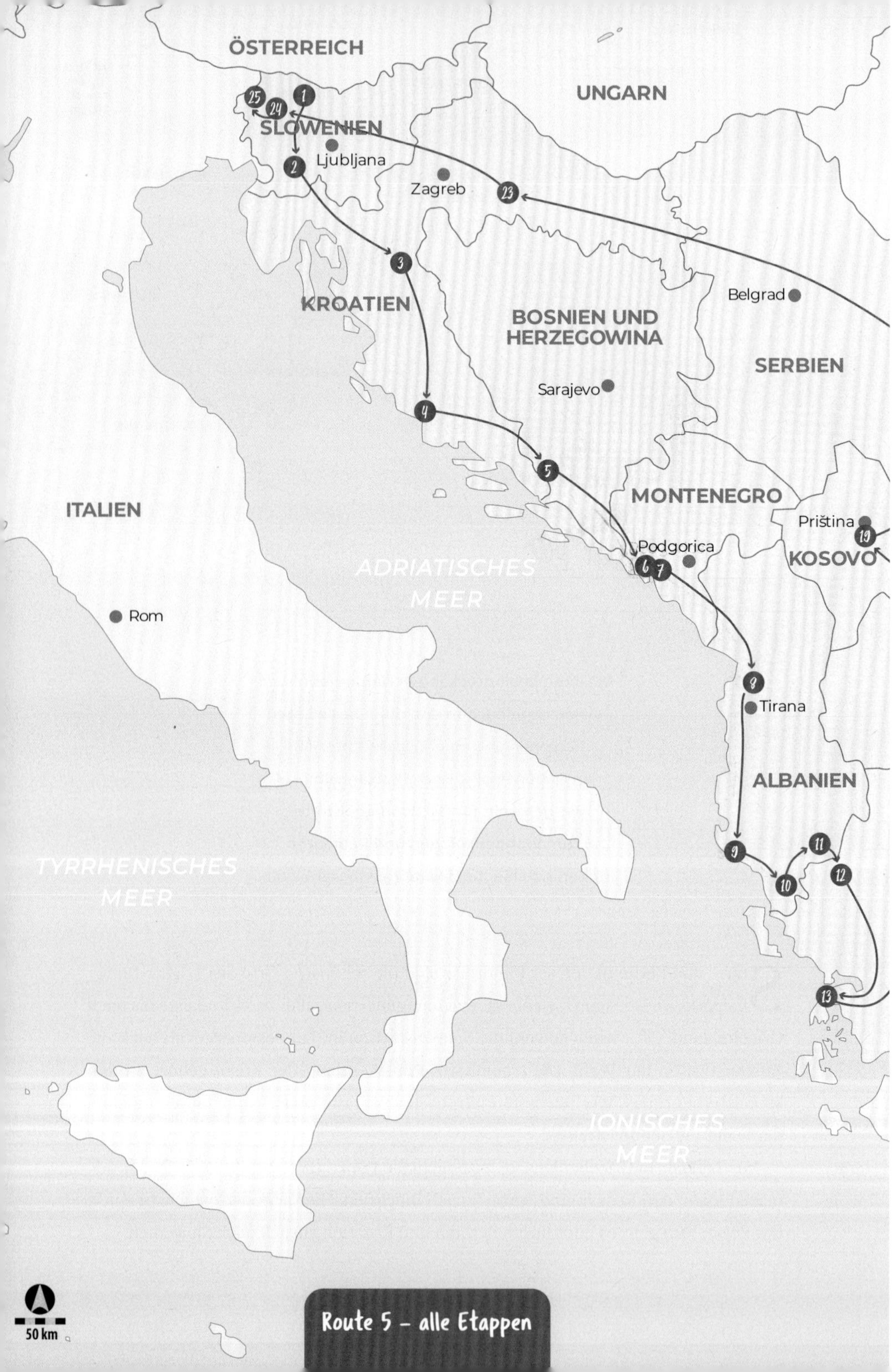

Route 5 – alle Etappen

UKRAINE
RUMÄNIEN
Bukarest
22
21
20
Sofia
SCHWARZES
MEER
18
Skopje
BULGARIEN
NORD-
MAZEDONIEN
17
16
Istanbul
15
TÜRKEI
14
GRIECHENLAND
ÄGÄIS
Athen

Etappen und Routenpunkte

Etappe 1
Bleder See → Höhlen von Postojna; *100 km, 1½ Stunden*

Etappe 2
Höhlen von Postojna → Plitvicer Seen; *230 km, 3½ Stunden*

Etappe 3
Plitvicer Seen → Krka-Nationalpark; *180 km, 2 Stunden*

Etappe 4
Krka-Nationalpark → Kravica Wasserfälle; *190 km, 2 Stunden*

Etappe 5
Kravica Wasserfälle → Kotor; *200 km, 3½ Stunden*

Etappe 6
Kotor → Nationalpark Lovćen; *40 km, 1 Stunde*

Etappe 7
Nationalpark Lovćen → Kruja; *210 km, 4 Stunden*

Etappe 8
Kruja → Albanische Riviera; *220 km, 3½ Stunden*

Etappe 9
Albanische Riviera → Syri i Kaltër; *80 km, 2 Stunden*

Etappe 10
Syri i Kaltër → Lengarica-Schlucht; *100 km, 2 Stunden*

Etappe 11
Lengarica-Schlucht → Vikos-Aoos-Nationalpark; *80 km, 2 Stunden*

Etappe 12
Vikos-Aoos-Nationalpark → Lefkada; *190 km, 3 Stunden*

Etappe 13
Lefkada → Meteora; *230 km, 3½ Stunden*

Etappe 14
Meteora → Makrygialos; *210 km, 3 Stunden*

Etappe 15
Makrygialos → Demir Kapija; *140 km, 2 Stunden*

Etappe 16
Demir Kapija → Prilep; *90 km, 1½ Stunden*

Etappe 17
Prilep → Sternwarte Kokino; *160 km, 2½ Stunden*

Etappe 18
Sternwarte Kokino → Bärenpark; *110 km, 2½ Stunden*

Etappe 19
Bärenpark → Đavolja Varoš; *60 km, 1½ Stunden*

Etappe 20
Đavolja Varoš → Belogradtschik; *250 km, 4½ Stunden*

Etappe 21
Belogradtschik → Magura-Höhle; *20 km, ½ Stunde*

Etappe 22
Magura-Höhle → Podgarić; *640 km, 7½ Stunden*

Etappe 23
Podgarić → Bohinj See; *300 km, 3½ Stunden*

Etappe 24
Bohinj See → Soča-Tal; *100 km, 2 Stunden*

1 Bleder See

Eingerahmt vom Panorama der Julischen Alpen funkelt der See im Sommer mit seinem türkis-klaren Wasser. Vom See aus lassen sich außerdem erstklassige Wander- oder Bikeausflüge unternehmen. Als Basis für Ausflüge, Badetage und Wanderungen bietet sich Bled hervorragend an.

Seite 110

2 Höhlen von Postojna

Mit ihren unterirdischen Sälen, Brücken und Tunneln ist die Höhlenlandschaft eines der ungewöhnlichsten Naturschauspiele weit und breit. Dass die Tropfsteine dabei die unterschiedlichsten Formen in vielen Farben bilden, ist wohl keine Überraschung.

Seite 131

3 Plitvicer Seen

Die in Kaskaden abgestufte Seenlandschaft mit ihren tiefblauen und grünen Becken gehört zu den beeindruckendsten Naturphänomenen der Balkanhalbinsel. Über die mit Holzstegen angelegten

Wege können verschiedenen Wanderungen unternommen werden, um den Nationalpark zu erkunden.

Seite 154

4 Krka-Nationalpark

Hauptattraktion des Nationalparks ist der 800 Meter lange 17-Stufige Wasserfall Skradinski Buk. Dieser ist als Fotomotiv sehr beliebt, gebadet werden darf in seinem Becken mittlerweile jedoch nicht mehr. Zudem können Wanderungen und Radausflüge durch den Nationalpark unternommen werden.

Seite 158

5 Kravica Wasserfälle

Über die im Halbkreis stehenden Klippen stürzt das Wasser des Trebižat in die Tiefe. Hier sammelt es sich in einem kleinen See, dessen Farbenpracht an schimmernden Grün- und Blautönen mit der beinahe tropisch anmutenden Vegetation zu wetteifern scheint.

Seite 187

6 Kotor

Die steilen Hänge der umliegenden, beinahe 2000 Meter hohen Berge scheinen teils direkt ins Meer abzufallen und machen den einzigartigen Charakter der Bucht von Kotor aus. Einen guten Eindruck von der Gegend erhält man auf der Wanderung zur Festung San Giovanni über der Stadt Kotor. Wer keine Lust hat, sich erst durch die wuseligen Gassen zu schieben, der kann das Panorama bei einem Kaffee an der Promenade von 9 21 43 ***Perast*** (S. 219) genießen.

Seite 219

7 Nationalpark Lovćen

Das Highlight des Nationalparks Lovćen ist ohne Frage das Njegoš Mausoleum auf

Der Skradinski Buk im Krka-Nationalpark

dem zweithöchsten Gipfel des Lovćen Gebirges, dem Jezerski Vrh. nach dem Aufstieg ist vor allem der hinter dem Mausoleum liegende Aussichtspunkt mit seinem Rundumblick über die Berglandschaft außergewöhnlich.

Seite 221

8 Kruja

Einst machte Skanderbeg Kruja zum Zentrum des albanischen Widerstands gegen die Osmanen. Die Stadt hat sich ganz der Verehrung des Nationalhelden gewidmet.

Seite 244

9 Albanische Riviera

Wer von Norden kommend der SH8 folgt, den trennt nur das Ceraunische Gebirge von dem Teil der albanischen Küste, die wie keine andere für ihre zahlreichen weißen Kieselstrände und glasklares Wasser bekannt ist. Zwischen dem Llogara-Pass im Norden und Saranda im Süden hat man in der Nebensaison oft ganze Küstenabschnitte komplett für sich allein. Eine der ersten Ortschaften südlich des Llogara-Passes ist Dhërmi.

Seite 258

10 Syri i Kaltër

Von einer kleinen Holzplattform kann man von oben hinunter in die wasserreichste Quelle des Landes mit ihrem glasklaren türkisblauen Wasser blicken. Die runde Form und die durchdringende Farbe gaben der Quelle ihren Namen „Blue Eye“. In direkter Nähe bietet sich eine Badegelegenheit.

Seite 258

11 Lengarica-Schlucht

Bei Erkundungen durch die Lengarica-Schlucht ist mit nassen Füßen zu rechnen. Bei einem Bad im warmen, schwefel-

An der Albanischen Riviera

haltigen Quellwasser mit Blick auf eine beeindruckende Bergkulisse kann danach entspannt werden.
Seite 253

12 Vikos-Aoos-Nationalpark

Die Wandermöglichkeiten inmitten der wilden Landschaft des Nationalparks suchen in Europa ihresgleichen. Aber auch wer nicht lange wandern möchte, der kann hier einiges entdecken.
Seite 328

13 Lefkada

Große Teile der Insel sind von wilder Natur, schroffen Klippen und ihren fantastischen Stränden geprägt. Griechenland wie aus dem Bilderbuch.
Seite 337

14 Meteora

Kaum ein europäisches Naturphänomen zieht Besucher so in seinen Bann wie die steinernen Felstürme in den Ausläufern des Pindos-Gebirges. Ausgangspunkt für einen Ausflug ist in der Regel der Ort Kalambaka. Zu den Highlights gehört eine Radtour durch die magische Landschaft.
Seite 331

15 Makrygialos

Der kleine Ort am Meer eignet sich für einen Zwischenstopp auf dem Weg in den Nordosten Griechenlands oder nach Nordmazedonien. Hier ist nicht viel los, es gibt eine nette Strandpromenade und einige Cafés und Restaurants und einen Strand mit Duschen.
Seite 345

Klettern in Demir Kapija

16 Demir Kapija

Seinen Namen bekam der Ort unter türkischer Herrschaft verliehen, er verweist auf die enge Schlucht, die der Vardar in die Kalksteinfelsen geschnitten hat und bedeutet so viel wie „Eisernes Tor“. Die beiden Hauptaktivitäten in der Region sind Outdoorsport und Weinverkostungen. Mag zunächst ungewöhnlich klingen, ist aber dank der teils hügeligen, teils felsig schroffen Landschaft naheliegend.
Seite 284

17 Prilep

Wie von einer riesigen Hand wurden hier Felsbrocken in allen Größen und Formen

Höhlenmalereien in der Magura-Höhle

über der sanft hügeligen Landschaft ausgesät. Ein faszinierende Terrain für ausgedehnte Erkundungstouren. Wer sich für das extravagante 24 ***Ilinden Memorial*** (S. 279) interessiert, der sollte vor der nächsten Etappe einen Abstecher nach Kruševo einplanen.

Seite 281

18 Sternwarte Kokino

An dem außergewöhnlichen Ort inmitten malerischer Landschaft errichteten Gelehrte vor fast 4000 Jahren eine einfache Sternwarte, um die Positionen der Sonne und des Mondes vorhersagen zu können. Achtung: Auf der nächsten Etappe über Serbien in den Kosovo einreisen.

Seite 272

19 Bärenpark

Der Bärenpark bei Priština ermöglicht es Besuchern, ganz nah an die sonst scheuen Wildtiere heranzukommen. Den Bären beim Toben, Essen und Spielen zuzusehen macht richtig Spaß.

Seite 234

20 Đavolja Varoš

Vor dem Hintergrund der durch hohe mineralische Konzentration gelb, orange und rot gefärbten Berglandschaft bieten die in Folge starker Erosion entstandenen Steintürme der sogenannten Teufelsstadt ein außergewöhnliches Panorama, das den Besuch lohnt.

Seite 209

21 Belogradtschik

Die hoch aufragenden Steinnadeln, die einst am Grund eines Ozeans entstanden, erinnern an die Türme der Teufelsstadt, nur sind sie ungleich größer. In ihrer Mitte liegt die Festung von Belogradtschik.

Seite 296

22 Magura-Höhle

Das vom Wasser ausgewaschene Tunnelsystem birgt die unterschiedlichsten Steinformationen. Allein die Höhle ist daher schon sehenswert. Einzigartig sind aber die Wandzeichnungen, die unterschiedlichste Motive wie tanzende und jagende Menschen, Tiere, sowie Arbeitsgeräte und Pflanzen darstellen. Es folgt die erste längere Etappe der Rückreise. Für diese ist ein ganzer Tag zu veranschlagen. Wer Lust hat, der kann einen Zwischenstopp in 4 5 7 ***Belgrad*** (S. 199) oder am in der Nähe Belgrads gelegenen 8 ***Kosmaj Monument*** (S. 205) einlegen.

Seite 297

23 Podgarić

Das kleine Dorf inmitten bewaldeter Hügel ist Standort eines ungewöhnlichen Monuments. Der Spomenik bei Podgarić wurde den gefallenen Partisanen der Region gewidmet und 1967 unter Anwesenheit Titos eingeweiht.

Seite 143

24 Bohinj See

Das unverbaute Ufer des Sees wird von unzähligen hellen Kiesbuchten umrahmt. Wandern, Radfahren und Schwimmen sind hier richtige Naturerlebnisse.

Seite 121

25 Soča-Tal

Die unzähligen Stromschnellen, Wasserfälle und tiefe Felsschluchten des Soča-Tals sind zusammen mit den umliegenden Hügeln und Gipfeln ein Paradies für Naturliebhaber und Outdoorsportbegeisterte. Der Ort Bovec liegt zentral im Tal.

Seite 118

Der Bohinj See im Herbst

Titel:	Autostrada		
Etappen:	31	Strecke:	4860 km + An- und Rückreise
Dauer:	12 Wochen	beste Reisezeit:	April–Juni und September–Oktober
Ziele:	Slowenien, Kroatien, Serbien, Bulgarien, Griechenland, Albanien, Montenegro		

Route 6

Autostrada

Dieser Routenvorschlag ist thematisch in zwei Abschnitte unterteilt: Der erste Teil folgt der historisch wichtigen Verkehrsachse von Mittel- nach Südosteuropa, die unter dem Namen „Autoput“ Berühmtheit erlangte.

Die quer durch das ehemalige Jugoslawien führende Aneinanderreihung von Autobahnen und Schnellstraßen verbindet die wichtigsten Städte Sloweniens, Kroatiens und Serbiens. Diese Etappen vermitteln ein Bild für das Lebensgefühl der drei sehr unterschiedlichen Länder. Einige hervorragende Museen und historische Erinnerungsstätten helfen diese Eindrücke abzurunden. Mit relativ wenigen Stopps ist es so möglich, auf der heute als Europastraße 70 und 75 beschilderten Verbindung zügig bis nach Griechenland zu gelangen.

Auf dem Rückweg, dem zweiten Teil der Rundreise, werden die Etappen etwas kürzer. So ist viel Zeit, um an den Stränden Griechenlands, Albaniens und Kroatiens zu faulenzen und die Naturhighlights aber auch die kulinarischen Köstlichkeiten und kulturellen Besonderheiten der südlichen Balkanstaaten zu entdecken. Von der Peloponnes geht es über die Albanische Riviera immer entlang der Adria. Auf der legendären Adria-Magistrale warten zwischen Kotor und Rijeka einige der schönsten Streckenabschnitte.

Route 6 – alle Etappen

UKRAINE
RUMÄNIEN
Bukarest
SCHWARZES MEER
6
Sofia
7
Skopje
BULGARIEN
NORD-MAZEDONIEN
Istanbul
8
9
TÜRKEI
15
GRIECHENLAND
ÄGÄIS
13
12
10
Athen
11

Etappen und Routenpunkte

Etappe 1
Bleder See → Zagreb;
200 km, 2½ Stunden

Etappe 2
Zagreb → Gedenkstätte Jasenovac; *110 km, 1½ Stunden*

Etappe 3
Gedenkstätte Jasenovac → Vukovar; *200 km, 2 Stunden*

Etappe 4
Vukovar → Belgrad;
140 km, 2 Stunden

Etappe 5
Belgrad → Niš;
240 km, 2½ Stunden

Etappe 6
Niš → Rilakloster;
260 km, 3½ Stunden

Etappe 7
Rilakloster → Kavala;
260 km, 4 Stunden

Etappe 8
Kavala → Thessaloniki;
150 km, 2 Stunden

Etappe 9
Thessaloniki → Athen;
500 km, 5½ Stunden

Etappe 10
Athen → Theater von Epidauros; *140 km, 2 Stunden*

Etappe 11
Theater von Epidauros → Kap Melagavi;
90 km, 1½ Stunden

Etappe 12
Kap Melagavi → Delphi;
220 km, 3½ Stunden

Etappe 13
Delphi → Lefkada;
260 km, 3½ Stunden

Etappe 14
Lefkada → Meteora;
210 km, 3 Stunden

Etappe 15
Meteora → Vikos-Aoos-Nationalpark;
160 km, 3 Stunden

Etappe 16
Vikos-Aoos-Nationalpark → Gjirokastra;
80 km, 1½ Stunden

Etappe 17
Gjirokastra → Albanische Riviera;
100 km, 2 Stunden

Etappe 18
Albanische Riviera → Tirana;
230 km, 4 Stunden

Etappe 19
Tirana → Kruja;
30 km, 1 Stunde

Etappe 20
Kruja → Perast;
200 km, 4 Stunden

Etappe 21
Perast → Dubrovnik;
80 km, 1½ Stunden

Etappe 22
Dubrovnik → Kravica Wasserfälle;
140 km, 2½ Stunden

Etappe 23
Kravica Wasserfälle → Omiš;
100 km, 1½ Stunden

Etappe 24
Omiš → Krka-Nationalpark;
100 km, 1½ Stunden

Etappe 25
Krka-Nationalpark → Zadar;
80 km, 1 Stunde

Etappe 26
Zadar → Plitvicer Seen;
130 km, 2 Stunden

Etappe 27
Plitvicer Seen → Kvarner Bucht;
170 km, 2½ Stunden

Etappe 28
Kvarner Bucht → Höhlenburg Predjama;
80 km, 1½ Stunden

Etappe 29
Höhlenburg Predjama → Partisanenlazarett Franja;
70 km, 1½ Stunden

Etappe 30
Partisanenlazarett Franja → Bohinj See; *50 km, 1½ Stunden*

Etappe 31
Bohinj See → Kobarid;
80 km, 2 Stunden

1 Bleder See

Eingerahmt vom Panorama der Julischen Alpen funkelt der Bleder See im Sommer mit seinem türkis-klaren Wasser. Vom See aus lassen sich erstklassige Wander- oder Fahrradausflüge unternehmen.

Seite 110

2 Zagreb

Berühmt ist Zagreb für seine lebendige Atmosphäre mit zahlreichen Cafés, Restaurants und Geschäftsstraßen. Der mittelalterliche Stadtkern und die vielen kopfsteingepflasterten und verwinkelten Gassen erinnern dabei stets an die jahr-

Ausblick vom Glockenturm in Zagreb

hundertealte Historie dieser heute so kosmopolitischen Metropole.

Seite 140

3 Gedenkstätte Jasenovac

An die hier im Zweiten Weltkrieg begangenen Verbrechen, aber auch an die unzerstörbare Kraft des Lebens erinnert das eindrucksvolle 24 Meter hohe Monument „Blume aus Stein“. Das in der Nähe eingerichtete Museum dokumentiert die Geschichte des Lagers.

Seite 144

4 Vukovar

Die am Ende des serbisch-kroatischen Krieges zu 90 Prozent zerstörte Stadt ist weitestgehend neu errichtet und ist wieder ein beliebtes Touristenziel. In Kroatien steht ihr Name aber immer noch wie kein anderer für das Trauma des Krieges.

Seite 145

5 Belgrad

Wer die ehemalige Hauptstadt Jugoslawiens besucht, der muss unbedingt auch Tito einen Besuch abstatten.

Seite 199

6 Niš

Im Laufe der Geschichte errichteten mehrere grausame Herren ihr Regime über die zweitgrößte Stadt Serbiens. Einige sehenswerte Denkmäler erinnern an diese dunklen Epochen. Wer sich für die bulgarische Hauptstadt interessiert, der kann die nächste Etappe mit einem Besuch 21 ***Sofias*** (S. 300) verbinden.

Seite 205

7 Rilakloster

Dank seiner farbenfrohen Fresken gehört das abgelegene Kloster zu einer der berühmtesten Sehenswürdigkeiten Bulgariens. Besondere Bedeutung erlangte es zudem, da es vielen Freiheitskämpfern im Kampf um ein unabhängiges Bulgarien als Zufluchtsort diente.

Seite 304

8 Kavala

Die tollen Strände der Region wären schon Grund genug, um Kavala einen Besuch abzustatten. Das Jahrhunderte alte Aquädukt, dass quer durch die Stadt verläuft, ist zudem ein ziemlicher Hingucker.

Seite 342

9 Thessaloniki

Keine Stadt Griechenlands wird so sehr von Studierenden und jungen Leuten geprägt. Das heimliche Zentrum der Stadt liegt dementsprechend entlang der Promenade, wo sich unzählige Bars, Cafés und Restaurants aneinanderreihen. Wer nach wochenlangem Campingessen mal wieder Lust auf Sushi, Steak oder Lasagne hat, der hat hier die Wahl zwischen unzähligen hippen Läden. Nach dem Stadtbummel lohnt ein Abstecher nach 16 15 ***Makrygialos*** (S. 345) zum Übernachten.

Seite 339

Promenade von Thessaloniki mit Blick auf den Weißen Turm

10 Athen

Im Vergleich zu Athen ist Thessaloniki ein recht beschauliches Städtchen. Von dem Gewimmel und den unendlichen Stadtautobahnen sollte sich aber niemand abschrecken lassen. Das Parthenon und das Erechtheion auf dem athener Festungshügel gehören nicht umsonst bis heute zu den berühmtesten antiken Bauwerken der Welt.

Seite 350

11 Theater von Epidauros

Die Ausmaße des ungewöhnlich gut erhaltenen antiken Theaters sind selbst für heutigen Standard gewaltig. Wer früh morgens auf den antiken Zuschauerrängen Platz nimmt kann andächtig dem Schauspiel der aufgehenden Sonne beiwohnen.

Seite 356

12 Kap Melagavi

Der kleine trutzige Leuchtturm hätte sich kaum eine beeindruckendere Kulisse aussuchen können, als auf dem ausgesetzten Kap. In der Nähe liegt einer der schönsten Strände der Region direkt an einer antiken Ausgrabungsstätte.

Seite 349

13 Delphi

Den Griechen der Antike galt Delphi als der Mittelpunkt der Welt. Hier wurde Apollon, der Gott des Lichts und der Heilung verehrt. Mit dem Orakel entwickelte sich die Kultstätte zur wichtigsten der hellenistischen Welt.

Seite 345

14 Lefkada

Große Teile der Insel sind von wilder Natur, schroffen Klippen und ihren fantastischen Stränden geprägt. Griechenland wie aus dem Bilderbuch.

Seite 337

15 Meteora

Kaum ein europäisches Naturphänomen zieht Besucher so in seinen Bann wie die steinernen Felstürme in den Ausläufern des Pindos-Gebirges. Ausgangspunkt für einen Ausflug ist in der Regel der Ort Kalambaka. Zu den Highlights gehört eine Radtour durch die magische Landschaft.

Seite 331

16 Vikos-Aoos-Nationalpark

Die Wandermöglichkeiten inmitten der wilden Landschaft des Nationalparks suchen in Europa ihresgleichen. Aber auch wer nicht lange wandern möchte, der kann hier einiges entdecken.

Seite 328

17 Gjirokastra

Besonders von der hoch gelegenen Festung ist der Blick über die an den steilen Hang gebaute Stadt und das von schroffen Bergen umgebene Tal des Drino jede erklommene Stufe wert.

Seite 255

18 Albanische Riviera

Zwischen dem Llogara-Pass im Norden und Saranda im Süden hat man hier in der Nebensaison oft ganze Küstenabschnitte komplett für sich allein. Einer der schönsten Strände liegt in der Bucht von Porto Palermo. Ruhig Zeit nehmen, um von Strand zu Strand zu fahren und diesen Teil Albaniens zu genießen.

Seite 258

19 Tirana

Die beinahe 50 Jahre währende sozialistische Herrschaft über Albanien, deren Spuren bis heute allgegenwärtig sind, wird nirgends so umfangreich thematisiert wie in der Hauptstadt. Wer sich für die Vergangenheit Albaniens interessiert und die wichtigen historischen und kulturellen Ereignisse für die Entwicklung des Landes verstehen möchte, der hat dazu in Tirana die beste Gelegenheit.

Seite 246

20 Kruja

Einst machte Skanderbeg Kruja zum Zentrum des albanischen Widerstands gegen die Osmanen. Die Stadt hat sich mit einem imposanten Museum ganz der Verehrung des Nationalhelden gewidmet.

Seite 244

21 Perast

Ein Zwischenstopp in dem beschaulichen Städtchen gibt Gelegenheit, in einem der vielen traditionellen Restaurants entlang der autofreien Promenade einzukehren und das Panorama der Bucht von Kotor zu genießen.

Seite 218

22 Dubrovnik

Die Altstadt von Dubrovnik gehört bis heute zu den sehenswertesten Städten entlang der Mittelmeerküste. Handel und

Blick auf Gjirokastra

Seefahrt haben ihr großen Reichtum gebracht, den sie Dank ihrer massiven Mauern und Festungen zu verteidigen wusste. Es gibt viele lohnenswerte Möglichkeiten, die Stadt kennenzulernen: mit dem Kajak, der Seilbahn oder auf einem Rundgang über die Stadtmauern.

Seite 162

23 Kravica Wasserfälle

Über die im Halbkreis stehenden Klippen stürzt das Wasser des Trebižat bis zu 28 Meter in die Tiefe. Hier sammelt es sich in einem kleinen See, dessen Farbenpracht an schimmernden Grün- und Blautönen mit der beinahe tropisch anmutenden Vegetation zu wetteifern scheint. Wer auf der nächsten Etappe an der Küste entlangfährt, der braucht etwa eine Stunde länger, sieht aber mehr von der Landschaft.

Seite 187

24 Omiš

Im 14. und 15. Jahrhundert entwickelte sich Omiš zum Zentrum der Seeräuberei in der Adria. Dafür war die außergewöhnliche geografische Lage an der flachen Mündung der Cetina ausschlaggebend. Gewinnbringender für die Region sind heute die langen Strände, die viele Besucher anlocken.

Seite 160

25 Krka-Nationalpark

Hauptattraktion des Nationalparks ist der 800 Meter lange 17-Stufige Wasserfall Skradinski Buk. Dieser ist als Fotomotiv

sehr beliebt, aus Gründen des Naturschutzes ist das Baden in seinem Becken mittlerweile jedoch verboten. Es können Wanderungen und Radtouren durch den Park unternommen werden.
Seite 158

26 Zadar

Die autofreie, von dicken Mauern geborgene Altstadt lädt zum Bummeln und Spazieren ein. Danach kann man sich mit einem Sprung ins Meer an der berühmten Seeorgel erfrischen.
Seite 156

27 Plitvicer Seen

Die in Kaskaden abgestufte Seenlandschaft mit ihren tiefblauen und grünen Becken gehört zu den beeindruckendsten Naturphänomenen der Balkanhalbinsel. Über die mit Holzstegen angelegten Wege können verschiedenen Wanderungen unternommen werden, um den Nationalpark zu erkunden.
Seite 154

28 Kvarner Bucht

Die Straße entlang der Küste ist zwar nicht die schnellste, aber dafür eine der schönsten des Landes. Viele kleine Ortschaften und Strände geben Gelegenheit zum Anhalten und Verweilen.
Seite 153

29 Höhlenburg Predjama

In einer über 120 Meter hohen Felswand gelegen und nur von einer Seite aus erreichbar, trotzte die Burg über Jahrhunderte erfolgreich allen Angriffen und Belagerungen. Am selben Tag kann ein Abstecher zu den 2 2 52 ***Höhlen von Postojna*** (S. 131) gemacht werden.
Seite 130

30 Partisanenlazarett Franja

Die zum Freilichtmuseum hergerichtete Siedlung tief in der Schlucht zeigt wie die slowenischen Partisanen an diesem letzten Rückzugsort ein Lazarett für ihre Verwundeten unterhielten. In der Nähe liegt der kleine Ort Cerkno.
Seite 125

31 Bohinj See

Das gänzlich unverbaute Ufer des Sees wird von unzähligen Kiesbuchten umrahmt. Schwimmen, Wandern und Radfahren sind hier richtige Naturerlebnisse.
Seite 121

32 Kobarid

Die unzähligen Stromschnellen, Wasserfälle und tiefen Felsschluchten des Soča-Tals sind zusammen mit den umliegenden Hügeln und Gipfeln ein Paradies für Naturliebhaber und Outdoorsportbegeisterte. Der Ort Kobarid liegt am südlichen Ende des Tals.
Seite 114

Titel:	The Big Loop		
Etappen:	52	Strecke:	7570 km + An- und Rückreise
Dauer:	16 Wochen	beste Reisezeit:	April–Juli
Ziele:	Slowenien, Kroatien, Serbien, Kosovo, Bulgarien, Nordmazedonien, Griechenland, Albanien, Montenegro, Bosnien und Herzegowina		

Route 7

The Big Loop

Dieser Roadtrip ist wie der Balkan selbst: groß, bunt und vielfältig. Wer sich vier Monate Zeit nimmt, der kann Südosteuropa mit seinen vielen spannenden Facetten wirklich kennenlernen – langweilig wird es dabei garantiert keinen Augenblick.

Hier ist alles dabei: fantastische Strände, abgelegene Bergregionen und wuselige Städte. Die Rundreise bietet die Möglichkeit, tiefe Einblicke in Kultur und Lebensweise, die spannende Geschichte und aktuell drängende Themen der Balkanregion zu erhalten. Besonders das künstlerische und kulinarische Erbe und die neugierige, freundliche Art der Menschen machen das Reisen hier oft zu einer großen Freude.

Die Route ist auf eine Reise ausgelegt, die in den Frühjahrsmonaten März oder April beginnt. Dadurch kommt man der Hauptsaison zuvor und ist im Juni vor allem entlang der Mittelmeerküste unterwegs, wenn es bereits warm genug zum Baden ist. Wer allerdings in den Sommermonaten startet, der sollte die Tour der hier dargelegten Reihenfolge entsprechend von hinten beginnen.

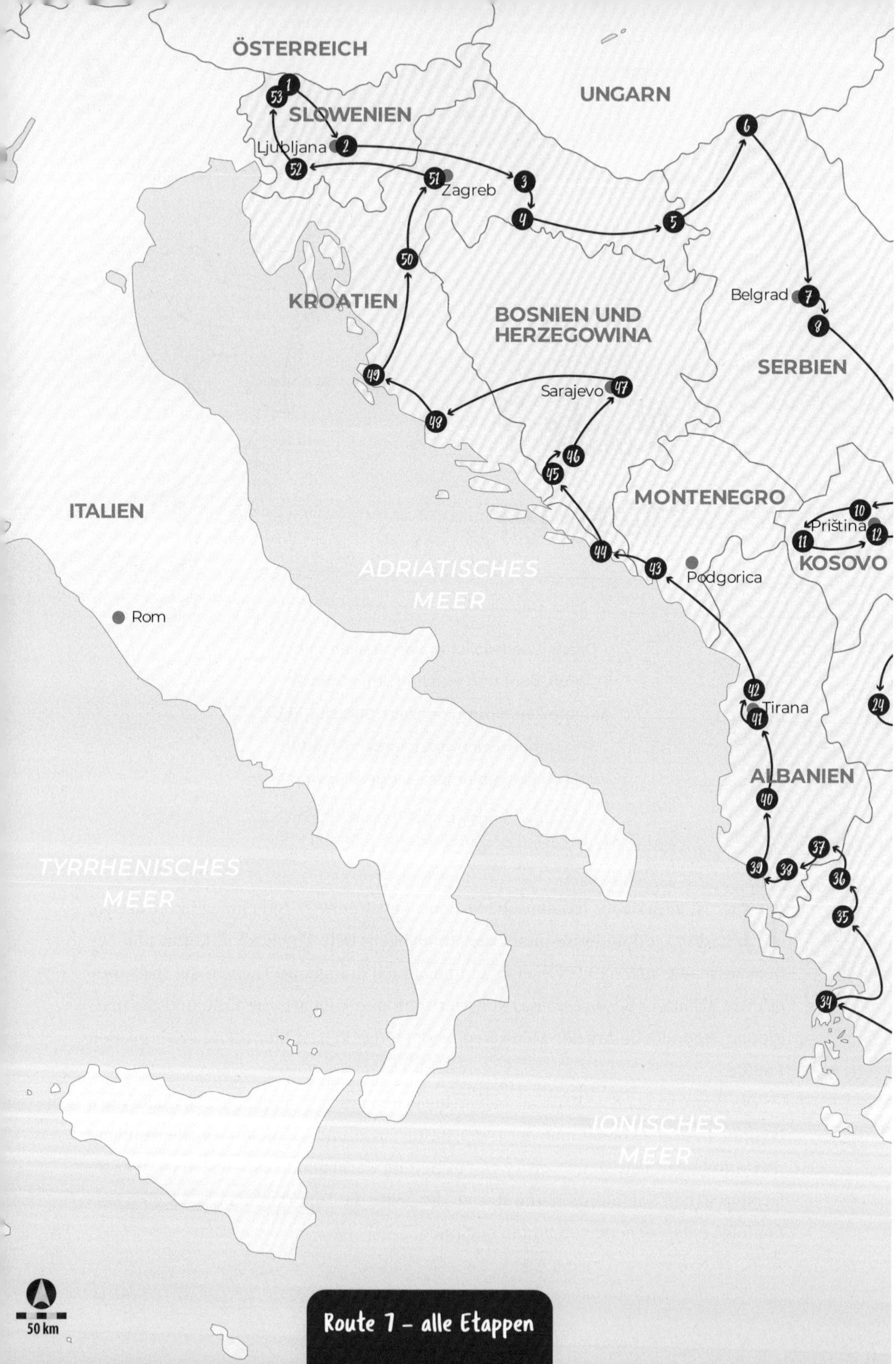

Route 7 – alle Etappen

UKRAINE
RUMÄNIEN
Bukarest
SCHWARZES MEER
14
13
15
9
19
Sofia
16
17
21
18
22
20
Skopje
BULGARIEN
23
NORD-MAZEDONIEN
Istanbul
25
26
TÜRKEI
27
GRIECHENLAND
ÄGÄIS
33
32
28
Athen
29
31
30

Etappen und Routenpunkte

Etappe 1
Bleder See → Ljubljana;
60 km, 1 Stunde

Etappe 2
Ljubljana → Podgarić;
220 km, 2½ Stunden

Etappe 3
Podgarić → Gedenkstätte Jasenovac; *70 km, 1 Stunde*

Etappe 4
Gedenkstätte Jasenovac → Vukovar; *200 km, 2 Stunden*

Etappe 5
Vukovar → Subotica;
130 km, 2 Stunden

Etappe 6
Subotica → Belgrad;
190 km, 2 Stunden

Etappe 7
Belgrad → Kosmaj Monument;
60 km, 1 Stunde

Etappe 8
Kosmaj Monument → Đavolja Varoš; *300 km, 4 Stunden*

Etappe 9
Đavolja Varoš → Adem Jashari Gedenkstätte;
90 km, 1½ Stunden

Etappe 10
Adem Jashari Gedenkstätte → Kloster Visoki Dečani;
60 km, 1½ Stunden

Etappe 11
Kloster Visoki Dečani → Priština; *100 km, 1½ Stunden*

Etappe 12
Priština → Niš;
130 km, 2 Stunden

Etappe 13
Niš → Belogradtschik;
150 km, 3 Stunden

Etappe 14
Belogradtschik → Prohodna-Höhle; *170 km, 3 Stunden*

Etappe 15
Prohodna-Höhle → Freilichtmuseum Etar;
130 km, 2 Stunden

Etappe 16
Freilichtmuseum Etar → Busludscha-Denkmal;
20 km, 1 Stunde

Etappe 17
Busludscha-Denkmal → Sozopol; *250 km, 3 Stunden*

Etappe 18
Sozopol → Nessebar;
70 km, 1 Stunde

Etappe 19
Nessebar → Plovdiv;
300 km, 3½ Stunden

Etappe 20
Plovdiv → Sofia;
150 km, 2 Stunden

Etappe 21
Sofia → Rilakloster;
110 km, 2 Stunden

Etappe 22
Rilakloster → Skopje;
220 km, 3½ Stunden

Etappe 23
Skopje → Ilinden Memorial;
170 km, 2½ Stunden

Etappe 24
Ilinden Memorial → Prilep;
30 km, 1 Stunde

Etappe 25
Prilep → Thessaloniki;
210 km, 3 Stunden

Etappe 26
Thessaloniki → Meteora;
230 km, 3 Stunden

Etappe 27
Meteora → Athen;
350 km, 4 Stunden

Etappe 28
Athen → Theater von Epidauros; *140 km, 2 Stunden*

Etappe 29
Theater von Epidauros → Monemvasia;
230 km, 3½ Stunden

Etappe 30
Monemvasia → Valtaki Beach;
60 km, 1 Stunde

Etappe 31
Valtaki Beach → Kap Melagavi; *200 km, 3 Stunden*

Etappe 32
Kap Melagavi → Delphi;
190 km, 3½ Stunden

Etappe 33
Delphi → Lefkada;
260 km, 3½ Stunden

Etappe 34
Lefkada → Ioannina;
130 km, 2 Stunden

Etappe 35
Ioannina → Vikos-Aoos-Nationalpark; *60 km, 1 Stunde*

Etappe 36
Vikos-Aoos-Nationalpark → Lengarica-Schlucht;
80 km, 2 Stunden

Etappe 37
Lengarica-Schlucht → Gjirokastra; *70 km, 1½ Stunden*

Etappe 38
Gjirokastra → Albanische Riviera; *100 km, 2 Stunden*

Etappe 39
Albanische Riviera → Berat;
160 km, 3½ Stunden

Etappe 40
Berat → Tirana;
100 km, 2 Stunden

Etappe 41
Tirana → Kruja;
30 km, 1 Stunde

Etappe 42
Kruja → Perast;
200 km, 4 Stunden

Etappe 43
Perast → Dubrovnik;
80 km, 2 Stunden

Etappe 44
Dubrovnik → Kravica Wasserfälle; *140 km, 2½ Stunden*

Etappe 45
Kravica Wasserfälle → Mostar; *40 km, 1 Stunde*

Etappe 46
Mostar → Sarajevo;
130 km, 2 Stunden

Etappe 47
Sarajevo → Krka-Nationalpark; *300 km, 5 Stunden*

Etappe 48
Krka-Nationalpark → Zadar;
110 km, 2 Stunden

Etappe 49
Zadar → Plitvicer Seen;
130 km, 2 Stunden

Etappe 50
Plitvicer Seen → Zagreb;
140 km, 2 Stunden

Etappe 51
Zagreb → Höhlen von Postojna; *190 km, 2½ Stunden*

Etappe 52
Höhlen von Postojna → Bohinj See; *130 km, 1½ Stunden*

1 Bleder See

Eingerahmt vom Panorama der Julischen Alpen funkelt der See im Sommer mit seinem türkis-klaren Wasser. Vom See aus lassen sich außerdem erstklassige Wander- oder Bikeausflüge unternehmen.

Seite 110

Die Insel Otok im Bleder See

2 Ljubljana

Wegen der kulturellen und architektonischen Ähnlichkeit wird die slowenische Hauptstadt oft mit Wien verglichen. Mit den vielen Cafés am Flussufer und dem milden Wetter versprüht Ljubljana allerdings deutlich mehr mediterranes Lebensgefühl.

Seite 126

3 Monument der Revolution der Bürger von Moslavina (Podgarić)

Der Spomenik bei Podgarić wurde den gefallenen Partisanen der Region gewidmet und 1967 unter Anwesenheit Titos eingeweiht.

Seite 143

4 Gedenkstätte Jasenovac

An die hier im Zweiten Weltkrieg begangenen Verbrechen, aber auch an die unzerstörbare Kraft des Lebens erinnert das eindrucksvolle 24 Meter hohe Monument „Blume aus Stein". Das in der Nähe eingerichtete Museum dokumentiert die Geschichte des Lagers.

Seite 144

Kloster Visoki Dečani

5 Vukovar

Die am Ende des serbisch-kroatischen Krieges zu 90 Prozent zerstörte Stadt ist weitestgehend neu errichtet und ist wieder ein beliebtes Touristenziel. In Kroatien steht ihr Name aber immer noch wie kein anderer für das Trauma des Krieges.

Seite 145

6 Subotica

Berühmt ist die Stadt vor allem für ihre herrlichen Bauten im Jugendstil. Für die in Subotica geschaffenen Bauwerke ist besonders der bewusst gesuchte Einfluss von Stilelementen und Mustern der Volksarchitektur und volkstümlicher Kunst aus Ungarn und Rumänien charakteristisch.

Seite 196

7 Belgrad

Wer die ehemalige Hauptstadt Jugoslawiens besucht, der muss unbedingt auch Tito einen Besuch abstatten. Sehenswert ist auch das Luftfahrtmuseum.

Seite 199

8 Kosmaj Monument

Sehenswerter Spomenik, der zu Ehren einer der ersten serbischen Partisanengruppen errichtet wurde.

Seite 205

9 Đavolja Varoš

Vor dem Hintergrund der durch hohe mineralische Konzentration gelb, orange und rot gefärbten Berglandschaft bieten die in Folge starker Erosion entstandenen Steintürme der sogenannten Teufelsstadt ein außergewöhnliches Panorama.

Seite 209

10 Adem Jashari Gedenkstätte

In Prekaz gibt die Gedenkstätte für den hochrangigen UÇK-Kommandanten Adem Jashari und seine Familie Einblicke in die Zeit des Kosovo-Krieges.

Seite 235

11 Kloster Visoki Dečani

Das beinahe 700 Jahre alte serbisch-orthodoxe Kloster am Fuße der Albanischen Alpen liegt immer noch komplett isoliert hinter den Befestigungsanlagen der europäischen KFOR-Soldaten.

Seite 236

12 Priština

Wer die Hauptstadt des Kosovo besucht, der sollte einen Besuch im 19 ***Bärenpark*** (S. 234) vor den Toren der Stadt nicht verpassen.

Seite 230

13 Niš

Zwei Gedenkstätten für die Opfer der deutschen Besetzung der Stadt im Zweiten Weltkrieg geben anschaulich Auskunft über dieses düstere Kapitel der europäischen Geschichte.

Seite 205

14 Belogradtschik

Inmitten hoch aufragender Steinnadeln, die einst am Grund eines Ozeans entstanden, liegt die Festung von Belogradtschik. Unbedingt auch die in der Nähe gelegene 22 ***Magura-Höhle*** (S. 297) besuchen.

Seite 296

15 Prohodna-Höhle

Besonders ihre beiden lichtgefluteten Öffnungen in der Mitte der Höhlen-Decke machen die unverwechselbare Atmosphäre der Prohodna-Höhle aus.

Seite 299

16 Freilichtmuseum Etar

Das Freilichtmuseum bei Gabrowo setzt der Architektur, Handwerk und Kunst des ländlichen Bulgarien im 18. und 19. Jahrhundert ein Denkmal. Die nächste Etappe ist sehr kurz und kann nach dem Besuch des Museums noch gut bewältigt werden. Der Schlafplatz am Busludscha-Denkmal (siehe Routenpunkt 17) ist sehr schön.

Seite 312

Das Busludscha-Denkmal

17 Busludscha-Denkmal

Das äußerlich einem Ufo gleichenden Gebäude ist eine architektonische Besonderheit. Seine idyllische Lage inmitten der hügeligen Landschaft trägt zu der außergewöhnlichen Atmosphäre bei, die den ganzen Ort umgibt.

Seite 310

18 Sozopol

In der sogenannten Stadt der Maler und Fischer drängen sich dicht an dicht die berühmten zweistöckigen Holzhäuser im Schwarzmeerstil.

Seite 316

19 Nessebar

Umrahmt von langen Sandstränden liegt Nessebar an der sonnenverwöhnten Schwarzmeerküste Bulgariens. Aber nicht allein Sonne, Strand und Meer ziehen Besucher an, sondern vor allem die kleine Altstadt ist sehenswert. Ein Abstecher zu den Burgas Saltworks lohnt sich. Dank des hohen Salzgehalts treibt man in den Becken der ehemaligen Salzgewinnungsanlage im warmen, rosa farbenen Wasser.

Seite 313

20 Plovdiv

Mit seiner über achttausendjährigen Geschichte ist Plovdiv möglicherweise die älteste, noch heute bewohnte Stadt Europas. Besonders die prächtigsten Stadthäuser im sogenannten Plovdiver Barock sind sehenswert.

Seite 306

Nessebar

Das Ilinden Memorial in Kruševo

21 Sofia
Die Hauptstadt Bulgariens ist das wissenschaftliche, kulturelle und wirtschaftliche Zentrum des Landes. Die Sehenswürdigkeiten im Zentrum der Stadt lohnen den Besuch.
Seite 300

22 Rilakloster
Dank seiner farbenfrohen Fresken gehört das abgelegene Kloster zu einer der berühmtesten Sehenswürdigkeiten Bulgariens. Besondere Bedeutung erlangte es zudem, da es vielen Freiheitskämpfern im Kampf um ein unabhängiges Bulgarien als Zufluchtsort diente.
Seite 304

23 Skopje
Das von repräsentativen Bauten geprägte Bild der Hauptstadt ist nicht unumstritten. Besucher können hier hautnah den Prozess der mazedonischen Identitätsfindung betrachten.
Seite 272

24 Ilinden Memorial
Die Gedenkstätte in Kruševo ehrt die Kämpfer des Ilinden-Aufstands 1903 gegen die osmanische Herrschaft und die antifaschistischen Partisanen des Zweiten Weltkriegs.
Seite 279

25 Prilep
Umgeben von Tabakfeldern und einer kargen, außergewöhnlich schönen Felslandschaft liegt Prilep am nördlichen Ende der Pelagonischen Ebene. Tausende frei in der Ebene liegende Felsen geben die perfekte Kulisse für Wanderungen in dem Meer aus Felsen ab.
Seite 281

26 Thessaloniki
Keine Stadt Griechenlands wird so sehr von Studierenden und jungen Leuten geprägt. Das heimliche Zentrum der Stadt liegt dementsprechend entlang der Promenade, wo sich unzählige Bars, Cafés und Restaurants aneinanderreihen.
Seite 339

27 Meteora
Kaum ein europäisches Naturphänomen zieht Besucher so in seinen Bann wie die steinernen Felstürme in den Ausläufern des Pindos-Gebirges. Auf ihren unzugänglichen Spitzen thronen bis heute orthodoxe Klöster.
Seite 331

Kap Melagavi

28 Athen

Das Parthenon und das Erechtheion auf dem athener Festungshügel gehören bis heute zu den berühmtesten antiken Bauwerken der Welt.

Seite 350

29 Theater von Epidauros

Die Ausmaße des ungewöhnlich gut erhaltenen Theaters sind selbst für heutigen Standard gewaltig. Wer früh morgens auf den antiken Zuschauerrängen Platz nimmt, kann andächtig dem Schauspiel der aufgehenden Sonne beiwohnen.

Seite 356

30 Monemvasia

Der von weitem sichtbare schroffe Felsen vor der Küste versteckt den kleinen Ort Monemvasia. Seine besondere Lage hat ihn zu einem beliebten Ausflugsziel gemacht. In den engen Gässchen zwischen weiß getünchten Häusern herrscht immer reger Betrieb.

Seite 357

31 Valtaki Beach

Besonders macht den Strand das Wrack der gestrandeten Dimitrios, die in den 1980er-Jahren direkt am Strand auf Grund lief. Super Fotomotiv!

Seite 358

32 Kap Melagavi

Der kleine trutzige Leuchtturm hätte sich kaum eine beeindruckendere Kulisse aussuchen können, als auf dem ausgesetzten Kap. In der Nähe liegt einer der schönsten Strände der Region.

Seite 349

33 Delphi

Den Griechen der Antike galt Delphi als Mittelpunkt der Welt. Hier wurde der Gott Apollon verehrt. Mit dem Orakel entwickelte sich die Kultstätte zur wichtigsten der hellenistischen Welt.

Seite 345

34 Lefkada
Blauer Himmel, weiße Strände, blaues Meer. Hier scheinen die Farben der griechische Nationalflagge herzukommen.
Seite 337

35 Ioannina
Die Stadt am Ufer des Pamvotida-Sees ist trotz ihrer einladenden Altstadt mit vielen ausgezeichneten Restaurants, Cafés, Kneipen und Bars der perfekte Ort, um das Griechenland abseits der Touristenströme kennenzulernen. Das für traditionelle Desserts berühmte Ioannina gehört immer noch zu den weniger bekannten Highlights Griechenlands.
Seite 335

36 Vikos-Aoos-Nationalpark
Die winzige, namensgebende Siedlung am nördlichen Ende der Vikos-Schlucht liegt am höchsten Punkt einer kurvenreichen Stichstraße. Die ausgedehnten Wanderungen inmitten dieser wilden Landschaft suchen in Europa ihresgleichen.
Seite 328

37 Lengarica-Schlucht
Bei einer Wanderung durch die Schlucht ist mit nassen Füßen zu rechnen. Danach kann im warmen, schwefelhaltigen Quellwasser gebadet werden.
Seite 253

38 Gjirokastra
Besonders von der hoch gelegenen Festung ist der Blick über die an den steilen Hang gebaute Stadt und das von schroffen Bergen umgebene Tal des Drino jede erklommene Stufe wert. Wer nach dem Besuch der Stadt noch etwas Zeit (2 Stunden) bis zum Sonnenuntergang hat, der kann gut die nächste Etappe noch bewältigen.
Seite 255

39 Albanische Riviera
Zwar sind die Zeiten vorbei, in denen dieser Teil der Mittelmeerküste mit seinen weißen Kieselstränden und glasklarem Wasser als „Geheimtipp“ galt, mit etwas Glück findet man aber immer noch malerische Landstriche mit menschenleeren Stränden. In Porto Palermo ist nur einer von zahlreichen tollen Stränden. Hier ist eine gute Gelegenheit, um ein paar Tage an einem Ort zu bleiben und zu verschnaufen.
Seite 258

40 Berat
Die dicht gedrängten und in Stufen übereinander angelegten Stadthäuser im osmanischen Stil machten Berat berühmt und gaben ihr den Beinamen „Stadt der tausend Fenster“.
Seite 251

41 Tirana
Die beinahe 50 Jahre währende sozialistische Herrschaft über Albanien, deren Spuren bis heute allgegenwärtig sind, wird nirgends so umfangreich thematisiert wie in der Hauptstadt. Wer sich für die verrückte Vergangenheit Albaniens interessiert und die wichtigen historischen und kulturellen Ereignisse für die Entwicklung des Landes verstehen

möchte, der hat dazu in Tirana die beste Gelegenheit.

Seite 246

42 Kruja

Einst machte Skanderbeg Kruja zum Zentrum des albanischen Widerstands gegen die Osmanen. Die Stadt hat sich mit einem imposanten Museum ganz der Verehrung des Nationalhelden gewidmet.

Seite 244

43 Perast

Ein Zwischenstopp in dem beschaulichen Städtchen gibt Gelegenheit, in einem der vielen traditionellen Restaurants entlang der autofreien Promenade einzukehren und das Panorama der Bucht von Kotor zu genießen.

Seite 218

Die Kathedrale von Zagreb

44 Dubrovnik

Die Altstadt von Dubrovnik gehört bis heute zu den sehenswertesten Städten entlang der Mittelmeerküste. Handel und Seefahrt haben ihr großen Reichtum gebracht, den sie Dank ihrer massiven Mauern und Festungen zu verteidigen wusste. Ein Spaziergang über die Befestigungsanlagen ist nur eine von vielen Möglichkeiten, diese beeindruckende Stadt kennenzulernen.

Seite 162

45 Kravica Wasserfälle

Über die im Halbkreis stehenden Klippen stürzt das Wasser des Trebižat bis zu 28 Meter in die Tiefe. Hier sammelt es sich in einem kleinen See, dessen Farbenpracht an schimmernden Grün- und Blautönen mit der beinahe tropisch anmutenden Vegetation zu wetteifern scheint.

Seite 187

46 Mostar

Dank ihrer berühmten Rundbogenbrücke war die Stadt jahrhundertelang wichtiger Kontaktpunkt zwischen Ost und West, der einen Austausch von Waren, Wissen und Ideen ermöglichte. Bis heute ist Mostar in kultureller und wirtschaftlicher Hinsicht der Mittelpunkt der Region Herzegowina.

Seite 182

47 Sarajevo

Von der bewegten Geschichte der Stadt zeugen sowohl ihre mit roten Ziegeln gedeckten orientalisch-osmanischen Kaffeehäuser und Handwerksgeschäfte, als auch die repräsentativen Administrationsgebäude der österreich-ungarischen Periode. Unübersehbar sind immer noch die Spuren des Krieges und der jahrelangen Belagerung. All dem zum Trotz strotzt die Hauptstadt Bosnien und Herzegowinas vor Lebendigkeit und Optimismus.

Seite 176

48 Krka-Nationalpark

Hauptattraktion des Nationalparks ist der 800 Meter lange 17-Stufige Wasserfall Skradinski Buk. Dieser ist als Fotomotiv besonders beliebt. Eine Freilicht-Ausstellung informiert über die wirtschaftliche Nutzung der Wasserkraft des Flusses.

Seite 158

49 Zadar

Die autofreie, von dicken Mauern geborgene Altstadt lädt zum Bummeln und Spazieren ein. Danach erfrischen sich Städter und Touristen gleichermaßen mit einem Sprung ins Meer an der berühmten Seeorgel.

Seite 156

50 Plitvicer Seen

Die in Kaskaden abgestufte Seenlandschaft mit ihren tiefblauen und grünen Becken gehört zu den beeindruckendsten Naturphänomenen der Balkanhalbinsel. Über die mit Holzstegen angelegten Wege können verschiedenen Wanderungen unternommen werden, um den Nationalpark zu erkunden.

Seite 154

51 Zagreb

Berühmt ist Zagreb für seine lebendige Atmosphäre mit zahlreichen Cafés, Restaurants und Geschäftsstraßen. Der mittelalterliche Stadtkern und die vielen kopfsteingepflasterten und verwinkelten Gassen Zagrebs erinnern dabei stets an die jahrhundertealte Historie dieser heute so kosmopolitischen Metropole.

Seite 140

52 Höhlen von Postojna

Mit ihren unterirdischen Sälen, Brücken und Tunneln ist die Höhlenlandschaft von Postojna eines der ungewöhnlichsten Naturschauspiele weit und breit. Dass die Tropfsteine dabei die unterschiedlichsten Formen bilden, ist wohl keine Überraschung. Doch wer hätte mit so vielen verschiedenen Farben gerechnet? Unbedingt die Route 102 zum Bohinj See nehmen und am 16 30 ***Partisanenlazarett Franja*** (S. 125) einen Zwischenstopp einlegen.

Seite 131

53 Bohinj See

Das gänzlich unverbaute Ufer des Bohinj Sees wird von unzähligen hellen Kiesbuchten umrahmt. Wandern, Radfahren und Schwimmen sind hier richtige Naturerlebnisse.

Seite 121

4

Die Länder entdecken

Bild 1: Die Vintgar Klamm | Bild 2: Blick auf die Burg von Ljubljana vom Ufer der Ljubljanica | Bild 3: Die Höhlenburg Predjama, eine architektonische Meisterleistung

Slowenien

20.273 km²

2.107.180

Slowenien mit seinen Alpengipfeln und dichten Nadelwäldern würden viele wohl auf den ersten Blick nicht in Südosteuropa verordnen. Historisch gesehen macht diese Einteilung aber durchaus Sinn. So war das Land im sozialistischen Jugoslawien eine der konstitutiven Teilrepubliken des Verbunds. Wer sich von den Alpenregionen mit ihren tiefblauen Gebirgsseen, wilden Flüssen und tiefen Schluchten losreißen kann, der wird verstärkt, je weiter er nach Süden kommt, auch die mediterrane Ader des Landes kennenlernen. Hier ist schon Mittelmeerklima zu verspüren, während das Landesinnere von kontinentalem Klima beherrscht wird.

Als erster der jugoslawischen Nachfolgerstaaten wurde Slowenien 2004 Mitglied der Europäischen Union. Im Norden grenzt es an Österreich, im Osten an Ungarn, im Westen an Italien und im Süden an Kroatien, mit dem es eine beinahe 700 Kilometer lange Grenze teilt.

In besonderem Maße hat sich das Land dem Umweltschutz verschrieben. Circa 35 % der Staatsfläche wurden unter besonderen Naturschutz gestellt. Ziel ist es, ein nachhaltig attraktives Reiseziel für Besucher zu sein, die Aktivitäten in der Natur genießen, Ruhe und Entspannung suchen und sich für die Tier- und Pflanzenwelt des Landes interessieren.

Länderfakten

Amtssprache:
Slowenisch, Ungarisch
Währung:
Euro (EUR)
Staatsgründung:
25. Juni 1991 (Unabhängigkeit von Jugoslawien)
Staatsform:
Parlamentarische Republik
Regierungssystem:
Parlamentarische Demokratie
EU: Ja
Schengener-Abkommen: Ja
Ethnien:
Slowenen (83 %), Serben (2 %), Kroaten (2 %), Bosniaken (1 %)
Religionen:
Katholiken (58 %), Atheisten (10 %), Muslime (2,5 %), Orthodoxe Christen (2 %)
Zeit:
UTC+1 MEZ, kein Unterschied zu Deutschland

Bleder See

GPS: N 46.366774, E 14.108392 (Bled)

Der Unterschied zwischen Slowenien und seinem südlichen Nachbarn könnte kaum signifikanter sein: Während Kroatien an der langgezogenen Küste über 1000 Inseln zählt, ist das Alpenland Slowenien mit genau einer Insel gesegnet. Nur gerecht, dass diese dafür wie aus dem Bilderbuch zu kommen scheint. Eingerahmt vom Panorama der Julischen Alpen, inmitten des von Fichten, Eichen und Linden gesäumten Bleder Sees und geschmückt mit einer malerischen Kirche im gotischen Stil, erhebt sich die kleine Insel Blejski Otok aus dem türkisenen Wasser. Dank seiner Lage im Triglav-Nationalpark ist der Bleder See eine der beliebtesten Urlaubsdestinationen Sloweniens. Sowohl Familien als auch Natur- und Sportbegeisterte fühlen sich hier wohl.

Nützliches

Touristeninformation: Das moderne Touristenzentrum ist mit allen Informationen gut aufgestellt. Nettes Café, gratis WiFi.

GPS: N 46.36890, E 14.11830

Adresse: Ljubljanska cesta 27, Bled

Parken: Rund um den See und vor allem im Ort Bled kann das Verkehrsaufkommen massiv sein. Die großen, kostenpflichtigen Parkplätze ***im Zentrum*** sind ausgeschildert und in der Hochsaison bereits früh am Tag voll belegt. Es wird pro Stunde bezahlt (3–5 €). Alle Parkplätze sind zwischen 22 und 6 Uhr kostenlos. In dieser Zeit dürfen Wohnmobile dort aber nicht stehen. Am besten ist es, sein Auto auf einem der folgenden Plätze stehen zu lassen und von dort zu Fuß aufzubrechen.

Von der Autobahn aus kommend, findet sich kurz nach dem Ortseingang ein recht geräumiger Parkplatz ***neben dem Intersport*** in der Nähe der Touristeninformation. Dieser ist Wohnmobilen und Campingbussen vorbehalten, aber nicht besonders schön. Hier kann auch übernachtet werden (40 €/Tag) und Wohnmobile können Toiletten leeren. Strom und Wasser kann am Automaten gekauft werden. Von diesem Parkplatz aus sind es etwa 15 Minuten zu Fuß zum See.

GPS: N 46.37030, E 14.11819

Der Parkplatz ***am Bahnhof Bled Jezero*** kostet 5/10 € (Auto/Camper) pro Tag. Hier darf auch übernachtet werden. Die Van Community versammelt sich gerne auf dem Platz.

GPS: N 46.3676, E 14.08203

Neben dem Camping Bled findet sich ein großer privater Parkplatz, der 5 € pro Stunde kostet. Die hervorragende Lage direkt am See ist praktisch.

GPS: N 46.362435, E 14.081493

Außerdem kann ***am Bled Rowing Club*** kostenpflichtig geparkt werden (2 € pro Stunde).

GPS: N 46.368092, E 14.084879

Blick auf die Kirche der Insel Blejski Otok

Unser Schlafplatz: Das Übernachten außerhalb genehmigter Flächen ist im gesamten Nationalpark verboten und wird mit Bußgeldern geahndet. Neben den offiziellen Campingplätzen steht es sich am Bahnhof Bled Jezero ganz gut und am Parkplatz beim Intersport. Wer sein Glück dennoch versuchen möchte, der findet im kleinen Ort **Spodnje Gorje** einen sehr großen Parkplatz, auf dem nichts los ist und der oft von Vanlifern angesteuert wird.

GPS: N 46.37932, E 14.08631

Campingplätze: Wer dem Trubel von Bled etwas entgehen möchte, ist auf dem **Camping Šobec** richtig. Von der Autobahn kommend, etwa 3 Kilometer vor Bled gelegen, bietet der 5-Sterne-Campingplatz etwas mehr Ruhe und Fläche als in unmittelbarer Umgebung des Bleder Sees zu haben ist. Der Campingplatz hat seinen eigenen kleinen See, in dem auch geschwommen werden kann. Neben allen Annehmlichkeiten wie Supermarkt, Restaurant, Mini-Golf, Tennisplatz, Kinderspielplatz etc. überzeugt der Campingplatz mit rundum hohem Standard. Premium-Plätze am See und am Fluss müssen online reserviert werden. Weitere Plätze sollten auch kurzfristig verfügbar sein. Es können Fahrräder gemietet werden. Etwa 20 Minuten mit dem Rad bis Bled. Ab 13,70 € pro Person/Nacht.

GPS: N 46.355962, E 14.150175

Adresse: Šobčeva cesta 25, Lesce

Web: www.sobec.si/de

Der schöne Platz **Camping Bled** liegt am östlichen Ende direkt am See und ist perfekt zum Baden. Die parzellierten Plätze sind recht eng beieinander, weiter hinten ist mehr Platz. Hoher Standard und beste Lage garantieren in den Sommermonaten volle Auslastung. Daher frühzeitig reservieren. Ab 11 € pro Person/Nacht.

GPS: N 46.361553, E 14.081467

Adresse: Kidričeva cesta 10c, Bled

Web: www.sava-camping.com/de

Kulinarisches: Die lokale Spezialität *Kremšnita* (Cremeschnitte) wird in ganz Slowenien mit Bled assoziiert. Am besten kann man diese bei **Slaščičarna Zima** genießen. Die kleine Konditorei hat sich mit ihren Leckereien einen Namen gemacht. Auch das *Gibanica* (Blätterteiggebäck) ist hervorragend.

GPS: N 46.371569, E 14.105610

Adresse: Grajska cesta 3, Bled

Web: www.slascicarna-zima.si/en

Öffnungszeiten: Tägl. 8–21 Uhr.

Wäscherei: **Laundromat – TRG Speedqueen,** Wäsche ab 4 €.

GPS: N 46.372880, E 14.104282

Adresse: Prešernova cesta 50, Bled

Öffnungszeiten: Tägl. 6–21 Uhr.

Ausrüstung: Beim **Intersport** gegenüber der Touristeninformation gibt es Stechkartuschen von Primus, Campinggaz und Coleman.

GPS: N 46.36965, E 14.11766

Adresse: Kajuhova cesta 1, Bled

Öffnungszeiten: Mo–Sa 8–20 Uhr.

Aktivitäten

Baden: Im Prinzip kann rund um den See gebadet werden. Vor allem an der westlichen Seite des Sees zwischen der Burg von Bled und dem Camping Bled finden sich sowohl ruhigere kleine Plätze zum Schwimmen und Liegen als auch große Liegewiesen z. B. am **Bled Rowing Club** mit Kiosk und Restaurant.

GPS: N 46.367403, E 14.085812

Adresse: Župančičeva ulica 9, Bled

Eine weitere schöne Möglichkeit zum Baden ist der kleine **Strand Velika Zaka** mit Liegewiese am Camping Bled. Das Wasser hat im Sommer eine angenehme Badetemperatur. Dazu tragen auch die in der Nähe der Burg in den See sprudelnden Thermalquellen bei.

GPS: N 46.362060, E 14.082318

Adresse: Kidričeva cesta 10a, Bled

Es gibt ein angelegtes Strandbad, die **Castle Bathing Area (Grajsko kopalisce),** das nichts an Annehmlichkeiten vermissen lässt. Von der herrlichen Liegewiese führen Holzstege ins Wasser, es gibt Kinderbecken, Rutschen und Sandkästen im Schatten. Für Kinder, die schon schwimmen können, gibt es einen großen Spielbereich im Wasser mit Abenteuer-Parkour. Außerdem natürlich Duschen, Umkleiden, Toiletten und Restaurant.

GPS: N 46.369398, E 14.102826

Öffnungszeiten und Eintritt: Tägl. 9–19, in der Hauptsaison bis 20 Uhr. Erwachsene/Studierende/Kinder 10/8/6 €.

Wandern: Um den See herum führt ein etwa 6 Kilometer langer **Rundwanderweg.** Von diesem zweigen unzählige beschilderte Wege in die Umgebung ab. Die Touristeninformation von Bled hält eine Fülle an Info- und Kartenmaterial bereit.

Einer der beliebtesten Abstecher führt zum **Aussichtspunkt Mala Osojnica.** Von hier genießt man ein geniales Panorama auf den See und die Berge. Dafür vom

Camping Bled in Richtung Bled starten und nach wenigen hundert Metern einem unauffälligen Schild nach rechts in den Wald folgen. Der Trampelpfad endet nach ungefähr 20 Minuten bergan auf dem kleinen Gipfel.

GPS: N 46.356969, E 14.082251
(Mala Osojnica)

Radfahren: Der ***Rundweg*** um den See kann problemlos auch mit dem Fahrrad befahren werden. In Bled gibt es vielzählige Anbieter, die Räder verleihen. In der Touristeninformation gibt es zudem ***Infomaterial*** für anspruchsvollere Touren. Hier können auch E-Bikes und Mountainbikes für 10 € pro Tag geliehen werden. Eine weitere gute Adresse ist das ***Stari Farovž-Old Parish House.*** Hier kostet ein Fahrrad 6 € pro Tag.

GPS: N 46.37065, E 14.10406
(Old Parish House)

Sport und Outdoor: ***Um den Busbahnhof*** von Bled liegt das Zentrum für alle Action- und Sportbegeisterte. Hier haben unzählige ***Agenturen*** ihre Büros. Das Angebot reicht von Rafting, Canyoning, Kayaking, Fallschirmspringen und Gleitschirmfliegen über geführte Mountainbike- und Kletter-Exkursionen bis hin zu Angeln und Wandern.

GPS: N 46.371180, E 14.106960
(Busbahnhof)
Adresse: Cesta svobode 4, Bled

Bootsverleih: In direkter Nähe zum Camping Bled können von April bis Ende Oktober ***Ruderboote*** und ***Stand-Up-Paddle-Boards*** gemietet werden.

GPS: N 46.361670, E 14.083869
Öffnungszeiten und Preise: Tägl. 9.30–19 Uhr. Boote: 3/5 Personen 15/20 € pro Stunde, SUP: 10 € pro Stunde.

Wanderweg durch die Vintgar Klamm

Vintgar Klamm

Bei der Durchwanderung der etwa 1,5 Kilometer langen, vom Lauf des Wasser tief in den Fels gegrabenen Klamm, kommt richtig alpine Atmosphäre auf. Dass es dabei weder steil hoch oder runter, sondern komfortabel auf den ***angelegten Holzstegen*** entlang geht, macht das Naturerlebnis sehr bequem.

Gerade wenn morgens noch der Nebel in der Schlucht steht und sich die erst langsam wärmer werdenden Sonnenstrahlen vorsichtig ihren Weg durch das Laub bahnen, herrscht hier eine fast mystische Stimmung.

Zu Fuß dauert die ***Durchquerung*** der Klamm etwa 30 Minuten. Gestartet wird am südwestlichen Ende bei dem Örtchen Podhom. Ab dem Haupteingang geht es direkt in die Klamm, der Rückweg kann auf zwei unterschiedlichen Rundwegen angetreten werden, beide Routen sind vor Ort beschrieben und ausgeschildert. Der kürzere Rundweg hat eine Länge von circa 5 Kilometern und dauert knapp 1½ Stunden, der längere Rundweg ist etwa 6 Kilometer lang und sollte etwas über 1½ Stunden in Anspruch nehmen. Von Bled sind es mit dem Auto etwa 15 Minuten bis zum Haupteingang. In der Hauptsaison am besten bereits bei Tagesanbruch dort sein, es wird recht voll.

Es gibt drei ***Parkplätze.*** Einer ist direkt am Haupteingang. Die beiden anderen einige hundert Meter vorher. Alle können in der Hochsaison bereits früh am Tag komplett voll sein.

GPS: N 46.38996, E 14.08452 (Parkplatz)
GPS: N 46.393445, E 14.085562 (Eingang)
Adresse: Podhom 57, Spodnje Gorje
Web: www.bled.si/de
Öffnungszeiten und Eintritt: April tägl. 10–16, Mai tägl. 9–17, Juni–Aug. tägl. 7.30–19, Sept. tägl. 8–18, Okt. tägl. 9–16 Uhr, Nov.–März geschlossen. Erwachsene/Studierende/Kinder 10/7/3 €.

Kobarid 1 32

GPS: N 46.247694, E 13.579097 (Ortskern)

Obwohl der Ort Kobarid unübersehbar inmitten der mächtigen Gipfel der Julischen Alpen liegt, vereinen sich in der westlichsten Gemeinde Sloweniens bereits alpine und mediterrane Einflüsse. Historisch ist der Ort vor allem für die letzte der zwölf Isonzo-Schlachten während des Ersten Weltkriegs bekannt. Die Schlacht von Kobarid endete mit der verheerenden Niederlage Italiens und lieferte den aufstrebenden Faschisten den „Beweis“ für die Schwäche des liberalen Italien. Auch im Zweiten Weltkrieg kam Kobarid eine denkwürdige Rolle zu. Seine große symbolische Bedeutung machte ihn für das faschistische Italien zu einem wichtigen Bezugspunkt und Mussolini besuchte den Ort ein Jahr vor Ausbruch des Krieges. Im September 1943 wurde die Region von Partisaneneinheiten befreit und für einige Monate lag hier das Zentrum der freien Republik Kobarid, bis Deutschland die Kontrolle erlangte.

Entlang eines speziell angelegten Wanderwegs können die historischen Denkmäler um Kobarid besucht werden, während man die umliegende Berglandschaft genießt und einige der schönsten Abschnitte der Soča erkundet.

Nützliches

Touristeninformation: Die Touristeninformation in Kobarid ist sehr gut mit Karten und Broschüren ausgestattet und ist eine gute Anlaufstelle, um sich über mögliche Aktivitäten, Camping- oder Übernachtungsmöglichkeiten und Outdoorsport in der Region zu informieren.

GPS: N 46.24790931, E 13.57875059

Adresse: Trg svobode 16

Öffnungszeiten: Hauptsaison tägl. 9–20, Nebensaison Mo–Fr 9–12 und 13–16 Uhr.

Es gibt sogar eine ***weitere Touristeninformation*** neben dem Kobarid Museum. Hier kann man alle Informationen über den Pot Miru (Friedensweg, s.u.) erhalten.

GPS: N 46.246790, E 13.580878

Adresse: Gregorčičeva ulica 8

Öffnungszeiten: Mo–Fr 9–13 und 14–17, Sa/So 10–17 Uhr.

Parken: Im Ort Kobarid gibt es einige wenige Parkplätze, die Parkdauer ist aber oft auf zwei Stunden begrenzt. ***Etwas außerhalb des Ortes*** kann man ***kostenlos*** stehen. In den Ort dauert es von hier aus zu Fuß ungefähr 10 Minuten.

GPS: N 46.24429, E 13.58521

Campingplatz: Die Bezeichnung „Campingplatz" greift bei dem Erlebnisgelände des ***Kamp Koren*** direkt an der Soča eindeutig zu kurz. Angefangen vom Hochseilgarten über den Mini-Streichelzoo und Kinderspielplatz, Kletterwand und Beachvolleyballfeld bis hin zu den Glamping Hütten und Fitnessraum ist hier alles auf Erlebnisurlaub ausgerichtet. Gut, dass dann auch noch Platz für Zelte und Caravans gefunden wurde. Das ganze Jahr geöffnet (ab 16 € pro Person/Nacht), im Juli und August unbedingt einen Platz reservieren. Direkt auf dem Platz können Kayak- und Raftingtouren gebucht und Fahrräder sowie E-Bikes gemietet werden. Es gibt Waschmaschinen (5 €). Auf den Campingplatz kann nur bis 23 Uhr gefahren werden.

GPS: N 46.250710, E 13.586520

Adresse: Ladra 1b

Web: www.campingplatz-koren.de

Kulinarisches: In dem gemütlichen ***Restaurant Hisa Polonka*** werden aus lokalen und saisonalen Zutaten heimische Gerichte gezaubert, die auch mal einen italienischen Einschlag haben können. Im ländlich geprägten Soča-Tal gehört das einfache, in einer Pfanne zubereitete *Frika* zum regionalen Erbe. Das Omelett aus Kartoffeln, Käse und Ei wird häufig mit Polenta serviert, schmeckt aber selten zwei Mal gleich; jeder Ort hat seine individuelle Variation des Gerichts.

GPS: N 46.24781206, E 13.57989702
Adresse: Gregorčičeva ulica 1
Web: www.hisapolonka.com/domov
Öffnungszeiten: Do/Fr 17–22, Sa/So 12–22 Uhr.

Aktivitäten

Baden: Mit dem Auto nur wenige Minuten von Kobarid entfernt, kann im kleinen Flüsschen **Nadiža** gebadet werden. Wegen des im Sommer hohen Besucheraufkommens darf entlang des Flusses nur auf ausgewiesenen Parkplätzen geparkt werden. Im Juni, Juli und August sind diese kostenpflichtig (1,50 € pro Stunde). Von dem hier angegebenen Parkplatz kann das Flussbett entlanggelaufen werden, um sich ein nettes Plätzchen zu suchen.
GPS: N 46.243711, E 13.508721 (Parkplatz)

Der Wasserfall Slap Kozjak

Wandern: Eine hervorragende Möglichkeit, die Gegend um den Ort Kobarid wandernd zu erkunden, besteht darin, dem ***Historischen Lehrpfad*** (s.u.) vom Kobarid Museum aus zu folgen.

Eine weitere beliebte Wanderung führt vom Parkplatz gegenüber des Kamp Koren zum ***Wasserfall Slap Kozjak.*** Entlang der Soča geht es zu Fuß circa 30 Minuten über schmale Wege. Am Parkplatz, der 1,50 € pro Stunde kostet, findet sich ein Wegweiser.
GPS: N 46.24946, E 13.58774 (Parkplatz)
GPS: N 46.261687, E 13.592677 (Wasserfall)

Sehenswert

Kobarid Museum: Die südöstliche Front zwischen Italien und Österreich-Ungarn im Ersten Weltkrieg verlief entlang des Flusses **Isonzo** (Slowenisch *Soča*). Die italienische Heeresführung rechnete mit einem schnellen Sieg im Gebirgskrieg gegen die zunächst unterlegenen Truppen der Habsburger-Monarchie. Stattdessen folgte ein jahrelanger, sinnloser Stellungskrieg in unzugänglichem und gefährlichem Gelände, der hunderttausenden Soldaten das Leben kostete. Im Winter sorgten Lawinen und Eiseskälte für mehr Opfer unter den eingeschneiten Soldaten als die Gefechte, im Sommer war Trinkwasser knapp, die Versorgung mit grundlegenden Gütern kam immer wieder zum Erliegen. Während der zwölf Isonzo-Schlachten wüteten einige der heftigsten Gefechte um den Ort Kobarid.

Das 1990 eröffnete Museum schildert anhand zahlreicher Fundstücke mit guten Erläuterungen die Kriegsereignisse und das Leid der Soldaten. Bis heute ist es ***eines der meistbesuchten Museen des Landes.*** Kein Wunder, es wurde mit dem Valvasor-Preis, der höchsten slowenischen Kulturauszeichnung sowie dem Museumspreis des Europarats ausgezeichnet. Die sehr sachkundigen Mitarbeiter sprechen Deutsch, Englisch, Italienisch und Slowenisch und geben bei Fragen gerne Auskunft.

GPS: N 46.24684161, E 13.58109774
Adresse: Gregorčičeva ulica 10
Web: www.kobariski-muzej.si
Öffnungszeiten und Eintritt: April–Juni tägl. 9–18, Juli/Aug. 9–20, Okt.–März 10–17 Uhr. Erwachsene/ermäßigt/Kinder 8/6/4 €.

Historischer Lehrpfad: Der circa 7 Kilometer lange ***Rundweg*** verbindet wichtige historische und kulturelle Denkmäler mit dem Naturerlebnis um Kobarid.

Vom Kobarid Museum aus führt der Lehrpfad zu einer italienischen Begräbnisstätte des Ersten Weltkriegs und weiter zum ***Tonocov Grad.*** Auf dem Hügel finden sich Siedlungsspuren aus der Kupferzeit, die zu den bedeutendsten der östlichen Alpenregion zählen. Von hier aus geht es weiter zu einigen erhaltenen Verteidigungsanlagen der Isonzofront, die von den Italienern im Ersten Weltkrieg angelegt wurden. Entlang der Soča führt ein Abstecher zum ***Kozjak Wasserfall*** und wieder zurück zu einer kleinen italienischen Festung, von der aus sich ein guter Blick über das Soča-Tal bietet. Über die Napoleonbrücke geht es mit Zwischenstopp bei der Käserei von Kobarid zurück zum Ausgangspunkt.

Für die gesamte Rundwanderung sind mit Besuch der Museen etwa ***3–5 Stunden*** zu veranschlagen. ***Informationsmaterial*** gibt es am Kobarid Museum oder in der Touristeninformation.

GPS: N 46.24684161, E 13.58109774
(Startpunkt)

Pot Miru (Friedensweg): Entlang der ehemaligen Isonzofront während des Ersten Weltkriegs wurde 2007 im Soča-Tal der 230 Kilometer lange ***Weg des Friedens*** eingerichtet. Dort, wo einst sinnlose Schlachten zwischen den europäischen Großmächten tobten, sollen sich heute Menschen aller Nationalitäten begegnen und gemeinsam die Natur genießen. Entlang des Weges wurden ***sechs Freilichtmuseen*** eingerichtet, auf deren Gelände Überreste der Befestigungsanlagen und Spuren der Kampfhandlungen bis heute zu sehen sind (Ravelnik und Čelo bei Bovec, Zaprikraj über Kobarid, sowie Kolovrat, Mrzli vrh und Mengore in der Nähe von Tolmin).

Der Weg beginnt in ***Log pod Mangartom*** und endet in ***Mengore*** bei Tolmin. Mit dem Auto sind es vom Start bis nach Tolmin etwa eine Stunde. Es können auch einzelne Abschnitte des Wegs gegangen werden, ebenso können die Freilichtmuseen separat besucht werden. In Ravelnik und Kolovrat werden im Sommer auch Führungen angeboten. Inzwischen gibt es sogar eine Erweiterung des Wegs von Tolmin an die Adria. Auf der Homepage der Stiftung für den Weg des Friedens findet sich eine ***Karte*** mit allen Abschnitten und Museen sowie ***GPS-Koordinaten.***

GPS: N 46.40485, E 13.59631
(Startpunkt bei Log pod Mangartom)
Web: www.potmiru.si/deu

Napoleonbrücke: Wie der Name bereits vermuten lässt, ließ Napoleon seine Truppen über die Brücke marschieren, als diese auf dem Weg zum Predilpass waren. Die schmale Stelle über die Soča hatte schon immer strategische Bedeutung, während des Zweiten Weltkriegs verteidigten die Partisanen hier die Republik von Kobarid. In Gedenken an diese Kämpfe wurden an der Brücke zwei **Gedenktafeln** aufgestellt.

Heute lohnt sich ein Besuch vor allem wegen des faszinierenden Blicks von der 20 Meter langen Brücke über die dahin rauschende Soča. Kaum zu glauben, dass hier sogar schon ein Wettbewerb für Klippenspringer stattfand.
GPS: N 46.248355, E 13.586235

Soča-Tal 25

GPS: N 46.338112, E 13.552441 (Bovec)

GPS: N 46.182900, E 13.733645 (Tolmin)

Dank ihrer strahlenden blaugrünen Farbe gilt die Soča als einer der schönsten Flüsse Europas. Nur an wenigen Stellen ist ihr Lauf durch Menschenhand beeinflusst, weitgehend ursprünglichste Natur prägt das ganze Tal. Die unzähligen Wasserfälle, Stromschnellen und tiefe Felsschluchten sind zusammen mit den umliegenden Hügeln und Gipfeln des **Triglav-Nationalparks** ein Paradies für Naturliebhaber und Outdoorsportbegeisterte. Die Soča und ihre Nebenflüsse sind wie gemacht für Wildwasser-Kajaking, Rafting, Canyoning aber auch zum Baden und Wandern. Für den vorbildlichen und nachhaltigen Umgang mit seinem kulturellen und ökologischen Erbe wurde das Soča-Tal 2008 in die Liste der Europäischen Exzellenz-Ziele (EDEN) aufgenommen.

Bovec

Bovec ist die unumstrittene **Outdoorsport-Hauptstadt** des Soča-Tals. Ob Paragliding, Sportklettern, Wildwasserrafting, Kayaking, Mountainbiken, Canyoning, Rennradfahren, Wandern oder Angeln – hier ist für fast jeden etwas dabei, und die Liste der Aktivitäten ließe sich sogar noch fortsetzen.

Nützliches

Touristeninformation: Im Ortskern gibt es eine Touristeninformation, die dabei hilft, einen Überblick zu bekommen.
GPS: N 46.338112, E 13.552441 (Ortskern)

Unser Schlafplatz: Das Soča-Tal ist leider nicht der richtige Ort, zum freien Stehen in der Natur. An der Natur scheitert es dabei freilich nicht, vielmehr sind es die lokalen Parkwächter, die einem den Spaß vermiesen. Sogar die abgelegensten Winkel werden von ihnen bei regelmäßigen Kontrollen abgeklappert. Im ganzen Nationalpark darf nur auf genehmigten Flächen übernachtet werden. Wer keinen der zahlreichen Campingplätze ansteuern möchte, der fährt am besten über die offene Grenze nach Italien an den **Raibler See** (Lago del Predil), 20 Kilometer nördlich von Bovec. Hier gibt es einen großen Parkplatz, auf dem übernachtet werden darf (Hauptsaison 6 €). In der Hauptsaison ist es recht voll. Es gibt einige große Kiesstrände zum Baden.

GPS: N 46.42712, E 13.56621

Aktivitäten

Baden: Die meisten Abschnitte der oberen Soča sind zu reißend oder zu steil, um zu baden. In der Nähe des kleinen Ortes **Čezsoča,** nur wenige Minuten von Bovec entfernt, kann aber am flachen Kiesufer geplanscht werden.

GPS: N 46.325229, E 13.552017

Sport und Outdoor: Nahe der Touristeninformation reihen sich unzählige **Agenturen** aneinander, deren Angebot sowohl Adrenalinfreaks als auch Naturliebhaber begeistert.

In der Umgebung

Fort Kluže: Die flache, trutzige **Befestigungsanlage** wacht bereits seit dem 15. Jahrhundert über den wichtigen **Predilpass** und liegt unübersehbar an der Straße von Tarvis (Italien) nach Bovec. In unzähligen kriegerischen Auseinandersetzungen war der schmale Übergang über die Koritnica umkämpft. Statt heranstürmenden Infanteristen lauert das Fort inzwischen aber nur noch wissensdurstigen Touristen auf. Außerdem hat man von der Brücke am Fort einen sehenswerten Blick hinab in die Tröge der Koritnica. Hier hat sich der Fluss besonders tief in den Stein gegraben und bildet eine enge, circa 200 Meter lange Schlucht.

Gegenüber des Fort Kluže beginnt der Weg zum über der Straße liegenden **Fort Hermann.** Diese Festung wurde um 1900 von den Österreichern zur Unterstützung des Fort Kluže errichtet, aber bereits wenig später durch italienisches Bombardement zerstört. Die Wanderung auf dem ausgeschilderten, aber schmalen Weg dauert etwa 30 Minuten.

GPS: N 46.361094, E 13.589545

Öffnungszeiten und Eintritt: Juni/Sept. tägl. 10–17 Uhr, sonst nach Vereinbarung. Erwachsene/ermäßigt 3/2 €.

Tolmin

Der größte Ort des Soča-Tals liegt am Zusammenfluss von Soča und Tolminka am südlichen Ende des Triglav-Nationalparks. Als Ausgangspunkt für Wanderungen ist Tolmin auch über die Landesgrenzen hinaus bekannt, wirklich berühmt ist der kleine Ort aber vor allem für seine **Festivals,** die im Sommer tausende Besucher in den sonst eher verschlafenen Ort bringen. Ob Metaldays, Overjam Reggae Festival oder Punk Rock Holidays – sie alle bieten hochrangigen internationalen Acts und ihren Fans an den Ufern der Soča das ideale Festivalgelände.

Nützliches

Unser Schlafplatz: Nur wenige Minuten von Tolmin entfernt steht man hier nahe der Soča inmitten von Wiesen und Wäldern. Es gibt einen großen ***Schotterparkplatz.*** Hier findet jährlich im Juli ein großes Metal-Festival statt.

GPS: N 46.175570, E 13.733960

Etwas versteckter steht man ***am Ende der Straße*** gegenüber dem deutschen Soldatenfriedhof.

GPS: N 46.17597, E 13.73258

Wasser: Auf einem kleinen Platz im alten Ortskern gibt es einen Brunnen, an dem man seine Wasservorräte bedenkenlos auffüllen kann.

GPS: N 46.182150, E 13.734720

Ausrüstung: Bei ***Iglu Sport*** gibt es Steckkartuschen für Gaskocher, Karten, Kletter- und Wanderführer. Außerdem eine kleine Auswahl an Outdoorbekleidung.

GPS: N 46.182560, E 13.734509

Adresse: Trg maršala Tita 15

Öffnungszeiten: Mo–Fr 9–13 und 15–19, Sa 9–12 Uhr.

Aktivitäten

Baden: Wen das nur 15 Grad warme Wasser nicht schreckt, der findet in Tolmin ***nahe der Brücke über die Soča*** eine schöne Badestelle. Wem es zu kalt ist, kann auf den kiesigen Sandbänken oder im Schatten auf der Wiese faulenzen. Immer erst die Wassergeschwindigkeit checken, besonders mit Kindern. Es gibt hier ein Restaurant mit einigen Parkplätzen.

GPS: N 46.181997, E 13.717363

Am Zusammenfluss von Tolminka und Soča kann ***in der Nähe des Festivalgeländes*** schön gebadet werden. Hier ist das Wasser recht tief. Auch hier gilt: Immer erst die Wassergeschwindigkeit checken, besonders mit Kindern.

GPS: N 46.175570, E 13.733960 (Parkplatz)

GPS: N 46.173546, E 13.739831 (Badestelle)

Wandern: Unweit von Tolmin entfernt liegt das ***Freilichtmuseum Prostem Mengore.*** Hierbei handelt es sich um einen ehemaligen Frontabschnitt der Isonzofront, die während des Ersten Weltkriegs zwischen Österreich-Ungarn und Italien verlief. Zu Fuß können einige der in den Felsen getriebenen Befestigungsanlagen der Österreicher erkundet werden. Taschenlampe nicht vergessen! Das Ende des Weges liegt auf dem Gipfel eines kleinen Hügels an einer ***Kapelle.*** Hierher dauert es etwa 40 Minuten zu Fuß, es ist ein perfekter Picknick-Platz mit tollem Blick.

Vom Parkplatz aus dem ***Pot Miru*** (Friedensweg) und seinen rot/schwarzen Markierungen folgen. Der Weg ist nicht als Rundweg konzipiert. Geht man hinter der Kapelle die Straße hinunter und biegt an den verfallenen Häusern links ab, kommt man aber zügig zurück zum Parkplatz. Am besten die Karte am Parkplatz abfotografieren.

GPS: N 46.16419, E 13.72914 (Parkplatz)

GPS: N 46.166826, E 13.721775 (Kapelle)

In der Umgebung

Tolminer Klamm: Der Lauf des türkisfarbenen Tolminka Flusses hat sich tief in die Schluchten von Tolmin eingegraben. So tief, dass sich hier mit 180 Metern über dem Meeresspiegel der ***niedrigste Punkt des ganzen Soča-Tals*** befindet. Gespeist wird der Fluss aus einer ***Thermalquelle,*** deren warmes Wasser in der Klamm ganzjährig für feucht-warme Temperaturen sorgt und eine ungewöhnlich üppige und vielfältige Vegetation ermöglicht.

Entlang schmaler Wege und Brücken führt ein ***Wanderweg*** in den kleinen Ort ***Čadrg.*** In eine Richtung sind für die Strecke etwa 2½ Stunden einzuplanen. Die beliebteste Wanderung folgt dem beschilderten, etwa 2 Kilometer langen ***Rundweg*** durch die Klamm. Auf dem Weg wird die nach dem italienischen Dichter und Philosophen benannte ***Dante-Höhle*** passiert, der hier angeblich die Inspiration zu seiner „Göttlichen Komödie" fand. Die Wege sind gut zu begehen und auch für Kinder machbar. Hunde können an der Leine mitgeführt werden.

Kurz vor dem Eingang zur Klamm, oberhalb des Restaurants Okrepcevalnica Tolminska korita befindet sich an der Straße ein ***kostenloser Parkplatz.*** Von Tolmin dauert es hierher mit dem Auto nur wenige Minuten.

GPS: N 46.198006, E 13.740019 (Parkplatz)
Adresse: Zatolmin 66a, Tolmin
Web: www.soca-valley.com/de/sehenswurdigkeit/tolminer-klammen
Öffnungszeiten und Eintritt: März–April tägl. 9–19, Mai–Juni tägl. 9–19.30, Juli/Aug. tägl. 8–20, Sept./Okt. tägl. 9–18, Nov. tägl. 9–15 Uhr. Erwachsene/ermäßigt/Kinder 6/5/3 €.

Bohinj See 12 13 24 31 53

GPS:
N 46.288776,
E 13.894803
(Stara Fužina)

Der wilde große Bruder des Bleder Sees brauchte etwas länger, um die Aufmerksamkeit der internationalen Besucher auf sich zu ziehen, wird inzwischen unter Naturfreunden und Outdoorsportlern aber mindestens ebenso geschätzt. Sein gänzlich unverbautes Ufer wird von unzähligen hellen Kiesbuchten umrahmt. Es gibt am See selbst, abgesehen von den Hotels und Restaurants am südlichen Ufer, nicht viel touristische Infrastruktur. Wandern, Radfahren und Schwimmen sind hier noch richtige Naturerlebnisse.

Nützliches

Touristeninformation: Um den See herum gibt es gleich mehrere Touristeninformationen. Die größte ist das ***Info Center Bohinj***

GPS: N 46.276730, E 13.887588
Adresse: Ribčev Laz 48, Bohinjsko Jezero
Öffnungszeiten: Mo–Sa 8–18, So 9–15 Uhr.

Wer gleich ein paar Tage bleibt, für den kann sich die ***Julian Alps Card: Bohinj*** lohnen (ab 19 €). Mit diesen, an den Touristeninformationen erhältlichen Besucherpässen können viele Parkplätze und Shuttlebusse umsonst genutzt werden, und der Eintritt für Museen und Sehenswürdigkeiten entfällt.

Der Bohinj See im Herbst

Parken: Die Parkplätze um den See herum sind begrenzt in ihrer Anzahl. Die meisten finden sich am westlichen Ende des Sees bei **Ukanc** (10 € pro Tag). Hier findet sich außerdem eine große Infotafel mit den Wanderungen, Sehenswürdigkeiten und Radwegen um den See.

GPS: N 46.27954, E 13.82949

Ein kleiner Parkplatz liegt direkt ***am Seeufer.*** Perfekt zum Baden, nah an der Straße. Hauptsaison/Nebensaison 2,50/1,50 € pro Stunde. Mit der Gäste-Mobilitätskarte kostenlos.

GPS: N 46.28156, E 13.8483

Direkt ***neben dem Campingplatz Zlatorog*** (am westlichen Ende des Sees) befindet sich ein weiterer großer Parkplatz. Hauptsaison/Nebensaison 2,50/1,50 € pro Stunde.

GPS: N 46.277890, E 13.836790

Der Parkplatz ***am Restaurant Planinski dom Savica*** ist der Ausgangspunkt für die Wanderung zum Slap Savica. Zum See kann man von hier innerhalb einer Stunde wandern. Für Busse/Camper 10 € pro Tag, kleinere Autos kosten 3 € pro Tag.

GPS: N 46.28955, E 13.80203

Campingplatz: **Kamp Danica** ist ein schöner und moderner Campingplatz und der einzige der Region, welcher das ganze Jahr geöffnet ist. Es gibt einzelne Parzellen und eine freie Campingwiese. Es können Fahrräder geliehen (16 € pro Tag) und Wander- und Mountainbike-Karten gekauft werden. Auch die „Julian Alps Card" gibt es hier. Zum Bohinj See sind es sechs Kilometer.

GPS: N 46.274200, E 13.947910

Adresse: Triglavska cesta 60, Bohinjska Bistrica

Web: www.tdbohinj.si/en/danica-campsite

Kulinarisches: Fragt man einen Slowenen nach den landestypischen Spezialitäten seiner Heimat, wird er wohl immer an erster Stelle *Žganci* nennen. Zugegeben, die Bezeichnung Spezialität ist in diesem Zusammenhang möglicherweise nicht der richtige Begriff. Vielmehr handelt es sich schlicht um das lange Zeit am meisten gegessene Gericht des Landes. Seine Ursprünge hat das *Žganci* in der Küche armer Leute. Hierfür wird Mehl in einen Topf mit kochendem Wasser gegeben und geköchelt bis das Mehl krümelige Klümpchen bildet. Die Mehlbasis kann von Weizen und Buchweizen über Gerste und Mais bis hin zu Kartoffel variieren, ebenso die Beilagen. Im Winter ist Sauerkraut und Eintopf beliebt, im Sommer Joghurt mit Honig. Viele Jahrhunderte sicherte dieses simple Gericht den einfachen Leuten ihr Überleben, inzwischen hat es seinen Weg auch in die gehobene Küche gefunden. Das etwas abgelegene ***Planinski dom Savica*** hat einige regionale Klassiker auf der Karte.

GPS: N 46.289257, E 13.801666

Wasser: An der Straße zum Parkplatz für die Mostnica-Schlucht findet sich eine angelegte Wasserstelle.

GPS: N 46.28962, E 13.89019

Aktivitäten

Baden: Der Bohinj See speist sich hauptsächlich aus dem nahe gelegenen ***Savica-Wasserfall***, dessen Quelle den See mit seinem glasklaren Wasser versorgt. Die Wasserqualität ist sehr gut, und an den vielen Badebuchten entlang des Seeufers kann picknickend und badend leicht ein ganzer Tag verbracht werden.

Auch bei nicht so schönem Wetter wird es am Bohinj See nicht langweilig. Dafür sorgt die große **Indoor-Poolanlage** im Ort Bohinjska Bistrica mit verschiedenen warmen Schwimm- und Kinderbecken, Rutschen, Sauna und Wellnessbereich. Am Hotel Tripič gibt es einen kostenlosen Parkplatz.

GPS: N 46.271783, E 13.955852 (Parkplatz)
GPS: N 46.272143, E 13.956610 (Aquapark)
Adresse: Triglavska cesta 17, Bohinjska Bistrica
Web: www.vodni-park-bohinj.si/en
Öffnungszeiten und Eintritt: Tägl. 9–21, in der Nebensaison Mo–Do 12–20, Fr 12–21, Sa 9–21, So 9–20 Uhr. Erwachsene/ermäßigt/Kinder ab 17/14/12,50 €.

Wandern: Der speziell für Kinder eingerichtete ***Zlatorog Fairy Trail*** lässt die kleinen Besucher spielerisch die Natur um den See und regionale Sagen und Märchen kennenlernen. An sieben Stationen können Stempel gesammelt werden, um das an den Touristeninformationen um den See herum erhältliche Sammelheft zu vervollständigen. An jeder Station sollen die Kinder ihre Umgebung mit einem jeweils anderen Sinn bewusst erfahren lernen.

GPS: N 46.27893, E 13.8348
Web: www.bohinj.si/en/hiking/zlatorog-fairy-trail

Eine der schönsten Wanderungen in der Gegend um den Bohinj See führt vom Örtchen ***Stara Fužina*** durch die Mostnica-Schlucht und das anschließende Voje-Tal zum Wasserfall der Mostnica, dem ***Slap Mostnica.*** Nordwestlich von Stara Fužina gibt es einen großen kostenpflichtigen Parkplatz (1,50 € pro Stunde, 10 € pro Tag). Von hier ist der Weg,

Bild 1: Außenansicht des Partisanenlazaretts Franja | Bild 2: Behandlungsraum im Lazarett

der unter anderem die sogenannte Teufelsbrücke passiert, ausgeschildert. Die Wanderung zum Wasserfall Slap Mostnica dauert in eine Richtung etwa zwei Stunden.

GPS: N 46.29029, E 13.88628 (Parkplatz)

Eine recht kurze und sehr beliebte Wanderung führt zum **Slap Savica.** In etwa 20 Minuten kann man vom Parkplatz am Restaurant Planinski dom Savica zu dem Wasserfall wandern.

GPS: N 46.28955, E 13.80203 (Parkplatz)

Partisanenlazarett Franja 16 30
(Franja Partisan Hospital)

GPS:
N 46.154108,
E 14.028269
(Freilichtmuseum)

Adresse:
Dolenji Novaki,
Cerkno

Web:
www.muzej-idrija-cerkno.si/de

Öffnungszeiten und Eintritt:
April–Sept. tägl. 9–18, Okt. tägl. 9–16 Uhr.
Erwachsene/ermäßigt 7/5 €.

Auch wenn es zunächst nicht so erscheint, beginnt bereits beim Abfahren von der Autobahn der Besuch dieses außergewöhnlichen Ortes. Immer schmaler werdende Straßen schlängeln sich durch dünn besiedelte, unzugängliche und vor allem malerisch schöne Landschaften. Nachdem das Auto auf dem Parkplatz zurückbleibt, spitzt sich die Anreise weiter zu. Nur zu Fuß gelangt man in die sich zusehends verjüngende und gleichzeitig steiler werdende Schlucht. Spätestens auf eben jenem Weg, den die Partisanenkämpfer ihre verwundeten Mitstreiter hinauftrugen und auf dem sie sich den Angriffen deutscher Kommandos zur Wehr setzen mussten, wird die besondere Atmosphäre dieser Stätte spürbar. Von solchen letzten Rückzugsorten in der menschenverachtenden Welt des faschistischen Europas führten die versprengten Widerstandskämpfer ihren Kampf gegen die Truppen der Achsenmächte.

Die zum Freilichtmuseum hergerichtete Siedlung tief in der Schlucht zeigt, wie das Leben unter den schwierigen Bedingungen funktionieren konnte und mit welch einfachen Mitteln das Krankenhaus über anderthalb Jahre hinweg seinen Betrieb aufrechterhielt.

Nützliches

Parken: An einem kleinen Restaurant mit Kinderspielplatz steht ein **kostenloser Parkplatz** zur Verfügung. Von hier etwa 20 Minuten der Beschilderung entlang des kleinen Baches folgen.

GPS: N 46.16002, E 14.02733

Unser Schlafplatz: Auf dem **Parkplatz am Lift des Bike-Parks** stehen oft Vans und Camper. Es gibt einen Imbiss. Es sind etwa 20 Minuten mit dem Auto bis zum Partisanenlazarett.

GPS: N 46.15632, E 14.0485

Etwas ruhiger kann ***am Fuße eines Skilifts*** gestanden werden, der im Sommer nicht in Betrieb ist.

GPS: N 46.17433, E 14.04641

Etwa ***auf halber Strecke*** zwischen dem Partisanenlazarett und dem Bohinj See findet sich auf einer großen Wiese nahe der Straße ein guter Platz für die Nacht. Zum Lazarett etwa 30 Minuten Fahrzeit. Man muss von der Straße aus die kleine Brücke überqueren.

GPS: N 46.20106, E 14.03881

Ljubljana ❷

GPS: N 46.051744, E 14.505711 (Stadtzentrum)

Die slowenische Hauptstadt gehört immer noch zu den weniger bekannten Reisezielen Europas. Die kleine Stadt an den Ufern der Ljubljanica ist eine der grünsten und nachhaltigsten Städte Europas. Die zahlreichen Grünflächen und die autofreie Altstadt machen Ljubljana zu einem äußerst lebenswerten Ort. Wegen seiner kulturellen und architektonischen Ähnlichkeit oft mit Wien verglichen, versprüht es mit seinen vielen Cafés am Flussufer und dem milden Wetter aber viel mehr mediterranes Lebensgefühl.

Nützliches

Parken: Der Parkplatz in der Nähe des Museums für jüngere Geschichte ***am Tivoli Park*** ist eine gute Parkmöglichkeit in der Stadt. 0,60 €/2,40 € (Auto/Wohnmobil) pro Stunde. Von hier sind es etwa 20 Minuten zu Fuß in die Innenstadt.

GPS: N 46.060100, E 14.496990

Dieser nördlich der Innenstadt gelegene Parkplatz ***in der Nähe des Hauptbahnhofs*** ist besonders für Wohnmobile ideal. Sehr gute Lage, von hier sind es etwa 15 Minuten zu Fuß in die Innenstadt. 1,20 € pro Stunde.

GPS: N 46.057923, E 14.515719

Die wohl genialste, weil zentralste Parkmöglichkeit liegt auf dem Festungshügel mitten in der Stadt direkt ***an der Burg.*** Hier sind die Parkplätze in ihrer Anzahl aber begrenzt. Gute Chancen hat man vormittags oder am späten Abend.

GPS: N 46.048154, E 14.509511

Unser Schlafplatz: Morgens werden die vereinzelten Camper auf diesem Platz mit Urwaldgeschrei geweckt, das aus dem Buchenwald schallt. Der Parkplatz ***in der Nähe des Zoos*** hat sich als guter Ort zum Übernachten etabliert. Die Uni ist auch nicht weit, oft ist hier ziemlich viel los.

GPS: N 46.05254456, E 14.47096921

Kulinarisches: Im alten Stadtkern von Ljubljana gibt es ein abwechslungsreiches kulinarisches Angebot. Wer die slowenische Kochkunst kennenlernen will, ist zum Beispiel bei ***Julija*** goldrichtig. Einflüsse der Küche Italiens und Istriens sorgen für eine abwechslungsreiche Karte. Nicht fehlen darf natürlich die slowenische Version des *Štruklji*. Als Hauptspeise gefüllt mit Pilzen und Speck oder als Beilage mit Estragon oder Walnuss. Außerdem einige Fischgerichte.

GPS: N 46.047926, E 14.506247

Adresse: Stari trg 9

Web: www.julijarestaurant.com

Öffnungszeiten und Preise: Tägl. 12–22 Uhr. Gehobene Preiskategorie.

Wäscherei: **Speedqueen Waschsalon,** in der Nähe des Museums für jüngere Geschichte und dem Tivoli Park. 4 € pro Maschine, Trocknen 1 €/10 Minuten. Gutes WiFi.

GPS: N 46.06422909, E 14.4939753

Adresse: Celovška cesta 73

Öffnungszeiten: Tägl. 6–24 Uhr.

Ausrüstung: Gute Auswahl an Wander- und Kletterausrüstung gibt es im ***Annapurna Shop.*** Außerdem Stechkartuschen, Campinggas, ziemlich viele Wanderkarten für Slowenien und die wichtigsten Klettertopos.

GPS: N 46.04539791, E 14.50523963

Adresse: Krakovski nasip 4

Web: www.annapurna.si

Öffnungszeiten: Mo–Fr 9–19, Sa 9–13 Uhr.

Sehenswert

Burg von Ljubljana (Ljubljanski grad): Die Burg von Ljubljana übertrifft leicht alle Erwartungen, die man normalerweise an eine mittelalterliche Festung hat. Hier erwarten einen keine alten Steine, die halb vergessen auf irgendeinem Hügel herumliegen, sondern ein ziemlich ausgeklügeltes ***Rundumevent*** mit thematischen Führungen, verschiedenen künstlerischen und historischen Museumsabschnitten, Filmvorführungen, Familien- und Kinderprogramm, Restaurants und Livemusik-Veranstaltungen. Hinauf auf den Festungshügel gelangt man zu Fuß, mit dem Auto oder der Standseilbahn. Vom markanten weißen **Aussichtsturm** der Festung lässt sich über die Stadt bis zu den Julischen Alpen blicken.

GPS: N 46.048611, E 14.509107

Adresse: Grajska planota 1

Web: www.ljubljanskigrad.si/en

Öffnungszeiten und Eintritt: Jan.–April, Okt.–Dez. tägl. 9–19, Mai–Sept. tägl. 9–22 Uhr. Es wird eine Vielzahl unterschiedlicher Tickets angeboten, die Preise variieren je nach Programm; die günstigsten Tickets kosten 12 € für Erwachsene und 8,40 € für Kinder. Wer seine Tickets online bucht, erhält 10 % Rabatt.

Museum der jüngeren Geschichte Sloweniens (National Museum of Contemporary History): Vom Ausbruch des Ersten Weltkriegs 1914 bis zur Unabhängigkeitserklärung Sloweniens 1991 werden die Geschicke des kleinen Landes kohärent nacherzählt. Die ***permanente Ausstellung*** im ersten Obergeschoss ist dabei ebenso informativ wie unterhaltsam und lässt Besucher vieles über das Land, aber auch die Sozialistische Republik Jugoslawien lernen. Im Erdgeschoss befinden sich ***wechselnde Ausstellungen,*** die geschichtliche Themen oft künstlerisch aufgreifen. In unmittelbarer Nähe befindet sich ein großer kostenpflichtiger Parkplatz (s.o.).

GPS: N 46.059074, E 14.495402

Adresse: Celovška cesta 23

Web: www.muzej-nz.si/en

Öffnungszeiten und Eintritt: Di–So 10–18 Uhr. Erwachsene/ermäßigt 5/3 €.

Drachenbrücke (Zmajski most): Sicherlich eine der schönsten Brücken im **Wiener Jugendstil,** verdankt die Drachenbrücke ihre Popularität vor allem den **vier eisernen Drachen,** welche über die Passage wachen und ihren Dienst als Wappentier der Stadt verrichten.
GPS: N 46.0519, E 14.5103

Haus der Genossenschaftlichen Wirtschaftsbank: Auf der Suche nach einer **modernen slowenischen Architektur** verband Ivan Vurnik volkstümliche Einflüsse und Muster mit Elementen des Jugendstils. Das farbenfrohe Gebäude der Genossenschaftlichen Wirtschaftsbank ist ohne Zweifel eines der anziehendsten Ergebnisse dieser Arbeit und begeistert immerwährend seit beinahe 100 Jahren. Leider kann das Gebäude nur von außen bewundert werden.
GPS: N 46.052889, E 14.506722
Adresse: Miklošičeva cesta 8

Slowenische National- und Universitätsbibliothek: Jože Plečniks bedeutendstes Werk in Slowenien, die **größte wissenschaftliche Bibliothek des Landes,** weiß sich und seinen Zweck als Ort der Gelehrsamkeit perfekt zu inszenieren. An der hohen, eisernen Pforte wird der Besucher symbolisch von zwei Pegasus-Pferden in Empfang genommen und in die Welt des Wissens getragen. Aus der Dunkelheit der Ahnungslosigkeit steigt man über die mächtige, von hohen Säulen flankierte schwarze Treppe in die lichte Weite des großen Lesesaals. Im Untergeschoss befindet sich abseits des städtischen Trubels ein nettes Café.
GPS: N 46.047726, E 14.503846
Adresse: Turjaška ulica 1
Web: www.nuk.uni-lj.si/eng
Öffnungszeiten und Eintritt: Mo–Fr 10–18 Uhr, zu diesen Zeiten können die eindrucksvolle Eingangshalle und ein Ausstellungsraum besucht werden. Sa 14.30–18 Uhr ist auch der große Lesesaal für Besucher geöffnet. Erwachsene/ermäßigt 5/3 €, Mo–Fr freier Eintritt.

Plečniks Haus: Wer sich dafür interessiert, warum Ljubljana heute so ausschaut wie es eben ausschaut, sollte das Schaffen jenes Mannes genauer in den Blick nehmen, der wie kein anderer das Stadtbild Ljubljanas geprägt hat. Die Liste der Bauwerke an deren Gestaltung der **Architekt Jože Plečnik** federführend beteiligt war, will gar kein Ende nehmen. Neben den über 30 eigens von ihm entworfenen Gebäuden kommen die berühmte **Tromostovje-Brücke** und das **Bežigrad Sportstadion** sowie einige Museen hinzu. Außerdem war er an zahlreichen Umbauten und Erweiterungen von kirchlichen und administrativen Gebäuden beteiligt. Auch die Straßenbeleuchtung, die Uferbebauung der Innenstadt und der Ausbau des Zentralfriedhofs tragen seine Handschrift.

Zu jeder vollen Stunde finden etwa 40-minütige **Führungen durch das Wohnhaus Plečniks** statt. Die letzte Führung startet um 17 Uhr. Die maximale Teilnehmerzahl liegt bei sieben Besuchern.

Bild 1: Außenfassade des Hauses der Genossenschaftlichen Wirtschaftsbank | Bild 2: Wappentier der Hauptstadt und Wächter über die Drachenbrücke | Bild 3: Slowenische National- und Universitätsbibliothek

GPS: N 46.042442, E 14.502390
Adresse: Karunova ulica 4
Web: www.mgml.si/en/plecnik-house
Öffnungszeiten und Eintritt: Di–So 10–18 Uhr, geschlossen am 01.01., 01.11. und 25.12. Familien/Erwachsene/ermäßigt 18/8/6 €.

Slowenisches Parlament (Staatsversammlung der Republik Slowenien): Auf den ersten Blick wäre das Parlamentsgebäude wohl irgendwo zwischen langweilig und hässlich einzuordnen. Doch ganz so einfach lässt der eher unauffällige Betonklotz niemanden mit seinem schnellen Urteil davonkommen.

Das zweistöckige Eingangsportal, dessen vier ***Eichenholztore*** von fünf ***Granitsäulen*** eingerahmt werden, ist mit unzähligen ***Bronzestatuen*** versehen, welche das arbeitende Volk und seine Unabhängigkeit repräsentieren und ein ungewöhnlicher Hingucker sind.
GPS: N 46.051296, E 14.501004
Adresse: Šubičeva ulica 4
Web: www.dz-rs.si
Öffnungszeiten und Eintritt: Im Rahmen einer geführten, kostenlosen Tour kann das Parlamentsgebäude auch von innen besucht werden. Nähere Informationen hierzu finden sich auf der Website.

Höhlenburg Predjama 2 29
(Predjamski Grad)

GPS: N 45.815635, E 14.127331

Adresse: Bukovje-Predjama 1, Postojna

Web: www.postojnska-jama.eu/de/burg-predjama

Bereits im 12. Jh. wählten findige Ingenieure und Architekten das Höhlenportal in der Nähe des kleinen Dorfes Predjama als Ort für ihre Befestigungsanlage. In einer über 120 Meter hohen Felswand gelegen, nur von einer Seite aus erreichbar und trotzdem über ein geheimes Höhlensystem mit der Außenwelt verbunden, entsprach die daraufhin konstruierte Burg genau ihren Anforderungen: die größtmögliche Sicherheit in einer oft widrigen und gefährlichen Welt zu garantieren. Folglich hielt die weltweit größte Höhlenburg nicht nur Belagerungen und Angriffen verlässlich stand, sondern faszinierte auch schon immer Reisende und Besucher. Die Burg wurde über die Jahrhunderte stetig erweitert und reicht heute über vier Stockwerke. Ausgestellt sind zudem Gegenstände des mittelalterlichen Lebens, Waffen und Bilder. Audioguides sind in zahl- reichen Sprachen erhältlich und geben interessante zusätzliche Informationen.

Nützliches
Öffnungszeiten und Eintritt: Jan.–März, Nov./Dez. tägl. 10–16, April–Juni, Okt. 10–17, Juli/Aug. 9–19, Sept. 9–18 Uhr. Erwachsene/Schüler u. Studierende/Kinder/Kinder bis 5 J. 17,50/14/10,50/1 €.

Es gibt sehr viele verschiedene **Ticket-Kombinationen** mit anderen Sehenswürdigkeiten und speziellen Aktionen. Am besten vorher auf der Homepage das Angebot checken. Tickets können online gebucht werden. Am Kassenhäuschen der Burg können sowohl Kombi- als auch Einzeltickets für die Burg und die 10 Kilometer entfernte **Postojna-Höhle** (s.u.) erworben werden. Am besten bereits morgens die Burg besuchen und das Ticket für die Höhle gleich dazu buchen. So spart man sich später die lange Schlange an der Höhle.

Parken: Direkt **an der Burg** stehen kostenpflichtige Parkplätze zur Verfügung. Hier ist der Platz aber begrenzt.

GPS: N 45.81370, E 14.12963

Unser Schlafplatz: Etwa **10 Minuten von der Burg** entfernt liegt ein gut zum Übernachten geeigneter Platz. Anfahrt über den kleinen Ort Gorenje, an der Kirche vorbei und kurz nach der Ortsausfahrt neben einem ungenutzten Brunnen. Hier steht man ruhig ***auf einem großen Schotterplatz*** an der Straße.

GPS: N 45.83976, E 14.14442

Campingplatz: Der tief im Wald gelegene **Camping Pivka Jama** bietet viel Platz, top Sanitäranlagen, einen kleinen Pool, Supermarkt und Restaurant. Eine Nacht kostet pro Person ab 10,90 €, Bungalows (2 Pers.) ab 50 €.

GPS: N 45.80533, E 14.20444.

Adresse: Veliki Otok 50, Postojna

Web: www.camping-postojna.com/en

Höhlen von Postojna 2 2 52
(Postojnska Jama)

GPS: N 45.782568, E 14.203918

Adresse: Jamska cesta 30, Postojna

Web: www.postojnska-jama.eu/de/hoehle-von-postojna

Das Höhlensystem von Postojna geizt nicht mit Superlativen. Die zweitgrößte zugängliche Höhle der Welt begrüßt jedes Jahr über eine halbe Million Besucher und damit mehr als jede andere dieser Art. Nach Verlegung des elektrischen Stroms fanden Anfang des 19. Jahrhundert in ihren unterirdischen Hallen sogar königliche Tanzveranstaltungen statt und bis heute verkehrt in ihrem insgesamt 24 Kilometer langen Tunnelsystem die einzige U-Bahn des Landes. Eine Führung beginnt und endet mit einer 2 km langen Fahrt mit dem Höhlenzug. Während der etwa 80-minütigen Tour berichten die Guides über die Entstehung und Erschließung der Höhle. Das ganze Jahr über herrschen konstante 10 °C in der Höhle, weshalb warme Kleidung ratsam ist.

Nützliches

Öffnungszeiten und Eintritt: Jan.–März, Nov./Dez. tägl. 10–15, April–Juni, Okt. 10–16, Juli–Aug 9–18, Sept. 9–17 Uhr. Erwachsene/Schüler u. Studierende/Kinder/Kinder bis 5 J. 28,50/22,80/17,10/1 €.

In der **Hochsaison** sollten Eintrittskarten unbedingt direkt morgens, im Voraus über das Internet oder als Kombi-Ticket gekauft werden. Zur Mittagszeit ist mit sehr langen Wartezeiten zu rechnen. Allerdings ist die Höhle dank hervorragender Organisation auch in der Hauptsaison gut zu besuchen.

An die **Tickets**, die für eine ***festgelegte Uhrzeit*** ausgestellt werden, ist eine Besichtigung mit Führung gekoppelt (inklusive Fahrt mit dem Höhlenzug). Auf der Homepage kann man die verfügbaren Abfahrtszeiten checken.

Parken: Zum perfekt organisierten Postojna-Park gehört ein ***riesiger Parkplatz*** mit Parkmöglichkeiten für circa 800 Autos. Trotzdem kann es hier in der Hochsaison schon mal eng werden. Für Pkw kostet der Parkplatz 5 € pro Tag, für Wohnmobile 10 €. Außerdem können **Übernacht-Tickets** für Wohnmobile und Campingbusse gezogen werden (18 €/Nacht), allerdings wird dann weniger idyllisch auf dem Parkplatz campiert.

GPS: N 45.78189, E 14.20200

Kostenlos kann ***im etwa 2 Kilometer entfernten Ort Postojna*** geparkt werden. Von hier sind es an der Straße entlang 30 Minuten zu Fuß bis zur Höhle.

GPS: N 45.77349, E 14.20654

Ein Höhlenzug führt den Besucher auf Schienen durch die Postojna-Höhle

Allgemeine Reiseinformationen

Touristeninformation

Ljubljana Tourism
Adamič-Lundrovo nabrežje 2
1000 Ljubljana, Slowenien
Telefon: +386 (0)1 306 12 15
tic@visitljubljana.si
www.visitljubljana.com
Öffnungszeiten: Mo–Sa 8–18, So 8–15 Uhr.

Slowenisches Fremdenverkehrsamt
Maximiliansplatz 12 a
80333 München, Deutschland
Telefon: +49 (0) 89 29 16 12 02
info@slovenia.info
www.slovenia.info

Notfälle

Botschaft der Bundesrepublik Deutschland
Prešernova cesta 27
1000 Ljubljana, Slowenien
Telefon: +386 (0)30 708 055 (in Notfällen außerhalb der Öffnungszeiten)
www.laibach.diplo.de
Öffnungszeiten: Mo–Do 9–12, Di zusätzlich 14–16, Fr 9–11 Uhr.

Notfallrufnummern

Rettungsdienst/Feuerwehr	112
Polizei Notruf	113
Polizei Anzeige von Straftaten	080 1200
Pannen- und Abschleppdienst	1987

Einreisebestimmungen

Als gültige Ausweisdokumente gelten (vorläufiger) ***Reisepass*** und (vorläufiger) ***Personalausweis.*** An den EU-Binnengrenzen Sloweniens werden in der Regel keine Personenkontrollen durchgeführt.

Zollbestimmungen

Slowenien ist Mitglied der Europäischen Union und wendet den Schengen-Acquis voll an. Es gelten die ***allgemeinen Zollbestimmungen*** der EU.

Geografie und Klima

In Mitteleuropa gelegen hat Slowenien die Nachbarländer Österreich und Ungarn (Osten), Italien (Westen) und Kroatien (Süden) und sogar einen 50 km weiten Zugang zur Adria. Das Klima ist allgemein gemäßigt, wird aber in verschiedene Klimazonen unterschieden.

An der Küste herrscht ***Seeklima*** mit warmem Sommer und mildem Winter. Kühle Fallwinde (Bora) treten hier überwiegend im Winter auf, kommen aber auch in anderen Jahreszeiten vor. Im Nordosten herrscht ***kontinentales Klima.*** Auf den heißen Sommer folgt ein frostiger Winter. ***Alpines Klima*** herrscht in den Julischen Alpen, den Karawanken und den Steiner Alpen vor. Die Jahresdurchschnittstemperatur in den Bergen liegt bei nur 7 °C. Die Sommer sind mäßig warm und die Winter sehr kalt.

Wen eine Durchschnittstemperatur von 12 °C nicht schreckt, kann auch im Herbst im Bohinj See schwimmen

Zahlungsmittel

Slowenien ist touristisch hervorragend erschlossen. ***Bankautomaten*** sind insbesondere an touristischen Orten in ausreichender Dichte vorhanden. ***Bargeldlos zahlen*** ist weit verbreitet, innerhalb der EU mit EC- und Kreditkarte zudem gebührenfrei. In kleineren Geschäften wird möglicherweise nur Bargeld angenommen. ***Banken*** sind in der Regel werktags von 9 bis 12 und 14 bis 17 Uhr geöffnet.

Medizinische Versorgung

In den ***Großstädten*** ist die medizinische Versorgung gut, in ***ländlichen Regionen*** dagegen nicht zufriedenstellend. Allgemein funktioniert das Rettungssystem, Notfälle können aber auf dem Land meist nicht versorgt werden und müssen in die Hauptstadt oder nach Maribor gebracht werden. Dort ist die Ausstattung mit medizinischen Geräten zur Diagnose und Behandlung der meisten Krankheitsbilder gut. Um die Behandlungskosten nicht privat zahlen zu müssen, ist die Vorlage der ***Europäischen Gesundheitskarte*** (zu finden auf der Rückseite der Versichertenkarte) erforderlich. Die behandelnden Ärzte sprechen meist Englisch, manchmal sogar Deutsch.

Internet

Die ***Netzabdeckung*** in Slowenien ist gut, wobei die Verbindungsgeschwindigkeit eher mäßig ist. Durch die EU-weite Roaming-Regulierung, kann in Slowenien zum gleichen Tarif wie in Deutschland telefoniert, SMS geschrieben und gesurft werden.

Netzspannung

Die Netzspannung beträgt **230 Volt** (50 Hz). Es wird kein Reisestecker-Adapter benötigt.

Freies Camping

Generell ist freies Stehen in Slowenien ***verboten.*** Auf Privatgrundstücken sogar das Zelten. Insbesondere in Nationalparks wird streng kontrolliert und Verstöße mit hohen Geldbußen bestraft.

Die ***Campingplätze*** in Slowenien sind auf einem hohen Niveau, bei vergleichsweise ***niedrigen Preisen,*** weshalb sich das Risiko der Geldstrafe nicht recht lohnt. Außerhalb von Naturschutzgebieten wird wildes Campen größtenteils toleriert.

Essen und Trinken

Sloweniens Küche ist ein köstlicher **Mix** aus italienischen, ungarischen und österreichischen Traditionen. So werden italienische *Gnocchi* und österreichische *Nockerln* abgeleitet in ***Njoki,*** die letztlich fester und größer sind als das mediterrane Pendant und gleichzeitig weniger kalorienreich als der Vorgänger aus Österreich. Die Speisen unterscheiden sich nach Region und Jahreszeit, man munkelt, es gäbe ***200 typische slowenische Gerichte,*** sie reichen von Gebratenem, Geschmortem zu Eintöpfen und feinen Desserts. Fleisch vom Rind, Schwein, Pferd und Pute wird im Herbst gegen Bär, Hirsch, Reh und Wildschwein getauscht. Aus den glasklaren Flüssen werden Forellen gefischt. An der Küste gibt es zudem Meeresfrüchte und Seebarsch.

Trinkwasser

Leitungswasser ist in der Regel trinkbar, zudem gibt es in den Sommermonaten in den Städten ***Trinkbrunnen*** mit natürlichem Trinkwasser.

In ***ländlichen Gebieten*** kann das Leitungswasser nach starken Regenfällen trüb sein und sollte nicht getrunken werden. Wer einen empfindlichen Magen hat, sollte auf dem Land auf abgefülltes Trinkwasser zurückgreifen.

Sicherheit

Slowenien ist unter den Top 10 der sichersten Länder weltweit. Nichtsdestotrotz ist in touristischen Regionen mit Kleinkriminalität (Taschendiebstahl, Autoaufbruch) zu rechnen. An Autobahnrastplätzen wird immer wieder von Überfällen berichtet. Gewaltdelikte sind in Slowenien aber selten.

Straßen und Verkehr

Einreise mit dem Pkw

Der **EU-Führerschein** reicht aus. Der ***Fahrzeugschein*** (Zulassungsbescheinigung Teil I) ist mitzuführen. Das gültige Kfz-Kennzeichen ist innerhalb der EU Nachweis für eine gültige Auto-Haftpflichtversicherung. Es ist empfohlen, die ***Grüne Karte*** mitzuführen. Fahrzeuge, die auffällige Karosserieschäden haben, dürfen das Land nur wieder verlassen, wenn eine polizeiliche Schadensbestätigung (*Potrdilo*) vorliegt.

Grenzen

Die wieder eingeführten ***Grenzkontrollen*** aufseiten Österreichs an den großen südlichen Grenzübergängen haben für Reisende und Fernfahrer höchst unangenehme Folgen. ***Wartezeiten von mehreren Stunden*** sind in der Feriensaison eher die Regel als die Ausnahme. Es ist daher empfehlenswert, auf dem Weg in Richtung Norden von den großen Autobahnen abzufahren, um einen kleinen Grenzübergang nach Österreich zu wählen. Wer aus der Gegend des Triglav-Nationalparks heimreist, kann auch den Umweg über Italien in Erwägung ziehen.

Allgemeine Verkehrsregeln

Ganzjährig muss auch ***tagsüber*** mit ***Tagfahr- bzw. Abblendlicht*** gefahren werden.

Während eines **Überholvorgangs** muss die ganze Zeit geblinkt werden. Beim ***Rückwärtsfahren*** muss die Warnblinkanlage angeschaltet werden.

Für jeden Fahrzeuginsassen ist eine ***Warnweste*** mitzuführen. Diese ist außerorts bei einem Unfall oder einer Panne vor Verlassen des Fahrzeugs anzulegen.

Fahrzeuge müssen an Ampeln bereits bei ***Gelb*** halten.

Halten **Schul- oder Kinderbusse** an, dürfen diese beim Ein- und Aussteigen nicht überholt werden.

Vom 15.11. bis zum 15.03. herrscht landesweit ***Winterreifenpflicht.*** Bei winterlichen Verhältnissen auch darüber hinaus. Die Mindestprofiltiefe beträgt 3 mm.

Die ***Promillegrenze*** beträgt **0,5 ‰.** Für Fahrer unter 21 Jahren bzw. Fahranfänger mit weniger als 2 Jahren Fahrerfahrung gilt Nulltoleranz.

Tempolimits

Innerorts: 50 km/h
Außerorts: 90 km/h
Schnellstraße: 110 km/h
Autobahn: 130 km/h

Autobahnen

Slowenien verfügt über ein ***gut ausgebautes Autobahnnetz.*** Die wichtigste Verbindung ist die diagonal nord-südlich von Koper über Ljubljana nach Maribor verlaufende A1. Die A2 durchquert das Land über Ljubljana von Osten nach Westen.

Maut

In Slowenien gilt es, eine obligatorische ***Vignette*** zu erwerben. Diese kann an den **Autobahnraststätten** erworben werden. Fahrzeuge bis 3,5 t höchstzulässigem Gesamtgewicht (auch Wohnmobile) fallen dabei in die Kategorie 2A. Für diese Kategorie kostet die Vignette für sieben Tage 15 €, für dreißig Tage 30 €. ***Wichtig***: Rechnung aufbewahren. Zusätzlich können Mautgebühren für bestimmte Streckenabschnitte anfallen, zum Beispiel am Karawankentunnel (7,80 €).

Kraftstoff

Stand April 2023

Diesel – Nafta = 1,48 €
Benzin Bleifrei Super (95 Oktan) – Eurosuper 95 = 1,41 €

Es sollten nicht mehr als 10 l Kraftstoff in Reservekanistern mitgeführt werden.

Unfall und Pannen

Sind bei einem Unfall Personen zu Schaden gekommen oder erhebliche Sachschäden entstanden, muss der Unfall der ***Polizei*** gemeldet werden. Bei kleineren Blechschäden ist das nicht zwingend erforderlich. Das Ausfüllen des ***Europäischen Unfallberichts*** wird empfohlen.

Wird ein Fahrzeug ***abgeschleppt***, muss am Heck des abgeschleppten Fahrzeugs sowie an der Front des abschleppenden Fahrzeugs ein ***Warndreieck*** angebracht werden.

Verkehrskontrollen und Bußgelder

Bußgelder müssen von ausländischen Staatsangehörigen ***sofort bezahlt*** werden. Um die Zahlung zu Erzwingen, kann die Polizei die Ausweisdokumente oder das Fahrzeug vorübergehend beschlagnahmen. In manchen Fällen kann der Fahrzeugführer bis zur Zahlung sogar in Polizeigewahrsam genommen werden.

Parken

Weiße Zone: zwischen 7 und 19 Uhr für 2 Stunden, Tickets am Parkautomat.

Blaue Zone: Kurzparkzone, maximale Parkdauer von 30 Minuten, kostenlos.

Für ***längere Parkdauer*** müssen öffentliche Parkplätze oder Parkhäuser angefahren werden.

Sonstiges

Die Bedingungen im ***Straßenverkehr*** sind mit denen in Österreich oder Deutschland zu vergleichen.

Ebenso ist die ***Straßenqualität*** mit der in Österreich oder Deutschland zu vergleichen.

Die ***Navigation*** ist unproblematisch.

Bild 1: Rovinj | Bild 2: Nationalpark Plitvicer Seen | Bild 3: Gasse in der Altstadt Dubrovniks

Kroatien

56.594 km²

3.879.074

Die adriatische Küstenregion Kroatiens, die sich von der istrischen Halbinsel durch die Kvarner Bucht bis nach Dalmatien entlangzieht, ist mit ihren über tausend vorgelagerten Inseln eine der drei wesentlichen Landschaftszonen des Landes. Sie ist von zerklüfteter Küstenlandschaft und mediterranem Klima geprägt. Traditionell liegen hier die touristischen Zentren Kroatiens, die vor allem Badegäste anlocken. Das Hinterland wird von den Zügen des Dinarischen Gebirges beherrscht, die oft direkt an den nur schmalen Küstenstreifen anschließen.

Am dichtesten besiedelt ist das Land infolge dieser geografischen Gegebenheiten, neben dem urbanen Großraum um Split, im Nordosten, wo in der Pannonischen Tiefebene östlich um Zagreb der demografische und wirtschaftliche Mittelpunkt des Landes liegt.

Kroatien, das 2013 der EU beitrat, erholte sich verhältnismäßig schnell von den verheerenden Folgen der Jugoslawienkriege und ist heute vielerorts ein modernes, sich schnell entwickelndes Land. Die gute Infrastruktur und hohe Dichte an touristischen Attraktionen und Angeboten machen es zu einem angenehmen und unkomplizierten Reiseland. Auch wer nicht auf Strandurlaub aus ist, für den halten die Städte im Norden aber auch entlang der Küste Sehenswertes bereit.

Länderfakten

Amtssprache:
Kroatisch

Währung:
Euro (EUR)

Staatsgründung:
8. Oktober 1991 (Unabhängigkeit von Jugoslawien)

Staatsform:
Parlamentarische Republik

Regierungssystem:
Parlamentarische Demokratie

EU: Ja

Schengener-Abkommen: Ja

Ethnien:
Kroaten (90 %), Serben (4,5 %), Bosniaken (0,75 %)

Religionen:
Katholiken (86 %), Agnostiker (6 %), Orthodoxe Christen (4 %), Muslime (1,5 %)

Zeit:
UTC+1 MEZ, kein Unterschied zu Deutschland

Zagreb 2 51

GPS:
N 45.813049,
E 15.975501
(Zentrum)

Zwar feierte die Stadt 1994 bereits ihr 900-jähriges Jubiläum, offiziell wurden das stärker befestigte Gornji Grad/Gradec (Oberstadt) und Kaptol (Bischofsstadt) aber erst 1850 zur Stadt Zagreb vereint und zeitgleich mit der Unterstadt (Donji Grad) verbunden.

Während die Oberstadt heute das administrative und politische Zentrum des Landes darstellt, hat sich die Unterstadt zur größten Metropolregion des Landes entwickelt. Architektonisch ist sie am stärksten von der österreichisch-ungarische Epoche des 18. und 19. Jahrhunderts geprägt. Dem Habsburgerreich diente die Stadt lange als Bollwerk gegen die streitlustigen Osmanen, welche die nahegelegene Militärgrenze regelmäßig attackierten, Zagreb aber nie einnehmen konnten.

Nachdem große Teile der Stadt 1880 durch ein Erdbeben zerstört wurden, setzte eine Phase der Umgestaltung ein, die besonders von dem in Wien ausgebildeten Architekten Hermann Bollé geprägt wurde. Kein Wunder, dass Besucher sich hier Wien deutlich näher fühlen als Belgrad. Dass die Stadt aber eben am geografischen und kulturellen Schnittpunkt zwischen Mittel- und Südeuropa liegt, verleiht ihr neben dem klassischen Antlitz ein leichteres und offeneres Flair.

Nützliches

Unser Schlafplatz: Der **Bundek Stadtpark**, eines der größten innerstädtischen Naherholungsgebiete für die Bürger Zagrebs, gibt einen einwandfreien Platz zum Übernachten ab. Der Park grenzt an das Ufer der Save und ist mit dem Auto vom Stadtzentrum innerhalb von 20 Minuten zu erreichen. In seiner Mitte liegt ein von Kiesstrand umgebener Badesee. Hier ist im Sommer immer viel los. Es gibt einen ***großen Parkplatz***, auf dem übernachtet werden kann.

GPS: N 45.78524, E 15.9899

Campingplatz: Der moderne Campingplatz **Camp Zagreb** am Ufer des Jarun Sees ist ideal als Ausgangspunkt für einen Ausflug nach Zagreb oder als Zwischenstopp auf dem Weg in den Süden des Landes. Mit dem Zug ist man innerhalb von 20 Minuten im Zentrum Zagrebs. Für zwei Personen und einen Van etwa 30 € pro Nacht. Es gibt Waschmaschinen, Fahrräder können geliehen werden.

GPS: N 45.801963, E 15.826673

Adresse: Jezerska ul. 6, Rakitje

Web: www.campzagreb.com

Unterkunft: Appartements für zwei oder vier Personen gibt es bei ***Home Away***

From Home – Apartment Ilica. Super sauber, zentrale Lage, gutes WiFi, sicheres Parken im Hinterhof (Hofeinfahrt nicht für Wohnmobile geeignet, maximal für Fahrzeuge bis zu einer Breite und Höhe von 2 Metern). Die Buchung wird nur über die Online-Plattform Booking.com abgewickelt.

GPS: N 45.812766, E 15.965808

Adresse: Ilica 63 (Donji Grad)

Kulinarisches: Der *Zagorski Štrukli* (Strudel aus Zagorje), direkter Verwandter des österreichischen Topfenstrudels und in der Regel schlicht *Štrukli* genannt, ist im Norden Kroatiens nicht nur eines der beliebtesten traditionellen Gerichte, sondern auch eine Spezialität, auf die die Kroaten besonders stolz sind. Folglich wird der *Štrukli* besonders gerne zur Präsentation der kroatischen Kochkunst herangezogen. Sogar ins Register des immateriellen Kulturerbes ihrer Republik haben ihn die Kroaten eintragen lassen. Und dennoch umgibt ihn eine handfeste Kontroverse: Handelt es sich um eine Vorspeise, einen Hauptgang gar, oder doch um einen Nachtisch? Bei den Strudel-Spezialisten von ***La Štruk*** kann sich das jeder selbst überlegen und das kleine Geschäft mit seinem vom Trubel der Stadt abgeschirmten Innenhof zur für ihn perfekten Tageszeit ansteuern. Die Karte bietet *Štrukli* gekocht oder gebacken, sowohl in süßen als auch in herzhaften Varianten. In der Regel circa 20 Minuten Wartezeit.

GPS: N 45.814880, E 15.976805

Adresse: Skalinska ul. 5

Web: www.facebook.com/LaStrukZagreb

Öffnungszeiten und Preise: So–Fr 11–22, Sa 11–23 Uhr. Mittlere Preiskategorie.

Mit ihrem Anspruch, nur biologische, lokale und vegane Zutaten zu verwenden nimmt das junge Team des ***Zrno Bio Bistro*** in der Hauptstadt eine echte Vorreiterrolle ein. Dank eigener Farm vor den Toren Zagrebs kein Problem. Sehr einladend gestaltet, besonders im Hof sitzt man schön.

GPS: N 45.811091, E 15.966762

Adresse: Medulićeva ul. 20

Web: www.zrnobiobistro.hr

Öffnungszeiten und Preise: Mo–Sa 12–21.30 Uhr. Gehobene Preiskategorie.

Wäscherei: ***Wash and Go,*** blitzsauberer Waschsalon, im Hinterhof gelegen. Gutes WiFi. In der Nähe des westlichen Endes des Grič-Tunnels. 4 € pro Maschine.

GPS: N 45.813755, E 15.970506

Adresse: Mesnička ul. 5

Öffnungszeiten: Tägl. 8–20 Uhr.

Sehenswert

Kathedrale von Zagreb: Die schmale und hoch aufragende Fassade der Kathedrale mit ihren aufwendigen und detailreichen ***Verzierungen*** beherrscht das Viertel ***Kaptol*** und ist weithin sichtbar. Zwar litt die filigrane Kirchenfassade unter der Vernachlässigung durch die jugoslawischen Behörden, inzwischen wurde sie aber aufwendig wiederhergestellt.

GPS: N 45.814444, E 15.979722

Museum of Broken Relationships: Was haben diese drei Dinge gemein: Eine Feuerwehraxt, ein Sommerkleid und ein rosa Federmäppchen? Nun, alle diese Dinge haben ihren Weg in dieses Museum gefunden, darüber hinaus teilen sie aber noch eine weitere Gemeinsamkeit. Ihren vormaligen Besitzern waren sie ein Gegenstand der **Erinnerung an eine beendete Beziehung.** Welche lustigen oder tragischen Anekdoten an den unterschiedlichsten ausgestellten Dingen hängen, erzählt das Museum. Mit nettem Café.

GPS: N 45.814939, E 15.973391
Adresse: Ćirilometodska ul. 2
Web: www.brokenships.com
Öffnungszeiten und Eintritt: Juni–Sept. tägl. 9–22, Okt.–Mai 10–21 Uhr. Erwachsene/ermäßigt 7/5,50 €.

Lotrscak Turm: Auf dem **Hügel Grič** in der Oberstadt gelegen, bietet der Turm eine schöne Sicht über die Stadt und besonders auf die Markuskirche. Immer um 12 Uhr mittags wird aus einem seiner Fenster ein Kanonenschuss abgegeben, der krachend durch die Gassen der Altstadt hallt und die Mittagszeit markiert.

GPS: N 45.814601, E 15.973277
Adresse: Tomićeva ul. 9
Öffnungszeiten und Eintritt: Di–Fr 9–18, Sa/So 10–18 Uhr. Erwachsene/Kinder 3/2 €.

St. Markuskirche: Mit ihrem farbenfrohen Dach ist die Markuskirche ein wahrer Touristenmagnet. Neben dem heutigen Wappen Zagrebs (weiße Burg auf rotem Hintergrund) ist das historische Wappen des Königreichs Kroatien, Slawonien und Dalmatien zu sehen.

Blick vom Lotrscak Turm zur St. Markuskirche

GPS: N 45.816033, E 15.973816
Adresse: Trg svetog Marka

Museum der Naiven Kunst: Als erstes Museum seiner Art öffnete es 1952 als Bauernkunst-Galerie seine Pforten. Ausgestellt werden vor allem Zeichnungen, Gemälde und Kunstdrucke kroatischer, aber auch internationaler Künstler. Von der ***umfangreichen Sammlung*** wird stets nur ein Teil ausgestellt. Auch wer sich nicht unbedingt als Kenner oder Liebhaber der Malerei bezeichnen würde, bekommt hier die Chance, durch die Kunst eine ungewohnte Perspektive einzunehmen und einen neuen Blick auf die Welt zu werfen.
GPS: N 45.815412, E 15.973396
Adresse: Ćirilometodska ul. 3
Web: www.hmnu.hr
Öffnungszeiten und Eintritt: Mo–Fr 10–17 Uhr. Familien/Erwachsene/Studierende 10/5,50/3 €.

Monument der Revolution der Bürger von Moslavina

GPS: N 45.640867, E 16.777795

Öffnungszeiten und Eintritt: Das Monument kann rund um die Uhr kostenlos besucht werden.

Tief in den bewaldeten Hügeln der Region Moslavina organisierte sich der erste bewaffnete Widerstand gegen das faschistische Ustascha-Regime, allen voran im winzigen Dorf Podgarić. Ab 1941 machten die Partisanen die Gegend zu einer ihrer wichtigsten Ausgangsbasen für den Kampf gegen die Truppen der Achsenmächte. Trotz der unzugänglichen Lage unternahmen die Besatzungstruppen immer wieder Einfälle in das von Partisanen kontrollierte Gebiet.

Den hunderten Opfern dieser Angriffe wurde der Spomenik bei Podgarić gewidmet und 1967 unter Anwesenheit Titos eingeweiht. Laut dem mit dem Bau beauftragten Künstler Dušan Džamonja symbolisiert das Monument die Schwingen des Sieges, die Tod und Niederlagen trotzen und sich über die Unterdrückung erheben.

Nützliches

Parken: Es steht ein kleiner, ***kostenloser Parkplatz*** zur Verfügung. An einer Kreuzung von der Hauptstraße abbiegen und kurz der Straße bergan folgen.
GPS: N 45.640900, E 16.774880 (Kreuzung)
GPS: N 45.64151, E 16.77785 (Parkplatz)
Unser Schlafplatz: Dank seiner geschützten Lage ist der ***Parkplatz am Monument*** sehr gut zum Übernachten geeignet.

Gedenkstätte Jasenovac 2 3 4

GPS:
N 45.280393,
E 16.928421
(Monument)

GPS:
N 45.277227,
E 16.922296
(Museum)

Adresse:
Ulica Braće Radić
147, Jasenovac

Web:
www.jusp-jasenovac.hr

Von 1941 bis 1945 ermordeten Truppen des faschistischen Ustascha-Regimes im eigens für diesen Zweck errichteten Lager bei Jasenovac mindestens 60.000 Menschen, die zuvor aufgrund ihrer Herkunft oder Religion als „missliebig“ benannt worden waren. Es handelt sich um den einzigen Ort Europas, an dem während des Zweiten Weltkriegs ohne direkte deutsche Beteiligung Akte geplanten Völkermords verübt wurden. Erst nach wiederholten Angriffen der kommunistischen Partisanen zur Befreiung des Lagers wurde dieses geschlossen, bei ihrem Abzug brannten die Wachmannschaften die gesamte Anlage nieder.

An die hier begangenen Verbrechen, aber auch an die unzerstörbare Kraft des Lebens erinnert das eindrucksvolle 24 Meter hohe Monument „Blume aus Stein“. Das in der Nähe eingerichtete Museum dokumentiert die Aussagen geflohener Insassen und stellt in den verkohlten Überresten gefundene Gegenstände aus, die Aufschluss über das Lager geben.

Das Blumen-Monument
in der Nähe der Gedenkstätte

Nützliches

Öffnungszeiten und Eintritt: Für das Museum gelten folgende Öffnungszeiten: März–Nov. Mo–Fr 9–17, Sa/So 10–16 Uhr, Dez.–Feb. Mo–Fr 9–16 Uhr. Die Gedenkstätte um das Monument kann rund um die Uhr besucht werden und ist ebenso kostenfrei wie das Museum.

Parken: Es stehen ***kostenfreie Parkplätze*** zur Verfügung.

GPS: N 45.27736, E 16.92827 (Monument)

GPS: N 45.27681, E 16.92133 (Museum)

Unser Schlafplatz: Wegen der direkten Nähe zur bosnischen Grenze ist um die Gedenkstätte immer recht viel Polizei unterwegs. Das Übernachten auf dem ***Parkplatz am Museum*** wird allgemein toleriert. Mit Ausweiskontrollen ist zu rechnen.

Vukovar 4 5

GPS:
N 45.353274,
E 19.001125
(Zentrum)

In den Fokus der weltweiten Öffentlichkeit geriet die kleine Stadt mit ihren knapp 23.000 Einwohnern direkt zu Beginn des Serbisch-Kroatischen Kriegs 1991–1995. Hier entbrannten die ersten Scharmützel, worauf eine zweimonatige Belagerung der Stadt durch die Jugoslawische Volksarmee und serbische Freiwilligenverbände folgte. Trotz der Eroberung und weitgehenden Zerstörung der Stadt durch die Belagerer, die über 3 Millionen Granat-Geschosse auf die Stadt abschossen, gilt die Schlacht um Vukovar als Wendepunkt in diesem Krieg. Die anhaltende Bindung jugoslawischer Einheiten um die Stadt verschaffte der kroatischen Seite die entscheidende Zeit, um Organisation, Ausbildung und Ausrüstung ihrer Streitkräfte voranzutreiben. Die mediale Berichterstattung über die massiven Menschenrechtsverletzungen durch jugoslawische und serbische Truppen wird außerdem als ausschlaggebender Faktor für die schnelle Anerkennung Kroatiens als unabhängigen Staat gesehen.

Immer noch ist ein erheblicher Teil der Gebäude von Einschüssen und Granatsplittern gezeichnet. Die am Ende des Kriegs zu 90 Prozent zerstörte Stadt ist aber langsam dabei, sich zu erholen. Heute ist sie wieder ein beliebtes Besuchsziel, in Kroatien steht ihr Name aber immer noch wie kein anderer für das Trauma des Krieges.

Nützliches

Parken: Etwa zwei Minuten zu Fuß von Schloss Eltz und dem Stadtmuseum entfernt gibt es einen kostenfreien Parkplatz ***direkt an der Donau.*** Hier kann auch übernachtet werden.

GPS: N 45.356050, E 19.000890

Unser Schlafplatz: Am Museum für Vučedol-Kultur vorbei geht es in Richtung Fluss bis zu einem holprigen Weg. Diesem Weg hinunter folgend findet sich rechts und links ***am Ufer*** viel Platz, um kostenlos zu übernachten.

GPS: N 45.337327, E 19.060026

Kulinarisches: In dem 1970er-Jahre-Wohnblock, der auf drei Seiten von einem verfallenen Hotel, einem Parkplatz und einer stillgelegten Bauruine umgeben ist, würde erstens niemand ein Restaurant erwarten und zweitens schon gar keines, das empfehlenswert ist. ***Stari Toranj***, das rustikale Wunder von einer Gastwirtschaft, das die Besitzer ins Erdgeschoss gezaubert haben, tut sich aber mit souveräner kroatischer und italienischer Küche hervor. Besonders das *Vukovar-Steak*, eine mit Paprikawurst und Frischkäse gefüllte Steak-Rolle mit

Die Spomeniks Jugoslawiens

Aus dem Serbokroatischen übersetzt bedeutet *Spomenik* schlicht so viel wie „Monument“. Hinter dem Begriff steckt aber weit mehr, als nur die allgemeine Bezeichnung für ein Denkmal, Kunstwerk oder eben Monument. Die Spomeniks ehren den Kampf der jugoslawischen Bevölkerung im Verlauf des Zweiten Weltkriegs für die ***Befreiung von den Faschisten.*** Dabei erinnern sie an die unglaublichen Verbrechen der Besatzungsmächte und halten das Gedenken an all jene wach, die im Kampf für die Freiheit ihr Leben gaben. Zwischen 1950 und 1990 wurden in ganz Jugoslawien mehr als hundert dieser ***Gedenkstätten*** errichtet. Sie sollten aber nicht nur der Bewältigung der schrecklichen Vergangenheit dienen, sondern auch die Vision Titos einer geeinten, freien, klassenlosen und friedlichen Gesellschaft proklamieren. Der Aufbruch in eine bessere, strahlende Zukunft sollte in ihnen ein Symbol finden. Mit ihrem Entwurf wurden die anerkanntesten Künstler Jugoslawiens betraut. Sie bedienten sich oftmals expressionistischer, abstrakt geometrischer und minimalistischer Ideen und Stilmittel und schufen so unverwechselbare Werke, die dem jungen Jugoslawien eine eigene Identität vermitteln sollten.

Der ***kommunistischen Partei*** dienten viele der eingerichteten Stätten

Das Monument der Revolution in Podgarić

als Versammlungsorte für Feiern und Gedenkveranstaltungen. Sie stützte die Legitimität ihrer Herrschaft im Wesentlichen auf zwei Faktoren: Erstens hatte sie den Kampf gegen das menschenverachtende Regime der Nationalsozialisten angeführt und den Faschismus erfolgreich niedergerungen, zweitens die teils verbitterte Feindschaft unter den Ethnien und Glaubensrichtungen Südosteuropas unterbunden. Der Zusammenhalt Jugoslawiens und seiner Teilrepubliken war entscheidend davon abhängig, wie die Bedeutung dieser verbindenden Elemente vermittelt werden konnte. Die Monumentalen und futuristischen Spomeniks dienten den Kommunisten somit immer auch dazu, mahnend ihre eigenen Verdienste in Erinnerung zu rufen.

Kaum verwunderlich, dass nur kurz nach Ausbruch der Kämpfe zwischen den auseinanderfallenden jugoslawischen Republiken vielerorts mit der ***Zerstörung der Spomeniks*** begonnen wurde. Für ihre Botschaft von Gemeinsamkeit und Versöhnung war kein Platz mehr. Obwohl viele der Spomeniks inzwischen verfallen sind oder komplett zerstört wurden, sind einige der imposantesten noch gut erhalten, können besucht werden und erfreuen sich sogar wieder einer zunehmenden Besucherzahl.

Pilzen und Pflaumen, muss probiert werden.

GPS: N 45.35046578, E 19.00503407

Adresse: Trg Republike Hrvatske bb

Öffnungszeiten und Preise: Tägl. 8–23 Uhr. Mittlere Preiskategorie.

Sehenswert

Wasserturm: Der in den 1960er-Jahren errichtete Wasserturm wurde während der Belagerung Vukovars von der jugoslawischen Armee mit Artilleriefeuer belegt und schwer beschädigt. Nach dem Krieg wurde er in diesem Zustand als ***Mahnmal*** belassen. Die von Granatsplittern durchlöcherte Silhouette wurde anklagendes Wahrzeichen Vukovars. Verwunderlich ist, dass er noch nicht zusammengebrochen ist. Um dem zuvorzukommen, wurde von der Stadt ein durch Spenden finanziertes, millionenschweres Wiederaufbau-Projekt gestartet. Heute kann der Turm wieder bestiegen werden, es gibt sogar einen ***Aufzug.*** Rund um den Turm wurde ein schöner Park mit nettem Café angelegt.

GPS: N 45.344006, E 19.012323

Adresse: Ul. bana Josipa Jelačića 3

Web: www.vukovarskivodotoranj.hr

Öffnungszeiten und Eintritt: Tägl. 9–21 Uhr. Familien/Erwachsene u. Kinder 22/6 €, mit dem Aufzug 26/7,50 €.

Schloss Eltz und Stadtmuseum: Das Museum dokumentiert ***ausgewählte Epochen der Region*** um die heutige Stadt Vukovar und ist eines der lohnenswertesten der gesamten Balkanhalbinsel. Angefangen bei prähistorischen Funden über den Bau des Schlosses im 18. Jahrhundert und die Geschicke der Stadt im 20. Jahrhundert bis zum Unabhängigkeitskrieg in den 1990er-Jahren sind alle Ausstellungsteile kurzweilig und aufschlussreich gestaltet. Die hervorragenden Exponate werden von passenden medialen Methoden begleitet. So sollte jedes Museum gemacht sein! Wer auf seiner Reise nur ein Museum besucht, dem sei dieses empfohlen.

GPS: N 45.35489987, E 19.00014436
Adresse: Županijska ul. 2
Web: www.muzej-vukovar.hr
Öffnungszeiten und Entritt: Di–So 10–18 Uhr. Familien/Erwachsene/Studierende 12/6/5 €, Kombiticket mit Vučedolmuseum 10 € (Familien 20 €).

Museum der Vučedol-Kultur: Ebenso modern und durchdacht wie das Stadtmuseum, thematisch aber deutlich fokussierter, präsentiert das Museum Funde und Erkenntnisse über eine der ersten europäischen Zivilisationen, die systematischen Ackerbau betrieb. Stringent werden Besucher von einem ***Audioguide*** durch das puristische, erst 2013 eröffneten Gebäude und die Ausstellung geleitet.

Direkt vor dem Museum stehen kostenfreie ***Parkplätze*** zur Verfügung.

GPS: N 45.336226, E 19.057462
Adresse: Vučedol 252
Web: www.vucedol.hr
Öffnungszeiten und Eintritt: Di–So 10–18 Uhr. Familien/Erwachsene/Studierende 12/6/5 €, Kombiticket mit Stadtmuseum 10 € (Familien 20 €).

Rovinj 2

GPS: N 45.082684, E 13.634435 (Zentrum)

Umgeben von Pinienwäldern liegt die kleine Stadt an der Küste Istriens. Berühmt ist Rovinj vor allem für sein malerisches Stadtbild, die bunten Häuser und engen Gässchen mit vielen Kunstgalerien und Handwerksgeschäften. Dank der exponierten Lage auf einer hügeligen Halbinsel heben sich die farbenfrohen Gebäude markant vom rundherum blau schimmernden Meer ab. Ihr Wahrzeichen ist der fast 60 Meter aufragende und von weitem sichtbare Kirchturm der Santa Eufemia Kirche. Ursprünglich lag Rovinj sogar auf einer richtigen Insel. Erst Mitte des 18. Jahrhunderts schüttete man die schmale Passage zum Festland auf, um das weitere Wachstum der Stadt zu ermöglichen.

Nützliches

Parken: ***Am Hafen*** von Rovinj gibt es einen großen kostenpflichtigen Parkplatz (2 € pro Stunde). Von hier sind es wenige Minuten in die Stadt. Die Altstadt ist frei von Autos. Kurz vorher steht man auf einem kleinen Platz ***am Kreisverkehr*** etwas günstiger (1 € pro Stunde).

GPS: N 45.08621, E 13.63992 (Hafen)
GPS: N 45.085994, E 13.640840 (Kreisel)

Wer kostenlos parken möchte, der kann sein Auto auf dem großen Parkplatz ***am Friedhof*** von Rovinj stehen lassen. Von hier sind es zu Fuß etwa 20 Minuten in die Altstadt. Nicht für Wohnmobile.
GPS: N 45.09256, E 13.64599

Aktivitäten

Baden: Der Stadtstrand von Rovinj, ***Monte Strand***, befindet sich auf der westlichen Seite der Halbinsel. Über die Felsklippen führen Leitern und Treppen ins Wasser. Es gibt wenig Schatten, und man muss etwas suchen, um eine ebene Stelle für sein Handtuch zu finden, für eine spontane Erfrischung aber perfekt.
GPS: N 45.082737, E 13.629699

Der ***Strand Amarin*** ist einer der Kiesstrände, an denen man leicht ins seichte Wasser gelangt. Badeschuhe sind aber eine gute Idee. Es gibt einige Bars und Restaurants, es können Liegen gemietet werden. Alles in allem ist der Strand aber recht wenig organisiert. Es kann unmittelbar hinter dem Strand im Schatten geparkt werden. Die Zufahrtsstraße ist relativ holprig und schmal. An seinem südlichen Ende liegt der bekannteste Swinger- und Gay-Strand Kroatiens. Insbesondere in den Abendstunden ist eine rege Schwulenszene aktiv. Zum freien Stehen für die Nacht ist das andere Ende des Parkplatzes zu empfehlen.
GPS: N 45.11092, E 13.61311

Rund um das ***Goldene Kap*** (s.u.) finden sich kleine Kiesstrände und Badebuch-

Blick auf den Kirchturm der Santa Eufemia Kirche

ten. Die Pinien stehen teils bis nah ans Meer und spenden dadurch Schatten.
GPS: N 45.064709, E 13.629560

In der Umgebung

Zlatni Rt (Goldenes Kap): Als eines der ersten in Kroatien unter Naturschutz gestellten Gebiete hat sich der ursprünglich als Kurort geplante ***Park*** zum beliebtesten Anlaufpunkt für Picknicks, zum Spazieren oder Schwimmen um Rovinj entwickelt. Sowohl heimische Pflanzenarten wie Pinien, Zypressen und Lorbeerbäume, als auch viele exotische Pflanzen wie Zedern, Douglasien, Ginko und Eukalyptus machen den Park zum größten ***botanischen Garten*** der Istrischen Halbinsel. Von der Innenstadt von Rovinj sind es zu Fuß etwa 20 Minuten hierher.
GPS: N 45.069986, E 13.641084 (Parkplatz)

Strände an der südlichen Küste Istriens: Die istrische Halbinsel ist nicht nur mit jährlich über 2000 Sonnenstunden gesegnet, sondern auch mit den passenden Stränden, um den prallen Sonnenschein voll auszunutzen. Entlang der zerklüfteten Kalkstein-Küste findet jeder sein ideales Fleckchen zum Baden.

Das kleine Örtchen ***Peroj*** ist mit einem eher ***unauffälligen und beschaulichen Strand*** gesegnet. Seine friedliche Atmosphäre und der eher geringe Betrieb machen ihn zu einem guten Zwischenstopp entlang der istrischen Küste. Es gibt ein kleines Restaurant, Toiletten und Duschen mit Münzeinwurf. Direkt am Kiesstrand kann kostenlos geparkt werden.
GPS: N 44.95428, E 13.78464

Ein bei Campern und Vanlifern sehr ***beliebter Strand*** liegt circa 10 Kilometer nordwestlich von Pula in der Nähe des Ortes ***Stinjan.*** Der lange Kieselstrand hat Duschen, Dixi-Toiletten und im Sommer für Kinder große Hüpfburgen im Wasser. Obwohl hier viel los ist, verteilt sich die große Zahl der Besucher gut. Auf dem riesigen kostenlosen Parkplatz stehen häufig Vans über Nacht.
GPS: N 44.90212, E 13.81104

Pula 3

GPS: N 44.870781, E 13.845452 (Zentrum)

Wer die Küste Istriens in Richtung Süden entlangfährt, der gelangt in Pula an den südlichsten Punkt der Halbinsel. Die häufig schmale und kurvenreiche Küstenstraße lässt zwar bestimmt keinen Geschwindigkeitsrausch aufkommen, aber landschaftlich gehört sie dafür zu den schönsten Routen des Landes. Sowohl westlich als auch östlich von Pula geht es dabei die hügeligen Küstenregionen auf und ab, entlang unzähliger Strände und durch kleine Dörfer, das Meer stets im Blick. Die Stadt selbst ist insbesondere in den Sommermonaten gut besucht, wenn das antike Amphitheater viele Besucher anlockt. Die Stadt kann auf eine bewegte Geschichte zurückblicken. Ihre besondere Lage hat sie schon immer als Marinestützpunkt attraktiv gemacht. In dieser Funktion wurde Pula von Römern, Venezianern und Byzantinern geschätzt, die von hier aus das Mittelmeer beherrschten. Da Venedig nach den Revolutionen des Jahres 1848 für die Habsburgermonarchie als Marinehafen nicht mehr in Frage kam, wurde das zu der Zeit völlig unbedeutende Pula ab 1856 enorm ausgebaut. In der Folge entstanden Werften, Kasernen, Schulen, Krankenhäuser und Ämter sowie ein Bahnhof. Mit dem Ausbau der Stadt zum österreichischen Hauptkriegshafen verzehnfachte sich die Bevölkerung bis 1910 auf knapp 60.000 Einwohner. Die Zahl der Einwohner Pulas, das seit 1971 offizielle Partnerstadt Triers ist, hat sich seit Beginn des letzten Jahrhunderts kaum verändert.

Nützliches

Parken: In der Hauptsaison ist der Verkehr in Pula nichts für schwache Nerven. Es gibt zwar ausgeschilderte Parkplätze im Stadtzentrum, diese sind aber oft überfüllt. Sehr ***zentral*** steht man für 2 € pro Stunde ***bei Karolina.***

GPS: N 44.872818, E 13.848123

Adresse: Trg Nimfeja bb

Wenn die Innenstadt schon voll ist, stehen die Chancen ***in der Nähe des Aldo Drosina Stadiums*** einen Parkplatz zu erwischen (1 € pro Stunde) immer noch ganz gut.

GPS: N 44.864022, E 13.850933
(Parkplatz 1)

GPS: N 44.863009, E 13.850067
(Parkplatz 2)

Für größere Fahrzeuge bietet sich ein Parkplatz ***nördlich des Bahnhofs*** an (10 € pro Tag), von dem es circa 1 Kilometer Fußweg bis zum Amphitheater ist.

GPS: N 44.88493, E 13.84896

Unser Schlafplatz: Etwa 20 Minuten entfernt von Pula, ***am Steinbruch in der Nähe von Stinjan*** stehen häufig Vans über Nacht. Teilweise werden hier sogar Zelte aufgeschlagen. Direkt am Meer steht man sehr ruhig und abgeschieden. Man kann hier auch baden, es gibt aber keinen richtigen Strand.

GPS: N 44.89171, E 13.80242

Kulinarisches: Die zu Beginn des letzten Jahrhunderts errichtete ***Jugendstil-Markthalle*** von Pula beherbergt neben den vielen Marktständen einige Läden mit Stehtischen, die Spezialitäten aus der Region zubereiten. Vor allem Fisch und Fleisch werden hier angeboten. Sehr authentisches Kroatien-Erlebnis! Nebenan gibt es einen Bio-Supermarkt.

GPS: N 44.867115, E 13.848819

Adresse: Narodni trg 9

Web: www.trznica-pula.hr

Öffnungszeiten: Mo–Fr 8–18, Sa 7–14, So 7–12 Uhr

Amphitheater von Pula

Der kleine Laden **Fresh** serviert frische Sandwichs, Salate und Smoothies. Darunter viele vegane Angebote! Liegt etwas abseits des Trubels.

GPS: N 44.867642, E 13.845895

Adresse: Anticova 5

Öffnungszeiten: Mo–Fr 8–15.30 Uhr.

Aktivitäten

Baden: Die karstige und zerklüftete Küste um Pula hält viele tolle Badeplätze bereit. Einer davon liegt an der ***Halbinsel Stoja.*** Das Auto am besten bei den unten genannten Koordinaten abstellen und am Wasser entlang gehen oder einem der vielen Trampelpfade über den Hügel folgen. Hier ist leider kein guter Schlafplatz, regelmäßige Polizeikontrollen. Auf der anderen Seite fallen die Felsen teilweise flach ins Wasser ab und man kann gut baden. Es gibt sogar einen kleinen Kieselstrand. Besonders macht den Küstenabschnitt die ***große Grotte***, in die man hineinschwimmen kann. Eines der Top-Social-Media-Motive der Gegend. Hier bitte gesunden Menschenverstand walten lassen und bei unruhiger See oder starken Gezeiten von Abenteuern absehen!

GPS: N 44.861425, E 13.810458 (Parkplatz)

GPS: N 44.861329, E 13.804572 (Grotte)

Sehenswert

Amphitheater von Pula: Kaiser Vespasian veranlasste die Vergrößerung der zuvor recht kleinen Arena von Pula, woraufhin der ovale Bau mit seiner heutigen Größe von 132 mal 105 Metern im Jahre 81 n. Chr. vollendet wurde. Den ausgetragenen Gladiatorenkämpfen und Seeschlachten konnten bis zu 26.000 Zuschauer beiwohnen. Die Prinzipien der ***römischen Architektur*** – Stabilität, Zweckmäßigkeit und Schönheit – spiegeln sich in dem Amphitheater perfekt wider. Komplett aus weißem Kalkstein geschaffen ist das Theater mit seinen zwei übereinander angeordneten Arkadenreihen mit jeweils 72 Bögen und dem von rechteckigen Fenstern durchbrochenen Obergeschoss bis heute ein ***spektakulärer Anblick.*** Angeblich waren die Venezianer, die Pula im 15. Jahrhundert beherrschten, sogar so beeindruckt, dass sie mit dem Gedanken spielten, das Amphitheater abzutragen, um es in Venedig wieder aufzubauen.

Inzwischen werden hier wieder Konzerte, Filmvorführungen und Sport-Events veranstaltet.

GPS: N 44.873184, E 13.850117
Adresse: Flavijevska ul.
Web: www.ami-pula.hr/en
Öffnungszeiten und Eintritt: Jan.–März und Nov./Dez. tägl. 9–17, April tägl. 8–20, Mai und Sept. tägl. 8–21, Juni tägl. 8–22, Juli/Aug. tägl. 8–23, Okt. tägl. 9–19 Uhr. Erwachsene/Studierende u. Kinder 10/5 €.

Kvarner Bucht 4 3 28

GPS: N 45.326485, E 14.442813 (Rijeka)

Die markante, als Kvarner Bucht bezeichnete Einbuchtung zwischen der istrischen Halbinsel und dem östlichen kroatischen Küstenland gehört zu den beliebtesten Urlaubsregionen Kroatiens. Entlang der Küste reihen sich kleine und größere Badeorte aneinander. Die Hauptstadt der Region ist die im Norden der Bucht gelegene Stadt Rijeka. Von Deutschland aus führt einer der kürzesten Wege ans Mittelmeer direkt hierher.

Nützliches

Campingplatz: Das **Autocamp Selce** ist ein sehr großer, gepflegter Campingplatz direkt am Meer. Wirklich ruhig wird es hier selten, aber dafür ist es in den kleinen Ort mit Geschäften und Restaurants nicht weit.

GPS: N 45.153783, E 14.725307
Adresse: Jasenova 19, Selce
Web: www.jadran-crikvenica.hr/en/autocamp-selce

Aktivitäten

Baden: Etwa 20 Minuten östlich von Rijeka findet sich eine ***angelegte Badestelle bei Bacarac.*** Leitern führen ins Wasser des winzigen Strandes. Picknick-Bänke und Süßwasserdusche sind auch vorhanden. Hier ist wenig los. Mit dem Auto steht man recht geschützt unterhalb der Hauptstraße, hier kann auch übernachtet werden.

GPS: N 45.28782, E 14.57417

Der **Strand bei Povile** ist ein öffentliches Strandbad mit angelegten Liegeflächen aus Beton und Leitern ins Wasser. Es gibt sogar einen kleinen Kieselstrand. Außerdem Duschen und Umkleiden. Nettes Restaurant Konoba Lucija. In der Nähe des Strandbades gibt es einen kostenlosen Parkplatz.

GPS: N 45.11514, E 14.82144 (Parkplatz)

GPS: N 45.114583, E 14.820420 (Strand)

Zugegeben, die **Badestelle bei Klenovica** ist etwas für Sportliche. Am ehemaligen Schiffsanleger muss ins Wasser gesprungen werden, wer wieder raus will, muss ein wenig klettern. Sehr beliebter Platz für Camper und Vans, die an der Küste entlangfahren. Hier kann auch übernachtet werden.

GPS: N 45.1111, E 14.83273

Plitvicer Seen 11 15 12 3 27 50

GPS: N 44.905079, E 15.611317 (Eingang 1)

GPS: N 44.880567, E 15.618394 (Eingang 2)

Web: www.np-plitvicka-jezera.hr

Die in Kaskaden abgestufte Seenlandschaft mit ihren einzigartigen, durch Lösungs- und Sedimentierungsprozesse entstandenen Becken (*pličina*) ist eines der beeindruckendsten Naturphänomene der Balkanhalbinsel. Durch eine Vielzahl an fließenden und stürzenden Wasserfällen aller erdenklicher Beschaffenheit sind die Seen miteinander verbunden. Als eines der ersten Naturdenkmäler wurden die Plitvicer Seen bereits 1979 in das UNESCO-Weltnaturerbe aufgenommen.

Auf hölzernen Stegen können unterschiedliche Wanderungen durch den Nationalpark unternommen werden. In der Hochsaison im Juli und August macht ein Besuch wenig Sinn, dann ist es einfach zu voll. Hunde können an der Leine mitgenommen werden. Boots- und Bustransfers innerhalb des Parks sind im Ticket inbegriffen.

Nützliches

Öffnungszeiten und Eintritt: Jan.–Mai und Okt.–Dez. tägl. 7–19, Juni–Sept. tägl. 8–16 Uhr. Erwachsene/Studierende/Kinder Jan.–März und Nov./Dez. 10/6,50/4,50 €, April/Mai und Okt. 23,50/14,50/6,50 €, Juni–Sept. 39,80/26,50/15,90 €, Juni/Aug. ab 16 Uhr und Sept. ab 15 Uhr 26,50/16,50/9 €.

Parken: **An beiden Eingängen** stehen große kostenpflichtige Parkplätze zur Verfügung. Autos 2 € pro Stunde, Wohnmobile 15 € pro Tag.

GPS: N 44.90555, E 15.61218 (Parkplatz 1)

GPS: N 44.883329, E 15.623100 (Parkplatz 2)

Unser Schlafplatz: Um den Nationalpark herum finden sich zwar gute Stellen, um frei zu stehen, diese sind aber auch den lokalen Behörden bekannt, die hier regelmäßig patrouillieren und Bußgelder verhängen. In der Umgebung also lieber einen ***offiziellen Platz*** für die Nacht wählen. Es gibt zwei „Free Camps" in der Nähe des Nationalparks. Hier kann umsonst bzw. gegen eine freiwillige Spende gezeltet oder mit dem Van/Camper übernachtet werden. Die Ausstattung ist dafür recht einfach. Das ***Free Camp bei Vrhovine*** liegt direkt an der Staatsstraße D52 und ist gut sichtbar. Von hier sind es etwa 45 Minuten mit dem Auto zu den Plitvicer Seen. In der Hochsaison sind die Plätze schnell voll, früh anfahren lohnt sich.

GPS: N 44.84938, E 15.40567

Etwas näher, circa 30 Minuten vom Nationalpark Plitvicer Seen entfernt, liegt das ***Free Camp Vivi bei Gornji Babin Potok.*** Von der Straße aus sind die Vans und Busse auf dem Feld gut sichtbar. An der schmalen Hofeinfahrt fährt man aber leicht vorbei.

GPS: N 44.8361, E 15.5311

Campingplatz: Der große und gepflegte Campingplatz ***Camping Borje*** in idyllischer Lage ist nur etwa 15 Minuten mit dem Auto von den Plitvicer Seen entfernt. Für zwei Personen und ein Auto ab 21 € pro Nacht. Geöffnet Mitte Mai–Oktober.

GPS: N 44.76565, E 15.68981

Adresse: Vrelo koreničko 3, Korenica/Borje

Web: www.np-plitvicka-jezera.hr/de

Exkurs

Nationalparks in Südosteuropa

Insgesamt gibt es auf der Balkanhalbinsel ***54 als Nationalparks ausgewiesene Schutzgebiete,*** in denen umfangeiche Naturräume mit ihren empfindlichen Ökosystemen erhalten werden sollen. Mit circa ***17.000 Quadratkilometern Fläche*** entspricht ihre Größe etwa der von Thüringen. Unter den einzelnen Ländern hat ***Albanien*** mit 15 Nationalparks die ***meisten geschützten Zonen.***

Mit ihren circa 7000 Quadratkilometern sind die ***griechischen Nationalparks*** die ***flächenmäßig größten*** auf der Balkanhalbinsel, was wenig überrascht, da Griechenland auch das mit Abstand größte Land ist. Prozentual auf die Größe des Landes umgerechnet, ist das ***Kosovo*** aber das Land mit der ***größten unter Naturschutz stehenden Fläche.*** Über 10 Prozent des kleinen Landes sind Teil der beiden Nationalparks.

Der weitaus ***älteste Nationalpark*** Südosteuropas ist der ***Olymp-Nationalpark*** in Griechenland. Er wurde 1938 gegründet. Auf Platz zwei und drei kommen der ***Pelister-Nationalpark*** in Nordmazedonien und der ***Nationalpark Plitvicer Seen*** in Kroatien. Sie wurden 1948 bzw. 1949 gegründet.

Zadar 5 4 26 49

GPS:
N 44.116836,
E 15.226602
(Meerestor)

Auf einer schmalen Landzunge gelegen, ist die Altstadt Zadars auf drei Seiten von Wasser umgeben und nur an einer Seite von Land aus zugänglich. Unter venezianischer Herrschaft wurde die Stadt ab dem 15. Jahrhundert schwer befestigt. Aufgrund der strategischen Lage in der zentralen Adria war die Stadt stetig umkämpft und nur die heute UNESCO-geschützten Wehranlagen konnten die Stadt vor der Plünderung und Zerstörung durch die osmanische Flotte bewahren.

Heute lädt die autofreie, von dicken Mauern geborgene Altstadt zum Bummeln und Spazieren ein. In den schmalen Gassen lassen sich Kunstgalerien, Souvenirgeschäfte, kleine Cafés und jede Menge Fisch-Restaurants entdecken.

Nützliches

Parken: Auf der ***Halbinsel um die Altstadt*** herum gibt es sehr viele Parkplätze (2 € pro Stunde). Leider ist die Parkdauer hier auf maximal drei Stunden begrenzt. Wer länger stehen möchte, muss wiederkommen und ein neues Ticket kaufen.

Eine Chance auf einen kostenlosen Parkplatz hat man ***im neuen Teil der Stadt.*** Für Wohnmobile wird es aber eng. Hier kann ***entlang der Straße*** kostenlos geparkt werden. Zu Fuß dauert es etwa 15 Minuten in die Altstadt.

GPS: N 44.126097, E 15.226479

Campingplätze: Direkt am Meer gelegen überzeugt der Platz ***Camping Borik*** mit großem Strandbad und viel Platz, auch in der Hauptsaison. Dies ist der einzige Campingplatz mit geringer Entfernung zur Stadt. Die altmodischen Sanitäranlagen und recht hohen Preise spiegeln diese Monopolstellung wider. Mit dem Rad ist man innerhalb von 15 Minuten in der Altstadt. Die Strecke führt sehr schön am Meer entlang. Ganz in der Nähe zum Campingplatz können Fahrräder gemietet werden (12 € pro Tag). Einfach der Hauptstraße 200 Meter bergan folgen, auf der rechten Seite.

GPS: N 44.13471, E 15.21554

Auto Camping Matea: Mit dem Auto etwa 20 Minuten südöstlich von Zadar liegt gleich eine ganze Campingplatz-Kolonie. Direkt am Meer wird hier im Sommer jedes Grundstück genutzt, um Zelte, Vans oder Wohnwagen zu beherbergen. Im Garten von Matea gibt es eine kleine Gemeinschaftsküche mit Kühlschränken und Top-Sanitäranlagen. Wenn schon alle Plätze belegt sind, kommt man bestimmt bei den Nachbarn unter. Für zwei Personen 25 €/Nacht.

GPS: N 44.05607, E 15.29085

Adresse: Težački put 66, Bibinje

Aktivitäten

Baden: Die beste Gelegenheit, um sich direkt in Zadar zu erfrischen oder in der

Sonne zu faulenzen, ist ***an den Stufen der Meeresorgel***, die von der Promenade ins Wasser führen. Es gibt hier allerdings keine Duschen oder Umkleiden. Kostenpflichtige Toiletten in der Nähe.

GPS: N 44.11761, E 15.21984

Sehenswert

Meeresorgel und Sonnengruß: Die beiden Installationen des kroatischen Architekten Nikola Bašić finden sich am nordwestlichen Ende von Zadars Promenade. Thema der **Monumente** ist die Beziehung zwischen dem Mensch und den Elementen. Beide kommunizieren durch Geräusche bzw. durch Licht symbolisch mit der Natur. Die Pfeifen der **Meeresorgel** werden durch die auf die Stufen der Promenade treffenden Wellen mit Zuluft versorgt, was zu einem stetigen, gänzlich zufälligen Orgelspiel führt. Das experimentelle Musikinstrument und seine eigenwillige Musik erfreuen sich bei Städtern und Besuchern großer Beliebtheit. Nicht zuletzt, weil sich seine Stufen als ideale Badestelle erwiesen haben.

Bei dem **Sonnengruß-Monument** handelt es sich um eine in den Boden eingelassene Photovoltaikanlage, welche den Strom für die Promenaden-Beleuchtung erzeugt. Das kreisförmige Feld erstrahlt nach Sonnenuntergang in bunten Farben.

GPS: N 44.11761, E 15.21984

Ausblick vom Glockenturm der Kathedrale

Platz der fünf Brunnen: Die ständige Gefahr eines Angriffs durch die Türken ließ die Verteidiger Zadars fortwährend ihre Wehranlagen erweitern und verbessern. Um eine längere Belagerung überstehen zu können, waren zudem insbesondere Frischwasservorräte nötig. Zu diesem Zweck wurde eine große Zisterne mit fünf stattlichen Brunnen errichtet, die bis heute erhalten sind. Um den Platz herum wird es vor allem ab Sonnenuntergang lebendig, wenn die Städter in den vielzähligen Restaurants und Clubs ihren Feierabend genießen.

GPS: N 44.112527, E 15.228912

Glockenturm der Kathedrale von Zadar: Wer sich ein Bild von der Stadt aus der Vogelperspektive machen möchte, der sollte es nicht verpassen, auf den markanten Turm der romanischen Kathedrale zu steigen. Der Blick über die Stadt ist besonders während des berühmten Sonnenuntergangs von Zadar sehenswert. Die letzten Stufen auf die obere Plattform führen über eine schmale Wendeltreppe. Achtung, auf der letzten Stufe Kopf einziehen.

GPS: N 44.115947, E 15.224745

Öffnungszeiten und Eintritt: Tägl. 9–22 Uhr. Pro Person 3 €.

Krka-Nationalpark 10 5 4 25 48

GPS: N 43.816995, E 15.923312 (Skradin)

GPS: N 43.7952, E 15.96812 (Lozovac)

Adresse: Zagrađe 15, Skradin

Web: www.npkrka.hr

Der Nationalpark erstreckt sich über eine Länge von 45 Kilometern entlang des Flusses Krka zwischen den Orten Knin und Skradin. Auf dieser Strecke fällt der Fluss über sieben große Wasserfälle in Richtung Adria hinab. Hauptattraktion ist der Skradinski Buk in der Nähe von Lozovac. Dieser 800 Meter lange 17-stufige Wasserfall ist als Fotomotiv sehr beliebt. Bis Ende 2020 durfte in seinem seichten Becken gebadet werden. Aus Gründen des Naturschutzes ist dies mittlerweile verboten. In seiner Nähe befindet sich eine Freilicht-Ausstellung über die wirtschaftliche Nutzung der Wasserkraft des Flusses. Hier können auf einem circa 2 Kilometer langen Rundweg durch den Park wasserbetriebene Mühlen und andere vorindustrielle Maschinen besichtigt werden.

Der Nationalpark hat zwei Haupteingänge. Einer liegt bei Lozovac, der andere beim Dörfchen Skradin. Skradin mit seinen kleinen Gässchen ist der schönere der beiden Orte. Hier gibt es einige nette Cafés und Restaurants. Wer von Skradin kommt, der kann entweder 4 Kilometer zum Skradinski Buk wandern oder radfahren oder lässt sich auf einer 25-minütigen Bootsfahrt den Fluss hinaufbringen. Die Hin- und Rückfahrt ist im Ticketpreis für den Nationalpark inbegriffen. Wer den Eingang bei Lozovac wählt, der gelangt mit dem ebenfalls inbegriffenen Bus zum Skradinski Buk.

Nützliches

Öffnungszeiten und Eintritt: Jan./Feb., Nov./Dez. tägl. 9–16, März, Mitte–Ende Okt. 9–17, April, Anf.–Mitte Okt. 8–18, Mai, Sept. 8–19, Juni–Aug. 8–20 Uhr, Tickets können in Skradin bereits ab 7 Uhr gekauft werden. Die Boote von Skradin legen zu jeder vollen Stunde ab und kehren halbstündlich zurück. Erwachsene/ermäßigt Jan.–März und Nov./Dez. 7/4 €, April/Mai und Okt. 20/15 €, Juni–Aug. und Sept. 40/28 €, Kinder bis 6 Jahre haben ganzjährig freien Eintritt. Auf der sehr übersichtlich gestalteten Website des Parks, die alle wichtigen Informationen bereithält, können auch Tickets gekauft werden.

Parken: In ***Lozovac*** gibt es einen großen zentralen Parkplatz am ***Eingang zum Nationalpark.*** Hier kann kostenlos geparkt werden.

GPS: N 43.7952, E 15.96812

In ***Skradin*** gibt es sowohl private Parkplätze als auch einen großen Parkplatz ***in der Nähe des Ticketverkaufs.*** Dieser kostet 1/2 € pro Stunde für Autos/Camper, nur Barzahlung.

GPS: N 43.817533, E 15.924575

Bereits bei der Anfahrt in ***Skradin*** wird man gebieterisch auf private Parkplätze gewunken, die Konkurrenz ist groß. Diese sollten nicht mehr als 10 € am Tag kosten. Eine Option ist ***am Ortsrand.***

GPS: N 43.82178, E 15.9228

Blick auf den Skradinski Buk im Krka-Nationalpark

An der Brücke über die Krka (nicht die Autobahnbrücke) bei Skradin gibt es einige kleinere Parkbuchten, in denen kostenlos geparkt werden kann. Von hier sind es etwa 10 Minuten zu Fuß in den Ort.

GPS: N 43.818540, E 15.934635

Campingplatz: Keine fünf Minuten von Lozovac entfernt liegt das ***Auto Camp Krka.*** Die Campingwiese ist von der Straße aus etwa zurückversetzt, es gibt einen Pool und ein nettes Restaurant. Es werden auch Zimmer vermietet. Zwei Personen und ein Auto etwa 18 € pro Nacht. Geöffnet März–Oktober.

GPS: N 43.80055, E 15.94241

Adresse: Skočići 2, Lozovac

Web: www.camp-krka.hr

Kulinarisches: Im großen Becken des ***Skradinski Buk*** kann zwar nicht mehr gebadet werden, doch es gibt einige Imbissstände und Restaurants.

GPS: N 43.805382, E 15.963940

Aktivitäten

Baden: In Skradin gibt es ein schönes ***Strandbad an der Krka,*** nicht weit entfernt vom Hafen.

GPS: N 43.817073, E 15.927453

Radfahren: ***In Skradin*** gibt es einige Möglichkeiten, Fahrräder zu mieten. Zum Beispiel bei ***Riki,*** direkt am Hafen (10 € pro Tag). Gute Räder und freundlicher Service. Hier bekommt man auch alle wichtigen Informationen für Touren in der Umgebung oder kann sich einen Guide buchen.

GPS: N 43.816754, E 15.922673

Adresse: Ob. Bana Pavla Subica 2, Skradin

Web: www.rikibike.com

Omiš 6 6 24

GPS: N 43.444045, E 16.692659 (Zentrum)

Der kleine Badeort an der Mündung der Cetina ins Adriatische Meer bietet sich als bequemer Zwischenstopp entlang der Küste oder auf dem Weg nach Bosnien und Herzegowina an. Im 14. und 15. Jahrhundert wurde Omiš durch seine außergewöhnliche geografische Lage zum Zentrum der Seeräuberei in der Adria. Die leichten Schiffe der Piraten waren darauf ausgelegt, sich nach plötzlichen Angriffen schnell in die flache Mündung der Cetina zurückzuziehen. Vor allem der venezianische Seehandel geriet dadurch in ernste Bedrängnis. Heute lebt der größte Teil der Bewohner bevorzugt vom Tourismus.

Nützliches

Parken: Die Parkplätze ***am Strand von Omiš*** kosten 1 € pro Stunde.

GPS: N 43.443813, E 16.691544

Zudem gibt es auf der östlichen Seite des Flusses ***zwischen den beiden Tunneln*** einen Parkplatz (5 € proTag). Zu Fuß etwa 10 Minuten zum Strand.

GPS: N 43.447060, E 16.694938

Campingplatz: Der Campingplatz ***Auto Camp Lisičina*** liegt sehr schön eingerahmt zwischen den steilen Felsen des Cetina-Tals und überzeugt auf ganzer Linie. Saubere Sanitäranlagen, großer Gemeinschaftsbereich mit Küche und Kühlschränken. Super WiFi. Zahlung nur bar (ab 8 € pro Person, Auto ab 4 €).

GPS: N 43.44716, E 16.69101

Adresse: Lisičina 2

www.ac-lisicina.hr

Kulinarisches: Das zum Teil in eine Höhle integrierte Gasthaus ***Konoba Kremenko*** kommt gänzlich im Familie-Feuerstein-Look daher, was auf den ersten Blick ziemlich skurril wirkt. Vom Essen bis zum freundlichen Service entpuppt sich dann aber das Angebot auf ganzer Linie als überzeugend. Trotz der recht weiten Anfahrt von Omiš ist hier immer volles Haus bzw. Höhle. Vor allem das typisch kroatische *Barbecue* dürfte dafür ausschlaggebend sein. Die Anfahrt ist einigermaßen abenteuerlich, wenn die Straße aufzuhören scheint, immer weiter. Durch die engen Gassen der Bergdörfchen passen leider nur Fahrzeuge bis zu einer Breite von 2 Metern.

GPS: N 43.42254, E 16.79566

Adresse: Orline 29, Svinišće

Öffnungszeiten: Juli/Aug. tägl. 10–1, in der Nebensaison nur Sa/So 13–24 Uhr.

Wasser: Tief im Cetina-Tal liegt dieser ***kleine Brunnen*** an einem Rastplatz in einer der vielen Haarnadelkurven.

GPS: N 43.43364, E 16.77962

Ausrüstung: Etwa 35 Kilometer westlich von Omiš, ***kurz vor Split*** liegt direkt an der A8 eine ***unauffällige Tankstelle,*** die große und kleine Campinggasflaschen verkauft.

GPS: N 43.55492, E 16.39791

Omiš liegt an der Mündung der Cetina in die Adria

Aktivitäten

Baden: Am ***großen Strand*** kann jede Menge unternommen werden. Im Wasser gibt es für Kinder eine große Spielinsel zum darauf Herumklettern. Am westlichen Ende gibt es sogar Sandstrand und einige kostenlose Strandliegen. Auch Umkleiden und Duschen sowie Volleyballfelder sind geboten.

GPS: N 43.43908, E 16.6875

In der Umgebung

Zipline Croatia: Über das Cetina-Tal spannt sich ***eine der längsten Seilrutschen Europas.*** Auf acht Abschnitten mit insgesamt mehr als 2 Kilometern Länge kann man hier von Steilwand zu Steilwand fliegen. Wer dabei in der luftigen Höhe neben dem Nervenkitzel noch das grandiose Panorama genießen kann, der ist hier genau richtig.

Die Touren starten an der ***Agentur in Omiš*** und dauern insgesamt etwa 3 Stunden. Touren von 8 bis 17 Uhr, 60 € pro Person.

GPS: N 43.44541, E 16.69266
Adresse: Ul. Josipa Pupačića 4
Web: www.zipline-croatia.com

Dubrovnik 7 13 8 22 44

GPS: N 42.641761, E 18.107173 (Pile Tor)

GPS: N 42.642013, E 18.112947 (Ploče Tor)

GPS: N 42.642192, E 18.110295 (Buža Tor)

Bereits im Laufe des 14. Jahrhunderts erlangte der Stadtstaat unter dem Namen Ragusa weitgehende Autonomie. Trotz ihrer geringen Größe gelang es der Republik, ihre Unabhängigkeit mit geschickter Diplomatie aber auch dank ihrer mächtigen Mauern und Festungen über 400 Jahre zu verteidigen. Durch den Handel mit dem Osmanischen Reich gelangte die Stadt zu großem Wohlstand. Die Handelsflotte Dubrovniks wurde zu einer der größten im Mittelmeer und stand damit in ständiger Konkurrenz zu Venedig. In dieser Zeit ist auch die Ursache für die heutige, vom übrigen Kroatien abgetrennte Lage der Stadt zu suchen. Um sich vor der Bedrohung durch Venedig zu schützen, wurde dem Osmanischen Reich ein Zugang zur Adria gewährt. Dieser schmale Korridor, der heute zu Bosnien und Herzegowina gehört, schirmte die Stadt Dubrovnik vor Angriffen ab. Trotz der Beschädigungen durch französische Truppen unter Napoleon und der Belagerung durch serbisch-montenegrinische Truppen 1991 blieben die mittelalterlichen Befestigungsanlagen und öffentlichen Gebäude ungewöhnlich gut erhalten beziehungsweise konnten wieder instandgesetzt werden. Ein Glück, so zählt die Altstadt von Dubrovnik bis heute zu den schönsten Städten des Mittelmeers. Zu Land hat die Stadt zwei schwer befestigte Eingänge: das Pile Tor im Westen und das Ploče Tor im Osten. Zudem kann man durch das später im Norden hinzugefügte Buža Tor in die Stadt gelangen.

Nützliches

Touristeninformation: Modernes Besucherzentrum ***vor dem Pile Tor.*** Gutes kostenloses WiFi.

GPS: N 42.64144, E 18.10872

Öffnungszeiten: Tägl. 8–22 Uhr.

Parken: In der Stadt gibt es kostenpflichtige Parkplätze. Diese sind ausgeschildert. In der Hochsaison herrscht aber Mangel, die Preise explodieren dann förmlich auf bis zu 10 € pro Stunde. Eine Möglichkeit, kostenlos zu parken, findet sich ***an der Hauptküstenstraße*** (Jadranska cesta), die oberhalb der Stadt verläuft. ***An einem kleinen Umspannwerk*** können fünf bis sechs Autos parken. Von hier sind es zu Fuß etwa 25 Minuten in die Altstadt. In der Früh sind die Chancen gar nicht so schlecht, einen der begehrten Plätze zu ergattern. Wer von hier aufbricht, gelangt durch das Ploče Tor in die Stadt.

GPS: N 42.64236, E 18.12248

Die beste kostenlose Parkmöglichkeit liegt ***auf dem Hausberg*** der Stadt, dem Srđ. ***An der Seilbahnstation*** gibt es Parkplätze. Von hier sind es 45–60 Minuten zu Fuß bergab in die Altstadt. Der Weg fängt hinter dem Homeland War Museum an und schlängelt sich den Hang hinab. Der geniale Blick auf Dubrovnik und das funkelnde Meer machen den Abstieg zu einer herausragenden ***Wanderung***. Wer sich fit fühlt, geht abends wieder zu Fuß zurück, für alle anderen gibt es ja noch die Seilbahn (Betriebszeiten beachten).

GPS: N 42.649869, E 18.111435

Unser Schlafplatz: Der Stadtberg Srđ ist ein guter Anlaufpunkt, um nach einem Stellplatz für die Nacht Ausschau zu halten. Trotz der unmittelbaren Nähe zur Stadt ist es hier ziemlich friedlich. An der gewundenen Straße ***kurz vor der Seilbahnstation*** gibt es einen kleinen Parkplatz. Sehr schöner Blick auf das Meer. Eine weitere Option zum Übernachten liegt ***etwas weiter die Straße runter.*** Von der Hauptstraße auf einen Schotterweg abbiegen. Es folgen einige Ausbuchtungen, in denen ein Van oder Camper gut stehen kann.

GPS: N 42.64519, E 18.12227

Campingplatz: ***Camping Pod Maslinom*** ist ein netter Campingplatz etwa 15 Kilometer nördlich von Dubrovnik im Örtchen Orašac. Mit kleinem Hafen und Kieselstrand. Für zwei Personen mit Van knapp 30 € pro Nacht in der Hauptsaison. Es gibt auch Waschmaschinen.

GPS: N 42.699181, E 18.006145

Adresse: Donja Banda, Orašac

Web: www.orasac.com

Wäscherei: ***Sanja & Rosie's Launderette***

GPS: N 42.642466, E 18.113088

Adresse: Put od Osanke 2

Öffnungszeiten: So–Fr 8–22, Sa 8–23.30 Uhr.

Aktivitäten

Baden: Obwohl die meisten Besucher Dubrovnik wohl nicht in erster Linie zum

Baden besuchen, gibt es in und um der Stadt einige schöne Bademöglichkeiten. Um sich über die heißen Mittagsstunden etwas vom Sightseeing zu erholen, sind die kleinen Stadtstrände ideal, die sich auf schmalen felsigen Vorsprüngen an die Stadtmauern schmiegen. Von hier reichen Treppen oder Leitern ins wunderbar klare Wasser. Für kleine Kinder nicht ideal. Die beste Bademöglichkeit ist ***am äußeren Pier des alten Hafens*** von Dubrovnik, auf dem der kleine Leuchtturm steht. Hier treffen sich nachmittags die Jugendlichen der Stadt zum Schwimmen und Fußballspielen. Es gibt Duschen.

GPS: N 42.639728, E 18.112689

Direkt an der Stadt kann außerdem am noch kleineren ***Buža Strand*** gebadet werden. Ein unscheinbarer Durchgang in der Stadtmauer führt zur gleichnamigen Bar. Hier gibt es Sonnenschirme und einige kleine Terrassen aus Beton, auf denen man sein Handtuch ausbreiten kann.

GPS: N 42.638948, E 18.108619

Adresse: Crijevićeva ul. 9

Am kiesigen ***Banje Strand,*** nur 5 Minuten zu Fuß vom Ploče Tor entfernt, ist im Sommer immer ordentlich was los. Mit dem Blick auf Dubrovnik und den alten Hafen definitiv ein außergewöhnlicher Strand. Seiner Beliebtheit sind leider auch die horrenden Preise für Strandliegen und Getränke geschuldet.

GPS: N 42.641444, E 18.116357

Sport und Outdoor: Die ***Kayak-Touren*** um Dubrovnik sind ein geniales Erlebnis, um die Stadt aus einer ganz neuen Perspektive kennenzulernen. Statt die hohen Wachtürme zu erklimmen und sich durch die engen Gassen zu schieben, wird Dubrovnik hier von der Weite des Meeres aus betrachtet, die für die Stadt immer wichtiger war als die Gebundenheit des Festlands. Von den Befestigungsanlagen führen viele der Touren zur ***Insel Lokrum,*** zu den ***Stränden*** der Umgebung und zu den ***Meereshöhlen*** entlang der Küste. Außerdem gibt es Ausflüge zu den verschiedensten Tageszeiten und mit unterschiedlicher Dauer. Die Angebote der zahlreichen Anbieter ähneln sich sehr. Einfach nach Bauchgefühl und persönlicher Präferenz eine Tour auswählen und los geht's. Sonnenauf- oder -untergang-Touren etwa 30 €, Halbtagestouren etwa 50 €. Die meisten ***Agenturen*** starten ihre Touren in der kleinen Bucht zwischen der Bokar Festung und der Festung Lovrijenac. Hier bekommt man alle Infos.

GPS: N 42.641331, E 18.106193 (Bokar Strand)

Anbieter: **Adventure Dalmatia,** www.adventuredalmatia.com, Tel. +385 915665942; **Dubrovnik Walks,** www.dubrovnikwalks.com, Tel. +385 958064526; **X-Adventure,** www.kayak-dubrovnik.com, Tel. +385 917860755.

Seilbahn: Mit fantastischem ***Panoramablick*** über die Häuser Dubrovniks zu schweben und dabei alle Sehenswürdigkeiten des Tages in der Miniaturansicht noch einmal Revue passieren zu lassen, ist ein tolles Erlebnis. Außerdem ist es sehr praktisch, verbindet die Seilbahn doch das Stadtzentrum mit dem Gipfel des Hausbergs, dem Srđ.

GPS: N 42.643124, E 18.111690

Adresse: Ulica kralja Petra Krešimira IV

Web: www.dubrovnikcablecar.com

Dubrovnik ist umgeben von massiven Stadtmauern

Öffnungszeiten und Preise: April tägl. 9–21, Mai tägl. 9–23, Juni–Sept. tägl. 9–24, Okt. tägl. 9–20, Nov. tägl. 9–17, Dez. tägl. 9–16 Uhr, Jan.–März geschlossen. Einfache Fahrt Erwachsene/Kinder 15/4 €, hin und zurück 27/7 €. Kinder unter 4 Jahren frei.

Sehenswert

Stadtmauern: Ein besonderes Erlebnis ist ein Spaziergang über die insgesamt fast zwei Kilometer langen Stadtmauern. Hier bekommt man einen Eindruck von der Größe der Stadt. Für Reisende der damaligen Zeit muss der Anblick wie ein wahres Wunder gewirkt haben. Keine andere ***mittelalterliche Befestigungsanlage*** dieser Art in Europa ist so gut erhalten. Auf der Landseite sind die Mauern bis zu 25 Meter hoch und 6 Meter dick.

Einen besonders guten Blick über die Stadt hat man vom ***Minčeta Turm***, dem höchsten Teil der Befestigungsanlage. Der Hauptaufgang liegt auf der inneren Seite des ***Pile Tors*** gegenüber des ***Onofrio-Brunnens.***

GPS: N 42.641566, E 18.107230 (Brunnen)
Öffnungszeiten und Eintritt: Tägl. 8–19 Uhr. Erwachsene/ermäßigt 20/12 €. Beim Erwerb des Stadtmauer-Tickets kann ebenfalls die Festung Lovrijenac besucht werden.

Festung Lovrijenac: Die Festung liegt etwas außerhalb der Stadtmauern auf einem fast 40 Meter hohen, dreieckigen Felsen. Die massive, ***mit Kanonen bestückte Wehranlage*** schützte Dubrovnik vor Angriffen zu Land und zur See und

Bild 1: In der Altstadt von Dubrovnik | Bild 2: Tor zur Altstadt

war einer der wichtigsten Bestandteile der Sicherheitsarchitektur der Stadt. Auf dem Torbogen ihres Haupteingangs findet sich der spätere Wahlspruch Dubrovniks: „Für kein Geld der Welt verkaufen wir unsere Freiheit". Durch die etwas abgesetzte Lage der Festung hat man von ihren ***oberen Terrassen*** einen tollen Blick über die ganze Stadt und ihre Umgebung. Vom Pile Tor aus dauert es etwa 10 Minuten zu Fuß hierher.

GPS: N 42.640731, E 18.104412

Adresse: Ul. od Tabakarije 29

Öffnungszeiten und Eintritt: Tägl. 8–18.30 Uhr. Einzeleintritt 10 €. Im Preis des Tickets für die Stadtmauer (s.o.) ist die Festung inbegriffen.

War Photo Limited: Mit ihren Aufnahmen versetzen uns die weltweit berühmtesten Kriegsfotografen in die Lage, einen seltenen Blick auf die ***bewaffneten Konflikte der jüngeren Vergangenheit*** zu erhaschen. Das erklärte Ziel des Ausstellungszentrums ist es, die Romantisierungen und Beschönigungen zu entlarven, mit denen Krieg durch Medien und Politik verharmlost wird. Angesichts der atmosphärischen Intensität, mit der dies gelingt, wähnen sich Besucher eher in den Räumlichkeiten einer Gedenkstätte, als in einem Museum. Die Ausstellungen wechseln, ein Thema sind in der Regel die Jugoslawienkriege. Für die Dauer des Besuchs kann ein kommentiertes Begleitbuch geliehen werden.

GPS: N 42.641607, E 18.108678

Adresse: Antuninska 6

Web: www.warphotoltd.com

Öffnungszeiten und Eintritt: Mai–Sept. tägl. 10–22, April und Okt. Mi–Mo 10–17 Uhr, Nov.–März geschlossen. Erwachsene/ Studierende 10/6 €, Kinder frei.

Museum des kroatischen Unabhängigkeitskriegs: Das in einem Flügel des ***Fort Imperial*** untergebrachte Museum zeigt Filme, Fotografien und Ausstellungsstücke die während des serbisch-kroatischen Kriegs von 1991 bis 1995 gesammelt wurden. Besonders die Kampfhandlungen um Dubrovnik, die von 1991 bis 1992 dauerten, werden thematisiert. Während der Belagerung der Stadt durch serbisch-montenegrinische Truppen wurden zahlreiche zivile Ziele bombardiert, obwohl Dubrovnik keine militärische Relevanz besaß. Dem Fort selbst kam eine wichtige Rolle in diesem Konflikt zu. Die Befestigungsanlage auf dem Srđ war zeitweise heftigen Angriffen ausgesetzt, konnte aber von den Kroaten gehalten werden und trug so erheblich zur Verteidigung Dubrovniks bei. Nach etwa neun Monaten konnten kroatische Verbände den Belagerungsring durchbrechen und die Stadt befreien. In unmittelbarer Nähe liegt die Seilbahnstation, die vom Gipfel des Srđ in die Stadt führt.

GPS: N 42.650264, E 18.110966

Adresse: Srđ ul. 2

Öffnungszeiten und Eintritt: Tägl. 9–16 Uhr. Erwachsene/ermäßigt 4/2 €.

Allgemeine Reiseinformationen

Touristeninformation

Kroatische Zentrale für Tourismus
Hesseloherstraße 9
80802 München, Deutschland
Telefon: +49 (0) 89 22 33 44
office@visitkroatien.de
www.croatia.hr/de-DE

Kroatien ist mittlerweile sehr gut touristisch erschlossen. Nahezu jeder Ort hat eine eigene Touristeninformation, alle zu finden unter www.htz.hr/en-GB/general-information/representative-and-branch-offices.

Notfälle

Deutsche Botschaft Zagreb
Ulica grada Vukovara 64
10000 Zagreb, Kroatien
Telefon: +385 (0)1 630 01 00
www.zagreb.diplo.de
Öffnungszeiten: Mo–Fr 9–12, Mi zusätzlich 13.30–15.30 Uhr; Bürozeiten: Mo–Do 7.45–17, Fr bis 13.45 Uhr.

Für dringende Notfälle ist der ***Bereitschaftsdienst der Deutschen Botschaft*** unter +385 (0)98 227 136 zu erreichen.

Einreisebestimmungen

Für deutsche Staatsangehörige gelten für die Einreise als gültige Ausweisdokumente ***(vorläufiger) Reisepass*** und ***(vorläufiger) Personalausweis.***

Zollbestimmungen

Die Höchstmengen für alkoholische Getränke und Tabakwaren entsprechen der allgemeinen EU-Regelung.

Geografie und Klima

Das kroatische Klima kann in ***drei verschiedene Zonen*** eingeteilt werden: das ***mediterrane Dalmatien*** an der Adria mit heißen Sommern und milden feuchten Wintern, der ***kontinental klimatische Osten und Nordosten*** mit trocken-heißen Sommern und frostigen, schneereichen Wintern und dem ***Gebirgsklima*** in den Dinarischen Alpen mit langen und niederschlagsreichen Wintern sowie kurzen milden Sommern.

Beste Reisezeit

Juli und August sind die heißesten Monate, und der Tourismus boomt. Diese Zeit sollte nach Möglichkeit gemieden werden. Freies Stehen ist hier nahezu unmöglich, und Preise auf Campingplätzen steigen bis auf 40 €/Nacht (pro Person!). Im ***September und Oktober*** ist der Rummel schon wieder vorbei, das Meer aber noch angenehm warm. Daher liegt die beste Reisezeit in der Nachsaison.

Zahlungsmittel

Offizielles Zahlungsmittel ist seit dem 1. Januar 2023 der ***Euro.*** Kroatien ist unter Touristen mittlerweile sehr beliebt,

Bankautomaten finden sich daher ***in den meisten Orten in hoher Dichte.*** Für Abstecher in ländliche Gebiete, kleine Restaurants und Campingplätze sollte ***ausreichend Bargeld*** eingeplant werden. Banken sind in der Regel an Werktagen zwischen 8 und 19 Uhr geöffnet.

Medizinische Versorgung

Die medizinische Versorgung ist auf einem ***guten Standard.*** Neben Krankenhäusern und Arztpraxen gibt es einige ***Gesundheitszentren*** *(Dom Zdravlja)*. Auf der Website der Deutschen Botschaft Zagreb kann eine Liste mit Ärzten, deren Fachrichtungen, Adressen und gesprochenen Sprachen heruntergeladen werden. Unter Vorlage der ***Europäischen Krankenversicherungskarte,*** die auf der Rückseite der Versichertenkarte zu finden ist, ist eine Behandlung von akuten Erkrankungen theoretisch kostenfrei möglich. Oftmals müssen Behandlungskosten aber zunächst privat gezahlt werden, die Kosten können dann bei der heimischen Krankenkasse durch Vorlage der Rechnungen erstattet werden.

Internet

Der Mobilfunktsektor ist in Koratien sehr gut entwickelt. Mit einer ***Netzabdeckung von 98 %*** ist man stets gut erreichbar. Außerdem befindet sich Kroatien unter den Top 10 der schnellsten **LTE-Netze** in Europa. Zusätzlich gibt es circa **300 Free-WiFi-Spots** im Land verteilt. Die genauen Orte sind der Website ***www.croatia.hr*** zu entnehmen.

Netzspannung

Die Netzspannung beträgt **230 V** (50 Hz), es gibt den gleichen Steckdosentyp wie in Deutschland.

Freies Camping

Wild campen ist in Kroatien ***verboten.*** In touristischen Ballungszentren kennen Polizei und Park-Ranger jeden Zentimeter, und es ist stets damit zu rechnen, auch mitten in der Nacht geweckt zu werden. Daher ist in der Nähe von touristischen Attraktionen insbesondere in der Hauptsaison vom Wildcampen abzuraten.

Auf dem Land trifft man immer wieder auf Schilder mit der Aufschrift ***Free Camping.*** Hierbei handelt es sich um einfache Privatgelände oder landwirtschaftlich genutzte Flächen nach der Ernte, auf denen gegen eine kleine freiwillige Spende gestanden werden darf.

Campinggas

An Campingplätzen gibt es meist ***Campingaz Stechkartuschen*** zu kaufen. Auch in Sport- oder Camping-Geschäften findet man leicht die kleinen blauen Flaschen. Die größeren circa 3 kg schweren blauen Flaschen werden selten getauscht.

Essen und Trinken

In Kroatien findet man eine gelungene Mischung aus ***mediterraner Küche*** und ***Balkanküche.*** Hier sind nicht nur *Cevapcici* und *Paski Sir*-Käse zu Hause, sondern auch feine Olivenöle, Trüffel und beste Fischspezialitäten.

In den Küstenregionen isst man Fisch und Meeresfrüchte, Gemüse, luftge-

Štrukli, ein traditionelles Gericht aus dem Norden Kroatiens

trockneten Rohschinken (*Pršut*) und natürlich Olivenöl. In Mittelkroatien gibt es traditionellen Weichkäse aus Kuhmilch (*Domaci Sir*) und feine *Samobor*-Salami. Wer in der kalten Jahreszeit zu Besuch ist, sollte den traditionellen Truthahnbraten mit *Mlinci*-Nudeln nicht verpassen. Was zu jeder Jahreszeit schmeckt: Maiskuchen (*Kukuruzna Zlevka*).

Trinkwasser

Die Trinkwasserqualität ist gut, strenge Kontrollen sorgen für ***trinkbares Leitungswasser*** in allen Landesteilen.

Sicherheit

Generell ist die Klein- und Straßenkriminalitätsrate in Kroatien eher gering. Die meisten ***Diebstahlsdelikte*** erfolgen am Strand oder durch Autoaufbrüche. An bekannten Autobahnrastplätzen auf der Nord-Südroute wird immer wieder von Einbruchdiebstählen in Wohnmobile unter der Verwendung von Betäubungsmitteln berichtet.

Korruption

Vetternwirtschaft und Korruption sind auch heute leider noch ein großes Problem in Kroatien. Daher sollte man sich exakt an die Regeln halten, sowohl im Verkehr als auch, was Park- oder Campingverbote angeht. Die Wahrscheinlichkeit ist sehr hoch, dass versucht wird, bei Gelegenheit ein paar Euro zu verdienen.

Länderspezifischer Sicherheitshinweis
Trotz umfangreicher Minenräum-Aktionen besteht in manchen Landesteilen noch die ***Gefahr durch Minen.*** In den gefährdeten Gebieten sollten ausgewiesene Wege und Straßen nicht verlassen werden. Die Gefahr lauert nicht nur auf dem Feld oder im Wald, denn Minen wurden oft dicht am Straßenrand abgelegt.

Minenfelder, die bereits als solche identifiziert wurden, sind durch ***dreieckige Schilder*** mit der Beschriftung „Ne prilazite" und gelegentlich zusätzlich durch ***gelbe Plastikstreifen*** gekennzeichnet.

Nationalparks sind nicht betroffen. Bewegt man sich in unmittelbarer Nähe der Küste, auf Inseln, der Istrischen Halbinsel oder im Großraum Zagreb besteht eigentlich keine Gefahr.

Gefährdete Gebiete: Grenzgebiet (30–50 km) zu Serbien und Ungarn, insbesondere um Vukovar und Vinkovci (Ostslawonien); Region um Daruvar, Pakrac, Virovitica (Westslawonien); Grenzgebiet zu Bosnien und Herzegowina, Gebiet südlich von Sisak und Karlova, östlich um Ogulin, Otočac, Gospić, östlicher Stadtrand von Zadar, Hinterland der Küste zwischen Senj und Split, sowie in den Bergen südöstlich von Dubrovnik.

Straßen und Verkehr

Einreise mit dem Pkw

Der ***EU-Führerschein*** im Scheckkartenformat ist ausreichend. Der ***Fahrzeugschein*** (Zulassungsbescheinigung Teil 1) ist mitzuführen. Innerhalb der EU gilt zwar das Kfz-Kennzeichen als Nachweis für eine gültige Auto-Haftpflichtversicherung, es wird dennoch empfohlen, die ***Grüne Karte*** mitzuführen. Fahrzeuge mit auffälligen Schäden dürfen nur mit polizeilicher Schadensbestätigung das Land wieder verlassen.

Grenzen

An den großen Grenzübergängen sind im Sommer ***Wartezeiten von 20 bis 45 Minuten*** einzuplanen. Es kann Zeit sparen, die Autobahn vorher zu verlassen und über die Landstraße einen unbesetzten Grenzübergang anzufahren.

Allgemeine Verkehrsregeln

Vom letzten Sonntag im Oktober bis zum letzten Sonntag im März gilt es, auf allen Straßen auch ***tagsüber*** das ***Tagfahr- bzw. Abblendlicht*** einzuschalten.

Während des gesamten ***Überholvorgangs*** muss geblinkt werden, Kolonnenspringen ist verboten.

Für jeden Insassen muss eine separate ***Warnweste*** im Fahrzeug mitgeführt werden. Im Falle eines Unfalls muss diese vor Verlassen des Autos angelegt werden.

Es muss ein Set ***Ersatzlampen*** sowie ein ***Feuerlöscher*** mitgeführt werden.

Je nach Wetterlage gilt auf einigen Straßen ***Winterreifenpflicht,*** diese ist durch entsprechende Verkehrszeichen kenntlich gemacht. Außerdem müssen ***Schneeketten*** mitgeführt und bei Schnee- und Eisbedeckung der Straßen angebracht werden.

Die ***Promillegrenze*** liegt bei über 25 Jahre alten Fahrern bei **0,5 ‰.** Bei jüngeren Fahrern und Fahrern von Fahrzeugen über 3,5 t gilt eine Nulltoleranz.

Tempolimits

Innerorts: 50 km/h
Außerorts: 90 km/h
Schnellstraße: 110 km/h
Autobahn: 130 km/h

Für ***Fahrer unter 25 Jahren*** gilt: das Tempolimit ***außerorts*** muss immer ***um 10 km/h unterschritten*** werden. Um den Verkehrsfluss nicht zu stören, gilt diese Regelung nicht innerorts.

Autobahnen

Kroatien verfügt über ein gut ausgebautes und immer noch expandierendes Autobahnnetz. Die kroatischen Autobahnen gehören zu den ***sichersten in Europa.*** Das recht geringe Verkehrsaufkommen macht ein angenehmes und zügiges Reisen möglich. In der ***Feriensaison*** kann es an den Mautstationen zu ***langen Staus*** kommen. Die wichtigsten Verbindungen sind die von Zagreb bis kurz vor Dubrovnik reichende A1 und die von Zagreb ausgehende A3 in Richtung Belgrad.

Maut

Die Autobahngebühren in Kroatien sind im Vergleich zu den Nachbarländern sehr hoch. Am Beginn der mautpflichtigen Strecken erhält man ein ***Ticket,*** das ***beim Verlassen des Abschnittes bezahlt*** wird (in bar oder mit Kredit- bzw. EC-Karte). Fahrzeuge mit einer Höhe von über 1,90 Meter und einem Maximalgewicht von 3,5 Tonnen fallen in die Kategorie 2. Werden Fahrräder auf dem Autodach eines Pkws transportiert, wird dieses Fahrzeug ebenfalls der Kategorie 2 zugeordnet. Für einige ***Brücken*** und ***Tunnel*** können zusätzliche Kosten anfallen.

Kraftstoff

Stand April 2023

Diesel – Eurodiesel = 1,41 €
Super Bleifrei (95 Oktan) – Eurosuper = 1,52 €
Super Plus Bleifrei (98 Oktan) – Eurosuper Plus = 1,63 €

Diesel wird als „Eurodiesel" bezeichnet. Wenn „Diesel" angegeben wird, ist dieser nur für Lkw geeignet! Kraftstoff darf nicht in Reservekanistern mitgeführt werden.

Unfall und Pannen

Generell müssen alle Unfälle bei der ***Polizei*** gemeldet werden. Es ist zu empfehlen, bei dieser Gelegenheit den ***Europäischen Unfallbericht*** auszufüllen, um die Schadensabwicklung später reibungsloser zu gestalten.

Verkehrskontrollen und Bußgelder

Falschparken wird nicht nur mit einem Bußgeld, sondern gerne auch mit einer Radklemme oder gar Abschleppen des

Fahrzeugs bestraft. Mit ***Bußgeldern ab 40 €*** (Falschparken) kommt man ansonsten in Kroatien im Vergleich zu anderen Ländern recht glimpflich davon.

Generell sollten Strafzettel bezahlt werden, durch das ***EU-weite Vollstreckungsabkommen*** werden Bußgelder ab 70 € auch von den zuständigen deutschen Behörden eingetrieben. Bei schwerwiegenden Vergehen wie Rotlicht-Überfahren oder Alkohol am Steuer können kroatische Behörden eine europaweite Datenbank abrufen, um den Fahrzeughalter ausfindig zu machen.

Fahrzeuge mit ***ausländischem Kennzeichen*** stehen im Fokus der Verkehrspolizei. Das Tempolimit kann ruhig deutlich unterschritten werden, um keinen Vorwand für ein Bußgeld zu liefern.

Parken

In Großstädten sind ***Parkzonen farblich markiert:*** Rot – 60 Min., Gelb – 120 Min., Grün/Blau – 180 Min.

Sonstiges

Mit unvorhersehbaren Manövern der anderen ***Verkehrsteilnehmer*** muss stets gerechnet werden, defensives Fahren ist zu empfehlen. Nachts sind teils unbeleuchtete Fahrzeuge unterwegs.

Die ***Straßen*** sind auch abseits der urbanen Zentren ***durchgängig gut,*** allerdings oft schmal und kurvenreich. Ein schnelles Vorankommen ist in der Regel nicht zu erwarten und erhöht das Unfallrisiko deutlich. Die durchschnittliche Reisegeschwindigkeit liegt oft bei nur 60 km/h. Dennoch kann es für kürzere Strecken sinnvoll sein, die Autobahnen zu umgehen, da diese recht teuer sind.

Die ***Navigation*** funktioniert im Allgemeinen gut. Nicht alle Kartensysteme sind immer auf dem neuesten Stand was die Grenzübergänge betrifft; insbesondere zu Serbien. Im Zweifel empfiehlt es sich, vor Ort zu fragen.

Sämtliche ***Informationen*** zur Pannenhilfe, aktuellen Verkehrslage, Wartezeiten an Grenzübergängen, Fähren und Bahnverkehr, sowie Prognosen für die Folgetage sind auf Deutsch einzusehen unter www.hak.hr/de#verkehrslage.

Bild 1: Die berühmte Brücke von Mostar | Bild 2: Die Kravica Wasserfälle

Bosnien und Herzegowina

51.197 km²

3.271.000

Immer noch blicken westeuropäische Berichterstatter mit Vorbehalt auf das von außen oft undurchschaubar wirkende kleine Land und zählen mit routinierter Selbstverständlichkeit die Konstruktionsmängel seines politischen und gesellschaftlichen Konglomerats auf. Tatsächlich ist kein Land auf dem Balkan multikultureller und gleichzeitig politisch komplizierter, nirgendwo sind die historisch vorgezeichneten Trennlinien in der Gesellschaft sichtbarer. Hier stieß das Reich der Habsburger mit dem des osmanischen Sultans aneinander, beide Herren instrumentalisierten Sprache und Glauben zu ihrem Nutzen. Bis heute ringen die Volksgruppen um ein friedliches Zusammenleben. Stets ist die verworrene Geschichte präsent, von der man sich doch so dringlich emanzipieren, eigentlich distanzieren will.

Wer mit wachen Augen durch das Land reist, nimmt Probleme und Missstände wahr. Doch treten diese vor dem entschlossenen Glauben in die Zukunft und dem vielerorts tatkräftigen Optimismus weit in den Hintergrund. Und dass das Land ein toller Gastgeber ist, ist eben auch Teil dieser Einstellung. Für Besucher gehören die Städte Mostar und Sarajevo mit ihren Geschichten und Legenden zu den spannendsten Orten Südosteuropas. Wer sich ein eigenes Bild davon machen will, wird allerorts mit offenen Armen empfangen.

Länderfakten

Amtssprache:
Bosnisch, Kroatisch, Serbisch

Währung:
Konvertible Mark (BAM)

Wechselkurs: (April 2023)
1 Euro = 1,96 Konvertible Mark

Staatsgründung:
1. März 1992 (Unabhängigkeit von Jugoslawien)

Staatsform:
Parlamentarische Bundesrepublik

Regierungssystem:
Parlamentarische Demokratie

EU: Nein

Schengener-Abkommen: Nein

Ethnien:
Bosniaken (50 %), Serben (31 %), Kroaten (15 %), Roma, Juden

Religionen:
Muslime (50 %), Orthodoxe Christen (31 %), Katholiken (15 %)

Zeit:
UTC+1 MEZ, kein Unterschied zu Deutschland

Sarajevo 3 11 47

GPS:
N 43.858825,
E 18.421511
(Zentrum)

Seit ihrem wirtschaftlichen Aufstieg im 15. Jahrhundert erfüllte die Stadt über Jahrhunderte ihre Funktion als wichtiges Zentrum für den Austausch von Waren, Wissen und Ideen zwischen Ost und West. Von dieser Vergangenheit zeugen sowohl die mit roten Ziegeln gedeckten orientalisch-osmanischen Kaffeehäuser und Handwerksgeschäfte als auch die repräsentativen Administrationsgebäude der österreich-ungarischen Periode. Dass die Stadt heute erneut wirtschaftlichen Aufschwung genießt, vor Lebendigkeit strotzt und gerade junge Menschen Cafés, Bars, Clubs und Geschäfte eröffnen, ist nach den Wirren des vergangenen Jahrhunderts dabei keine Selbstverständlichkeit.

Die Belagerung und Zerstörung der Stadt während des Bosnienkrieges von 1992 bis 1995 durch serbische Einheiten, die längste Belagerung einer Stadt während des ganzen Jahrhunderts, kostete über 11.000 Bewohner das Leben. Sarajevo wurde zum Symbol der Zerstörungskraft des nationalistischen Wahns, der lange Zeit in Europa verschwunden zu sein schien. Neben aller Aufbruchsstimmung zeugen die zahllosen schwer beschädigten Gebäude von der bis heute nicht verwundenen Katastrophe, von deren Trauma sich die Stadt kaum befreien kann. Trotz dieser Zerrissenheit versprüht die Stadt einen ansteckenden, geschäftigen und handfesten Optimismus, der zwar auch vor Besuchern keinen Hehl aus den Problemen der Vergangenheit und der Gegenwart macht, die Zukunft aber mit offenen Armen empfängt.

Nützliches

Parken: Parken ist in der Innenstadt fast ausschließlich auf kostenpflichtigen Privatparkplätzen möglich. In der Konak Straße ***neben der Brauerei*** gibt es einige kostenlose Parkplätze.

GPS: N 43.857098, E 18.431013

Seit der Wiedereröffnung der Trebević-Seilbahn 2018 kann zudem das Auto einfach hier stehen gelassen werden. Mit der Gondel sind es etwa 10 Minuten in die Innenstadt Sarajevos. Tagsüber steht das Auto am sichersten auf dem großen, kostenfreien Parkplatz ***vor dem Pino Nature Hotel.***

GPS: N 43.837576, E 18.453469

Adresse: Ravne 1

Unser Schlafplatz: Die beste Gegend, um in Sarajevo mit dem Van oder Wohnmobil zu übernachten, ist auf dem nahen gelegenen Hausberg, dem **Trebević.** Hier gibt es zahllose gute Schlafplätze.

GPS: N 43.837455, E 18.452877

(Pino Nature Hotel)

Von der Hauptstraße auf dem Trebević führt kurz vor dem Pino Nature Hotel eine kleinere Straße nach links zur ***olympischen Bobbahn.*** Nach der Unterführung gabelt sich die Straße. Nach rechts geht es zum Start, nach links zum Ende der Bobbahn. **Am Start** findet sich ein großer asphaltierter Platz auf dem sehr ruhig übernachtet werden kann.

GPS: N 43. 84083, E 18.44866

Nach der Unterführung der steilen und schmalen Straße nach links folgend, kann der ***untere Teil der Sportanlage*** erreicht werden. Hier findet sich ein hervorragender Platz im Grünen, der zur Hälfte von der Bobbahn eingekreist wird. Außergewöhnlich! Nicht für Wohnmobile geeignet.

GPS: N 43.842298, E 18.439362

Kurz vor der Seilbahnstation findet sich ein großer Parkplatz. Hier ist tagsüber immer was los, nachts steht man sehr schön und friedlich. Es gibt einige überdachte Picknick-Häuschen.

GPS: N 43.084072, E 18.45123

Großer Parkplatz ***direkt an der Straße.*** Nachts ist es zwar ruhig, aber nicht besonders idyllisch. Dafür gibt es in unmittelbarer Nähe einige überdachte Picknick-Bänke. An der Straße gibt es sowohl vorher als auch hinterher immer wieder Plätze, um zu nächtigen.

GPS: N 43.83324, E 18.46807

Campingplatz: ***Auf dem Trebević*** gibt es direkt nebeneinander zwei sehr einfache kleine Campingplätze. 15 € pro Auto und Nacht.

GPS: N 43.84361, E 18.41796

Unterkunft: ***Tuzlaks Appartment*** ist eine super saubere und modern eingerichtete Einzimmerwohnung, die alle Annehmlichkeiten bereit hält, die man sich für seinen Aufenthalt in Sarajevo wünscht. Komplett ausgestattete Küche, Waschmaschine, Bügeleisen, gutes WiFi, Parkplatz im Hinterhof und zentrale Lage. Pro Nacht 50 €. Die Straßen in der Altstadt von Sarajevo sind deutlich zu schmal für Wohnmobile. Auf den Parkplatz am Haus schaffen es nur Autos bis zu einer Breite von 2 Metern und einer Länge von 5 Metern. Zu Fuß sind es von hier etwa 10 Minuten in die Altstadt.

GPS: N 43.861793, E 18.424358

Adresse: Pehlivanusa 40

Web: https://tuzlaks.xtadia.com

Kulinarisches: Biegt man im Basarviertel an der richtigen Stelle von der überlaufenen Hauptstraße ab, wähnt man sich schlagartig in einer anderen Welt. Vom Touristen-Rummel kann man hier ins authentische Nachtleben der Stadt eintauchen. Das **Barhana** hat neben internationaler Küche auch einige typisch bosnische Gerichte auf der Karte, wie etwa gefülltes Gemüse oder *Bosanski Lonac*, das Nationalgericht Bosnien und Herzegowinas. Bei diesem Eintopf wird verschiedenes Gemüse und Fleisch in Schichten in einen Topf gegeben und zusammen für einige Stunden geköchelt. Da das Barhana sowohl unter Einheimischen als auch Touristen beliebt ist, empfiehlt es sich besonders für abends einen Platz zu reservieren.

GPS: N 43.85974, E 18.42971

Adresse: Djulagina Cikma 8
Tel. +387 33 44 77 27
Web: www.barhana.ba
Öffnungszeiten und Preise: Tägl. 10–24 Uhr. Mittlere Preiskategorie.

Das **Rahatlook** ist ein süßes Café mit bosnischem beziehungsweise türkischem Kaffee und ausgezeichneten hausgemachten Kuchen, Pfannkuchen und verschiedenen Süßspeisen. Zentral in der Altstadt gelegen, lädt dieses heimelige Kaffeehaus zum Verweilen ein. Im Sommer lässt es sich im Garten leicht einige Stunden aushalten.

GPS: N 43.859557, E 18.427810
Adresse: Ferhadija 41
Öffnungszeiten und Preise: Mo–Sa 9–17 Uhr. Mittlere Preiskategorie.

Aktivitäten

Free Walking Tour Sarajevo: Die Touren von ***Neno and Friends*** umgehen die offensichtlichsten Sehenswürdigkeiten und gehen dafür anhand vieler persönlicher Anekdoten tief auf die Geschichte der Stadt und ihrer Bewohner ein. An vielen Stationen der Tour wird deutlich, wie präsent Krieg und Belagerung für die Menschen in Sarajevo immer noch sind.

Treffpunkt ist immer ***vor dem Nationaltheater,*** am Susan-Sontag-Platz. Eine kleine Spende für die englischsprachigen Touren wird erwartet, um Voranmeldung wird gebeten.

GPS: N 43.857203, E 18.420640
Web: www.sarajevowalkingtours.com
Zeiten und Preise: April–Okt. tägl. um 15.30 Uhr, Nov.–März nur als private Tour auf Anfrage. Kostenlos.

Sehenswert

War Childhood Museum: Von der Ungerechtigkeit und Grausamkeit des Krieges zeugen in aller Regel die Berichte erwachsener Menschen. Wie Kinder mit dieser existenziellen Bedrohung, dem Trauma, mit den Einschränkungen und dem Leid umgehen, wird dabei selten thematisiert. Für diesen Perspektivwechsel wurde das 2017 eröffnete War Childhood Museum gleich im folgenden Jahr mit dem ***European Museum Prize 2018*** ausgezeichnet.

Das Museum zeigt vor allem gestiftete Alltagsgegenstände von Kindern, die im ***Bosnienkrieg*** aufgewachsen sind. Die niedergeschriebenen und auf Ton- oder Videoaufnahmen gesammelten Erinnerungen, die ihre vormaligen Besitzer mit diesen Dingen verknüpfen, geben Einblicke in das Leben dieser Kinder.

GPS: N 43.861877, E 18.428416
Adresse: Logavina 30–32
Web: www.warchildhood.org
Öffnungszeiten und Eintritt: Tägl. 11–19 Uhr. Familien/Erwachsene/Studierende/Kinder 25/10/8/5 BAM, Kinder bis 5 Jahre frei.

Galerija 11/07/95: Die Fotografien von Tarik Samarah dokumentieren zwei der verstörendsten Katastrophen, die in die Phase des Bosnienkriegs fallen: die ***Belagerung Sarajevos*** und das ***Massaker von Srebrenica.*** Kaum in den Ausstellungsräumen angekommen, beschleicht den Besucher innerhalb weniger Sekunden das Gefühl, in eine unwirkliche, dystopische Welt eingetaucht zu sein, die zwar

Elemente der bekannten Realität kennt, daneben aber solch unvorstellbare Abgründe aufweist, dass beide kaum am selben Ort handeln können. Neben der komplett in schwarz-weiß gehaltenen Ausstellung werden Filmaufnahmen der Kriegsgeschehnisse gezeigt.

Die Ausstellungsräume finden sich im 3. Stock eines unauffälligen Gebäudes. ***Für Kinder ungeeignet.***

GPS: N 43.859411, E 18.425680

Adresse: Trg Fra Grge Martića 2

Web: www.galerija110795.ba/de

Öffnungszeiten und Eintritt: Tägl. 10–18 Uhr. Erwachsene/Audioguide 12/3 BAM.

History Museum of Bosnia and Herzegowina: Das baufällige Gebäude beherbergt eine Ausstellung über das ***Leben im belagerten Sarajevo.*** Viele selbstgebaute Gerätschaften und improvisierte Vorrichtungen zeugen von der Not, aber auch dem Erfindungsreichtum der eingeschlossenen Bewohner. Besonders sehenswert ist dabei ein komplett rekonstruiertes Wohnzimmer, das einen Eindruck von der extremen Situation der jahrelangen Belagerung vermittelt. Um das Museum herum findet sich ausrangiertes Kriegsgerät wie Geschütze und Panzer. Im gleichen Gebäude befindet sich das ***Caffe Tito,*** wo Jugoslawien-Nostalgie auf Studien-Hipster trifft.

GPS: N 43.855290, E 18.401213

Adresse: Zmaja od Bosne 5

Web: www.muzej.ba

Öffnungszeiten und Eintritt: Tägl. 9–17 Uhr. Erwachsene/Kinder 7/2 BAM.

Lateinerbrücke: Die Brücke mit ihren charakteristischen ***Rundbögen*** ist die wahrscheinlich älteste in Sarajevo. Berühmtheit erlangte sie dadurch, dass an ihrem Nordende der Thronfolger Österreich-Ungarns Franz Ferdinand im Juni 1914 von dem serbischen Nationalisten Gavrilo Princip ermordet wurde. Zur Zeit Jugoslawiens trug die Brücke sogar den Namen des Attentäters, inzwischen wird jedoch wieder der althergebrachte Name verwendet.

Wer sich für die ***Umstände des Anschlags*** interessiert, findet die wesentlichsten Informationen in den Schaukästen am ***Sarajevo Museum 1878–1918.*** Das Museum selbst bietet nur wenige weitere Einsichten.

GPS: N 43.857902, E 18.428873

Adresse: Obala Kulina bana bb

Sebilj: Die Errichtung des prächtigen ***hölzernen Brunnens*** auf dem Hauptplatz des Basarviertels geht auf die wohltätige osmanische Praxis zurück, Versorgung für Reisende und Arme zur Verfügung stellen. Die Brunnen der Stadt, die zudem oft an den Außenseiten von Moscheen zu finden sind, wurden zum Symbol für diese philanthropische Haltung der Bürger Sarajevos.

GPS: N 43.859710, E 18.431234

Adresse: Baščaršija

Olympische Bob- und Rodelbahn: Die Olympischen Winterspiele von 1984 hinterließen in Sarajevo etliche Sportstätten. Die meisten von ihnen wurden aber bereits acht Jahre später während der Bela-

Bild 1: Der Sebilj Brunnen | Bild 2: Die Olympische Bob- und Rodelbahn | Bild 3: Das Obergeschoss des Historischen Rathauses | Bild 4: Die Trebević-Seilbahn

gerung der Stadt zerstört. Die ***auf dem Trebević*** errichtete Bob- und Rodelbahn überstand die heftigen Gefechte relativ unbeschädigt. Da eine Renovierung zu kostspielig ist, wird sie vor allem von Mountainbikern und Graffiti-Künstlern für ihre Zwecke genutzt. Die 1,3 Kilometer lange Bahn mit ihren 13 Kurven kann zudem gut zu Fuß begangen werden.

GPS: N 43.84083, E 18.44866 (Bobbahn)

Rosen von Sarajevo: Während der fast 4-jährigen Belagerung Sarajevos wurden im Schnitt etwa 300 Mörsergeschosse täglich von den umliegenden Hügeln auf die Stadt abgefeuert. Unter diesem Beschuss starben mindestens 11.000 Zivilisten. Heute erinnern die ***mit rotem Kunstharz ausgegossenen Einschläge*** im Asphalt daran, wo dieser jahrelange Terror seine Opfer fand.

Sarajevo Tunnel Museum: Zu Beginn des Jahres 1993 begannen die eingeschlossenen Verteidiger Sarajevos mit dem Bau eines ***800 Meter langen Tunnels,*** um die Versorgung der Stadt mit den wichtigsten Gütern aufrecht zu erhalten. Der ständige Beschuss durch serbische Scharfschützen machte die überirdische Versorgung und Evakuierung trotz anwesender UN-Truppen unmöglich.

Das Haus, unter dem sich einst der ***versteckte nördliche Tunneleingang*** befand, wurde nach dem Krieg zum Museum umgewandelt. So kann seine außergewöhnliche Geschichte anhand vieler Exponate, Bilder und Filmaufnahmen nachvollzogen werden. Sogar ein etwa 20 Meter langes Stück des Tunnels ist für Besucher geöffnet. Etwas außerhalb Sarajevos gelegen, direkt am Museum stehen kostenpflichtige Parkplätze zur Verfügung (3 BAM pro Tag).

GPS: N 43.819798, E 18.337160

Adresse: Ulica Tuneli 1

Web: www.tunelspasa.ba

Öffnungszeiten und Eintritt: April–Okt. tägl. 9–17, Nov.–März tägl. 9–16 Uhr, letzter Einlass 30 Min. vor Schließung. Erwachsene/Studierende 10/5 BAM, nur bar.

Historisches Rathaus und Nationalbibliothek (Vijećnica): Nach Plänen eines österreichischen Architekten im orientalisierten Stil erbaut, diente das Gebäude zunächst als Rathaus, später als Nationalbibliothek. Mit seiner architektonischen Referenz an die muslimische Tradition der Stadt und seiner Funktion als Speicher des geteilten Kulturerbes, das die Gemeinsamkeit aller ethnisch-religiöser Gruppen Bosnien und Herzegowinas betont, war die ***Zerstörung durch serbischen Beschuss*** 1992 keinesfalls zufällig.

Seit ihrem ***originalgetreuen Wiederaufbau*** ist die Vijećnica wieder ***eines der schönsten Gebäude Südosteuropas.*** Die komplett in weißem Marmor gehaltene Eingangshalle, die Aufgänge und Balustraden werden von den fabelhaften in die Decke eingelassenen Buntglasfenstern in warmes Licht getaucht.

GPS: N 43.858936, E 18.433428

Adresse: Brodac 1

Web: www.vijecnica.ba/en

Öffnungszeiten und Eintritt: Tägl. 9–17 Uhr. Erwachsene/ermäßigt 10/5 BAM

Trebević-Seilbahn: Die ***2 Kilometer lange Luftseilbahn*** Sarajevos bringt bereits seit den 1960er Jahren Fahrgäste ***von der Innenstadt auf den Trebević.*** Auch sie wurde während der Belagerung Sarajevos zerstört, seit 2018 läuft die Bahn aber wieder. Besonders während der Olympischen Winterspiele kam ihr eine zentrale Rolle zu, um die Zuschauer zu den Sportstätten auf dem Hausberg der Stadt zu bringen. Die Bergstation befindet sich in direkter Nähe zum oberen Ende der Bobbahn. In Gedenken an das friedliche Kräftemessen während der Winterspiele und um den bunten, multi-ethnischen Charakter der Stadt zum Ausdruck zu bringen, tragen die neuen Gondeln die olympischen Farben. Aus ihren großen Panoramafenstern ist der ***Blick über Sarajevo*** einzigartig. Da ist es beinahe schade, dass die Fahrt nur knappe 10 Minuten dauert.

GPS: N 43.855575, E 18.434916 (Talstation)
GPS: N 43.83985, E 18.44920 (Bergstation)
Adresse Talstation: Hrvatin bb
Web: www.zicara.ba
Öffnungszeiten und Eintritt: Tägl. 9–17 Uhr. One-way Ticket 15 BAM, Roundtrip 20 BAM, Kinder bis 7 Jahre frei.

Mostar 9 14 46

GPS: N 43.340260, E 17.814321 (Zentrum)

Unter osmanischer Herrschaft gelangte die Stadt als Handels- und Wirtschaftszentrum Dank ihrer bedeutenden Brücke über die Neretva zu großem Wohlstand. Hier war einer der wichtigsten Kontaktpunkte zwischen Orient und Okzident, der einen Austausch von Waren, Wissen und Ideen ermöglichte. Bis heute ist Mostar in kultureller und wirtschaftlicher Hinsicht der Mittelpunkt der Region Herzegowina.

Während des Bosnienkrieges und seiner wechselnden Fronten war die Stadt besonders hart umkämpft. Dabei wurden praktisch alle wichtigen öffentlichen Gebäude und die gesamte Altstadt zerstört. Ab circa 1994 setzte die faktische Teilung der Stadt ein, wobei die Neretva die Grenzlinie markierte. Das westliche Ufer wurde von kroatischen, das östliche von bosniakischen Einheiten kontrolliert. Trotz des Friedensschlusses und den Vermittlungsversuchen der EU hat sich seither an dieser Aufteilung im Wesentlichen nichts verändert. Die 35 Prozent der Bevölkerung, die sich als Bosniaken verstehen, leben weiterhin geschlossen im östlichen Teil der Stadt, wohingegen die 34 Prozent der sich als Kroaten bezeichnenden Bürger im Westteil verbleibt.

Die Stadt und ihre Brücken sind größtenteils wiederaufgebaut. Wegen ihres faszinierenden kulturellen und architektonischen Erbes aus der Epoche des Osmanischen Reiches auf dem Balkan ist die Stadt eine der sehenswertesten des Landes. Zudem kommt Mostar bis heute eine besondere Rolle in Bosnien und Herzegowina zu. Auch wenn es noch ein weiter Weg zur Versöhnung zwischen den Bevölkerungsgruppen des Landes ist, stellt die gemeinsame Stadt eine Verbindung her, die über bloße Symbolik hinausgeht.

Nützliches

Parken: Westlich der Altstadt ***in der Nähe des Gymnasiums*** gibt es einen großen kostenpflichtigen Privatparkplatz. Hier kann nach Rücksprache mit dem Platzwächter auch übernachtet werden. 1,50 BAM pro Stunde.

GPS: N 43.342930, E 17.803198

Es gibt nicht viele kostenlose Parkmöglichkeiten in Mostar. Entlang der Maršala Tita ***gegenüber dem Friedhof*** kann aber umsonst geparkt werden.

GPS: N 43.330069, E 17.819567

Einer der zentralsten Parkplätze findet sich ***direkt an der Altstadt.*** Zu Fuß sind es nur wenige Minuten zur Alten Brücke. 10–20 Uhr 4 BAM pro Stunde, 20–10 Uhr 2 BAM pro Stunde.

GPS: N 43.337320, E 17.812317

Campingplatz: Das ***River Camp Buna – Half Island/Relax Outdoor Center*** ist eine große Campingwiese direkt am Fluss. Sehr ruhig gelegen, dennoch gut von Mostar aus zu erreichen (15 Minuten mit dem Auto). Es werden auch Bungalows vermietet. Neue Sanitäranlagen und gutes WiFi. Waschmaschinen sind vorhanden und können gegen Aufpreis genutzt werden. Das ganze Jahr geöffnet, Rezeption rund um die Uhr. Hunde können mitgenommen werden. Preis für 2 Personen im Van 15 €. Achtung: Die Google-Maps-Wegbeschreibung ist irreführend. Etwa 1 km vor dem Ziel der Straßenbeschilderung folgen.

GPS: N 43.243115, E 17.841869

Adresse: Buna bb

Tel. +387 62 612 532

Web: www.camping-buna.com

Kulinarisches: ***Hindin Han*** ist eine der renommiertesten Adressen in der Altstadt, deren guter Ruf vor allem auf die Grillplatten, die auch als vegetarische Version zu haben sind, zurückgeht. Außerdem bekommt man hier das berühmte bosnische *Tufahije*. Der mit Walnüssen gefüllte Bratapfel wird in Zucker geschmort und mit Sahne serviert. Abends unbedingt vorher reservieren.

GPS: N 43.33678, E 17.81376

Adresse: Jusovina 11

Öffnungszeiten und Preise: Tägl. 11–23 Uhr. Mittlere Preiskategorie.

Das winzige ***Café Cardak*** an der Alten Brücke serviert traditionell gebrauten türkischen Kaffee. Hier kann man sich bei einem Tässchen des orientalischen Wachmachers vom Trubel der Altstadt

Einflüsse der Epoche des Osmanischen Reiches in den Häusern Mostars

erholen. Die ersten Stufen zur War Photo Exhibition hinauf, dann links abbiegen.

GPS: N 43.337276, E 17.814904

Adresse: Stari Most (Westufer)

Öffnungszeiten: Tägl. 10–19 Uhr.

Aktivitäten

Free Walking Tour Mostar: Die Touren machen einen großen Bogen um die Altstadt, was den Guides die Möglichkeit gibt, stattdessen auf viele interessante Bauwerke und Gebäude der Stadt einzugehen, die weniger im Rampenlicht stehen. Als Einstieg perfekt, um etwas über Mostar und seine Geschichte zu lernen.

Treffpunkt ist immer am Spanischen Platz ***vor dem Gymnasium.*** Voranmeldung per E-Mail unbedingt nötig. Eine kleine Spende wird erwartet.

GPS: N 43.343252, E 17.807458

Web: www.mostarfreetour.com

Zeiten und Preise: April/Mai und Sept. tägl. um 17, Juni–Aug. tägl. um 10 und 15, Okt. tägl. um 15 Uhr. Kostenlos.

Sehenswert

Museum of War and Genocide Victims 1992–1995: Die drastische Darstellung und Dokumentation der an den Zivilisten der Stadt verübten Gräueltaten während der Konflikte, die für Außenstehenden häufig als „Bosnienkrieg“ zusammengefasst werden, gibt einen Eindruck über das Ausmaß der Katastrophe, die 1992 über die Menschen des Landes hereinbrach. ***Für Kinder ungeeignet.***

GPS: N 43.341267, E 17.813716

Adresse: Braće Fejića

Öffnungszeiten und Eintritt: Tägl. 9–21 Uhr. Erwachsene/ermäßigt 10/8 BAM.

War Photo Exhibition: Etwa 50 Aufnahmen des neuseeländischen Fotografen Wade Goddard sind in dem kleinen Museum direkt an der Alten Brücke ausgestellt. Goddard besuchte die Stadt wiederholt während der Kriegsjahre 1992 bis 1995. Wer sich die wahnsinnige Zerstörung und das Leid vor Augen führt, sieht die Stadt und ihre Bewohner danach mit einem anderen Blick.

GPS: N 43.337276, E 17.814904

Adresse: Stari Most (Westufer)

Tel. +387 62 173 122

Öffnungszeiten und Eintritt: Tägl. 9–22 Uhr. Erwachsene 6 BAM.

Alte Brücke (Stari Most): Nach einer 10-jährigen Bauphase wurde 1566 die ***ellipsenförmige Einbogenbrücke*** Stari Most vom Architekten Mimar Hayreddin im Auftrag des Sultans erbaut. Die Brücke gilt mit knapp 29 m Weite und einer Höhe von 19 m nicht nur als ein architektonisches Meisterstück, sondern auch seit Jahrhunderten als ***symbolische Brücke zwischen Ost und West*** und den verschiedenen Ethnien der Region. Sie verbindet die Ufer der mehrheitlich muslimischen Bosniaken (Osten) und katholischen Kroaten (Westen).

Im Bosnienkrieg wurde die Stari Most im November 1993 nach mehrstündigem Beschuss zerstört, etwa zehn Jahre später aber originalgetreu wiederaufgebaut. Seit 2005 gilt die Brücke auf Grund ihrer Symbolkraft und meisterlichen Baukunst als UNESCO-Weltkulturerbe.

Seit über 450 Jahren ist es Brauch, als ***Mutprobe*** von der Alten Brücke zu springen. Auch heute noch gibt es einige ***Berufsbrückenspringer***, die sich ihren Sprung ins kühle Nass von Touristen bezahlen lassen. Für jeden der gesprungenen 19 Meter lassen sie sich etwa einen Euro in den Hut werfen. Auch Besucher können den Sprung wagen. Für etwa 30 € werden Wagemutige von einem Profi eingewiesen. Wenn dieser nach einem ***Testsprung*** das O.K. gibt, kann es losgehen. Auf eigene Verantwortung versteht sich. Einfach auf der Brücke die einheimischen Springer ansprechen.

Jährlich wird von einem großen österreichischen Getränkehersteller ein ***Cliff Diving Wettkampf*** an der Stari Most organisiert. Hier trifft sich die internationale Elite an Klippenspringern zu einem riesen Spektakel! Mehr dazu unter www.cliffdiving.redbull.com.

GPS: N 43.337205, E 17.814913

Gymnasium: Das farbenprächtige Gebäude des Gymnasiums erstrahlt unübersehbar zwischen den zerschossenen Ruinen rund um den ***Spanischen Platz,*** das Zentrum der Stadt. Hier verlief die Frontlinie zwischen Bosniaken und Kroaten im Bosnienkrieg, hier tobten die Gefechte zwischen den ehemaligen Nachbarn besonders heftig. Seinen Namen trägt der Platz in Gedenken an 22 spanische Soldaten der United Nations Protection Force (UNPROFOR), die in den Auseinandersetzungen ihr Leben ließen.

Dass das Gymnasium zu den ***ersten wiederaufgebauten Gebäuden*** gehört und mit seinem durchdringenden Orange dem umliegenden Grau geradezu entgegenzutreten scheint, ist mehr als nur eine symbolische Geste. Seit seiner ***Eröffnung*** **1893** lernten hier Kinder muslimischer, orthodoxer, katholischer und jüdischer Familien gemeinsam, und bald gehörte das Gymnasium zu den führenden Bildungseinrichtungen Jugoslawiens. An diese Tradition versucht man gegen den Widerstand nationalistischer Hetzer heu-

Das Gymnasium am Spanischen Platz sticht im Stadtbild hervor

te wieder anzuknüpfen. Zwar besuchen Bosniaken und Kroaten bisher weitgehend getrennte Klassen, dennoch gibt die integrative Funktion einiger gemeinsamer Aktivitäten Grund zur Hoffnung auf eine verständigere und friedlichere Zukunft des Landes.

Das Gebäude wurde ursprünglich von der Österreichisch-Ungarischen Verwaltung in Auftrag gegeben und von einem tschechischen Architekten entworfen. Bei dem Versuch, eine bosnische nationale Identität zu befördern, ohne eine Assoziation mit dem Osmanischen Reich oder der panslawistischen Bewegung hervorzurufen, bediente man sich an Stilelementen des ägyptischen Mameluken-Sultanats und kopierte Elemente der iberischen Bauweise. Das Gymnasium von Mostar ist eines der schönsten Produkte dieser ***orientalisierenden Architektur*** auf dem Balkan.

GPS: N 43.343216, E 17.807391

Kravica Wasserfälle 8 7 5 23 45

GPS: N 43.157933, E 17.608479 (Eingang)

Über die im Halbkreis stehenden Klippen stürzt das Wasser des Trebižat bis zu 28 Meter in die Tiefe. Hier sammelt es sich in einem kleinen See, dessen Farbenpracht an schimmernden Grün- und Blautönen mit der beinahe tropisch anmutenden Vegetation zu wetteifern scheint. Im Sommer verwandelt sich der von Hügeln und Klippen eingerahmte See zu einem besonders bei Einheimischen beliebten Naturschwimmbad. Es gibt einige Restaurants und Imbisse.

Nützliches

Öffnungszeiten und Eintritt: Mai–Okt. tägl. 7–22, Nov.–April tägl. 7–19 Uhr. Pro Person 20 BAM.

Parken: Vor dem ***Eingang zum Park*** gibt es einen großen kostenlosen Parkplatz. Hier kann auch übernachtet werden.

GPS: N 43.158765, E 17.608017

Unser Schlafplatz: ***Etwas abseits des Badebereichs*** gibt es eine große Wiese, auf der sich abends immer einige Vans und Busse einfinden. Es können auch Zelte aufgeschlagen werden. Die steile Zufahrt zur Campingwiese ist für die meisten Wohnmobile allerdings zu schmal. Es gibt ein Toilettenhäuschen und fließendes Wasser. Einfahrt nur bis 20 Uhr, das Übernachten auf der Wiese ist ausschließlich nach vorheriger Anmeldung und Bezahlung möglich.

GPS: N 43.155705, E 17.612619

Allgemeine Reiseinformationen

Touristeninformation

Tourist Info Center
Sarači br. 58
71000 Sarajevo, Bosnien und Herzegowina
Telefon: +387 33 580 999
tourinfo@bih.net.ba
www.sarajevo-tourism.com
Öffnungszeiten: Mo–Fr 9–20, Sa/So 10–18 Uhr.

Notfälle

Botschaft der Bundesrepublik Deutschland
Skenderija 3
71000 Sarajevo, Bosnien und Herzegowina
www.sarajewo.diplo.de

Notfallrufnummern

Rettungsdienst	124
Feuerwehr	123
Polizei	122
Pannen- und Abschleppdienst	1282

Einreisebestimmungen

Als Ausweisdokument werden ***Personalausweis, Reisepass*** und vorläufiger Reisepass anerkannt.

Mit deutscher Staatsbürgerschaft ist ***kein Visum*** für die Einreise nach Bosnien und Herzegowina ***erforderlich.*** Selbiges gilt für Schweizer und Österreicher. Die ***Aufenthaltsdauer ohne Visum*** beträgt maximal ***90 Tage.*** Bei einem Aufenthalt von mehr als 3 Tagen ist eine ***Registrierung*** erforderlich. Diese muss innerhalb der ersten 12 Stunden nach Einreise erfolgen. Bei einer Unterkunft im Hotel erfolgt die polizeiliche Meldung durch die Unterkunft. Falls kein Hotel gebucht wurde, sollte man sich an die nächste ***Polizeidienststelle*** wenden. In diesem Fall wird eine Gebühr von 10 BAM (etwa 5 €) erhoben.

Zollbestimmungen

Es gelten ***dieselben Bestimmungen*** in Bosnien und Herzegowina ***wie in den EU-Ländern.*** Abgabenfreie Mengen an Tabakwaren liegen bei 200 Zigaretten oder 100 Zigarillos oder 250 g Rauchtabak. Zollfreie Mengen an Alkohol: 1 l über 22 Vol.-% und 2 l unter 22 Vol.-%. Außerdem 50 ml Parfum und 250 ml Eau de Toilette.

Geografie und Klima

Das ***Klima*** in Bosnien und Herzegowina ist zweigeteilt und reicht ***von mediterran zu kontinental.*** In den Küstenregionen sind die Sommer trocken und heiß, die Winter mild und regenreich mit Temperaturen selten unter 0 °C. Wegen des Dinarischen Gebirges kommt es auch im Sommer immer wieder zu Regenfällen. Mit den meisten Niederschlägen ist zwischen November und Januar im Süden (Herzegowina) zu rechnen.

Im Landesinneren sind die Sommer heiß, die Winter dagegen sehr kalt, Niederschläge fallen meist als Schnee. In den Höhenlagen (bis 2400 m NN) sind die Temperaturen im Hochsommer allerdings niedriger und auch die Wintermonate dementsprechend frostiger. Da Bosnien und Herzegowina in einer ***seismisch aktiven Zone*** liegt, kann es zu ***Erdbeben*** kommen.

Zahlungsmittel

Bei Besuchen in Städten sollte die Gelegenheit genutzt werden, den Bargeldbestand aufzufüllen, denn in ländlichen Gebieten gibt es eher selten Geldautomaten. Die ***Automaten*** akzeptieren meist nur Karten mit Maestro- oder Cirrus-Logo sowie die gängigen Kreditkarten wie MasterCard oder VISA. Beim ***Bargeldbezug*** sollte direkt darauf geachtet werden, möglichst ***kleine Stückzahlen*** ausgezahlt zu bekommen. Beim Bezahlen kleiner Summen, wie zum Beispiel beim Besuch eines Bäckers, gibt es oft Schwierigkeiten, Wechselgeld auf größere Scheine zu bekommen. ***Banken*** sind in der Regel Mo–Fr zwischen 8 und 16 Uhr geöffnet.

Medizinische Versorgung

Seit dem Ende des Krieges hat das Gesundheitssystem große Fortschritte gemacht. Der medizinische Standard ist aber noch weit vom EU-Durchschnitt entfernt. ***Problematische Faktoren*** sind die hygienischen Verhältnisse, Ausstattung mit medizintechnischen Geräten und fachliche Ausbildung.

Außerhalb der Großstädte ist es sehr schwierig, englisch- oder deutschsprachige Ärzte zu finden. Die besten Krankenhäuser sind die ***Universitätskliniken*** in Sarajevo, Tuzla, Mostar und Banja Luka. Dort können die meisten gängigen Krankheitsbilder diagnostiziert und behandelt werden.

Als besonders anspruchsvoll gilt die Behandlung komplexer fachübergreifender Krankheitsbilder, wie zum Beispiel nach einem schweren Unfall.

Internet

Im April 2019 wurde von der Regulierungsagentur für Kommunikation die Genehmigung zur ***4G-Netz-Einführung*** erteilt. Innerhalb des ersten Jahres sollten 60 % des bewohnten Gebietes abgedeckt werden, nach 5 Jahren soll ganz Bosnien und Herzegowina versorgt sein.

Die EU-weite Abschaffung der Roaming-Gebühren gilt nicht für Bosnien und Herzegowina, es ist mit ***hohen zusätzlichen Kosten*** für die Nutzung von Mobilfunk und Internet zu rechnen. Je nach Anbieter und Tarif liegen die Verbindungskosten bei circa 1,50 € pro Minute für ausgehende Anrufe, Datenpakete sind ebenfalls entsprechend teuer. Entweder nutzt man das ***WiFi*** in Restaurants, oder wer flexibler und unabhängiger sein möchte erwirbt eine ***PrePaid SIM-Karte*** vor Ort.

Netzspannung

Die Steckdosen sind gleich denen in Deutschland, mit einer Netzspannung von **230 Volt** und 50 Hertz. Ein Steckdosenadapter ist nicht erforderlich.

Freies Camping

Offiziell ist wildes Campen in Bosnien und Herzegowina ***verboten.*** Allerdings wird freies Stehen meist toleriert, sofern man sich nicht in der Nähe öffentlicher Gebäude befindet. Teile des Landes sind immer noch ***vermint,*** es ist daher unbedingt davon abzuraten, befestigte Wege zu verlassen, um sich ein ruhiges abgelegenes Plätzchen zu suchen.

Essen und Trinken

Jahrhundertelange osmanische Herrschaft spiegelt sich auch beim Essen wieder: Die traditionelle lokale Küche hat Ähnlichkeit mit der türkischen und mediterranen. Wie auch in vielen anderen Ländern der Balkanhalbinsel fehlen auch in Bosnien und Herzegowina die gefüllten Blätterteigtaschen (*Burek*) nicht. Als ***deftiger Snack,*** zum Mittag- oder Abendessen werden oft *Cevapi* (würzige gegrillte Hackfleischröllchen) in *Somun* (weißem Brot) mit rohen Zwiebeln gegessen. ***Typische Gerichte*** sind zudem *Grah* (Bohnensuppe) und *Bosanski Lonak* (Eintopf aus geschichtetem Fleisch und Gemüse). Alle Schleckermäuler sollten sich auf keinen Fall *Tufahije* entgehen lassen: ein Traum aus Apfel, gefüllt mit Zucker, und Walnüssen, serviert mit Sirup und Sahne.

Trinkwasser

98 % der Bevölkerung haben Zugang zu sauberem Trinkwasser. Generell kann also ***Leitungswasser*** getrunken werden, wer einen empfindlichen Magen hat sollte auf abgefülltes Wasser zurückgreifen.

Sicherheit

Die ***Kriminalitätsrate*** ist allgemein ***niedrig.*** Besondere Vorsicht ist aber beim Abstellen des Fahrzeuges geboten. Abgelegene und unbewachte Parkplätze sollten aufgrund der Gefahr von Fensterbruch oder gar Diebstahl gemieden werden.

Immer wieder werden in Bosnien, insbesondere Sarajevo, Fälle des ***Auto-Kidnappings*** beschrieben. Kriminelle Banden spezialisieren sich auf die Entführung von Fahrzeugen: Erst nach der Zahlung eines Lösegeldes erhält der Besitzer sein Auto zurück. Die Zuständigkeit der örtlichen Polizei endet an der Kantonsgrenze, was Ermittlungen und deren Erfolg äußerst erschweren und das Kidnapping für die Automafia zu einem lukrativen Geschäft macht.

Korruption

Aufgrund seiner ***komplizierten politischen Struktur*** mit zwei autonomen Landesteilen, der Republika Srpska und der Föderation Bosnien-Herzegowina, einem riesigen Verwaltungsapparat, durchschnittlichen Gehältern von 425 € pro Monat und einer Arbeitslosigkeit von weit über 40 % – wobei die Hälfte der Angestellten in der Verwaltung beschäftigt sind – ist das Land leider sehr anfällig für Korruption und organisierte Kriminalität.

Große Anstrengungen in den letzten Jahren haben aber bereits erste Erfolge gezeigt, die Korruption ist moderat gesunken. Wer ***korrupte Machenschaften*** beobachtet hat oder gar selbst ***Opfer von Korruption*** wurde, kann kostenlos unter 0800 54321 oder www.apik.ba den Fall melden.

Länderspezifischer Sicherheitshinweis

Bis heute sind noch etwa 2 % des Landes mit ***Landminen*** kontaminiert, das entspricht einer Fläche von über 1000 km². Seit Ende des Krieges wurden 1758 Menschen durch die Detonation von Minen getötet, weitere 121 Menschen bei den Minen-Such- und Entsorgungsarbeiten. Im Jahr 2018 gab es drei Unglücke mit drei Verletzten und einem Toten.

Die ***Gefahr durch Tretminen*** darf auch heute nicht unterschätzt werden, weshalb es abzuraten ist, bei Wanderungen den Weg zu verlassen, oder auf der Schlafplatzsuche querfeldein zu fahren, auch wenn es verlockend ist.

Weitere Informationen und der aktuelle Stand der Entsorgungsarbeiten kann der Website des Mine Action Centres entnommen werden: ***www.bhmac.org.***

Straßen und Verkehr

Einreise mit dem Pkw

Der ***EU-Führerschein*** im Checkkartenformat wird anerkannt. Der ***Fahrzeugschein*** (Zulassungsbescheinigung Teil I) ist mitzuführen. Bereist man das Land mit einem fremden Auto, muss eine ***Benutzervollmacht*** vom Fahrzeugbesitzer vorgelegt werden.

Die ***Grüne Karte*** ist gültig, wenn die Abkürzung BIH eingetragen ist. Ist das Länderkürzel nicht vermerkt, oder hat man die Grüne Versicherungskarte nicht dabei, muss bei der Einreise eine ***Kurzhaftpflichtversicherung*** abgeschlossen werden. Der Betrag der Mindestdeckungssumme liegt allerdings weit unter dem deutschen Versicherungsstandard.

Grenzen

Bosnien und Herzegowina kann über eine Vielzahl von Grenzübergängen aus Kroatien, Montenegro und Serbien bereist werden. Aufgrund ***verschärfter Grenzkontrollen*** ist mit längeren Wartezeiten zu rechnen. Allgemein ist ein ***nächtlicher Grenzübertritt*** insbesondere aus/nach Serbien ***nicht zu empfehlen.***

Allgemeine Verkehrsregeln

Auch ***am Tag*** muss das ***Abblendlicht*** eingeschaltet sein.

Bei einer Panne oder einem Unfall sind die Fahrer verpflichtet, eine ***Warnweste*** zu tragen. Es ist empfohlen, für alle Insassen Warnwesten mitzuführen.

Zwischen dem 15. November und 15. April gilt ***Winterreifenpflicht.*** Es ist auf eine Profiltiefe von mindestens 4 mm zu achten. Je nach Wetterlage sind zusätzlich ***Schneeketten*** Vorschrift.

Die ***Promillegrenze*** liegt bei ***0,3 ‰.*** Bei Fahranfängern mit weniger als 3 Jahren Fahrerfahrung und unter 21-Jährigen gilt eine Nulltoleranz.

Tempolimits
Innerorts: 50 km/h
Außerorts: 80 km/h
Schnellstraße: 100 km/h
Autobahn: 130 km/h

Autobahnen

Das Autobahnnetz des Landes gehört zu den jüngsten in Europa und befindet sich erst ***im Aufbau.*** Von den geplanten Verbindungen ist bisher lediglich die A1 um Sarajevo herum als Autobahn ausgebaut. Geplant ist, dass sie die zentrale Verkehrsachse in nord-südlicher Richtung wird. Sie ist ***mautpflichtig.*** An allen Mautstationen kann bar in Konvertibler Mark und Euro bezahlt werden oder mit einer gängigen Kreditkarte.

Kraftstoff

Stand April 2023
Diesel – Eurodiesel = 1,37 €
Benzin Bleifrei Super (95 Oktan) – Eurosuper = 1,36 €

Es sollten nicht mehr als 5 l Kraftstoff in Reservekanistern mitgeführt werden.

Die Tankstellen von OMV, Petrol, Energopetrol und INA verkaufen qualitativ einwandfreien Kraftstoff und sollten bevorzugt angefahren werden.

Unfall und Pannen

Unfälle sollten stets bei der **Polizei** unter 911 oder 112 gemeldet werden. Für die Schadensregulierung sollten eine ***polizeiliche Unfallbestätigung*** (*Potvrda*) und der ***Europäische Unfallbericht*** ausgefüllt werden. Sind Ausländer in Unfälle mit schwerem Personenschaden verwickelt, können sie während des Untersuchungsverfahrens in Untersuchungshaft genommen werden.

Verkehrskontrollen und Bußgelder

Bußgelder sind empfindlich und können ***vor Ort oder mit Post-Bescheid*** eingefordert werden. Allerdings gibt es kein Vollstreckungsabkommen zwischen Bosnien und Herzegowina und Deutschland, weshalb die Bußgelder nicht in Deutschland vollstreckt werden können. Bußgeld aussitzen lohnt sich nicht, es kann zu Problemen bei erneuter Einreise führen.

Parken

Es ist empfohlen, sein Fahrzeug ausschließlich an ***überwachten Parkplätzen*** abzustellen. Die ***Gefahr*** von Fensterbruch und Diebstahl sind sehr hoch.

Sonstiges

Trotz der schmalen, oft kurvigen Straßen, wird das Tempolimit in der Regel überschritten. ***Waghalsige Überholmanöver*** und ***zu dichtes Auffahren*** gehören zu den hauptsächlichen Gefahren- und Unfallursachen. Zu dicht auffahrende Fahrzeuge überholen lassen! Entgegenkommende Fahrzeuge warnen sich per ***Lichthupe*** vor Polizei- und Radarkontrollen.

Die ***Straßen*** in Bosnien und Herzegowina sind in der Regel passabel, aber oft ***recht schmal.*** Es muss immer wieder mit Abschnitten gerechnet werden, auf denen man aufgrund des ***schlechten Stra-***

ßenbelags nur im Schneckentempo vorankommt. Das realistische Durchschnittstempo auf den Land- und Schnellstraßen liegt zwischen 50 und 60 km/h. Langsam fahrende Lkw können oft nicht sicher überholt werden, was zu langen Autoschlangen führt.

Google Maps ist oft ungenau, die **Navigation** in der Offline-Karte teilweise fehlerhaft. Außerhalb der größeren Städte sollte man mehrere Karten miteinander vergleichen, insbesondere bei der Routenführung. Navigationsgeräte mit Radarwarnfunktion sind verboten.

Exkurs

Das Blaue Herz Europas in Gefahr

Wer sich in Deutschland nach ursprünglichen, naturbelassenen Flüssen umsieht, der sucht vergebens. Als naturnah gelten gerade einmal noch 10 % der heimischen Flüsse, 60 % sind sogar stark reguliert. Auf der Balkanhalbinsel hingegen blieben glasklare Bäche, unberührte Schluchten, unverbaute Ufer, riesige Schotterinseln und Sandbänke sowie spektakuläre Wasserfälle bis heute erhalten. Nirgends in Europa finden sich so **viele Kilometer wilder Flussläufe** wie hier. Mit ihrer **außergewöhnlich hohen Biodiversität** und vielen Arten, die nirgendwo sonst auf der Welt vorkommen, stellen sie eine bisher nahezu unbekannte Kostbarkeit dar.

Immer mehr **geplante Wasserkraftwerke** von Slowenien bis Griechenland bringen die nahezu unberührten Flusslandschaften und ihre einzigartigen Biotope aber in Gefahr. **Staudämme** bringen das hydrologische System der Flüsse durcheinander und unterbinden den natürlichen Sedimenttransport. Vor allem der Lebensraum wandernder Fischarten wird dadurch zerstört, aber auch die angrenzenden Lebensräume wie Wälder und Wiesen werden in Mitleidenschaft gezogen.

Doch vielerorts organisiert sich **Widerstand** gegen die Wasserkraftanlagen. Oft erfolgreich wehren sich die Anwohner gegen die Projekte großer Investoren. Schließlich ist nicht nur die Lebensgrundlage vieler Wildtiere gefährdet. Auch Fischer, deren Fang ausbliebe und Landwirte, deren Weiden und Felder unter Wasser stünden, sehen Unheil aufziehen. Erweitert wird die Allianz der Staudammgegner um eine immer größere werdende Zahl an **Sport- und Ökotourismusanbietern.** Auch deren Existenz ist von **intakten Landschaften** abhängig.

Nachhaltig schützen kann die Wildflüsse nur ihre **Ausweisung als Nationalparks,** wie internationale Initiativen fordern. Auf deren Erfolg können Naturliebhaber nur hoffen.

Bild 1: Die Krypta des Belgrader Doms | Bild 2: Das Kosmaj Monument |
Bild 3: Die Teufelsstadt (Đavolja Varoš) besteht aus über 200 Erd- und Steinpyramiden

77.474 km²

6.690.887

Serbien

In Serbien dreht sich fast alles um Belgrad, das überragende politische und wirtschaftliche Zentrum des Landes. Fast jeder fünfte Einwohner Serbiens lebt und arbeitet in der Hauptstadt. Historisch einst sogar als eine der wichtigsten Schlüsselstädte mit dem Beinamen „Tor zum Balkan" geadelt, trauert man hier vielerorts noch immer vergangener Größe nach. Von hier aus wurde sowohl die Errichtung des jugoslawischen Königreichs forciert, als auch der Zusammenbruch der später sozialistischen Föderation besiegelt, in dem knappen Jahrhundert dazwischen Weltpolitik gemacht.

Da Serbien gewissermaßen das Erbe Jugoslawiens verwaltet, lässt vor allem die Hauptstadt immer wieder spannende Blicke in dessen Vergangenheit zu. Doch Serbien ist nicht nur Belgrad und nicht nur Belgrad ist Serbien. Das multikulturelle und bunte Subotica mit seinen prächtigen Jugendstilbauten im Norden des Landes und das mit einer ganz eigenen, geschichtsträchtigen Vergangenheit ausgestattete Niš im Süden sind ebenso eine Komponente des Mosaiks, dessen verschiedenen Bestandteile das Land ausmachen.

Länderfakten

Amtssprache:
Serbisch

Währung:
Serbischer Dinar (RSD)

Wechselkurs: (April 2023)
1 Euro = 117,28 Serbische Dinar

Staatsgründung:
3. Juni 2006 (Unabhängigkeit von Serbien und Montenegro)

Staatsform:
Parlamentarische Republik

Regierungssystem:
Parlamentarische Demokratie

EU: Nein

Schengener-Abkommen: Nein

Ethnien:
Serben (83 %), Roma (6 %), Ungarn (3,5 %), Bosniaken (2 %)

Religionen:
Orthodoxe Christen (85 %), Katholiken (5 %), Muslime (3 %)

Zeit:
UTC+1 MEZ, kein Unterschied zu Deutschland

Subotica 20 6

GPS:
N 46.099936,
E 19.665631
(Zentrum)

Erst 1920 wurde die neue Zugehörigkeit Suboticas zu Serbien international anerkannt, zuvor war die Stadt Teil Österreich-Ungarns. Das ungarische Erbe prägt die Stadt bis heute in vielerlei Hinsicht. Der größte Teil der Bevölkerung bezeichnet sich bis heute als Magyaren.

Berühmt ist die Stadt vor allem für ihre herrlichen Bauten im Jugendstil. Neben vielen anderen in Budapest ausgebildeten Architekten schuf allen voran das Duo Marcell Komor und Dezső Jakab hier zu Beginn des 20. Jahrhunderts eine unverkennbare neue architektonische Stilrichtung. Die Zeit des großen Wohlstands um die Jahrhundertwende ließ eine rege Bautätigkeit und eine vorher nicht gekannte farbenreiche und lebensfrohe Gestaltung zu. In Abgrenzung zum Historismus, mit seinem Rückgriff auf ältere Stilrichtungen, war den Vertretern des Jugendstils daran gelegen, der Zerstörung der Schönheit durch industrielle Entwicklung und Pragmatismus entgegenzutreten. Für die in Subotica geschaffenen Bauwerke ist besonders der bewusst gesuchte Einfluss von Stilelementen und Mustern der Volksarchitektur und volkstümlicher Kunst aus Ungarn und Rumänien charakteristisch.

Als wichtiger Verkehrsknotenpunkt zwischen Ungarn, Serbien, Kroatien und Rumänien ist kaum eine Stadt in Serbien so multiethnisch geprägt wie Subotica.

Nützliches

Touristeninformation: Auf der Rückseite des Rathauses.

GPS: N 46.099260, E 19.664565

Adresse: Trg Slobode 1

Web: www.visitsubotica.rs

Öffnungszeiten: Mo–Fr 8–19, Sa 9–13 Uhr.

Unser Schlafplatz: Direkt ***an der großen Badewiese (Muški štrand) des Palić-Sees*** findet sich ein etwas versteckter Parkplatz. Hier steht man sehr ruhig und kann tagsüber am See entspannen. Vor dem Baden sollte man sich ein Bild vom Wasser machen. Die Qualität schwankt stark, im Sommer kann der See kippen.

GPS: N 46.089770, E 19.764310

Ein großer Parkplatz liegt ***direkt am See.*** Zur Badewiese ist es nicht weit. In der Nähe gibt es ein kleines Restaurant am Ufer. Nahe der Großen Terasse.

GPS: N 46.094570, E 19.765480

Sehenswert

Rathaus von Subotica: Mit den Dimensionen eines kleinen Häuserblocks und dem hoch aufragenden Turm ist das Rathaus von Subotica allein seiner Größe wegen imposant. Einzigartig machen es vor allem seine ***Jugendstil-Architektur*** und die aufwendigen Dekorationen mit folkloristischen Einflüssen. Neben der Stadtverwaltung und den Historischen Archiven beherbergt es den wahrscheinlich schönsten McDonald's auf dem ganzen Balkan.

Das Gebäude kann auch von Innen besichtigt werden. Jeden Tag außer Montag gibt es um 12 Uhr eine ***geführte Tour*** (150 RSD pro Person). Treffpunkt ist vor dem Haupteingang.

GPS: N 46.099914, E 19.664391

Adresse: Štrosmajerova 3

Synagoge: Unter allen fantastischen Gebäuden der Stadt gelingt es der Synagoge, noch hervorzustechen. Im Stil der ***ungarischen Jugendstil-Architektur*** mit stilisierten Pflanzen und Tiermotiven sowie jüdischen Symbolen ist sie die einzige ihrer Art. Seit ihrer 2018 vollendeten Restaurierung erstrahlt sie farbenprächtiger denn je.

GPS: N 46.101415, E 19.661163

Adresse: Trg Sinagoge 2

Raichle Palast: Als seinen Familiensitz entwarf und baute der in Budapest ausgebildete Architekt Ferenc Raichle eines der bis heute ***prächtigsten Hauser der Stadt.*** An dem bis ins letzte Detail von ihm selbst entworfenen Gesamtkunstwerk konnte er sich aber nur kurz erfreuen. Die hohen Kosten für das herrschaftliche Haus mit seinen bunten Verzierungen aus Keramik, mit Holzschnitzereien und aufwendigen Mosaiken sowie schmiedeeisernen Elementen trieben seinen Bankrott voran. Das daraufhin versteigerte Haus wechselte etliche Male den Besitzer und beherbergt heute eine ***Galerie für zeitgenössische Kunst.***

Der 1904 fertiggestellte Bau im ungarischen Jugendstil mit volkstümlichen Einflüssen passte sich gut in die Reihe ähnlicher Gebäude dieser Zeit ein. Unvergleichlich ist die Einfügung des in der Fassade immer wieder auftauchenden Motivs des Herzens.

GPS: N 46.1018096, E 19.66921811

Adresse: Park Ferenca Rajhla 5

Öffnungszeiten und Eintritt: Di–Sa 10–18 Uhr. Erwachsene/ermäßigt 100/50 RSD.

Frauenstrand: Als ***abgeschirmter Erholungsbereich*** wurde das langgestreckte Holzgebäude über dem Wasser des Palić-Sees gebaut. Seine geniale Zweckmäßigkeit und die Aufnahme von stilistischen Themen der Volkskunst in Form von Ornamenten und Holzschnitzereien in die Jugendstil-Architektur machen es zu einem besonderen Ausflugsziel.

GPS: N 46.0977944, E 19.75645906

Öffnungszeiten: Tägl. 9–22 Uhr.

Wasserturm: Nach dem Willen der Architekten Komor und Jakab sollten Besucher den Park am Palić-See durch das ***prunkvolle Tor*** des Wasserturms betreten. Mit diesem setzten sie ihrer Verbindung volkstümlicher Ästhetik mit Elementen des Jugendstils einmal mehr ein Denkmal. Wenig prominent am Rande des Parks und recht nah an der vielbefahre

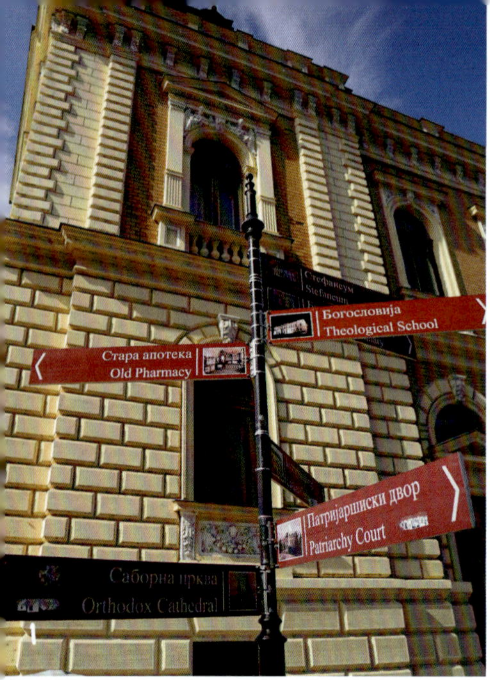

Bild 1: Wegweiser zu den Sehenswürdigkeiten von Subotica | Bild 2: Jugendstil-Bauten beherrschen das Stadtbild | Bild 3: Die Synagoge von Subotica

nen Straße gelegen, wären viele andere Bauten an seiner Stelle leicht zu übersehen. Nicht aber dieser Wasserturm: Schlank und dynamisch streckt er sich in die Höhe als fehlte nur der Antrieb, um wie eine Rakete in Richtung Himmel abzuheben. Sein hölzernes Tor und der kleine Pavillon setzen einen etwas gemütlicheren Kontrast.

GPS: N 46.10226376, E 19.75852571

Große Terrasse: Mit der Großen Terrasse schufen die Architekten Komor und Jakab ihre entschiedenste ***Verbindung der Elemente Holz und Stein.*** Die namensgebenden überdachten Terrassen sind mit aufwendigen Verzierungen und Holzschnitzarbeiten versehen. In einer Linie mit dem Wasserturm gebaut, erreichen Besucher nach dem Durchschreiten ihres Tores den Palić-See.

GPS: N 46.09869622, E 19.75830596

Belgrad 4 5 7

GPS: N 44.816342, E 20.460283 (Zentrum)

Die Lage der Stadt an der Mündung der beiden Flüsse Save und Donau und ihre strategische und wirtschaftliche Bedeutung als Wächterin über die Straßenverbindung von Mitteleuropa nach Konstantinopel brachten Belgrad schon früh den Beinamen „Pforte des Balkans“ ein. Dementsprechend war die Festung stets umkämpft, besonders ab dem 15. Jahrhundert infolge der Expansion des Osmanischen Reiches.

In den sogenannten Türkenkriegen war die Stadt wie keine andere in ständige Belagerungen und Schlachten zwischen den europäischen Großmächten und den Osmanen verwickelt. Der fortdauernde Kriegszustand und die häufig wechselnde Herrschaft über die Stadt nahmen erst 1815 mit dem zweiten serbischen Aufstand gegen die Osmanen und der Autonomie Serbiens ein Ende. Belgrad wurde in der Folge Hauptstadt Serbiens, nach dem Ersten Weltkrieg Hauptstadt des Königreichs Jugoslawien und nach dem Zweiten Weltkrieg Hauptstadt der Sozialistischen Republik Jugoslawiens.

Die architektonischen und kulturellen Spuren der Jahrhunderte langen Präsenz der Türken wurden nach der serbischen Unabhängigkeit bewusst aus dem Stadtbild verdrängt. Die meisten Moscheen wurden zerstört, andere Bauwerke fielen der Begradigung der Straßen zum Opfer oder mussten mittel- und westeuropäischer Architektur weichen. Der Architekt Le

Corbusier soll 1919 gesagt haben, Belgrad sei die hässlichste Stadt am schönsten Ort der Welt.

In politischer und wirtschaftlicher Hinsicht wurde Belgrad nicht nur eine der Schlüsselstädte auf dem Balkan, sondern als Gastgeberin der Gründungskonferenz der Blockfreien Staaten 1961 zum Epizentrum einer Bewegung, die sich der Blockbildung des Ost-West-Konfliktes verweigerte und friedliche Koexistenz und Abrüstung anstrebte. In der Phase der jugoslawischen Desintegration wurden von Belgrad aus die wohl fatalsten Entscheidungen über die Zukunft Südosteuropas getroffen. Die beinahe 80 Tage anhaltenden Bombardements der Stadt 1999 durch die NATO hinterließen nicht nur große Zerstörung, sondern manifestierten zudem die Rolle Serbiens als internationalen Außenseiter. Der westeuropäischen Berichterstattung nach saß hier in den 1990er-Jahren das Zentrum des Bösen auf dem Balkan.

All dies kann aber nicht darüber hinwegtäuschen, dass Belgrad heute eine unglaublich lebenswerte und interessante Stadt ist. Selbst wer wenig Lust auf klassisches Sightseeing hat, könnte den ganzen Tag durch die Cafés und Wirtschaften ziehen, bräuchte keine zwei Mal das Gleiche bestellen und stünde am Abend immer noch am Anfang seiner kulinarischen Reise. Mit einigen hervorragenden Museen braucht sich die Stadt aber auch hinsichtlich kulturellen Inputs nicht zu verstecken.

Nützliches

Parken: In der Stadt gibt es zwar kostenpflichtige Parkplätze, diese sind aber in der Regel nicht für Vans oder Transporter erlaubt. Die beste kostenlose Parkmöglichkeit liegt unterhalb der Belgrader Festung ***an der Donau.*** Hier steht man direkt am Fluss, auch zum Übernachten geeignet. Von der Straße muss man durch den Hochwasserwall fahren. Daher maximal für Fahrzeuge bis 2,20 Meter Breite und 2,50 Meter Höhe. Von hier sind es zu Fuß etwa 15 Minuten in die Stadt.

GPS: N 44.82769, E 20.44763

Ebenfalls ***unterhalb der Festung*** gibt es einen großen kostenpflichtigen Parkplatz. Hier muss aber per SMS bezahlt werden, was eine serbische Simkarte erfordert. Die maximal zulässige Wagenhöhe beträgt 2,50 Meter. Direkt nebenan und gegenüber gibt es aber entlang der Straße einige kostenfreie Parkplätze.

GPS: N 44.82728, E 20.45194

Unser Schlafplatz: ***Am Ufer der Donau,*** unterhalb der Belgrader Festung auf dem kostenlosen Parkplatz hinter dem Hochwasserwall.

GPS: N 44.82769, E 20.44763

Eine weitere Option ist auf dem Parkplatz ***am Museum der Geschichte Jugoslawiens.*** Dank der kleinen Parkanlage, die das Museum umgibt, steht man hier recht unauffällig.

GPS: N 44.788670, E 20.452000

Campingplatz: Etwas außerhalb Belgrads, direkt an der Donau, liegt das ***Camp Dunav*** sehr ruhig und idyllisch. Mit dem Auto sind es circa 30 Minuten in die Innenstadt, man kann aber von hier auch den Bus nehmen, was deutlich angenehmer ist. Geöffnet 1. April–1. November. Für zwei Personen und Auto circa 20 €/ Nacht. Es gibt kostenloses WiFi und Waschmaschinen.

GPS: N 44.878652, E 20.355239

Adresse: Batajnički drum 7 deo broj 12

Unterkunft: Mit seinen schönen Zimmern, der zentralen Lage, Parkplätzen und gutem Frühstück bietet das ***Hotel Srbija Garden*** ein gutes Preis-Leistungs-Verhältnis. Um ein Nichtraucherzimmer bitten! Es gibt eine Tiefgarage (maximal 2 Meter Höhe), und einige Parkplätze im Hof. Das Auto darf nicht breiter als 2,20 Meter sein. Bei der Buchung unbedingt einen Parkplatz reservieren. Doppelzimmer für 70 € pro Nacht.

GPS: N 44.814661, E 20.455443

Adresse: Brankova 13–15

Web: www.hotelsrbijagarden.com

Kulinarisches: In Belgrad können die Sommer unglaublich heiß sein, kein Wunder, dass die Belgrader eine besondere Beziehung zu ihren Eisgeschäften pflegen. In keiner anderen Stadt auf dem Balkan finden sich so viele ***erstklassige Eismacher.***

Mit seinen über 50 verschiedenen Eissorten ist der noch recht junge Laden ***Crna ovca*** bereits das Maß der Dinge, wenn es um Geschmack und Variationsvielfalt geht. Inzwischen gibt es sogar zwei Fillialen in der Innenstadt.

GPS: N 44.821441, E 20.457248

Adresse: Kralja Petra 58

GPS: N 44.802834, E 20.470385

Adresse: Njegoševa 45

Web: www.crnaovca.rs

Öffnungszeiten: Tägl. 10–23 Uhr.

Ein weiterer ernstzunehmender Aspirant auf den Titel „Bestes Eis der Stadt" ist das **LUFF.** Alles handgemacht, versteht sich. Achtung, sowohl die Klassiker als auch die ausgefallenen Sorten machen süchtig.

GPS: N 44.803740, E 20.468939

Adresse: Prote Mateje 30

Web: www.luffgelato.com

Öffnungszeiten: Tägl. 10–23 Uhr.

Das wohl leckerste Eis auf dem Balkan gibt es in Belgrad

Wäscherei: ***Mrvica,*** Waschen und Trocknen im Selfservice, jeweils 600 RSD.
GPS: N 44.808923, E 20.459185
Adresse: Admirala Geprata 3
Web: www.mrvicaperionica.rs
Öffnungszeiten: Tägl. 7–22 Uhr (letzte Maschine 21 Uhr).

Buchläden: Der kleine Buchladen ***Bookastore*** mit Café präsentiert eine feine Selektion serbischer Autoren in englischer Übersetzung. So einladend, man möchte nicht nur ein Buch kaufen, sondern es auch an Ort und Stelle lesen.
GPS: N 44.818016, E 20.454522
Adresse: Cara Lazara 12
Öffnungszeiten: Mo–Fr 10–21, Sa 10–18 Uhr.

Sehenswert

Kalemegdan Park und Festung von Belgrad: Auf der Anhöhe über dem Zusammenfluss von Save und Donau steht die Jahrhunderte lang umkämpfte Festung Belgrads. Ihr Name setzt sich aus den türkischen Wörtern Festung (*Kale*) und Schlachtfeld (*Megdan*) zusammen.

Der umliegende Park ist der heute größte der Stadt und ***beliebtes Naherholungsgebiet*** der Hauptstädter. Besonders für Kinder gibt es hier viel zu erleben. Neben dem ***Zoo*** gibt es einige ***Spielplätze*** und ***Fahrgeschäfte.*** Außerdem ist hier das ***Militärmuseum*** mit seiner Fülle an Artilleriegeschützen untergebracht.
GPS: N 44.82307, E 20.45086 (Uhrenturm)

Nikola Tesla Museum: Das kleine Museum stellt einige der persönlichen Gegenstände des wohl berühmtesten Serben und einige Repliken seiner wichtigsten Erfindungen aus. Durch die Aufbewah-

Das Militärmuseum auf dem Gelände der Festung von Belgrad

rung der **Tesla-Urne** ist das Museum gleichzeitig Gedenkstätte.

Erst durch die regelmäßig stattfindenden **Führungen** wird ein Besuch wirklich lohnenswert!

GPS: N 44.805046, E 20.470643

Adresse: Krunska 51

Web: www.nikolateslamuseum.org/en

Öffnungszeiten und Eintritt: Mo 10–18, Di–So 10–20 Uhr. Geführte Tour auf Englisch immer zur vollen Stunde, letzte Führung 17/19 Uhr, 800 RSD pro Person, Kinder unter 7 Jahren frei.

Dom des Heiligen Sava: Die Geschichte des Dombaus ist von derart vielen Komplikationen gekennzeichnet, dass es eigentlich zu unglaublich wäre, in nächster Zeit mit der Fertigstellung zu rechnen. Tatsächlich deutet aber vieles darauf hin, dass das Projekt innerhalb der nächsten Jahre nach rund **120 Jahren Laufzeit** abgeschlossen werden kann.

Nach der ersten Ausschreibung 1905, die auf die Initiative des zu diesem Zeitpunkt bereits im Zuge eines Offiziersputsches umgekommenen serbischen Königs Aleksandar Obrenović zurückging, bereiteten die beiden Balkankriege und der Erste Weltkrieg weiteren Planungen ein vorläufiges Ende. Nach der zweiten Ausschreibung 1926 konnten sich die verantwortlichen etwa zehn Jahre nicht auf einen Entwurf und die einhergehenden Details einigen. Die von Materialknappheit begleiteten ersten Baumaßnahmen mussten schon bald aufgrund des Zweiten Weltkriegs eingestellt werden und wurden unter der kommunistischen Regierung bis 1984 nicht wieder aufgenommen. Die Umsetzung der überarbeiteten Pläne gestaltete sich vor allem wegen der Installation des **6700 Tonnen schweren Kuppelsystems** als äußerst langwierig. Die Kriege im auseinanderfallenden Jugoslawien verzögerten den Bau erneut. Inzwischen sind die wesentlichsten Arbeiten abgeschlossen und auch die Innengestaltung ging zuletzt zügig voran. Grund dafür war die 2019 abgehaltene **800-Jahrfeier zur Autonomie der Serbisch-Orthodoxen Kirche.**

Die **Gesamtkosten** belaufen sich Schätzungen zufolge bisher auf **150 Millionen Euro.** Allein in das monumentale Kuppel-Mosaik sind über vier Millionen von Gazprom gesponserte Dollar geflossen. Als eines der größten orthodoxen Gebetshäuser kann der Dom getrost als architektonische Antwort der orthodoxen Kirche auf den Petersdom verstanden werden: etwas überladen, aber, auch wenn man sonst nicht so sehr auf Gold und Prunk steht, irgendwie ein faszinierendes Spektakel.

Die unterirdische **Krypta** wurde bereits fertiggestellt und sollte nicht verpasst werden. Sie überwältigt mit goldenen Mosaiken an Decke und Wänden und goldenen Kronleuchtern.

GPS: N 44.798005, E 20.468475

Adresse: Krušedolska 2a

Öffnungszeiten: Tägl. 7–20 Uhr.

Museum der Geschichte Jugoslawiens: Den Kern des Museums stellt die außergewöhnliche **Sammlung an Geschenken** dar, die Tito im Laufe seiner Zeit als

Staatschef aus aller Welt erhielt. Dazu gehören **über 20.000 Stafetten**, die ihm im Rahmen landesweiter Staffelläufe überreicht wurden. Im Zuge dieser riesigen Massenereignisse wurden monatelang die sogenannten „Stafetten der Jugend" durch das ganze Land getragen und ihm im Belgrader Partizan-Stadion zu seinem Geburtstag überreicht. Das jährlich stattfindende Ritual sollte die ***Bindung und Identifikation der Jugend zu Tito*** stärken. Das sehr besuchenswerte Museum vermittelt zusammen mit dem benachbarten Haus der Blumen einen sehr authentischen Eindruck.

Nahe dem Museum gibt es einen kostenlosen Parkplatz an einem kleinen Park. Dieser eignet sich auch als Schlafplatz.

GPS: N 44.788670, E 20.452000 (Parkplatz)
Adresse: Mihaila Mike Jankovića 6
Web: www.muzej-jugoslavije.org/en
Öffnungszeiten und Eintritt: Mi–So 10–18 Uhr. Erwachsene/ermäßigt 400/200 RSD, Kinder unter 10 Jahren frei. Jeden Samstag finden um 11 Uhr kostenlose Führungen auf Englisch statt.

Haus der Blumen: Heute dem Museumskomplex zur Geschichte Jugoslawiens zugehörig war das „Haus der Blumen" ursprünglich als Residenz Titos bestimmt. In dem für Besucher geöffneten Haus wurde der Staatschef 1980 beigesetzt. Gemessen an der Anzahl politisch bedeutender Gäste war die Beerdigung mit vier Königen, 31 Präsidenten, sechs Prinzen, 22 Premierministern und 47 Außenministern die bis zum damaligen Zeitpunkt weltweit größte. Einen tiefen Eindruck hinterlässt einerseits der zur Schau gestellte ***maßlose Personenkult um die Person Titos,*** andererseits auch die ehrliche Verehrung vieler Menschen, die dem Partisanenführer und Staatsmann bis heute entgegengebracht wird.

GPS: N 44.786675, E 20.451509
Adresse: Mihaila Mike Jankovića 6

Luftfahrtmuseum: Die beeindruckende Sammlung gut erhaltener Flugzeuge der militärischen und zivilen Luftfahrt begeistert kleine und große Besucher. Der eigens für das Museum konstruierte ***geodätische Kuppelbau*** präsentiert die Fluggeräte teils in der Luft schwebend über zwei Stockwerke. Besonders faszinierend sind die hölzernen Modelle und Versuchsgeräte aus den Anfangsjahren der Luftfahrt. Außerdem findet sich mit den Überresten eines 1999 abgeschossenen amerikanischen Tarnkappenflugzeugs eine echte historische Rarität im Besitz des Museums.

Außerhalb der Stadt. Direkt vor dem Museum stehen einige kostenfreie Parkplätze zur Verfügung. Auch für Wohnmobile ist hier genug Platz.

GPS: N 44.818885, E 20.287072
Adresse: Nikola Tesla Flughafen Belgrad
Web: www.belgradecard.rs/attraction/aviation-museum
Öffnungszeiten und Eintritt: Das Museum war zum Zeitpunkt der Drucklegung wegen Renovierung geschlossen. Aktuelle Informationen finden sich auf der oben genannten Website.

Kosmaj Monument 8

GPS:
N 44.467886,
E 20.572025
(Monument)

GPS:
N 44.466740,
E 20.570410
(Parkplatz)

Infolge eines geheimen Treffens auf dem Kosmaj Hügel formierte sich 1941 eine der ersten serbischen Partisanengruppen, um den Kampf gegen die eingefallenen Achsenmächte aufzunehmen. Die meisten Mitglieder dieser Gruppe fielen in den Kämpfen der folgenden Jahre. Einigen gelang es aber, die furchtbarsten Kriegsjahre bis 1944 zu überleben, den antifaschistischen Kampf aufrecht zu erhalten und schließlich mit neuen Rekruten als „Kosmajska Brigade" an der Befreiung Belgrads teilzunehmen.

Auf dem Gipfel des Hügels wurde 1971 ein Denkmal zu Ehren der gefallenen Kämpfer errichtet. Obwohl es nach dem Ende Jugoslawiens seine Funktion im Rahmen staatlicher Gedenkveranstaltungen eingebüßt hat, sind das Denkmal und der umliegende Park noch immer ein sehr beliebtes Ausflugsziel.

Nützliches

Unser Schlafplatz: Der große Parkplatz ***am Treppenaufgang zum Monument*** in einer langgezogenen Kurve ist auch ein sehr guter, ruhiger Platz für die Nacht. Es gibt einige hölzerne Picknick Bänke.
GPS: N 44.466740, E 20.570410

Entlang der Straße auf dem Hügel, auf dem das Monument steht, finden sich immer wieder gute Stellen, um für eine Nacht zu stehen. Eine weitere Möglichkeit ist z. B. ***kurz nach der Zufahrt zum Monument*** nahe der Straße.
GPS: N 44.472920, E 20.578090

Niš 5 6 13

GPS:
N 43.318343,
E 21.894779
(Zentrum)

Die wichtigste Metropole im Süden Serbiens ist über die Europastraße 75 direkt mit Skopje (Nordmazedonien) und Thessaloniki (Griechenland) und über die Europastraße 80 mit Sofia (Bulgarien) und Istanbul (Türkei) verbunden. Diese zentrale Lage machte die Stadt bereits für die Römer zu einem strategisch wichtigen Punkt entlang der Heerstraße *Via Militaris* von Belgrad nach Istanbul. Sie war lange Zeit die einzige Festlandroute zwischen Mitteleuropa und dem Nahen Osten und ermöglichte erst die schnelle Verlegung der römischen Legionen und dadurch deren Herrschaft über den Balkan.

> Die *Via Militaris* wurde nach der Eroberung Konstantinopels im Jahre 1453 durch die Osmanen der am stärksten frequentierte Überlandweg des Balkans und führte die osmanischen Streitmächte zwei Mal vor die Tore Wiens. Auf diesem Weg eroberten sie Niš, das beinahe 250 Jahre besetzt blieb. Aus dieser Zeit stammt die mittelalterliche Befestigungsanlage der Stadt, deren prächtiges Tor zum Wahrzeichen der Stadt wurde.

Nützliches

Touristeninformation: Direkt ***im Stambol-Tor der Festung*** liegt linker Hand etwas unscheinbar das Touristeninformations-Zentrum. Dort können außerdem Parktickets für alle Parkzonen erworben werden.

GPS: N 43.323286, E 21.895246

Web: www.visitnis.org

Öffnungszeiten: Mo–Fr 8–16 Uhr.

Parken: Wer die Innenstadt von Niš besuchen möchte, der parkt am unkompliziertesten auf dem Parkplatz ***gegenüber dem Stambol-Tor*** auf der anderen Seite des Flusses. Parktickets können bei der Touristeninformation gekauft werden.

GPS: N 43.322368, E 21.895530

Einige kostenlose Parkplätze finden sich ***am kleinen Cesma Park*** am Flussufer. Für Wohnmobile wird es hier zu eng. Zu Fuß sind es von hier 10 Minuten in die Innenstadt.

GPS: N 43.325542, E 21.902357

Kulinarisches: Der Schwerpunkt im Restaurant ***Nislijska Mehana*** liegt auf den unzähligen Grillgerichten, die mit herrlichem, frisch gebackenem Brot serviert werden. Es gibt auch Fisch und einige typisch deftige Spezialitäten des Landes. Zum Beispiel *Podvarak*, ein Schmortopf-Gericht, für das Kohl mit Zwiebeln und Schweinespeck im Tonkrug auf dem Feuer gegart wird. In Serbien besonders im Winter beliebt.

Das Nislijska Mehana hat in unmittelbarer Nähe ein Zwillingsrestaurant mit gleicher Karte, etwas rustikaler.

GPS: N 43.322773, E 21.901984

Adresse: Kralja Stefana Prvovenčanog 22

Web: http://nislijskamehana.com

Öffnungszeiten und Preise: So–Do 8–24, Fr/Sa 8–1 Uhr. Mittlere Preiskategorie.

Wäscherei: Etwas versteckt, nach einem ***Schild mit Schneemann*** Ausschau halten.

GPS: N 43.32456, E 21.90559

Adresse: Vojvode Tankosića 3

Öffnungszeiten: Mo–Fr 8–20, Sa 8–15 Uhr.

Sehenswert

Bubanj Memorial Park: Das Zentrum des Parks bildet eine große Lichtung auf der sich drei etwa ***20 Meter hohe steinerne Fäuste*** dem Himmel entgegenrecken. Mit ihren unterschiedlichen Höhen erinnern sie an die Männer, Frauen und Kinder, die dem faschistischen Terror zum Opfer fielen. Etwa 12.000 Menschen wurden hier auf dem Bubanj-Hügel von den deutschen Besatzungstruppen ermordet und in Massengräbern verscharrt. Auf dem ganzen Balkan gab es keine tödlichere Vernichtungsanlage.

Bild 1: Der Bubanj Memorial Park | Bild 2: Wachhaus im Innenhof des Konzentrationslagers Rotes Kreuz

Der Gedenk-Komplex kann rund um die Uhr kostenlos besucht werden. Es gibt einen großen kostenlosen Parkplatz.

GPS: N 43.305137, E 21.872616

GPS: N 43.3075639, E 21.868924 (Parkplatz)

Museum Konzentrationslager Rotes Kreuz (KZ Crveni Krst): Die anhaltende Bindung der Wehrmacht an der Ostfront ließ die deutschen Militärbefehlshaber in Zentral-Serbien mit relativ geringen Ressourcen zurück. Das 1941 von der Gestapo errichtete Lager sollte den deutschen Besatzern unter anderem dazu dienen, den Widerstand der serbischen Bevölkerung und der im Untergrund agierenden Partisanen zu unterdrücken. Für jeden getöteten deutschen Soldat sollten 100 Inhaftierte erschossen werden. Bis zu seiner ***Eroberung durch Tito-Partisanen*** **1944** waren insgesamt 35.000 Menschen im KZ Crveni Krst gefangen. Etwa 12.000 von ihnen wurden am zwei Kilometer entfernten Bubanj-Hügel ermordet. Das im Hauptgebäude untergebrachte ***Museum*** dokumentiert anschaulich die begangenen Verbrechen und macht das System des Terrors gegen die Zivilbevölkerung sichtbar.

Es gibt einen kleinen kostenlosen ***Parkplatz*** in unmittelbarer Nähe zur Gedenkstätte, der auch von einer nebenan liegenden Autowerkstatt benutzt wird.

GPS: N 43.330729, E 21.888671

GPS: N 43.329699, E 21.887351 (Parkplatz)

Adresse: Bulevar 12. Februara

Öffnungszeiten und Eintritt: Nov.–März Di–Fr 10–16, Sa/So 10–15, April–Okt. Di–So 9–16 Uhr. Erwachsene/ermäßigt u. Kinder 200/150 RSD.

Schädel im Ćele Kula

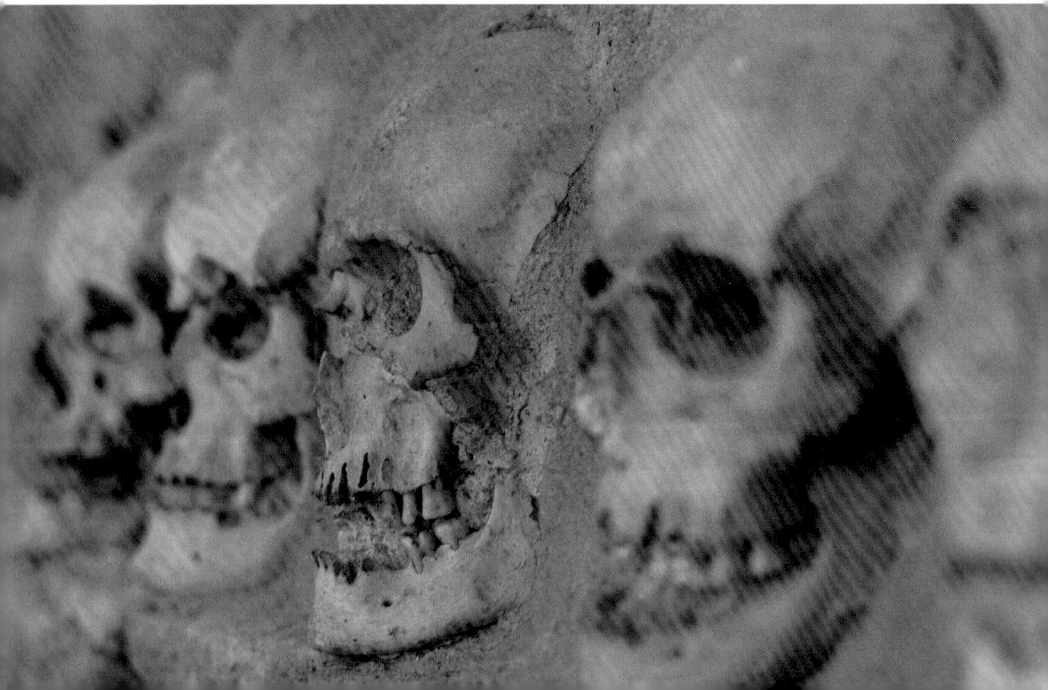

Schädelturm (*Ćele Kula*): Der erste serbische Aufstand (1804–1813) gegen die osmanische Herrschaft endete für die Aufständischen in einem Fiasko. Die uneinigen Anführer der serbischen Streitmacht erlitten bereits 1809 in der Schlacht von Čegar eine entscheidende Niederlage gegen die überlegenen Türken. Um weitere Aufständische abzuschrecken, errichteten die Osmanen ***aus den Knochen und Schädeln*** ihrer gefallenen Gegner einen ***fast fünf Meter hohen Turm.*** Von ursprünglich knapp 1000 Schädeln sind heute noch etwa 60 in der Mauerstruktur erhalten. 1892 wurde um den Turm herum eine kleine Kapelle errichtet.

Es gibt in unmittelbarer Nähe einen kostenlosen Parkplatz.

GPS: N 43.31227174, E 21.92374302

GPS: N 43.3115745, E 21.9258271 (Parkplatz)

Adresse: Bulevar Dr Zorana Đinđića 129

Öffnungszeiten: Di–So 9–19 Uhr.

Teufelsstadt 6 20 9
(Đavolja Varoš)

GPS:
N 42.993103,
E 21.402630

Web:
www.djavoljavaros.com

Öffnungszeiten und Eintritt:
März–Okt. tägl. 8.30–17 Uhr.
350 RSD/Person.

Ganz im Süden Serbiens bietet sich ein zwar wenig teuflisches, aber ohne Frage mysteriöses Naturschauspiel. Weltweit einzigartig ist das ***Ensemble aus über 200 Erd- und Steinpyramiden*** unterschiedlichster Breite und Höhe. Die von den Einheimischen als „Türme" bezeichneten Gebilde entstanden infolge starker Erosion und „wuchsen" so bis zu 15 Meter hoch in den Himmel. Vor dem Hintergrund der durch hohe mineralische Konzentration gelb, orange und rot gefärbten Berglandschaft bieten sie ein außergewöhnliches Bild.

Seit 1959 steht das Gebiet unter Naturschutz. Vom Eingang des Parks führt ein leicht begehbarer Weg zu einer hölzernen Aussichtsplattform. Hin und zurück dauert es zu Fuß etwa 40 Minuten.

Nützliches

Parken: Vor dem ***Eingang zum Nationalpark*** steht ein kostenloser Parkplatz mit Toiletten zur Verfügung. Am Eingang zum Nationalpark gibt es ein offenes Besucher WiFi. Wer aus dem Kosovo kommt, hat möglicherweise noch keine serbischen Dinar abheben können. Die Souvenirverkäufer auf dem Parkplatz können Euros tauschen.

GPS: N 42.988140, E 21.393510

Unser Schlafplatz: Die Straße endet ***am Eingang zum Nationalpark.*** Auf dem Parkplatz kann übernachtet werden.

GPS: N 42.988140, E 21.393510

Allgemeine Reiseinformationen

Touristeninformation

National Tourism Organisation of Serbia
Čika-Ljubina 8
11000 Beograd, Serbien
Telefon: +381 11 6 55 71 00
info@serbia.travel
www.serbien.travel

Notfälle

Deutsche Botschaft Belgrad (Ambasada SR Nemačke)
Kneza Miloša 74–76
11000 Beograd, Serbien
Telefon: +381 11 306 43 00
www.belgrad.diplo.de
Öffnungszeiten: Mo–Do 8–16, Fr bis 14 Uhr (telefonische Erreichbarkeit abweichend).

Für dringende Notfälle ist der ***Bereitschaftsdienst der Deutschen Botschaft*** unter +381 63 21 93 62 telefonisch zu erreichen (bis 0 Uhr; an Tagen, an denen die Botschaft geschlossen ist ab 8 Uhr).

Notrufnummern

Rettungsdienst	194
Feuerwehr	193
Polizei	192
Pannen- und Abschleppdienst	1987/+381 11 333 1111

Einreisebestimmungen

Für deutsche Staatsangehörige gelten als gültige Ausweisdokumente der (vorläufige) ***Reisepass*** und ***Personalausweis.*** Für einen Aufenthalt (inklusive Kosovo) zu touristischen Zwecken bis zu 90 Tagen ist ***kein Visum*** nötig.

Wer nach Serbien einreist, kann auch nur aus Serbien ausreisen. Dies gilt insbesondere, wenn man vor hat, in den Kosovo zu fahren. Serbien betrachtet den Kosovo nicht als Ausland. Daher ist unbedingt darauf zu achten, dass die ***Einreise nach Serbien aus dem Kosovo*** nur dann erfolgt (siehe Kapitel Kosovo/Allgemeine Reiseinformationen/Einreisebestimmungen), wenn zuvor über eine reguläre Grenze (z. B. aus Nordmazedonien) nach Serbien eingereist wurde. Der ***Einreisestempel*** verliert seine Gültigkeit, wenn man über den Kosovo ein Drittland besucht, zurück in den Kosovo reist und dann wieder nach Serbien möchte. Reist man über Serbien ein und über den Kosovo aus, hat man keinen gültigen ***Ausreisestempel,*** was zu Problemen führen kann, wenn man später noch einmal nach Serbien reisen möchte.

Beim ***Grenzübertritt*** sollten auf keinen Fall Anhalter ohne gültige Papiere mitgenommen werden. Aufgrund der Flüchtlingsbewegung kann dies als Schleusung gedeutet werden.

Innerhalb von 24 Stunden nach Einreise müssen sich Ausländer ***am Aufenthaltsort polizeilich registrieren.*** Übernachtet man in einem Hotel, einer Pension oder auf einem Campingplatz, wird dies meist von der Unterkunft übernommen. Die dabei ausgestellte Bescheinigung muss bei Polizeikontrollen oder der Ausreise vorgelegt werden. Ist man nur in Serbien auf der Durchreise, um länger als 24 Stunden im Kosovo zu bleiben, kann dies bei der Ausreise aus Serbien zu Problemen führen, wenn dadurch keine polizeiliche Anmeldebescheinigung vorgelegt werden kann. Tatsächlich registrieren sich viele Touristen nicht, um die Mühe zu sparen. Schwierigkeiten mit der Polizei sind dennoch eher selten.

Zollbestimmungen

Lebensmittel dürfen als Reiseproviant in angemessenen Mengen mitgeführt werden. An Genussmitteln dürfen 200 Zigaretten, 1 l Alkohol und 1 Parfum oder Eau de Toilette zollfrei eingeführt werden.

Geografie und Klima

Serbien ist ein Binnenstaat, das Klima insgesamt ***gemäßigt kontinental*** mit heißen Sommermonaten und kalten Wintern. Im Westen und Südwesten zeigt das Klima ***mediterrane Züge*** mit warmen Sommern und feuchten Wintern, in den Höhenlagen fällt der Niederschlag als Schnee.

Serbien liegt in einer seismisch aktiven Zone, es kann zu ***Erdbeben*** kommen, die jedoch meist leicht ausfallen.

Zahlungsmittel

Fremdwährungen können in Banken und Wechselstuben (*Menjacnica*) getauscht werden. Gelegentlich wechseln auch Verkäufer an Souvenirständen Euro in Dinar.

In Städten werden oft ***Kreditkarten*** als Zahlungsmittel akzeptiert, ***auf dem Land*** ist die Akzeptanz eher gering. Dort ist ***Bargeld*** immer noch Hauptzahlungsmittel. ***Banken*** sind in der Regel Mo–Fr von 8 bis 19 und Sa von 8 bis 12 Uhr geöffnet.

Medizinische Versorgung

Die medizinische Versogung ***entspricht nicht dem mitteleuropäischen Standard.*** Selbst Krankenhäuser verfügen teilweise nicht über die nötige technische Ausstattung, um gängige Krankheitsbilder zuverlässig zu diagnistozieren und zu behandeln, außerdem sind die ***hygienischen Rahmenbedingungen*** nicht zufriedenstellend. ***In Belgrad*** gibt es allerdings überwiegend private Kliniken und Arztpraxen, deren Ausstattung dem ***europäischen Standard*** enspricht.

Die ***staatliche Krankenversorgung*** ist auch für deutsche Staatsangehörige mit einer gesetzlichen Krankenversicherung ***grundsätzlich kostenlos,*** in der Regel sind nur geringe Beträge zur Behandlung zu bezahlen. Dafür muss allerdings zuvor eine Zweigstelle des ***Republikfonds für Krankenversicherung*** (*Republicki zavod zu zdravstveno osiguranje*) aufgesucht werden, die eine ***Bescheinigung zur Inanspruchnahme von Sachleistungen*** (*Potvrda o koriscenju davanja u naturi un zdravstvenim organizacijama*) erteilt.

Diese muss in Kombination mit der ***(Europäischen) Krankenversicherungskarte*** beim Arzt oder im Krankenhaus vorgelegt werden. Notfallbedingte Behandlungen sind stets kostenfrei. Zahnärztliche Behandlungen müssen bezahlt werden.

Internet

Die EU-weite Roaming-Regulierung gilt in Serbien nicht, weshalb bei der Nutzung mobiler Daten, SMS und beim Telefonieren mit ***hohen Gebühren*** zu rechnen ist, je nach Aufenthaltsdauer lohnt sich also eine ***serbische SIM-Karte.*** Es gibt drei Netzanbieter, die je unterschiedliche ***Pre-Paid-Datenpakete*** anbieten (auch für Touristen). SIM-Karten können sowohl an Kiosken als auch in Mobilfunk-Geschäften bezogen werden. Preise sind gleich, Letzteres wird empfohlen, da meist eine bessere Beratung bei der Aktivierung der Karte geboten wird.

Mitte 2021 haben Albanien, Bosnien und Herzegowina, Kosovo, Nordmazedonien, Montenegro und Serbien ***einheitliche Roaming-Gebühren*** eingeführt. In der Folge fallen untereinander keine Roaming-Gebühren mehr an. Darüber hinaus besteht das Ziel, der allgemeinen Roaming-Zone der EU beizutreten. Dies ist bislang jedoch nicht geschehen, daher zahlen Kunden mit ***deutscher SIM-Karte*** weiterhin ***hohe Gebühren.*** Eine lokale SIM-Karte kann nun aber für alle diese Staaten gleichermaßen genutzt werden. Im nächsten Schritt sollen die Roaming-Gebühren auf dem Westbalkan gesenkt und an die EU angeglichen werden.

Netzspannung

Die Netzspannung beträgt **230 Volt** (50 Hz). Ein Adapter wird nicht benötigt.

Freies Camping

Freies Camping ist in Serbien ***verboten.*** Da sich Ausländer innerhalb von 24 Stunden nach Einreise polizeilich melden sollen, ist es zu empfehlen, in der ersten Nacht einen Campingplatz oder eine Pension anzusteuern. Zum freien Stehen sollten allgemein nur ***Plätze entfernt von Hauptverkehrsstraßen und Privatgrundstücken*** gewählt werden. Es gibt immer wieder Sicherheitskräfte, die versuchen, aus der Gelegenheit ein Geld zu machen.

Essen und Trinken

Die Serbische Küche ist ***würzig und deftig.*** Das Nationalgericht *Djuvec* besteht aus geschmortem Reis mit Paprika, Erbsen, Zwiebeln und Knoblauch, dazu isst man Schweinekoteletts. Bei den serbischen Kohlrouladen *Sarma* handelt es sich um mit Hackfleisch gefüllten Weißkohl. Der ***orientalische Einfluss*** wird spätestens beim Dessert verraten: zum starken Kaffee isst man klassischerweise köstliches *Baklava.*

Trinkwasser

Leitungswasser der städtischen Wasserversorgung ist trinkbar. Auch das Wasser von öffentlichen ***Trinkbrunnen*** hat Trinkwasserqualität, sofern nicht anderweitig gekennzeichnet. Um Magenverstimmungen vorzubeugen, sollte ***auf dem Land*** abgefülltes Wasser gekauft werden.

Sicherheit

In den Städten gilt besondere Aufmerksamkeit, um nicht Opfer von Taschendiebstählen oder Trickbetrügereien zu werden. Wegen regelmäßigen Autoeinbrüchen und Fahrzeugdiebstählen sollten insbesondere in Städten ausschließlich bewachte Parkplätze aufgesucht werden.

Es kommt auch tagsüber ***an Raststätten und Tankstellen*** immer wieder zu Raubüberfällen. Außerdem gibt es Banden, die sich zunächst als Pannenhelfer ausgeben, um dann überteuerte Reperaturdienste einzufordern.

Im ***Nachtleben*** kann es beim Feiern in Bars und Diskotheken zu ungerechtfertigten, übertriebenen Rechnungen und dem Verabreichen von KO-Tropfen kommen. Insbesondere in Belgrad kommt es gelegentlich zu Gewaltandrohungen.

Korruption

Nachdem Serbien lange Zeit beachtliche Erfolge in der Korruptionsbekämpfung vorweisen konnte, verschlechtert sich der Korruptionsindex des Landes seit 2013 stetig. In Regierung, Verwaltung und Polizei bleibt Korruption damit ein massives Problem. Es gilt, nachts generell keine Grenzübergänge anzufahren. Gerät man an die falschen Grenzbeamten, wird nach Möglichkeiten gesucht, um aus der Situation Geld zu ziehen. Es sollte auf keinen Fall Geld angeboten werden, um die Situation schnell zu beenden.

Straßen und Verkehr

Einreise mit dem Pkw

Der ***EU-Führerschein*** reicht aus. Der ***Fahrzeugschein*** (Zulassungsbescheinigung Teil I) ist bei der Einreise vorzuzeigen. Ein gültiges Kfz-Kennzeichen gilt theoretisch als Nachweis einer gültigen Auto-Haftpflichtversicherung, dennoch sollte die ***Grüne Versicherungskarte*** mitgeführt werden. Die Mindestdeckungssumme im Schadensfall liegt in Serbien deutlich unter dem deutschen Standard, der einheimische Kfz-Versicherer sollte vor Reiseantritt kontaktiert werden.

Ist der Fahrzeugführer nicht der Fahrzeughalter, ist eine ***beglaubigte Vollmacht*** mindestens auf Englisch mitzuführen, in der die personenbezogenen Daten und die Reisepassnummer der bevollmächtigten Person eingetragen sind.

Grenzen

Grenzübertritte sind in der Regel ***unkompliziert*** und ***unbürokratisch.*** Kleinere Grenzübergänge sollten nicht nach Einbruch der Dunkelheit oder nachts überquert werden. Serbien hat nach wie vor ein massives Korruptionsproblem, bei geringem Verkehrsaufkommen können Grenzbeamten versucht sein, Probleme am Fahrzeug oder den Papieren zu finden und eine Weiterfahrt erst nach Zahlung einer „Strafe“ zuzulassen.

Allgemeine Verkehrsregeln

Das ***Abblendlicht*** muss ganzjährig beim Fahren eingeschaltet sein.

Während des gesamten ***Überholvorgangs*** muss geblinkt werden, Kolonnenspringen ist verboten.

Im Falle einer Panne oder eines Unfalls müssen alle Insassen beim Verlassen des Fahrzeuges eine ***Warnweste*** tragen.

Wenn ***Schul- oder Kinderbusse*** zum Ein- oder Aussteigen halten, dürfen sie nicht überholt werden.

Zwischen dem 01.11. und dem 01.04. sowie bei winterlichen Verhältnissen sind ***Winterreifen*** mit einer Mindestprofiltiefe von 4 mm Pflicht. ***Schneeketten*** sind im Kofferraum mitzuführen und bei Bedarf zu montieren.

Die ***Promillegrenze*** beträgt **0,3 ‰.** Bei Fahranfängern mit Fahrerfahrung unter einem Jahr sowie Motorradfahrern und deren Beifahrern gilt eine Nulltoleranz.

Es ist eine ***Abschleppstange oder ein -seil*** im Fahrzeug mitzuführen.

Tempolimits
Innerorts: 50 km/h
Außerorts: 80 km/h
Schnellstraße: 100 km/h
Autobahn: 130 km/h

Autobahnen

Serbien hat im Wesentlichen ***eine Autobahn,*** die A1. Diese zieht sich über 600 Kilometer von Norden nach Süden durch das Land und verbindet die wichtigsten Städte Subotica, Novi Sad, Belgrad und Niš. Weitere Autobahnen sind im Bau beziehungsweise in Planung.

Auf vielen Autobahnabschnitten wird die ***Durchschnittsgeschwindigkeit*** der Fahrzeuge ***gemessen*** *(Section Control)* und ausgewertet. Bei einer Geschwindigkeitsüberschreitung können schnell extrem hohe Geldbußen von bis zu 1000 € anfallen.

Maut

Am Beginn der mautpflichtigen Strecken in Serbien erhält man ein ***Ticket,*** das beim Verlassen des Abschnittes bezahlt wird. Die Maut kann ***auch in Euro oder mit Kreditkarte*** bezahlt werden.

Kraftstoff

Stand April 2023

Diesel – Eurodiesel/Dizel/Diesel = 1,59 €
Benzin Bleifrei Super (95 Oktan) – Super/Eurosuper = 1,58 €

Diesel oder Benzin in Reservekanistern mitzuführen ist nicht erlaubt.

Unfall und Pannen

Im Falle eines Verkehrsunfalls muss die ***Polizei*** verständigt werden. Unbedingt eine ***schriftliche Unfallbestätigung*** (*Potvrda*) ausstellen lassen, Fahrzeuge mit auffälligen Schäden dürfen nur mit polizeilicher Schadensbestätigung das Land wieder verlassen. Da meist ein Verkehrsrichter konsultiert wird, kann es auch bei kleineren Blechschäden zu stundenlangen Wartezeiten kommen, bis das Schadensprotokoll ausgehändigt wird.

Während des ***Abschleppens*** muss an der Frontseite des Schleppfahrzeuges und am Heck des geschleppten Kfz ein ***Warndreieck*** angebracht sein.

Verkehrskontrollen und Bußgelder

Die Strafen für Zuwiderhandlungen im Straßenverkehr fallen teils deutlich drastischer aus als in Deutschland. Bei Verkehrskontrollen sind Fahrer und alle Beifahrer verpflichtet, im Fahrzeug zu bleiben. ***Verkehrsdelikte*** werden je nach Schweregrad mit empfindlichen ***Geldstrafen*** bis hin zu ***Gefängnisstrafen*** geahndet. Auf den serbischen Autobahnen finden automatische Geschwindigkeitskontrollen statt. Für die jeweiligen Autobahnabschnitte sind Mindestfahrtdauern festgelegt, berechnet anhand der entsprechenden Höchstgeschwindigkeiten. Werden diese unterschritten, kommt es zu einer Ahndung wegen Zuschnellfahren. Fahrzeuge mit ausländischem amtlichen Kennzeichen müssen das Bußgeld direkt an der Mautstation bezahlen.

Parken

In den Stadtzentren gibt es ***Parkzonen*** mit unterschiedlicher Parkdauer (rote Zone: 1 Stunde; gelbe Zone: 2 Stunden; grüne Zone: 3 Stunden). An Kiosken können ***Parkkarten*** gekauft werden, auf denen die Uhrzeit des Parkbeginns eingetragen wird. Die Parkkarte wir dann sichtbar hinter der Windschutzscheibe auf das Amaturenbrett gelegt. Wer eine lokale Pre-Paid-SIM-Karte hat, kann einfach per SMS unter der Angabe des Kfz-Kennzeichens ein Ticket lösen. Die Telefonnummer unterscheidet sich je nach Parkzone und ist auf den Schildern angeschrieben. Für die rote Parkzone sind manchmal Parkautomaten aufgestellt.

Sonstiges

Es wird häufig recht ***aggressiv gefahren.*** Daher sind geringe Geschwindigkeiten und ein defensiver Fahrstil angesagt.

Die Straßen sind im Allgemeinen in einem ***annehmbaren Zustand;*** allerdings oft sehr notdürftig geflickt, was schnelles Vorankommen erschwert. Daher macht es wenig Sinn, die kostenpflichtige Autobahn auf Schnellstraßen zu umgehen.

Auffahrten auf Landstraßen oder Autobahnen haben oft keinen Beschleunigungsstreifen, was das Einfädeln in den Verkehr schwierig macht und besondere Vorsicht erfordert.

Die ***Navigation*** mit Google Maps und Maps.me funktioniert nicht immer einwandfrei. Besonders entlang der Grenzen zu Kroatien, Mazedonien und dem Kosovo sollten verschiedene Karten miteinander abgeglichen werden. Nicht alle eingezeichneten Grenzübergänge sind tatsächlich offen, andersherum gibt es einige, die nicht angezeigt werden. ***Radarwarngeräte*** sind verboten, Navigationssysteme mit Radarwarnfunktion aber erlaubt.

Entgegenkommende Fahrzeuge warnen sich per ***Lichthupe*** vor Polizeikontrollen.

Bild 1: Aussichtsplattform im Nationalpark Lovćen | Bild 2: Sveti Stefan – im 19. Jahrhundert bewohnt von Fischern, heute Privatinsel mit Luxus-Resort

Montenegro

20.273 km²

619.211

Wie kein anderes Land in Südosteuropa wird Montenegro von schroffen Bergen, steilen Schluchten und dichten Wäldern geprägt. Von dieser Charakteristik leitet sich sogar der Landesname ab, der so viel bedeutet wie „bewaldetes Gebirge".

Gerade die leichter zugänglichen Küstenregionen und die Bucht von Kotor ziehen im Sommer viele Besucher an. Mit den Städten Perast und Kotor befinden sich hier zwei traditionelle Zentren der Region, die einst durch den Handel großen Reichtum erlangten. Wer sich von diesen Hotspots aus in die Berge aufmacht, der wird eine weitere, ganz andere Seite des Landes kennenlernen. Denn gleichzeitig ist Montenegro das Land mit der geringsten Bevölkerungsdichte auf dem Balkan. Im Landesinneren, weit entfernt von Partystränden und Kreuzfahrtschiffen, herrscht viel mehr Ruhe, das Tempo geht deutlich langsamer. Schon in Cetinje, immerhin ehemalige Hauptstadt, wird dieser Unterschied spürbar. Auf ausgedehnten Wanderungen durch den gar nicht weit entfernten Lovćen-Nationalpark befindet man sich bereits in einer vollkommen anderen Welt. So vereint das kleine Land, das der Fläche nach nicht mal so groß wie Schleswig-Holstein ist, zahlreiche Facetten.

Länderfakten

Amtssprache:
Montenegrinisch

Währung:
Euro (EUR)

Staatsgründung:
3. Juni 2006

Staatsform:
Parlamentarische Republik

Regierungssystem:
Parlamentarische Demokratie

EU: Beitrittskandidat seit 2010

Schengener-Abkommen: Nein

Ethnien:
Montenegriner (43 %), Serben (32 %), Bosnier (8 %), Albaner (7 %), Kroaten (1 %)

Religionen:
Orthodoxe Christen (88,7 %), Katholiken (2 %), Muslime (1,6 %), Protestanten (0,3 %)

Zeit:
UTC+1 MEZ, kein Unterschied zu Deutschland

Perast 9 21 43

GPS:
N 42.48689,
E 18.69986
(Zentrum)

Das beschauliche Perast bietet auf dem Weg nach Kotor die Möglichkeit für einen netten Abstecher. Insbesondere der Handel mit Venedig machte viele Bewohner der kleinen Stadt im 18. Jahrhundert reich. Von dieser Vergangenheit zeugen die herrschaftlichen Stadthäuser entlang der Promenade.

Perast ist heute komplett frei von Autos. Das verleiht dem Ort eine sehr gemütliche Atmosphäre. Die vielen Cafés und Restaurants direkt am Meer laden zum Verweilen und guter montenegrinischer Küche ein.

Nützliches

Touristeninformation: Etwas versteckt ***in einem der kleinen Gässchen*** liegt dieses unauffällige Büro. Sieht auf den ersten Blick nicht aus wie eine Touristeninformation, hat aber einige nützliche Hinweise parat.

GPS: N 42.485320, E 18.700360

Parken: Da mit dem Auto nicht in die Stadt gefahren werden kann, gibt es auf beiden Seiten und entlang der Küstenstraße ***oberhalb von Perast*** kostenlose Parkplätze. Von hier gelangt man zu Fuß in den Ort.

GPS: N 42.484095, E 18.707658

Campingplatz: Circa eine halbe Stunde mit dem Auto von Perast entfernt liegt der Campingplatz ***Camping Naluka*** schön am Fluss Morinj, der hier in die Bucht mündet. Bei den freundlichen und hilfsbereiten Besitzern kann frisches Brot bestellt werden, das morgens geliefert wird. In der Nähe gibt es Bademöglichkeiten. Gutes WiFi. Pro Person 6 €, Van/Wohnmobil 10 €, Auto/Zelt 5 €.

GPS: N 42.486920, E 18.652100

Adresse: Morinj, Bucht von Kotor

Aktivitäten

Baden: Perast ist eigentlich kein Badeort, ***am westlichen Ende der Stadt*** gibt es aber eine schöne Strandbar an einem kleinen Kieselstrand mit Duschen und Umkleiden.

GPS: N 42.488304, E 18.694752

Bootsrundfahrt: Wie auch die Boote zur Insel Maria vom Felsen (s.u.) legen an verschiedenen Stellen der Promenade kleine Rundfahrtboote ab. Die 60-minütigen Fahrten durch die Bucht kosten 10 € pro Person.

In der Umgebung

Insel Maria vom Felsen: Unweit der Stadt ragen zwei kleine Inseln aus dem Meer. Während die natürliche Insel Sveti Đorđe nicht besucht werden kann, ist die andere, ***auf versenkten Schiffswracks und Steinen künstlich aufgeschüttete Insel*** mit ihrer kleinen Kirche, ein beliebtes Ausflugsziel. Boote legen von 9 bis 18.30 Uhr an verschiedenen Stellen von der Promenade ab. Die Hin- und Rückfahrt kostet 5 € pro Person.

Kotor ⑫⑩⑥

GPS:
N 42.424747,
E 18.769592
(Meerestor)

Die geschützte Lage im natürlichen Hafen der Bucht machte Kotor zu einem der wichtigsten Handels- und Marinehäfen des Mittelmeers. Griechen, Römer, Italiener, Serben, Ungarn, Türken, Österreicher und Jugoslawen rangen über Jahrtausende um die Herrschaft über die Stadt. Ihre weitgehend intakten Befestigungsanlagen und die prächtige Altstadt im venezianischen Stil sicherten ihr den Status als UNESCO-Weltkulturerbestätte. Die steilen Hänge der umliegenden, beinahe zweitausend Meter hohen Berge scheinen teils direkt ins Meer abzufallen und machen den einzigartigen Charakter der Bucht von Kotor aus.

Berühmt ist die Stadt für die vielen Katzen, die durch die Straßen huschen und von den Bürgern liebevoll versorgt werden. Den Tieren wurde sogar ein eigenes Museum gewidmet.

Blick über die Bucht von Kotor

Nützliches

Touristeninformation: **Am Meerestor** gibt es eine Touristeninformation. Hier gibt es eine kostenlose Stadtkarte, die auch die Festung mit einschließt.

GPS: N 42.424747, E 18.769592

Öffnungszeiten: Tägl. 8–20 Uhr.

Parken: ***Um die Altstadt*** herum finden sich einige kostenpflichtige Parkplätze (1,50–3 € pro Stunde). ***Südwestlich der Stadt*** findet sich ein kostenloser Parkplatz ***am Meer.*** Von hier sind es zu Fuß circa 10 Minuten in die Altstadt.

GPS: N 42.42164, E 18.76386

Unser Schlafplatz: Mit genialem Blick auf die Bucht kann hier ***neben dem verlassenen Fort Gorazda*** übernachtet werden. Etwa 20 Minuten mit dem Auto von Kotor, die Serpentinen sind für große Fahrzeuge jedoch teilweise anspruchsvoll zu fahren.

GPS: N 42.395530, E 18.763900

Katzen findet man in Kotor an jeder Ecke

Kulinarisches: Das Ambiente in der Altstadt ist natürlich nett, viele Restaurants ruhen sich auf dieser besonderen Lage allerdings zu sehr aus. Besser kehrt man da zum Beispiel bei ***Ladovina*** ein. Im gemütlichen Hof etwas außerhalb der Stadtmauern werden Fisch und Meeresfrüchte und andere montenegrinische Leckereien serviert. Unter anderem wird hier mit dem landestypischen *Sartsch* gekocht; häufig Lamm oder Rind. Der Metalldeckel in Form einer abgeflachten Glocke wird zum Garen mit Asche und Glut bedeckt. Bei dieser Kochmethode bleibt das Fleisch sehr saftig und kann Geschmack an die Beilagen abgeben.

GPS: N 42.421517, E 18.768167

Adresse: Njegoseva 209

Web: www.ladovina.me

Öffnungszeiten und Preise: Tägl. 9–24 Uhr. Mittlere Preiskategorie.

Sehenswert

Festung San Giovanni: Die viereinhalb Kilometer lange Stadtmauer zieht sich in einem weiten Kreis vom Meer bis in die Hänge der umliegenden Berge. Fast an ihrem höchsten Punkt, ***auf 280 Metern über dem Meer,*** liegt die Festung San Giovanni. Von hier hat man einen genialen Blick über die Stadt und die Bucht.

Die ***Wanderung*** zur Festung dauert in eine Richtung eine gute Stunde. Für Sportliche ist die Wanderung über ***mehr als 1000 Stufen*** hinauf zur San Giovanni Festung ein Muss.

GPS: N 42.422082, E 18.774892

Öffnungszeiten und Eintritt: Tägl. 8–20 Uhr. Pro Person 8 €.

Das Njegoš Mausoleum auf dem Gipfel Jezerski Vrh

Nationalpark Lovćen 7

GPS: N 42.399862, E 18.837575 (Mausoleum)

Das Highlight des Nationalparks Lovćen ist ohne Frage das Njegoš Mausoleum auf dem zweithöchsten Gipfel des Lovćen Gebirges, dem Jezerski Vrh. Vor allem der hinter dem Mausoleum liegende Aussichtspunkt ist mit seinem Rundumblick über die Berglandschaft außergewöhnlich.

Nützliches

Öffnungszeiten und Eintritt: Es gibt zwar einige Checkpoints entlang der Straße, aber ***keine Öffnungszeiten*** für den Nationalpark Lovćen. Es kann sein, dass eine ***Gebühr*** von 2 € am Tag pro Person erhoben wird. ***Übernachten*** kostet 3 € pro Nacht. Wann und wo die Gebühren kassiert werden, ist von den Parkwächtern abhängig. Für das ***Mausoleum:*** Erwachsene/ermäßigt 3/1,50 €.

Besucherzentrum: Hier gibt es einige Informationen zu den unterschiedlichen ***Aktivitäten im Park.*** In erster Linie kann gewandert werden. Beschilderungen zeigen vom Besucherzentrum aus verschiedene Wanderwege an. In der Nähe sind außerdem zwei Restaurants. Von Cetinje (s.u.) sind es hierher etwa 30 Minuten Fahrt.

GPS: N 42.37956, E 18.83584

Web: www.nparkovi.me/en

Öffnungszeiten: Tägl. 9–17 Uhr.

Parken: ***Am Aufgang zum Mausoleum*** gibt es einen kleinen kostenfreien Parkplatz. Wenn dieser voll ist, wird ***entlang der Straße*** geparkt.

GPS: N 42.397139, E 18.843300

Unser Schlafplatz: Es kann ***im gesamten Nationalpark*** übernachtet werden. Am Besucherzentrum ist eine ruhige Option. Es geht aber idyllischer. Dafür gibt es am Zentrum Wasser und überdachte Picknick-Häuschen.

GPS: N 42.37956, E 18.83584

Kulinarisches: Bei festlichen Anlässen wird in Montenegro traditionell Lamm serviert. Dieses wird häufig in Milch geschmort und mit Gewürzen und Kartoffeln vermengt. Besonders in den bergigen Regionen des Landes ist diese Zubereitung verbreitet.

Im Restaurant **Lookout** (tägl. 9–21.30 Uhr) am Fuße des Njegoš Mausoleums wird dieses ebenso aufgetischt wie auch im Restaurant am Hotel ***Ivanov Konak*** (tägl. 8–23 Uhr) nahe des Besucherzentrums.

GPS: N 42.397972, E 18.840284 (Lookout)

GPS: N 42.379557, E 18.832380 (Ivanov Konak)

Cetinje

Die Stadt fungierte bis zum Beitritt Montenegros in die Jugoslawische Republik 1918 als Hauptstadt des Landes und als Residenzstadt der Fürstbischöfe, die geistlichen und weltlichen Oberhäupter Montenegros.

Unter **Petar II. Petrović-Njegoš** erlebte die Stadt eine deutliche Modernisierung, die sich vor allem dank der Anerkennung Montenegros 1878 als unabhängigen Staat fortsetzte. Der neue Status führte zum Ausbau administrativer Gebäude und der Eröffnung vieler Botschaften. Bis heute liegt hier der ***montenegrinische Präsidentenpalast*** meistens verlassen. Wären die stattlichen Gebäude nicht geblieben, Besucher wähnten sich wohl kaum in der ehemaligen Hauptstadt. So verschlafen und aus der Zeit gefallen wirkt der Ort. Zusammen mit dem Nationalpark Lovćen bildet er einen tollen Kontrast zu den teils hektischen und lauten Küstenregionen des Landes.

Die ***fünf Museen*** der Stadt (Historisches Museum, Kunstmuseum, Njegoš Museum, König Nikolas Museum, Ethnografisches Museum) können mit einem Kombiticket besucht werden. Geöffnet sind sie vom 1. Dez. bis 30. März tägl. 9–16 Uhr und vom 1. April bis 30. Nov. tägl. 9–17 Uhr. Erwachsene/ermäßigt 10/5 €.

Sehenswert

Historisches Museum von Montenegro: Besucher werden stringent durch die ***Epochen der montenegrinischen Geschichte*** geführt. Dabei wird die umfangreiche Sammlung historischer Zeugnisse informativ und selbstkritisch präsentiert. Das Museum kommt ganz ohne aufwendige mediale oder interaktive Komponenten aus, um die wesentlichen Ereignisse und Akteure der Landesgeschichte ein Stück weit lebendig werden zu lassen.

GPS: N 42.389367, E 18.923249

Adresse: Novice Cerovića, Cetinje

Öffnungszeiten und Eintritt: Tägl. 9–17 Uhr. Erwachsene/Kinder 3/1,50 €.

Kunstmuseum von Montenegro: Das hätte man dem verschlafenen Örtchen nicht zugetraut – die riesige Sammlung des Kunstmuseums enthält ***über 2800 einzelne Werke*** wichtiger moderner montenegrinischer, jugoslawischer und europäischer Künstler. Wer sich für Malerei interessiert, wird begeistert sein, aber vielleicht auch etwas überfordert.

GPS: N 42.389367, E 18.923249

Adresse: Novice Cerovića, Cetinje

Öffnungszeiten und Eintritt: Tägl. 9–17 Uhr. Erwachsene/Kinder 3/1,50 €.

Njegoš Museum (Biljarda): Der niedrige, von einer Mauer umgebene festungsartige Bau, diente Petar II. Njegoš als königliche Residenz. Seinen Namen ***Billard Haus*** bekam das Gebäude von dem Billardtisch verliehen, den Njegoš von einer Italienreise mitbrachte und der noch heute ausgestellt ist.

Im Hof des Anwesens befindet sich ein Pavillon, in dem eine große ***Reliefkarte Montenegros*** untergebracht ist. Sie ist in ihrer Größe und Präzision einzigartig in Europa. Angefertigt wurde sie im Ersten Weltkrieg von der österreichischen Armee, die hier aktiv war.

GPS: N 42.387632, E 18.923509

Adresse: Novice Cerovića, Cetinje

In der Umgebung

Sveti Stefan: Das ***kleine Fischerdorf*** auf der Insel, die kaum 200 Meter vor der montenegrinischen Küste liegt, war bis zu Beginn des 20. Jahrhunderts von seinen Bewohnern beinahe komplett verlassen worden. Nach dem Zweiten Weltkrieg errichteten die jugoslawischen Kommunisten hier eine Luxusresidenz, in der hochrangige Parteifunktionäre ihren Urlaub verbringen konnten.

Um den Verfall der Anlage nach dem Ende Jugoslawiens zu stoppen, verpachtete die montenegrinische Regierung die ganze Insel an eine internationale Hotelkette, die hier seither ein ***Luxus-Resort*** betreibt. Der Zutritt ist allein Gästen des Resorts vorbehalten. Aber auch wer nicht zu den Superreichen zählt, kann den fantastischen Blick über die ungewöhnliche Insel und die angrenzenden Strände genießen. Selbst ein kurzer Stopp am ***Aussichtspunkt*** an der Küstenstraße E65 lohnt sich schon, um von oben einen Blick über die ungewöhnliche Halbinsel zu werfen.

Der ***Strandbereich links des kurzen Damms***, der die Insel Sveti Stefan mit dem Festland verbindet, ist kostenlos zugänglich. Der rechte Teil sowie die umliegenden Strände sind ausschließlich den Hotelgästen vorbehalten.

Für die ***Parkplätze unmittelbar am Strand*** wird stündlich eine unanständige Summe verlangt (Van 10 € pro Stunde). ***Etwas nördlich*** des Haupttrubels gibt es einen großen kostenlosen Parkplatz. Von hier sind es zu Fuß etwa 15 Minuten bis zur Halbinsel Sveti Stefan. Einfach bergab durch den Park Milocer bis ans Meer gehen. Am Meer entlang führt ein malerischer Weg zum Hauptstrand direkt an der Halbinsel.

GPS: N 42.2582, E 18.89602 (Aussichtspunkt)

GPS: N 42.262220, E 18.894280 (Parkplatz)

Allgemeine Reiseinformationen

Touristeninformation

National Tourism Organisation of Montenegro
Marka Miljanova 17
81000 Podgorica, Montenegro
Telefon: +382 7710 0001
info@montenegro.travel

Notfälle

Deutsche Botschaft Podgorica
Hercegovačka 10
81000 Podgorica, Montenegro
Telefon: +382 2044 1000
www.podgorica.diplo.de
Öffnungszeiten: Mo–Do 8–16, Fr 8–14 Uhr.

Der ***Bereitschaftsdienst der Botschaft*** ist Mo–Do 17–24, Fr 14–24, Sa/So 8–24 Uhr unter Tel. +382 67 211 954 erreichbar.

Notfallrufnummern

Feuerwehr	123
Polizei	122

Einreisebestimmungen

Die Einreise ist mit (vorläufigem) ***Reisepass*** und ***Personalausweis*** möglich. Alle Dokumente sollten bei der Einreise noch 3 Monate lang gültig sein. Die Einreise nach Montenegro ist unabhängig vom Aufenthaltszweck bis zu einer Dauer von 90 Tagen visumsfrei.

Offiziell müssen sich Reisende in Montenegro innerhalb von 24 Stunden am Ort des Aufenthaltes ***polizeilich anmelden.*** Bei Unterkunft in einem Hotel oder auf einem Campingplatz wird die Anmeldung von diesen übernommen.

Zollbestimmungen

Zollfrei dürfen folgende Mengen an Genussmitteln nach Montenegro eingeführt werden: 2 Liter Wein oder 1 Liter Spirituosen über 22 Vol.-%, 200 Zigaretten oder 50 Zigarren oder 250 g Tabak, maximal 50 ml Parfum oder Eau de Toilette.

Geografie und Klima

Das Klima an der ***Küste*** zeichnet sich durch heiße, trockene Sommer und mäßig kühle Winter aus. Die Höchsttemperaturen im Sommer liegen durchschnittlich bei 25 bis 30 Grad, im Winter fallen sie auf eher milde Tiefstwerte von vier Grad. Als Wetterscheide zwischen dem ***mediterranen Klima*** und dem ***gemäßigt kontinentalen Klima,*** das **im Osten** Montenegros überwiegt, fungiert das Dinarische Gebirge. Dort herrscht ein ganz eigenes Klima. Mit hohen Niederschlagsmengen findet sich hier einer der regenreichsten Orte Europas, Crkvice.

Zahlungsmittel

Zwar ist Montenegro bisher nicht der Eurozone beigetreten, die offizielle Währung ist aber dennoch der Euro. Alle gängigen ***Kreditkarten*** werden landesweit akzeptiert. In allen größeren Ortschaften finden sich **Geldautomaten.** Gezahlt werden kann meist nur mit ***Bargeld,*** V-Pay und Maestro-Bankkarten werden nicht überall akzeptiert.

Banken haben Mo–Fr 8–19, Sa bis 13 Uhr geöffnet.

Medizinische Versorgung

In Montenegro gibt es zahlreiche, teilweise giftige **Schlangenarten.** In der warmen Jahreszeit sind diese in felsigen Gegenden und im hohen Gras unterwegs. Besonders bei Wanderungen in der Natur ist daher **Vorsicht** angebracht.

Die medizinische Versorgung in Montenegro kommt nicht immer an den deutschen Standard heran. Selbst Krankenhäuser verfügen häufig nicht über moderne Ausstattung und können daher nicht alle Krankheiten oder Verletzungen adäquat medizinisch versorgen. Es wird daher empfohlen, eine ***Auslandskrankenversicherung mit der Option des Krankenrücktransports*** abzuschließen.

Eine ***Behandlung*** auf Auslandskrankenschein/Patientenkarte ist nicht möglich, Behandlungen müssen daher zunächst ***vor Ort bezahlt*** werden.

Internet

Die europäischen Roaming-Bestimmungen haben für Montenegro keine Gültigkeit. Bei Bedarf sollte daher eine ***lokale Prepaid-SIM-Karte*** gekauft werden. Beim Kauf einer solchen Karte muss ein ***Registrierungsformular*** ausgefüllt und ein gültiges Ausweisdokument vorgezeigt werden.

Die ***Netzabdeckung*** ist allgemein gut, allerdings nur mit geringerer Downloadgeschwindigkeit. 4G und LTE sind meist nur in touristisch bedeutenden Städten verfügbar.

Netzspannung

Die Netzspannung beträgt **230 Volt** bei einer Frequenz von 50 Hz. Es ist kein Reisestecker-Adapter nötig.

Freies Camping

Wildcampen ist generell in Montenegro ***verboten.*** In manchen ***Nationalparks*** ist es erlaubt, zu übernachten. Man sollte sich vor Ort im Tourismusbüro oder beim Parkranger informieren.

Essen und Trinken

Trotz seiner eher geringen Größe bietet die montenegrinische Küche eine ***große Vielfalt.*** Beeinflusst durch verschiedenste Kulturen und Völker sowie den unterschiedlichen geografische Gegebenheiten ist das Angebot sehr abwechslungsreich: ***An der Küste*** ist das Angebot mediterran mit fangfrischem Meeresfrüchtesalat, gefülltem Tintenfisch oder in Weißwein und Öl gegarten Muscheln. ***In den Höhenlagen*** isst man eher rustikal, unter anderem Lamm und Ziege, sowie verschiedene Milcherzeugnisse.

Trinkwasser

Leitungswasser ist in der Regel gechlort, aber trinkbar. Um Magenverstimmungen vorzubeugen, sollte ***abgefülltes Wasser*** zum Trinken gekauft werden.

Sicherheit

Generell gibt es in Montenegro im Vergleich zu anderen europäischen Städten eher weniger Fälle von Kleinkriminalität wie Taschendiebstähle. ***Europäische Führerscheine*** und ***Reisedokumente*** sind jedoch beliebtes Diebesgut, weshalb man stets wachsam sein und keine Wertsachen im Auto zurücklassen sollte.

Korruption

Zwar hat Montenegro in den vergangenen zwei Jahrzehnten einige Fortschritte bei der Korruptionsbekämpfung gemacht, dennoch liegen die Werte weit über dem europäischen Durchschnitt. In Politik, Verwaltung und Polizei gehört Korruption demnach zu einem weiterhin großen Problem.

Möchte Montenegro seine Perspektive als EU-Beitrittskandidat aufrecht erhalten, muss es deutlich effektivere Antikorruptionsmaßnahmen auf den Weg bringen als bisher.

Straßen und Verkehr

Einreise mit dem Pkw

Der ***EU-Führerschein*** ist ausreichend. Von ausländischen Fahrern muss stets der ***Reisepass*** mitgeführt werden. Die ***grüne Versicherungskarte*** gilt für Montenegro. Ersatzweise kann an den Grenzübergängen eine Haftpflichtversicherung für 15 Tage abgeschlossen werden, mit der Möglichkeit, diese um weitere 15 Tage zu verlängern. Ohne gültige Haftpflichtversicherung wird die Einreise per Pkw nach Montenegro verweigert. Weist ein Fahrzeug bereits vor der Einreise nach Montenegro einen auffälligen Karosserieschaden auf, ist es ratsam, diesen am Grenzübergang von den zuständigen Beamten dokumentieren zu lassen. Anderenfalls besteht die Gefahr, dass es zu Problemen bei der Ausreise kommt.

Grenzen

Es ist mit ***ausführlichen Kontrollen*** durch Grenzschutz und Zoll zu rechnen. Besonders aus Albanien kommende ausländische Fahrzeuge werden kontrolliert.

Allgemeine Verkehrsregeln

Ganzjährig ist das Fahren auch ***tagsüber*** nur mit ***Abblendlicht*** gestattet.

Beim ***Überholen*** muss während des gesamten Vorgangs geblinkt werden. Kolonnenspringen ist verboten.

Fahrer von Kraftfahrzeugen, die ihr Fahrzeug auf Landstraßen oder Autobahnen verlassen, müssen eine ***Warnweste*** tragen. Ebenso müssen ***Feuerlöscher*** und ***Ersatzlampen*** stets mitgeführt werden.

Bei winterlichen Straßenverhältnissen besteht ***Winterreifenpflicht.*** Fahrzeuge mit einem Gewicht über 3,5 t müssen zwischen dem 15.11. und 31.03. zudem eine kleine ***Schneeschaufel*** mitführen.

Beim Fahren ist ***festes Schuhwerk*** zu tragen. Die ***Promillegrenze*** beträgt **0,3 ‰.**

Tempolimits

Innerorts: 50 km/h
Außerorts: 80 km/h
Schnellstraßen: 100 km/h

Für Personen bis 24 Jahre und Führerscheinneulinge (bis 12 Monate Fahrpraxis) gelten besondere Bestimmungen. Die maximal zulässige Höchstgeschwindigkeit liegt für sie bei 70 km/h außerorts und auf Schnellstraßen.

Autobahnen

Derzeit gibt es in Montenegro ***keine Autobahnen.*** Geplant sind eine Nord-Süd-Verbindung von Boljare nach Bar und eine im Süden über Podgorica verlaufende Ost-West-Verbindung.

Die ***mit einem vorangestellten M beschilderten Nationalstraßen*** bilden das Fernverkehrsnetz des Landes.

Maut

Es gibt keine Straßenmaut im Land. Einzig auf der Strecke Podgorica – Bar (E80) muss für die Durchfahrt des ***Sozina-Tunnels*** 2,50 € (Wohnmobile 5 €) Maut bezahlt werden.

Kraftstoff

Stand April 2023

Diesel – Eurodizel = 1,44 €
Super 95 – Bezolovni 95 = 1,56 €

Die Mitnahme von bis zu 5 l Kraftstoff in Reservekanistern ist erlaubt.

Unfall und Pannen

Jeder Unfall muss der ***Polizei*** gemeldet werden, damit diese ein ***Schadensprotokoll*** anfertigen kann. Fahrzeuge mit Karosserieschaden dürfen nur mit polizeilicher Schadensbestätigung das Land wieder verlassen.

Während des ***Abschleppens*** muss an der Frontseite des Schleppfahrzeugs und am Heck des abgeschleppten Fahrzeugs ein ***Warndreieck*** angebracht werden.

Verkehrskontrollen und Bußgelder

Die Verkehrspolizei kontrolliert verstärkt Fahrzeuge mit ausländischen Kennzeichen. Etwaige ***Bußgeldzahlungen*** sollten nur ***gegen Ausstellung eines Belegs*** geleistet werden. Zu schnelles Fahren wird besonders für ausländische Fahrer oft zu einem teuren Spaß.

Bei gravierenden Verstößen gegen die Straßenverkehrsordnung muss sich der Fahrer bei einem ***Schnellrichter*** melden und sofort eine Geldstrafe bezahlen.

Sonstiges

Besonders ***alte Autos und Lkw*** verursachen auf den schmalen Straßen lange Schlangen und können den Verkehr enorm behindern. ***Waghalsige Überholmanöver*** und Kolonnenspringen gehören ebenso wie ***sehr dichtes Auffahren*** zu den gefährlichen Begleiterscheinungen.

Das ***Fernstraßennetz*** ist in einem ***passablen Zustand,*** allerdings können sich einzelne Abschnitte gänzlich im Umbau befinden, schmal und kurvig sein oder der Verkehrsbelastung nicht gewachsen sein. Das ***anspruchsvolle Terrain*** des Landes macht ein zügiges Vorankommen unwahrscheinlich.

Die ***Navigation*** funktioniert zumeist problemlos.

Auf schmalen Straßen oder vor Kurven wird zur Warnung ***gehupt.***

Bild 1: Das Amselfeld-Monument | Bild 2: Im Bärenpark bei Priština | Bild 3: Das Kloster Peć gehört zum UNESCO-Weltkulturerbe

Kosovo

10.877 km²

1.770.211

Nicht nur die zentrale Lage zwischen Montenegro, Serbien, Nordmazedonien und Albanien machen einen Besuch des kleinsten Landes Südosteuropas lohnenswert. Zum Erbe Kosovos gehört sowohl seine Rolle als wichtiger Ort serbisch-orthodoxer Tradition in Form Jahrhunderte alter Klöster, als auch ein starker Einfluss der muslimischen Religion, zu der sich seit hundert Jahren die Mehrheit der Bevölkerung zugehörig fühlt.

Mit dem legendären Amselfeld, Ort der serbischen Niederlage gegen die Osmanen, einerseits und dem jungen, modernen Priština andererseits, wird das Leben im Kosovo von den komplementären Beziehungen der Religionen, von Jung und Alt, von Vergangenheit und Zukunft bestimmt.

Zugegeben, Kosovo war lange nicht direkt als Reiseland berühmt. Aber das ändert sich gerade. Wer Europa wirklich abseits der ausgetretenen Pfade entdecken möchte, der ist hier genau richtig. Dabei ist es auch die konfliktreiche Vergangenheit des Landes, die lehrreich und spannend zugleich einen anderen Blick auf Europa ermöglicht.

Länderfakten

Amtssprache:
Albanisch, Serbisch

Währung:
Euro (EUR), kein Mitglied der Eurozone

Staatsgründung:
17. Februar 2008 (Unabhängigkeit von Serbien)

Staatsform:
Parlamentarische Republik

Regierungssystem:
Parlamentarische Demokratie

EU: Nein

Schengener-Abkommen: Nein

Ethnien:
Albaner (92 %), Serben (5 %)

Religionen:
Muslime (93 %), Orthodoxe Christen (5 %), Katholiken (2 %)

Zeit:
UTC+1 MEZ, kein Unterschied zu Deutschland

Priština 7 12

GPS:
N 42.661796,
E 21.162247
(Zentrum)

Wer über den belebten Mutter-Theresa-Boulevard schlendert, die zentrale Einkaufsmeile der Stadt mit vielen Cafés und Restaurants, wird wahrscheinlich überrascht sein, wie friedlich und westeuropäisch die Stadt wirkt. Berichte über Chaos, Korruption und Armut über den Kosovo und seine Hauptstadt haben wenig mit dem tatsächlichen Bild zu tun. Wirklich auffällig ist nur eins: Die Menschen sind unglaublich jung. Kaum eine Hauptstadt in Europa hat eine so junge Bevölkerung.

Dass Normalität und Frieden herrschen, ist rückblickend aber alles andere als selbstverständlich. Die Wirren der späten 1990er-Jahre hinterließen eine teilweise zerstörte und entvölkerte Stadt ohne funktionstüchtige Institutionen und Infrastruktur. Seither hat Priština eine deutliche Phase des Aufschwungs durchlaufen und ist zu einem wichtigen Finanz- und Handelszentrum auf dem Balkan aufgestiegen. Die Verkehrs- und Versorgungsinfrastruktur wurde modernisiert und sogar die Krähenschwärme, die sich vom in den Straßen türmenden Müll ernährten und früher zum Stadtbild gehörten, sind verschwunden. Strom und Wasser gibt es inzwischen ohne Unterbrechungen – und das in allen Teilen der Stadt, nicht nur in den wohlhabenden Gegenden.

Um den Kosovo kennenzulernen und den Weg des Landes von der serbischen Provinz zum unabhängigen Staat und potentiellen EU-Beitrittskandidaten nachzuvollziehen, muss man die Hauptstadt besuchen.

Nützliches

Parken: Sehr ***zentral*** finden sich hier einige kostenlose Parkplätze.

Sind diese alle belegt, gibt es direkt nebenan weitere kostenpflichtige Parkmöglichkeiten (0,50–1 € pro Stunde).

GPS: N 42.66304, E 21.16126

Unser Schlafplatz: Sehr gut steht man ***am Badovac-See,*** wenige Minuten vom Bärenpark entfernt. Hier finden sich einige gute Stellen am flachen Ufer, um über Nacht zu bleiben. Nach Pristina sind es von hier etwa 45 Minuten mit dem Auto.

GPS: N 42.62861, E 21.25921

Eine relativ zentrale Möglichkeit, um für eine Nacht zu stehen findet sich an einem großen Park ***östlich des Stadtzentrums.*** Hier gibt es einige kostenlose Parkplätze, nicht übermäßig schön.

GPS: N 42.66616, E 21.18626

Unterkunft: Die modernen und geräumigen ***Soho Apartments*** liegen zentral in einem der neuen Hochhauskomplexe der Stadt über einem Supermarkt. Dank komplett ausgestatteter Küche und Waschmaschine sehr komfortabel. Mit Balkon und Dachterrasse. Gutes WiFi. Es gibt ein Parkhaus (bis 2 Meter Höhe) und private Parkplätze im Freien. Im Voraus um Reservierung eines Parkplatzes bitten. Der Eingang liegt wenig prominent an der Seite des Gebäudes. Pro Nacht 50 € plus 10 € Endreinigung.

GPS: N 42.658193, E 21.165339

Adresse: Rr. Ali Pashë Tepelena (Aktash)

Mail: g_berisha@hotmail.com

Kulinarisches: Auch wenn gegen Fastfood nichts einzuwenden ist, so kann das überall in Priština omnipräsente *Kebab* und *Börek* doch etwas eintönig werden. Schließlich hat die albanische Küche doch einiges mehr zu bieten. Das berühmteste Gericht des Landes ist wohl *Tave Kosi*, auch *Tave Elbasani* genannt, da dieser Auflauf seinen Ursprung in der albanischen Stadt Elbasan hat. Traditionell wird hierfür Lamm mit Reis und Joghurt in einer tönernen Auflaufform im Ofen gebacken und mit Rosmarin und Petersilie verfeinert. Für diese und viele weitere albanische Köstlichkeiten wird das ***Liburnia*** geschätzt. Die rustikale, urige Atmosphäre wird durch den lodernden Steinofen, in dem die Gerichte und frisches Brot zubereitet werden, noch verstärkt. Es gibt auch vegetarische Gerichte.

GPS: N 42.666860, E 21.163289

Adresse: 21 Meto Bajraktari

Öffnungszeiten und Preise: Mo–Fr 8–23, Sa/So 12–23 Uhr. Mittlere Preiskategorie.

Aktivitäten

Free Walking Tour Priština: Die circa zweistündigen, kostenlosen Touren führen zu den ***wesentlichen Sehenswürdigkeiten*** in der Innenstadt. Auf diesem Weg lässt sich aus erster Hand viel über das kulturelle und religiöse Leben in Priština erfahren. Die Touren starten jeden Tag um 10 und 16 Uhr ***vor dem Nationaltheater.*** Eine Spende wird erwartet.

GPS: N 42.663343, E 21.164063

Web: www.prishtinafreewalks.com

Sehenswert

Newborn Monument: Mit seiner Enthüllung am Tag der Unabhängigkeitserklärung des Kosovo schaffte es der **24 Meter *lange Schriftzug*** 2008 direkt auf die Titelseite der New York Times. Ohne den politisch-geschichtlichen Kontext ist das Monument kaum als relevantes Denkmal zu bezeichnen. Für den Kosovo bedeutete es aber viel. Es soll der Welt die junge Republik als neugeborenes, vorwärts blickendes und modernes Land präsentieren. Inzwischen wird das Denkmal jedes Jahr von lokalen Künstlern umgestaltet.

GPS: N 42.660714, E 21.158300

Emin Gjiku Ethnografisches Museum Priština: Im ehemaligen Haus der Familie des Emin Gjiku ist heute das Ethnografische Museum der Hauptstadt untergebracht. Das Gebäude im traditionell ***osmanischen Stil*** aus dem 18. Jahrhundert wurde Anfang der 2000er-Jahre restauriert und ist allein schon sehenswert. Ausgestellt sind außerdem Werkzeuge, Musikinstrumente, Kleidung, Einrichtungsgegenstände und Schmuck aus der Zeit der türkischen Herrschaft über den Kosovo. Das Museum liegt etwas versteckt in einem Wohngebiet mit höheren Gebäuden.

GPS: N 42.668580, E 21.167863

Öffnungszeiten und Eintritt: Di–Sa 10–16, So 10–14.30 Uhr. Der Eintritt ist frei.

Kosovo Museum: Das älteste und wichtigste Museum des Landes hat sich die Präsentierung des kulturellen Erbes der heutigen Republik Kosovo zur Aufgabe gemacht. Neben ethnologischen Ausgrabungen wird in einzelnen Ausstellungsabschnitten auch auf die jüngere Geschichte des Landes eingegangen. Die Ausstellung im Erdgeschoss ist dem ersten Präsidenten des Landes, Ibrahim Rugova, gewidmet.

GPS: N 42.665749, E 21.165734

Adresse: Ibrahim Lutfiu

Öffnungszeiten und Eintritt: Di–So 10–17 Uhr. Der Eintritt ist frei.

Nationalbibliothek des Kosovo: Geht es um die wenig schmeichelhafte Frage, welches das hässlichste Gebäude der Welt sei, kommt die Sprache nicht selten auf die Nationalbibliothek in Priština. Am

Die Nationalbibliothek des Kosovo bietet einen gewöhnungsdürftigen Anblick

Erscheinungsbild der Bibliothek mit ihren **99 Kuppeln** und dem, die gesamte Fassade bedeckenden **Netz aus Metall,** scheiden sich die Geister. Fest steht, außergewöhnlich ist das brutalistische Gebäude allemal und definitiv einen Besuch wert. Laut dem Architekten sollen sich in dem Gebäude byzantinische und islamische Einflüsse in einer modernen Form verbinden. Sehenswert sind auch die Eingangshalle und der große Hörsaal.

GPS: N 42.657552, E 21.161889

Öffnungszeiten und Eintritt: Mo–Fr 7–20, Sa 7–14 Uhr. Der Eintritt ist frei

In der Umgebung

Amselfeld-Monument (Gazimestan): Die ***Gedenkstätte*** zu Ehren der serbischen Kämpfer, die sich unter der Führung von Fürst Lazar 1389 gegen die einfallenden Osmanen in die Schlacht stürzten, ist wohl die ***umstrittenste auf dem ganzen Balkan.*** Hier liegt sowohl der symbolische als auch der geografische Kern der Jugoslawienkriege, insbesondere des Kosovo-Konflikts.

Ohne die verklärende Projektion des serbischen ***Amselfeld-Mythos*** auf diesen Ort kann die Außen- und Innenpolitik Serbiens während der vergangenen 200 Jahre kaum verstanden werden. Zwar fanden in der legendären Schlacht auf dem Amselfeld sowohl der christliche als auch der muslimische Heerführer den Tod, im Nachhinein wurde sie von der serbischen Geschichtsschreibung aber als zentrales schicksalshaftes Ereignis hochstilisiert. Dem entstandenen Mythos nach liegt auf dem Amselfeld der Ort, an dem Serbien das bis heute anhaltende Leid der Unterdrückung zugefügt worden sei. Durch Verrat seien die Serben damals ihrer Freiheit und Einheit beraubt worden. Dieser Ungerechtigkeit heldenhaft entgegenzutreten, um die verlorene Einigkeit wiederherzustellen, mache den „Nationalcharakter“ der Serben aus.

Slobodan Milošević hielt hier 1989 zum ***600. Jahrestag der Schlacht*** vor einem Millionenpublikum seine berüchtigte ***Amselfeld-Rede,*** in der er die Tapferkeit und Opferbereitschaft der Serben in den anstehenden Kriegen beschwor, in denen alle Serben in einem Staat vereinigt werden sollten. Der 1953 errichtete Turm mit seiner Sockelinschrift, dem „Kosovo-Schwur“, wurde immer wieder Ziel von Angriffen. Heute wird er ständig von der örtlichen Polizei bewacht. Besucher müssen ihre Pässe für die Dauer der Besichtigung am Eingang deponieren.

Direkt am Monument gibt es einen ***kostenlosen Parkplatz.*** Es gibt nur eine Ausfahrt von der Nationalstraße M2 auf Höhe des Monuments, um hierher zu gelangen. Diese ist sehr unscheinbar und kann nur aus Richtung Priština kommend genommen werden. Wer die Ausfahrt verpasst oder aus der anderen Richtung kommt, muss zuerst per Kreisel oder Unterführung auf den richtigen Straßenabschnitt vor dem Monument gelangen, da die entgegengesetzten Fahrbahnen baulich getrennt sind. Das Monument ist von der M2 aus aber gut sichtbar.

GPS: N 42.690260, E 21.122650

Öffnungszeiten und Eintritt: Di–So 10–16 Uhr. Der Eintritt ist frei.

Im Bärenpark kommt man den Tieren so nah, wie nirgendwo sonst

Bärenpark 19

GPS: N 42.636600, E 21.258402 (Eingang)

Web: www.bearsanctuary-prishtina.org

Nur 45 Autominuten östlich von Priština haben dreizehn Braunbären aus dem ganzen Land ein neues Zuhause gefunden. Die pelzigen Bewohner des fünfzehn Hektar großen Freiluftgeheges hatten es leider nicht immer so gut wie in dem extra für sie eingerichteten Park. Lange Jahre gab es in Kosovo keine Vorschriften oder Verbote zur Haltung von Wildtieren. Gerade Braunbären wurden daher oft in viel zu kleinen Käfigen vor Restaurants zur Schau gestellt, um mehr Gäste anzuziehen. Heute haben sie genug Platz, ihren eigenen Pool und werden ausreichend beschäftigt. Bis auf etwa 2 Meter kann man sich den nur wenig scheuen Tieren nähern. Schautafeln geben dabei Auskunft über die jeweiligen Bären-Biografien. Das moderne Besucherzentrum hat ein nettes Café-Restaurant, welches vegetarische Speisen anbietet.

Nützliches

Öffnungszeiten und Eintritt: Ganzjährig tägl. 10–16 Uhr. Erwachsene/ermäßigt 2,50/1,50 €. Do bis So gibt es zwischen 11 und 16.30 Uhr stündlich geführte Touren, 5 € pro Person.

Parken: Direkt ***vor dem Besucherzentrum*** steht ein großer kostenfreier Parkplatz zur Verfügung. Hier darf man auch übernachten.

GPS: N 42.635900, E 21.257710

Unser Schlafplatz: **Am Badovac-See,** wenige Minuten vom Bärenpark entfernt, finden sich einige gute Stellen am flachen Ufer, um über Nacht zu bleiben.

GPS: N 42.62861, E 21.25921

Adem Jashari Gedenkstätte

GPS:
N 42.7552172,
E 20.8059646

Adresse:
Rruga Adem e Hamëz Jashari, Prekaz

Zwei Tage lag das Anwesen der Familie Jashari bereits unter Beschuss, als serbische Anti-Terror Einheiten im März 1998 mit der Erstürmung des Geländes begannen. Das Resultat: 51 tote Familienmitglieder, zehn von ihnen noch Kinder. Die Tötung des hochrangigen UÇK-Kommandanten Adem Jashari und die Vernichtung seiner gesamten Familie sollte zum entscheidenden Katalysator des Kosovo-Krieges werden. Die bis dahin nur wenig bekannte UÇK erhielt regen Zuwachs an freiwilligen Kämpfern und verstärkte ihre Angriffe gegen serbische Einheiten, die mit brutalen Vergeltungsschlägen reagierten.

Heute wird Adem Jashari von vielen Kosovo-Albanern als Held verehrt. Das Anwesen in Prekaz mit den Gräbern der Getöteten, den zerstörten Wohngebäuden und einem kleinen Museum, das aus den Trümmern geborgene Gegenstände ausstellt, ist zum meistbesuchten Wallfahrtsort des Landes geworden.

Nützliches

Öffnungszeiten und Eintritt: Für das Museum: April–Okt. tägl. 8–18, Nov.–März bis 16 Uhr. Der Eintritt ist frei.

Parken: ***Gegenüber dem kleinen Museum*** gibt es eine Reihe kostenfreier Parkplätze an der Straße.
GPS: N 42.75344, E 20.80478

Bild 1: Wohnhaus der Familie Jashari | Bild 2: Hauptanwesen und Gedenkstätte

Kloster Visoki Dečani 9 11

GPS:
N 42.5460570,
E 20.2660116

Web:
www.decani.org

Öffnungszeiten
und Eintritt:
Tägl. 10–14.30 und
15.30–17.30 Uhr.
Der Besuch
ist kostenlos.

Dem beinahe 700 Jahre alten serbisch-orthodoxen Kloster wohnt eine ungewöhnlich tiefe Ruhe inne. Dafür ist nicht nur die abgelegene Lage am Fuße der Albanischen Alpen oder die besondere spirituelle Bedeutung verantwortlich, sondern in erster Linie die komplette, weiträumige Isolation des Klosters und seiner Bewohner von der Außenwelt.

Im Zuge des Kosovo-Krieges 1998–99 richteten sich die Feindseligkeiten der UÇK unter anderem gegen die serbisch-orthodoxen Mönche. Seit die KFOR das Kloster 2004 zum letzten Mal gegen einen Mob albanischer Nationalisten verteidigen musste, hat sich die Lage zwar erheblich stabilisiert, ohne die ständige Bewachung durch europäische Soldaten ist aber weiterhin kein Klosterleben denkbar.

Besucher können die außergewöhnlich schöne Anlage problemlos betreten. Die vollständig mit Fresken ausgeschmückte Kirche beherbergt das besterhaltene Ensemble der mittelalterlichen Freskomalerei Südosteuropas. Für die Dauer des Besuchs müssen am zentralen Checkpoint am Eingang die Reisepässe deponiert werden.

Nützliches

Parken: Direkt ***vor dem Kloster*** steht ein kostenfreier Parkplatz zur Verfügung.
GPS: N 42.54605, E 20.26576

Unser Schlafplatz: Vom Kloster aus der unbefestigten Straße etwa 10 Minuten ***ins Tal hinein*** folgen. An einer etwas breiteren Stelle findet sich eine angelegte Picknick-Anlage mit Tischen und Bänken und ausreichend Platz zum Parken.
GPS: N 42.559470, E 20.223690

Wasser: Von Deçan kommend findet sich auf halber Strecke zum Kloster ***an der Hauptstraße*** eine Wasserquelle.
GPS: N 42.54262, E 20.27783

In der Umgebung

Patriarchenkloster Peć: Eines der bedeutendsten Klöster der serbisch-orthodoxen Kirche wird mit seinen Kunstschätzen, uralten Handschriften, Schreinen und mittelalterlichen Bauwerken als die ***Schatzkammer serbischer Geschichte*** betrachtet und ist seit seiner Errichtung im 13. Jahrhundert der ***heiligste Ort*** der serbisch-orthodoxen Kirche. Der Bau wurde von Sava I. in Auftrag gegeben, dem Nationalheiligen Serbiens. In die Liste des UNESCO-Weltkulturerbes wurde die Anlage 2006 aufgenommen. Das Kloster liegt westlich von Peja, ***am Ein-***

gang der Rugova-Schlucht. Seit der zuständige Bischof 2009 beschloss, dem Kloster zu mehr Aufmerksamkeit zu verhelfen, erstrahlen alle Gebäude in einem kräftigen Rot. Der eigenmächtige Schritt sorgte für viel Kritik, diese ließ den Auftraggeber der Umgestaltung aber kalt. Das Innere der Kirchengebäude blieb unangetastet, hier lässt sich die gesamte Entwicklung der mittelalterlichen serbischen Kirchenmalerei vom 13. bis zum 16. Jahrhundert nachvollziehen. Wer genaueres über das Kloster und seine Gebäude erfahren möchte, der kann einen ***Audioguide*** ausleihen.

GPS: N 42.661347, E 20.265587

Öffnungszeiten und Eintritt: Tägl. 9–17 Uhr. Der Eintritt ist frei.

Kloster Visoki Dečani

Allgemeine Reiseinformationen

Notfälle

Deutsche Botschaft Priština
Rr. Azem Jashanica 66
Priština, Kosovo
Telefon: +383 38 25 45 00
www.pristina.diplo.de
Öffnungszeiten: Mo–Do 8–17, Fr 8–14 Uhr.

Notfallrufnummern

Notruf allgemein	112
Feuerwehr	193 (93 bei Festnetz)
Polizei	192 (92 bei Festnetz)

Einreisebestimmungen

Da die Einreise in den Kosovo nur über Serbien erfolgen kann, ist der ***Reisepass*** nötig. Serbien erkennt den Kosovo nicht als eigenständigen Staat an und betrachtet ihn als serbisches Staatsgebiet. Daher erfordert die Einreise in den Kosovo aus Serbien den ***serbischen Einreisestempel.*** Reist man aus einem anderen Land als Serbien in den Kosovo, ist das nach serbischem Recht ein Verstoß gegen das Ausländerrecht, was zu einer Festnahme führen kann. Der serbische Einreisestempel ist 90 Tage gültig.

Zwischen Kosovo und Serbien vergeben die serbischen Behörden keinen Einreisestempel. Eine Ausreise aus dem Kosovo nach Serbien ist daher nur möglich, wenn zuvor die Einreise über Serbien erfolgte. Allgemein kann mit deutscher Staatsangehörigkeit ***visumsfrei bis zu 90 Tage*** innerhalb von 6 Monaten im Kosovo verweilt werden.

Zollbestimmungen

An Tabakwaren dürfen zollfrei eingeführt werden: 200 Zigaretten oder 100 Zigarillos oder 50 Zigarren oder 250 g Tabak. Zollfreie Mengen an alkoholischen Getränken: 1 l über 22 Vol.-% Alkohol oder 2 l unter 22 Vol.-%, zudem 2 l Wein; 60 g Parfum und 250 ml Eau de Toilette.

Geografie und Klima

Der Kosovo ist ***bergig.*** An fast allen Grenzen zu den Nachbarländern erheben sich Berge über 2000 m ÜNN. Im Südwesten und Nordosten herrschen zwei Ebenen, dazwischen liegt wieder eine Bergkette. Die südliche Lage kombiniert mit den geografischen Gegebenheiten bescheren dem Land ein ***gemäßigt kontinentales Klima*** mit warmen Sommern, mit Durchschnittswerten um 27 °C und eisigen schneereichen Wintern im Osten, hervorgerufen durch die östlichen Luftmassen. Der Westen ist durch die Einflüsse der Adria mit milderen Wintern geprägt. In den Gebirgen ist bereits aufgrund der Höhenlage auch im Sommer mit niedrigeren Temperaturen als in der Ebene zu rechnen, im Winter fällt meist viel Schnee, der bis ins Frühjahr liegen bleibt.

Zahlungsmittel

Bankautomaten stehen allgemein in ausreichender Zahl zur Verfügung, dort kann Bargeld in Euro abgehoben werden. In größeren Geschäften und Restaurants kann ebenfalls mit ***Karte*** bezahlt werden. Für den Besuch in ländlichen Regionen ist es aber sehr zu empfehlen, vorausschauend ***Bargeld*** abzuheben. In der Regel werden von den Automaten Euro-Banknoten ausgegeben. Es sei zu beachten, dass in serbischen Enklaven die ***offizielle Währung*** immer noch der ***Dinar*** ist. Reguläre Öffnungszeiten der ***Banken:*** Mo–Fr 8–19, Sa bis 12 Uhr.

Medizinische Versorgung

Die medizinische Versorgung im Kosovo entspricht nicht dem mitteleuropäischen Standard. Die Hygiene ist oft unzureichend. Die beste staatliche Klinik ist das ***Universitätsklinikum in Priština***, hier kann ein Großteil gängiger Krankheitsbilder diagnostiziert und behandelt werden. Bei Krankheitsbildern, die das Zusammenspiel verschiedener Disziplinen erfordern, wie zum Beispiel nach einem schweren Unfall, gestaltet sich die Behandlung schwierig. In ***ländlichen Regionen*** sind Krankenhäuser und Arztpraxen teilweise sehr schlecht mit medizinischen Geräten zur Diagnostik ausgestattet. Für gängige Krankheitsbilder sind die meisten Medikamente generell verfügbar, aber stets ***privat zu finanzieren.*** Bei der Deutschen Botschaft kann eine aktuelle Liste von Ärzten und Krankenhäusern erfragt werden.

Internet

Die ***Netzabdeckung*** ist flächendeckend und gut. Die EU-weiten Roaminggebühren gelten nicht im Kosovo, weshalb bei Inanspruchnahme mit ***hohen zusätzlichen Kosten*** auf der Mobilfunkrechnung zu rechnen ist. Eine kosovarische ***Prepaid-SIM-Karte*** könnte praktisch sein.

Netzspannung

Die Netzspannung beträgt **230 Volt** (50 Hz). Es ist kein Reisestecker-Adapter für den Kosovo nötig.

Freies Camping

Es gibt ***keine Campingplätze*** im Kosovo, weshalb freies Stehen unumgänglich ist, sofern man sich nicht in einer Unterkunft niederlässt. In Städten und in Stadtnähe ist es schwierig, einen Platz zu finden, in ländlichen Regionen aber problemlos.

Essen und Trinken

Im Kosovo wird ***deftig*** und gerne mit Fleisch gegessen. An Öl und Butter wird auch nicht gespart. Klassische Zutaten für die albanische Küche sind Getreide wie Gerste, Roggen und Weizen, sowie Reis und Kartoffeln. An Gemüse werden meist Bohnen, Tomaten, Gurken, Spinat, Paprika und Kohl verkocht. An Fleisch wird neben Rind, Kalb, Ziege, Geflügel oft auch Lamm zubereitet. Der ***orientalische Einfluss*** ist an den süßen Desserts erkennbar. Traditionelle Gerichte sind *Fli* (Teig gefüllt mit Joghurt), *Qebapa* (Fleischröllchen aus Rind und Lamm) oder der weiße Bohneneintopf *Pasul.*

Trinkwasser

Die Wasserversorgung in den Städten ist gut, allerdings ist das Trinkwasser ***gechlort.*** Um Magenverstimmungen vorzubeugen, sollte ***abgepacktes Wasser*** gekauft werden.

In sehr ***ländlichen Regionen*** wohnt immer noch ein Teil der Bevölkerung ohne zuverlässige und sichere Trinkwasserversorgung. Es sollte vorausschauend der Trinkwasserbedarf eingeplant werden.

Sicherheit/Korruption

In den letzten Jahren konnte ein leichter Rückgang der Korruption im Kosovo verzeichnet werden. Die meisten Fälle von Korruption finden ***in der Politik*** statt.

Anders als in anderen Staaten der Balkanhalbinsel sprechen viele Polizisten und Zollbeamte sehr gutes Deutsch, sie waren während der Kriegsjahre in Deutschland oder wurden von deutschen Polizisten ausgebildet. Die **Polizisten** und ***Grenzbeamten*** erfreuen sich am internationalen Tourismus, verhalten sich erfahrungsgemäß ***professionell und korrekt.***

Straßen und Verkehr

Einreise mit dem Pkw

Der ***EU-Führerschein*** ist ausreichend, der ***Fahrzeugschein*** (Zulassungsbescheinigung Teil I) ist erforderlich. Kosovo ist nicht auf der Grünen Karte gelistet, es ist erforderlich, bei Einreise mit dem Pkw eine ***zusätzliche Haftpflichtversicherung*** abzuschließen. Dies geht aber unkompliziert und schnell an den dafür vorgesehenen Schaltern. Die Versicherung kostet für 15 Tage 15 € (Pkw und Camper) für 30 Tage 20/28 € (Pkw/Camper).

Grenzen

Die Grenze zwischen Kosovo und Serbien kann problemlos passiert werden. Wer vor hat, nach seinem Besuch im Kosovo weiter nach Serbien zu reisen, oder zu einem späteren Zeitpunkt nach Serbien einreisen möchte, dem sei geraten, ***nur von Serbien aus in den Kosovo*** einzureisen (s.o. „Einreisebestimmungen“).

Allgemeine Verkehrsregeln

Für ***Motorräder*** herrscht ***Lichtpflicht.*** Für Autofahrer ist es empfohlen, auch t***agsüber*** mit ***Abblendlicht*** zu fahren.

Die ***Promillegrenze*** liegt bei **0,5 ‰.**

Tempolimits

Innerorts: 50 km/h
Außerorts: 80 km/h
Schnellstraße: 110 km/h
Autobahn: 130 km/h

Autobahnen

Die beiden Autobahnen des Landes sind die ***R6 und R7.*** Erstere ist inzwischen fertiggestellt, letztere befindet sich noch im Bau. Die eine Hälfte ist aber bereits in Betrieb. Die R7 verbindet derzeit Vërmica an der albanischen Grenze mit Prizren und Priština. Die fertiggestellte R7 soll zukünftig das kosovarische Teilstück der Verbindung Durrës – Niš bilden. Die R6 soll Priština mit Skopje verbinden.

Neben den Autobahnen gibt es im Kosovo ein **Netz gut ausgebauter Nationalstraßen.** Auf diesen, mit dem vorangestellten Buchstaben M beschilderten Schnellstraßen ist in der Regel ein zügiges Vorankommen möglich.

Maut

Derzeit wird **keine Maut** erhoben, dies ist aber geplant.

Kraftstoff

Stand April 2023

Diesel – Diezel/Gazoil = 1,00 €
Benzin Bleifrei –
Benzinë pa plumb = 1,05 €

Unfall und Pannen

Bei Verkehrsunfällen mit kleineren Sachschäden sollten vom Geschehen **Fotos** gemacht, der **Europäische Unfallbericht** ausgefüllt, die Daten zu den beteiligten Fahrern und Fahrzeugen eingetragen und von beiden Parteien unterzeichnet werden. Verweigert ein beteiligter Fahrer, den Bericht auszufüllen und verlässt den Unfallort, muss die **Polizei** benachrichtigt werden. Baldmöglichst muss der ausgefüllte Europäische Unfallbericht bei der zuständigen Versicherung eingereicht werden.

Verkehrskontrollen und Bußgelder

Bußgelder fallen empfindlich aus, es wird empfohlen, sich strikt an die Tempolimits zu halten. Bei einer Tempoüberschreitung von 30 km/h fallen bis zu 300 € Bußgeld an.

Sonstiges

Verkehrsregeln werden **häufig nicht beachtet,** was das Geschehen sehr unberechenbar macht. **Defensives Fahren** ist geboten. Nachts können gänzlich unbeleuchtete Fahrzeuge wie Motorräder oder Traktoren unterwegs sein.

Die **Qualität der Straßen** ist in der Regel gut, in **ländlichen Gegenden** verschlechtern sich die Straßen aber oft abrupt, häufig fehlt der Straßenbelag. Besonders nach Regen oder Unwettern ist das Vorwärtskommen dann mühsam.

Die **Navigation** mit dem Smartphone kann an ihre Grenzen kommen. Das **GPS-Signal** ist **häufig gestört** oder fällt aus. Nicht alle Kartensysteme sind bezüglich der Grenzübergänge nach Mazedonien und Serbien auf dem neuesten Stand. Bei der Routenplanung verschiedene Karten abgleichen und gegebenenfalls Einheimische nach den Grenzübergängen fragen.

Abseits der Autobahnen ist es üblich, bei Dunkelheit mit **Fernlicht** zu fahren, um etwaige Hindernisse früh erkennen zu können. Dies ist empfehlenswert, erfordert aber bei Gegenverkehr ein rasches Umschalten. Es wird häufig deutlich **zu schnell gefahren.** Als langsames Fahrzeug kann **riskanten Überholmanövern** vorgebeugt werden, indem man von Zeit zu Zeit rechts ranfährt und die Einheimischen vorbeiziehen lässt.

Bild 1: Der Skanderbeg-Platz in Tirana | Bild 2: Türkisblaues Meer an der Albanischen Riviera-Küste | Bild 3: Die Burg von Gjirokastra

Albanien

28.748 km²

2.876.036

Nachdem sich das Land erfolgreich von der kommunistischen Herrschaft und seiner Jahrzehnte währenden internationalen Isolation befreit hatte, sprach sich die Nachricht von dem touristisch gänzlich unberührten Land im Süden Europas vor allem unter jungen, abenteuerlustigen Backpackern schnell herum. Seither begrüßt Albanien jedes Jahr mehr Besucher. Dank der langen Adriaküste mit vielen tollen Stränden, bemerkenswerten traditionell erhaltenen Städtchen, einer spannenden Landesgeschichte und geringen Reisekosten hält dieser Trend ungebrochen an. Die meisten Touristen kommen aber immer noch aus den direkten Nachbarländern. Vor allem im Hochsommer ist Albanien für sie ein beliebtes Reiseziel. Dadurch ergibt sich eine sehr kurze Urlaubssaison von nur zwei Monaten im Juli und August.

Trotz der gestiegenen Beliebtheit Albaniens als Urlaubsland hat sich das Land vielerorts viel Authentizität bewahrt. Besucher werden neugierig und offenherzig begrüßt, oft ist es sehr leicht, mit den Leuten ins Gespräch zu kommen. Außerhalb der Saison ist an vielen Orten kaum etwas los. Zudem wird freies Camping in der Regel geduldet. Gerade zum Camping oder mit dem Bus bzw. Wohnmobil ist Albanien daher eines der besten Reiseländer Europas.

Länderfakten

Amtssprache:
Albanisch

Währung:
Albanischer Lek (ALL)

Wechselkurs: (April 2023)
1 Euro = 112,85 Albanische Lek

Staatsgründung:
28. November 1912 (Unabhängigkeit)

Staatsform:
Parlamentarische Republik

Regierungssystem:
Parlamentarische Demokratie

EU: Nein

Schengener-Abkommen: Nein

Ethnien:
Albaner, Griechen, Aromunen, Mazedonier, Roma, Bosniaken

Religionen:
Sunniten (57 %), Katholiken (10 %), Orthodoxe Christen (7 %)

Zeit:
UTC+1 MEZ, kein Unterschied zu Deutschland

Das Skanderbeg Museum in Kruja bietet einen imposanten Anblick

Krujë (Kruja) 11 8 20 42

GPS:
N 41.510800,
E 19.792021
(Zentrum)

Die kleine Stadt ist vor allem wegen der historisch bedeutenden mittelalterlichen Festung und des Skanderbeg Museums interessant. Im Jahre 1190 wurde Kruja Hauptstadt des ersten unabhängigen albanischen Staats und erfüllte diese Funktion im Albanischen Königreich bis zu seiner Eroberung durch die Osmanen zu Beginn des 15. Jahrhunderts.

Zu seiner heutigen, gemessen an Größe und wirtschaftlicher Relevanz überproportionalen Bedeutung, gelangte die Stadt nach der Wiedereroberung durch Skanderbeg, der Kruja zum Zentrum des Widerstands gegen die osmanischen Invasoren machte.

Nützliches

Parken: In unmittelbarer Nähe zur ***Festung*** gibt es einen bewachten, kostenpflichtigen Parkplatz. Für 300 ALL kann einen ganzen Tag geparkt werden.
GPS: N 41.50908, E 19.79627

Campingplatz: Die am schroffen Hang gelegene, verwinkelte Stadt und ihre Umgebung machen es recht schwer, einen geeigneten Platz zum frei Stehen zu finden. Es gibt einen sehr einfachen, aber netten Campingplatz inmitten von Salbei- und Rosmarinsträuchern, auf dem man auch spontan unterkommt. **Kruje Camping** ist der einzige Platz in der Gegend. Einer der Betreiber spricht Deutsch und ist bei allen Fragen behilflich. Ansonsten kommt man auch mit einfachem Englisch weit. Wer Campinggas auffüllen muss, dem wird hier auch geholfen.

Die zahlreichen Schilder entlang der Straße mit der Aufschrift „Camping" machen auf Ausflugsrestaurants aufmerksam und werden für unser Sprachverständnis missverständlich verwendet. Die Einfahrt zum Campingplatz ist unauffällig gestaltet und mit „Pizza" und „Camping" beschildert, sie liegt an der SH28, kurz nach einer Gabelung. Kosten: 5 € pro Person/Nacht.

GPS: N 41.521729, E 19.785279

Adresse: Rruga Abaze

Web: www.facebook.com/krujecamping

Kulinarisches: Unweit des Skanderbeg Museums auf dem Festungshügel sitzt man im schattigen Garten des **Restaurant Kalaja.** Neben italienischen Klassikern und lokalen Speisen begeistern im Sommer vor allem die Salate und kalten Gerichte wie gefüllte Weinblätter.

GPS: N 41.507185, E 19.793916

Adresse: Rruga Kala 75

Öffnungszeiten und Preise: Tägl. 9–21 Uhr. Mittlere Preiskategorie.

Sehenswert

Nationales Skanderbeg Museum: Das 1982 eröffnete Museum ist der **historischen Trutzburg nachempfunden,** von der aus Skanderbeg 25 Jahre lang den Widerstand gegen das in Richtung Westen expandierende Osmanische Reich organisierte. Nach drei gescheiterten Belagerungen fiel die Stadt und danach ganz Albanien erst 1468 nach Skanderbegs Tod erneut unter die Kontrolle der Osmanen.

Die kommunistische Regierung unter Enver Hoxha erschuf um den historischen Helden einen quasi **religiösen Personenkult,** der bis heute ungebrochen anhält und sich nach wie vor zur Erzählung eines nationalen Mythos eignet. Das Museum kommt dementsprechend imposant daher. Die übergroßen Skulpturen und Bildnisse sind wenig informativ, dennoch beeindruckend.

GPS: N 41.507605, E 19.793957

Adresse: Rruga Kala

Öffnungszeiten und Eintritt: Mai–Okt. tägl. 9–19, Nov.–April Mo–Sa 9–14 und 16–19, So 9–19 Uhr. Pro Person 200 ALL.

Wandmalerei im Skanderbeg Museum

Tirana 10 19 41

GPS:
N 41.327799,
E 19.818568
(Zentrum)

Von der selbst verordneten Rolle des international isolierten Außenseiters hat sich das ganze Land seit den 1990er-Jahren längst emanzipiert. In der Hauptstadt ging dieser Prozess schon immer deutlich schneller und weiter. Der im Vergleich zu kommunistischen Zeiten sagenhafte wirtschaftliche Aufschwung macht es für viele Menschen möglich, umso entschiedener alles nachzuholen, was so lange unerreichbar war.

Viel stärker als in den Hauptstädten der Nachbarn Montenegro, Kosovo und Mazedonien scheint man in Tirana westlichen Vorbildern nachzueifern. Schicke Restaurants, hippe Cafés, Hochhäuser und Shopping-Center sowie Parks und Radwege sollen her. Dass die Realität dabei teils hinter den Visionen zurückbleibt und die Verteilung des überschaubaren Wohlstands extrem ungleich ausfällt, ist kaum zu übersehen. Seit dem Ende der Diktatur hat sich die Einwohnerzahl der Stadt mindestens verdoppelt. Vollkommen unkontrolliert schossen in den Außenbezirken ganze Stadtteile aus dem Boden, kaum irgendwo in Südosteuropa betteln so viele Kinder an Ampeln und Kreuzungen. Die energischen Bemühungen der Stadtregierung, die Probleme mit Müll, Lärm und Umweltverschmutzung in den Griff zu bekommen, zeigen erste Erfolge. Dank der vielen Museen und Ausstellungen kann man hier wie an keinem anderen Ort in Albanien einen so guten Einblick in die teils wirklich verrückte Vergangenheit des Landes bekommen. Gleichzeitig kann die Hauptstadt als Zukunftswerkstatt für das ganze Land betrachtet werden.

Nützliches

Parken: ***In der Innenstadt*** von Tirana sind beinahe alle Parkplätze, auch an der Straße, kostenpflichtig. Am entspanntesten ist es, auf einen der zentralen privaten Parkplätze zu fahren. Zum Beispiel bei den angegebenen Koordinaten, 150 ALL pro Stunde:

GPS: N 41.32163, E 19.81812

Nicht ganz so zentral, dafür mit deutlich mehr Platz als in der Innenstadt, kann ***am Großen Park*** von Tirana geparkt werden. Der Park schließt im Süden an die Innenstadt an. Von hier sind es zu Fuß etwa 20 Minuten ins Zentrum. 200 ALL pro Stunde. Der Platz ist auch für Wohnmobile geeignet.

GPS: N 41.313054, E 19.815976

Campingplatz: Der an einem kleinen Badesee gelegene Campingplatz **Camping Tirana** wurde 2015 eröffnet und seither stetig ausgebaut. Die freundlichen Besitzer sind schon lange in der Tourismusbranche tätig und wissen ihr kleines Idyll zu hegen, was die vielen deutschen Besucher sehr schätzen. Es gibt ein kleines Küchengebäude mit Trinkwasseranschluss, Waschmaschinen und WiFi. Wohnmobile können chemische Toiletten leeren. Von hier sind es etwa 45 Minuten mit dem Auto ins Stadtzentrum. Von der Autobahn SH2 der gewissenhaften Beschilderung folgen. Zuletzt wird der Weg recht schlecht und holprig, ist aber auch für Wohnmobile zu packen. Auf die Schildkröten achtgeben! Saison ist von April bis Ende Oktober. Pro Auto und Nacht 15 €. Über die Wintermonate kann der Platz kostenfrei genutzt werden.

GPS: N 41.33809, E 19.70676

Adresse: Kusi Lake/Liqeni i Kusit, Kashar

Web: www.campingtirana.al

Kontakt: bashkim.alb@gmail.com

Unterkunft: Mit seinen sechs golden strahlenden Zimmern ist das kleine **Boutique-Hotel de Charm** im Herzen des angesagten Blloku-Viertels ein guter Tipp. Außerdem dank großem Parkplatz direkt vor der Türe und bester Lage sehr bequem. Im hippen Blloku kann aber schon mal bis in die Nacht lautstark gefeiert werden. Vor dem Haus können gut einige Wohnmobile parken. Wer mit dem Auto anreist sollte aber vorher um die Reservierung eines Parkplatzes bitten. Doppelzimmer ab 39 € pro Nacht.

GPS: N 41.321256, E 19.815676

Adresse: Ecke Rruga Vaso Pasha 5/Rruges Pjeter Bogdani (auf der Rruges Pjeter Bogdani, etwas zurückversetzt)

Web: www.booking.com/hotel/al/de-charme

Unspektakuläre, blitzsaubere Zimmer und unkomplizierter Service machen das **Hotel Vila Verde** zu einem angenehmen Ausgangspunkt, um Tirana zu erkunden. Ebenso die recht zentrale Lage in netter Nachbarschaft. Hat man es erst einmal durch das Labyrinth aus engen Einbahnstraßen geschafft, ist der Parkplatz am Haus größer als er zunächst wirkt. Hier können drei Vans nebeneinanderstehen. Für Wohnmobile unmöglich.

GPS: N 41.333183, E 19.822282

Adresse: Rruga Isa Boletini 12

Web: www.vilaverde.al/en

Kulinarisches: Das **Restaurant Oda** ist freundlich, rustikal, albanisch. Als würde man bei Oda im Wohnzimmer sitzen und die ganze Familie hilft mit, die Gäste zu bewirten. Von den vielen einfachen, aber äußerst schmackhaften Gerichten stechen die gefüllten Auberginen und Paprika hervor. Außerdem gibt es gutes *Burek* und den obligatorischen *Fërgesë Tirane* (Tirana Auflauf) aus Paprika, Tomaten und Salzlakenkäse. Insgesamt große vegetarische Auswahl, aber eher kleine Portionen. Unauffällig in einer Nebenstraße gelegen.

GPS: N 41.329261, E 19.824128

Adresse: Rruga Ludovik Shllaku

Öffnungszeiten und Preise: Tägl. 11.30–23 Uhr. Mittlere Preiskategorie.

Der italienische Einfluss auf Albanien zeigt sich natürlich auch beim Essen. Und in einem mit so viel Sonne gesegneten Land darf frisch gemachtes Eis auf keinen Fall fehlen. Das mit an Sicherheit grenzender Wahrscheinlichkeit beste Eis der Stadt gibt es bei ***Cioccolatitaliani Tirana.*** Unbedingt die Waffel mit flüssiger Schokolade füllen lassen. Auch der Kuchen und die heißen Waffeln machen einiges her.

GPS: N 41.320259, E 19.818312

Adresse: Rruga Ibrahim Rugova

Öffnungszeiten: Tägl. 7–24 Uhr.

Buchladen: Direkt am Skanderbeg-Platz gelegen glänzt die Buchhandlung ***Adrion International Bookstore*** mit vielen englischen Titeln. Besonders zum Land und seiner historischen und politischen Entwicklung findet sich hier eine sehr gute Auswahl.

GPS: N 41.328503, E 19.819115

Adresse: Sheshi Skënderbej (Skanderbeg-Platz)

Öffnungszeiten: Tägl. 8–21.30 Uhr.

Aktivitäten

Radfahren: Dank der Bemühungen der Stadt um saubere und moderne Verkehrsinfrastruktur gibt es in der ***Innenstadt*** von Tirana inzwischen ***einige Radwege.*** Bisher fehlen allerdings die Radfahrer. Um das Fahrrad als innerstädtisches Verkehrsmittel populärer zu

Das Historische Nationalmuseum

machen, hat die Stadt zusammen mit zivilgesellschaftlichen Organisationen ein ***Bike-Sharing-Programm*** auf die Beine gestellt. An verschiedenen Stationen in Tirana können seither bei ***Ecovolis*** Räder geliehen werden. Die zentralste Station ist am Skanderbeg-Platz. Ein Rad kostet 60 ALL pro Stunde (tägl. 15–21 Uhr).

GPS: N 41.32757, E 19.81766

Sehenswert

Historisches Nationalmuseum: Mit seinem monumentalen, 12 Meter hohen und 40 Meter breiten ***Mosaik*** an der Hauptfassade beherrscht das Museum den Skanderbeg-Platz im Herzen der Hauptstadt. So liegt auch die Stärke des Museums eher bei den ***anschaulichen Wandbildern und Ausstellungsstücken*** als in einer schlüssigen Erzählung albanischer Geschichte. Die nur teilweise vorhandenen Beschriftungen in Englisch werfen oft mehr Fragen auf als sie klären.

GPS: N 41.329087, E 19.817321

Adresse: Sheshi Skënderbej (Skanderbeg-Platz)

Öffnungszeiten und Eintritt: Di–Sa 9–16, So 10–15 Uhr. Pro Person 500 ALL.

Bunk'Art: Die ***am Stadtrand*** gelegene, riesige ***unterirdische Bunkeranlage*** sollte allen denkbaren Gefahren trotzen und den Mitgliedern des kommunistischen Regimes und ihren Familien Schutz vor Angriffen mit atomaren, biologischen und chemischen Waffen gewähren. Die dafür vorgesehenen Wohn- und Aufenthaltsräume können heute besichtigt werden. Höhepunkt dieses beinahe unwirklichen Erlebnisses ist der ***Plenarsaal*** mit Lobby und Kantine, in dem auch zu Kriegszeiten das gesamte Parlament des Landes tagen sollte. Die vielen kleineren und größeren Räume der verschlungenen Tunnelanlage werden für künstlerische und historische Ausstellungen genutzt. Unter anderem wird hier über die Mittel und Methoden aufgeklärt, die das System der Isolation und Unterdrückung durch die Kommunisten ermöglichten.

Auch im Sommer etwas Warmes zum Anziehen mitnehmen! Es gibt einen großen kostenlosen ***Besucherparkplatz.*** Aus der Innenstadt kommend von der Rruga Fadil Deliu nach links durch den Tunnel. Für Wohnmobile nicht passierbar, diese müssen an der Straße vor dem Tunnel parken.

GPS: N 41.349883, E 19.860712

Adresse: Rruga Fadil Deliu 1001

Web: www.bunkart.al

Öffnungszeiten und Eintritt: Mi–So 9.30–16 Uhr. Pro Person 500 ALL.

Bunk'Art 2: Die Ausstellung in einem komplett ***unterirdischen Atombunker im Zentrum der Stadt*** ist der Dokumentation der Verbrechen des Hoxha-Regimes gewidmet. Die klaustrophobische Atmosphäre ist dabei mehr als nur Requisite. Der staatliche Geheimdienst nutzte die Anlage des Innenministeriums für seine grausamen Zwecke. In einem Teilbereich liegt der Fokus außerdem auf der Arbeit der albanischen Polizei während verschiedener Epochen.

GPS: N 41.327054, E 19.819670

Adresse: Rruga Abdi Toptani

Web: www.bunkart.al
Öffnungszeiten und Eintritt: So–Do 9.30–18, Fr/Sa 9.30–20 Uhr. Pro Person 500 ALL.

House of Leaves: Das System der Überwachung, Repression, Verfolgung und Vernichtung, welches die *Sigurimi* (Geheimpolizei, vergleichbar mit der *Stasi* der DDR) gegen die eigene Bevölkerung richtete, stützte sich auf eine straffe und zentralistische Organisierung. In jedem Landkreis existierte ein Distriktbüro, um die ideologische Linientreue aller Bürger zu kontrollieren. Die Fäden liefen in der Hauptstadt des Landes, in diesem unscheinbaren Haus nahe dem Innenministerium, zusammen.

Noch kaum aufgearbeitet sind die Verbrechen des kommunistischen Terrors bis heute ein sensibles und oft missliebiges Thema in Albanien. Das erst 2017 für Besucher eröffnete **Museum** wirft dennoch ein Licht auf diesen Teil der Vergangenheit und dokumentiert sehr detailreich die Arbeitsweise der Geheimpolizei.

GPS: N 41.326691, E 19.816504
Adresse: Rruga Dëshmorët e 4 Shkurtit
Web: www.muzeugjethi.gov.al
Öffnungszeiten und Eintritt: Di–Sa 9–16, So 10–15 Uhr Uhr. Erwachsene/ermäßigt 700/350 ALL.

Et'hem-Bey-Moschee: Nicht viele Kirchen und Moscheen blieben von den Zerstörungen oder Umgestaltungen der 1960er-Jahre verschont. Zwar war die Et'hem-Bey-Moschee ***jahrzehntelang geschlossen,*** doch als eine der ersten im Land wurde sie **1991** gegen den letzten Widerstand der kommunistischen Machthaber ***erneut in Gebrauch genommen.***

Mit ihren bunten, kunstreichen und vor allem seltenen Motiven ist sie ein bewundernswertes ***Musterstück osmanischer Handwerkskunst.***

Zeugen des Sozialismus: ausrangierte Lenin-Statuen in einem Hinterhof

Außerhalb der Gebetszeiten ist die Moschee ***für Besucher zugänglich.*** Die Schuhe müssen ausgezogen werden.

GPS: N 41.327932, E 19.819184

Adresse: Sheshi Skënderbej (Skanderbeg-Platz)

Tiranas „kleine" Sehenswürdigkeiten: Tirana hat eine ganze Reihe kleinerer Sehenswürdigkeiten, die während eines Spaziergangs durch die Innenstadt angeschaut werden können. Die meisten sind sogar mit Informationstafeln versehen:

– ***Pyramide von Tirana***
GPS: N 41.323002, E 19.820957
– ***Postbllok Memorial***
GPS: N 41.321090, E 19.820281
– ***Tabak-Brücke***
GPS: N 41.326504, E 19.826095
– ***Uhrenturm***
GPS: N 41.327822, E 19.819701
– ***Kapllan-Pascha-Türbe***
GPS: N 41.327778, E 19.821722
– ***Ausrangierte Lenin-Statuen***
GPS: N 41.32536, E 19.82051

Berat 13 40

GPS: N 40.704012, E 19.955288 (Zentrum)

Wo sich der Osum-Fluss zwischen den kargen Rücken der Berge Shpirag und Tomorr hindurchwindet, wacht die Festung von Berat über die schmale Passage. Das zu ihren Füßen liegende Berat erstreckt sich über beide Ufer des Flusses und zieht sich die gegenüberliegenden Hänge hinauf. Die dicht gedrängten und in Stufen übereinander angelegten Stadthäuser im osmanischen Stil machten Berat berühmt und gaben ihr den Beinamen „Stadt der tausend Fenster".

Zur heißesten Zeit des Tages verfällt die Stadt in einen tiefen Mittagsschlaf, die meisten Geschäfte sind geschlossen. Am Abend wird es dann aber vor allem um die Fußgängerzone herum überraschend lebendig. Dann sausen Kinder auf allem, was fahrbar ist, durch die Gegend, und die alten Männer Berats beugen sich in großen Gruppen über ihre Domino-Partien.

Nützliches

Parken: Eine gute Parkmöglichkeit findet sich ***nahe der Universität*** entlang des Flusses. Hier gibt es einen großen bewachten, privaten Parkplatz (50 ALL pro Stunde), wo auch übernachtet werden kann (s.u.). Die Schranke zum Parkplatz ist nachts geschlossen. Direkt daneben an der Straße finden sich aber auch einige kostenlose Parkplätze.

GPS: N 40.70139, E 19.95555

Etwas ***zentraler*** kann an unten stehenden Koordinaten geparkt werden:

GPS: N 40.704196, E 19.955197

Bild 1: Die Festung von Berat | Bild 2: Gasse im Stadtviertel Kalaja | Bild 3: Berat, die Stadt der tausend Fenster

Unser Schlafplatz: Auf dem bewachten Parkplatz ***nahe der Universität*** steht man für 500 ALL pro Nacht. Hier ist es recht ruhig, und die Nähe zum Fluss ist nett.
GPS: N 40.70139, E 19.95555

Campingplatz: Neben dem Parkplatz der Burg liegt die ***Taverne Lazaro.*** Hier gibt es einige Stellplätze auf der Wiese neben dem Haus. 10 € pro Nacht und Auto.
GPS: N 40.711676, E 19.946434

Kulinarisches: Das vielgelobte ***Restaurant Mangalem*** im Herzen des gleichnamigen Stadtviertels ist eine der besten Adressen für gute albanische Küche. Auf der Terrasse sitzt man hier an warmen Sommerabenden angenehm luftig. Auf der Karte finden sich typisch albanische Gerichte wie etwa das ähnlich einem Auflauf zubereitete Lamm in Ei, aber auch hervorragende Pasta. Unbedingt reservieren.
GPS: N 40.705848, E 19.951151
Adresse: Rruga Mihal Komneno
Tel. +355 32 232 093
Web: www.mangalemihotel.com

Sehenswert

Festung von Berat: Die Festung von Berat schließt ein ***eigenes Stadtviertel,*** Kalaja, ein. Auch hier dominieren die niedrigen, weiß getünchten Häuschen mit den markanten Fenstern im osmanischen Stil.

Vom schwer befestigten Eingangstor schlendert man durch die schmalen Gassen zum luftigen **Südturm** der Festung. Von hier hat man den besten Blick über die übrigen beiden, weit unten liegenden Stadtviertel, Mangalem und das auf der anderen Seite des Flusses Osum liegende Gorica.

Zur Festung gelangt man entweder zu Fuß über die Rruga Mihal Komnena, die quer durch Mangalem verläuft, oder mit dem Auto von der anderen Seite. Dafür muss man Berat in Richtung Norden verlassen und am Kreisverkehr der SH72 auf die Rruga Muzak Topia fahren. Dann immer bergan, die Straße ist zum Teil schlecht. Vor der Festung gibt es kostenlose ***Parkplätze.***
GPS: N 40.705440, E 19.947460 (Südturm)
GPS: N 40.718774, E 19.943306 (Kreisel)
GPS: N 40.711470, E 19.94682 (Parkplatz)
Öffnungszeiten und Eintritt: Das Viertel kann rund um die Uhr besucht werden. Eintritt zwischen 9 und 18 Uhr 100 ALL, sonst frei.

Lengarica-Schlucht 10 11 37

GPS: N 40.2438807, E 20.4325475 (Parkplatz)

Aufgrund der extrem abgelegenen Lage zählte die Lengarica-Schlucht mit ihren heißen Schwefelquellen und der bereits seit Jahrhunderten währenden Rundbogenbrücke lange Zeit zu den komplett unbekannten Schätzen des Landes. Trotz der zunehmenden Besucherzahlen hat sich die ganze Gegend eine Echtheit bewahrt, die nicht mehr oft zu finden ist.

Seit Jahrhunderten an Ort und Stelle: die Rundbogenbrücke bei den Schwefelquellen

In die schmale Schlucht können Wanderungen unternommen werden, wobei mit nassen Füßen zu rechnen ist. Sowohl am Eingang als auch tiefer in der Schlucht gibt es angelegte Becken, in denen im warmen Quellwasser gebadet werden kann.

Nützliches

Öffnungszeiten und Eintritt: Es gibt derzeit ***keinerlei Regelungen,*** die den Besuch der Schlucht oder der Quellen betreffen. In der **Hauptsaison** kann eine geringe Gebühr (200 ALL) für das Parken anfallen.

Unser Schlafplatz: ***Auf beiden Seiten der Schotterstraße,*** über die der Parkplatz nahe dem Schluchteingang erreicht wird, ist mit Steinen ein Campingbereich abgesteckt. Hier ist viel Platz, und wenn die letzten Tagesbesucher aus der Umgebung gegen Nachmittag aufbrechen, dann sind die Overlander und Vanlifer unter sich. Es gibt auch einige Überdachungen.

Gjirokastra 11 17 38

GPS: N 40.074180, E 20.138789 (Altstadt)

Nach Ende der osmanischen Herrschaft auf dem Balkan wurde Gjirokastra als wichtigstes wirtschaftliches und kulturelles Zentrum der Region Nord-Epirus sowohl von Albanien als auch von Griechenland beansprucht. Zwar trat Griechenland 1925 von dieser Forderung zurück, im Laufe des Zweiten Weltkriegs wurde die Stadt aber noch einmal von griechischen Truppen besetzt. Die bis heute bestehende kulturelle Verwobenheit ist kaum zu überhören, wenn eine Vielzahl an Kirchenglocken und Muezzins in der Stadt um das Gehör der Gläubigen wetteifern.

Besucher zieht es in die Altstadt und auf den Festungshügel. Für ihr charakteristisches Stadtbild, das von trutzigen Häusern mit grauen, steinernen Dächern und vielen kleinen Fenstern geprägt ist, bekam die Stadt den Beinamen „Stadt der Steine“. Besonders von der hoch gelegenen Festung ist der Blick über die an den steilen Hang gebaute Stadt und das von schroffen Bergen umgebene Tal des Drino jede erklommene Stufe wert.

Nützliches

Parken: ***Entlang der Rruga Gjin Zenebisi*** gibt es kostenfreie Parkplätze. Auch für Wohnmobile geeignet. Wenige Minuten zu Fuß in die Altstadt und zur Festung.

GPS: N 40.076630, E 20.142790

Campingplatz: Nur 10 Minuten mit dem Auto vom Stadtzentrum entfernt liegt der kleine, sehr einfache Campingplatz ***Caravan Camping Gjirokaster*** direkt an der Rruga Valere. Es gibt sonnengeschützte Stellplätze und eine Campingwiese. Auch führen die Betreiber ein Restaurant mit typisch albanischer Küche, man sitzt nett auf der von Bäumen überspannten Wiese vor dem Haus. Es gibt WLAN, Stromversorgung und Waschmaschinen. Zwei Personen plus Auto kosten 15 € pro Nacht.

GPS: 40.101340, 20.150484

Web: www.campinggjirokaster.al

Kulinarisches: Die vielen kleinen Gerichte, die in der Küche des liebevoll familiengeführten ***Kujtimi Restaurant*** gezaubert werden, geben einen guten Einblick in die traditionell albanische Kochkunst. Zu den beliebtesten Speisen gehören zum Beispiel *Quifqi* (in Ei frittierte Reisbällchen) oder *Qofte*, die landesweit geliebten Fleischbällchen. Hierzu gibt es auch eine gute vegetarische Option. Am besten viele verschiedene Gerichte bestellen und sich durchprobieren.

GPS: N 40.074737, E 20.138698

Adresse: Rruga Zejtareve

Öffnungszeiten und Preise: Tägl. 13–23 Uhr. Mittlere Preiskategorie.

Sehenswert

Festung von Gjirokastra: Von ihrem Hügel aus beherrscht die Burg nicht nur die

Die Beziehungen des kommunistischen Albaniens zu seinen Nachbarn waren über Jahrzehnte nicht einfach nur schlecht, sondern richtig mies. Schuld daran war der extreme außenpolitische Kurs ***Enver Hoxhas***, der zwischen 1946 und 1985 alle wichtigen politischen Ämter vom Staatschef, über Parteichef und Premierminister bis zum Verteidigungsminister in seiner Person vereinte. Während seiner ***Diktatur*** führte er das Land auf einen ***streng isolationistischen Kurs.*** Das Verhältnis zum liberaleren Jugoslawien war unterkühlt, mit Griechenland befand man sich noch jahrelang offiziell im Krieg, nachdem Albanien im Griechischen Bürgerkrieg mitmischte und die Tatsache, dass italienische Truppen bereits einmal in der Geschichte die Adria überquerten, wollte auch nicht so recht Vertrauen aufkommen lassen.

Bunker in Gjirokastra

Seit Albaniens ***Austritt aus dem Warschauer Pakt*** 1968 – Grund war der Überfall des Bündnisses auf die Tschechoslowakei – war die Furcht vor einem ähnlichen Schicksal in der albanischen Führung groß. Aber nicht nur vor den ehemaligen kommunistischen Verbündeten fürchtete man sich, auch der weltweite britische und US-amerikanische Interventionismus muss dem Diktator und seinen Schergen schlaflose Nächte bereitet haben.

Jede rationale Staatsführung hätte angesichts der desolaten außenpolitischen Lage guten Grund gehabt, misstrauisch zu sein. Bei Enver Hoxhas kam noch eine beispiellose Paranoia hinzu, die ihn nicht nur veranlasste, regelmäßig das Führungspersonal seiner Partei und des Geheimdienstes kalt zu stellen, sondern auch, ***militärische Vorbereitungen gegen äußere Feinde*** zu treffen. Er erachtete es als notwendig, sich gegen eine eventuell mögliche Invasion vorzubereiten. Zu diesem Zweck wurde das Land auf größtmögliche ***wirtschaftliche Autarkie*** getrimmt und flächendeckend mit ***Befestigungsanlagen*** ausgestattet.

Dass die regulären Streitkräfte des rückständigen Albanien einer feindlichen Invasionsstreitmacht Paroli bieten könnten, war dabei von vornherein ausgeschlossen. Also heckten die KP-Funktionäre getreu marxistisch-leninistischer Prinzipien den genialen Plan aus, im Falle eines tatsächlichen Angriffs einfach die gesamte albanische Bevölkerung zu den Waffen zu rufen, in ***kleine Bunker*** zu stecken und den ultimativen Guerilla-Krieg anzuzetteln. Für je vier Albaner sollte einer der besagten Bunker gebaut werden, was damals einer Gesamtzahl von insgesamt 750.000 Bunkern entsprochen hätte. Zwischen 1972 und 1984 wurde das Land also entlang strategisch wichtiger Punkte verbunkert.

Die runden, an Pilze erinnernden Betonbauten prägen das Landschaftsbild vielerorts bis heute und sind zu eigenen ***Touristenattraktionen*** geworden. Davon abgesehen hat der teure Bunkerbau dem Land massiv geschadet. Zwar wurden glücklicherweise wohl nur ***knapp 200.000 Bunker*** errichtet, die Kosten für die Beton-Pilze trieben das sowieso wirtschaftlich schwache Land aber zunehmend ins Elend. Für die meisten Bunker wurde ***nie eine sinnvolle Verwendung*** gefunden. Sie verfallen nur langsam und sind ständige Erinnerung an eine düstere Zeit, die alle hinter sich lassen wollen. Mancherorts konnte ihnen aber auch ein ***kreativer Nutzen*** abgerungen werden. Sie wurden zu Cafés, Restaurants, Kioske oder zu Ställen und Lagerräumen umfunktioniert.

Stadt, sondern thront unübersehbar über dem sich hier zur Dropull-Ebene weitenden Tal des Drino. Das spektakulärste Motiv gibt der schmale, quadratische ***Uhrenturm*** vor der beinahe alpinen Kulisse der umliegenden Bergzüge ab.

Gut gemachte, englischsprachige Hinweistafeln liefern punktuell Informationen über Stadt und Burg, sowie über die Kultur und die Menschen der Region. Besonders Kinder finden die Artillerie-Geschütze und das in den 1950er-Jahren niedergegangene amerikanische Düsenflugzeug spannend. Im Inneren der Burg befindet sich das ***Nationale Waffenmuseum*** (separates Ticket benötigt).

GPS: N 40.073791, E 20.140489

Öffnungszeiten und Eintritt: Tägl. 9–17 Uhr. 400 ALL pro Person.

Zekate-Haus: Einige der Stadthäuser, in denen sich ***osmanische Architektur mit albanischen Stilelementen*** verbindet, können besichtigt werden. In der Altstadt finden sich zahlreiche Wegweiser zu den Häusern. Eines der besterhaltenen ist das Haus der Familie Zeko. Am oberen Stadtrand gelegen, überblickt das herrschaftliche turmartige Gebäude die Stadt. Die Besitzer führen gerne durch das als ***Museum*** erhaltene Haus.

GPS: N 40.074647, E 20.132610

Öffnungszeiten und Eintritt: Tägl. 8.30–20 Uhr. 150 ALL pro Person.

Syri i Kaltër 10

GPS:
N 39.923453,
E 20.192670

Aus weißem Karstgestein tritt hier die wasserreichste Quelle des Landes an die Oberfläche. Aus welcher Tiefe das Wasser dabei hervorsprudelt konnte bis heute nicht geklärt werden. Bei einem Erkundungstauchgang mussten Forscher in 50 Metern Tiefe umkehren. Von einer kleinen Holzplattform kann man von oben hinunter in die Quelle mit ihrem glasklaren, türkisblauen Wasser blicken. Die runde Form und die durchdringende Farbe gaben der Quelle ihren Namen „Blue Eye".

Nützliches

Öffnungszeiten und Eintritt: An der Zufahrtsstraße gibt es einen ***Checkpoint***, an dem Besucher eine ***Gebühr*** entrichten müssen, sofern der Checkpoint besetzt ist (im Sommer tägl. 8–20, im Winter bis 16 Uhr). Diese beträgt 50 ALL pro Person.

Parken: ***Nahe der Quelle*** gibt es einen großen Parkplatz. Von hier aus sind es zu Fuß etwa 25 Minuten bis zur Quelle.
GPS: N 39.916725, E 20.181994

Unser Schlafplatz: Auf dem ausgewiesenen ***Parkplatz*** kann auch übernachtet werden.
GPS: N 39.916725, E 20.181994

Albanische Riviera 12 9 18 39

GPS:
N 40.192571,
E 19.612376
(Llogara-Pass)

Wer von Norden aus Vlora kommend der Nationalstraße SH8 folgt, den trennt nur noch das Ceraunische Gebirge von dem sagenhaften Teil der albanischen Küste, der wie kein anderer für seine zahlreichen weißen Kieselstrände und glasklares Wasser bekannt ist. Nördlich des Llogara-Passes schlängelt sich die Straße durch dichte dunkelgrüne Kiefernwälder ihrem höchsten Punkt entgegen. Von dort reicht der Blick über die kahle und steinige Südseite des Gebirges und über die mehr als 1000 Meter tiefer liegende Albanische Riviera bis nach Korfu. Zwar sind die Zeiten vorbei, in denen dieser Teil der Mittelmeerküste als komplett unberührt galt, dennoch ist dieser bis heute nur partiell erschlossen. Mit etwas Glück findet man immer noch malerische Landstriche mit menschenleeren Stränden.

Bild 1: In den Straßen von Gjirokastra | Bild 2: Syri i Kaltër – Quelle und beliebte Badestelle

Dhrale Beach

Während der Abfahrt vom Llogara-Pass gerät der Strand am Rande der spektakulären Szenerie als erster in den Blick. Er ist ***einer der längsten Strände*** und zieht sich beinahe bis nach Dhermi. Seit die ersten Bauvorhaben Mitte 2018 starteten, sind hier einige nagelneue Resorts aus dem Boden gewachsen. Dennoch stehen am östlichen Ende des Strands immer noch viele ***Camper direkt am Strand.*** Wer Ruhe sucht, findet sie hier.

GPS: N 40.165805, E 19.588788

Dhermi Beach

Bei Dhermi handelt es sich um einen Badeort, der sich gerade ***vom unentdeckten Paradies zum Touristen-Hotspot*** entwickelt. Wer die Straße bis ganz ans Ende fährt wird aber noch einen Strandabschnitt finden, der nicht von Sonnenstühlen gesäumt ist.

Parken und Übernachten am Straßenrand der Strandpromenade ist kein Problem. Wer Strom braucht, kann sich an das Pastrella Summer Restaurant wenden. Für circa 10 € pro Auto wird man mit

Die Albanische Riviera

einem Stromanschluss ausgestattet. Außerdem kann man hier Frühstück bekommen, Strandliegen mieten und Duschen nutzen.

GPS: N 40.137549, E 19.646302

Himare Beach

Der kleine Ort Himare erwacht im Juli und August zum Leben, wenn viele inländische Touristen hier ihren Urlaub verbringen. Die restliche Zeit des Jahres ist wenig los, im Ort leben vor allem ältere Leute. Entlang der Strandpromenade gibt es eine solide touristische Infrastruktur.

Auf dem großen Parkplatz am Strand kann kostenlos ***geparkt*** werden. Hier stehen Wohnmobile oft auch über Nacht.

GPS: N 40.098720, E 19.751840 (Parkplatz)

Am südöstlichen Ende der Bucht kann am Rand der Straße direkt am Strand ***übernachtet*** werden. Man steht allerdings recht nah an den Häusern und an einem Hotel-Parkplatz. Für eine Nacht ist es in Ordnung.

GPS: N 40.09103, E 19.75434

Porto Palermo Beach

Die Bucht von Porto Palermo wird durch eine ***kleine Halbinsel*** in ihrer Mitte und die dort errichtete ***Festung*** beherrscht. Der winzige geschützte Strand mit seinem glasklaren und ruhigen Wasser ist außergewöhnlich schön. Es gibt fast keine touristische Infrastruktur. Sehr beliebter Zwischenstopp für Camper und Van-Reisende. Die Festung kann besucht werden (ab 9 Uhr, 300 ALL pro Person).

GPS: N 40.062363, E 19.793830

Borshi Beach

Nach dem Verlassen der SH8 geht es durch flache Olivenhaine in Richtung Meer. Der Ort ist dann überraschend unattraktiv, der lange Strand ist aber kaum bebaut. Hält man sich am Wasser rechts, führt eine Schotterstraße zu einigen netten ***Stellplätzen*** zwischen Gestrüpp und niedrigen Bäumen. Aufgrund der schieren Länge des Kieselstrandes (mit seinen über fünf Kilometern der wahrscheinlich längste des Landes) ist hier auch in der Hochsaison genug Platz für die vielen Wohnmobile und Vans.

Kein herausragend schöner Strand, aber wenn man sich an den einzelnen Bauruinen und der ein oder anderen grasenden Kuh nicht stört, ein wirklich prima Platz. Einige Beachbars haben Toiletten und Duschen.

GPS: N 40.050780, E 19.838210

Buneci Beach

Einst militärisches Sperrgebiet, zeugen heute nur noch der verlassene Anleger und einige runde Stahlbetonbunker von der Vergangenheit der kleinen Bucht als Abwehrbastion gegen feindliche Invasoren. Es gibt einige Restaurants und Unterkünfte, dennoch geht es hier recht gemütlich zu. Hier finden sich auch einige gute Schlafplätze.

GPS: N 40.004390, E 19.890400

Allgemeine Reiseinformationen

Touristeninformation

Albanian National Tourism Agency
Bul. Gjergj Fishta, Pallatet Shallvare A12
1010 Tirana, Albanien
Telefon: +355 (04) 2 273 778
info@akt.gov.al
www.akt.gov.al

Notfälle

Botschaft der Bundesrepublik Deutschland
Rruga Skenderbej 8
1010 Tirana, Albanien
www.tirana.diplo.de
Öffnungszeiten: Mo–Fr 8–12 Uhr.

Notfallrufnummern

Internationale Notrufnummer	112
Erste Hilfe	127
Polizei	129

Weitere Informationen sowie eine aktuelle Liste kooperierender Ärzte unter ***www.tirana.diplo.de.***

Einreisebestimmungen

Als gültige Ausweisdokumente für die Einreise nach Albanien gelten der **Reisepass** und **Personalausweis.** Bei einem Aufenthalt von bis zu 90 Tagen ist kein Visum erforderlich. Wer länger bleiben möchte, muss innerhalb der ersten 30 Tage eine ***Aufenthaltserlaubnis*** beantragen. Privat genutzte Fahrzeuge mit deutschem Kennzeichen dürfen bis zu 180 Tage in Albanien genutzt werden, danach fallen Zollabgaben an.

Zollbestimmungen

Abgabenfreie Mengen an Tabakwaren liegen bei 250 g losem Tabak, oder 200 Zigaretten, oder 100 Zigarillos, oder 50 Zigarren und für alkoholische Getränke bei 1 l Alkohol mit mehr als 22 Vol.-% Alkoholgehalt oder 1 l unvergällter Ethylalkohol mit 80 Vol.-% Alkoholgehalt oder 2 l „Zwischenerzeugnisse" mit maximal 22 Vol-% Alkoholgehalt (zum Beispiel Likörwein) und 2 l Wein und 10 l Bier.

Die Zollbestimmungen werden strikt kontrolliert und Verstöße hart bestraft. Ein- und Ausfuhr von Drogen ist streng untersagt, es gibt keine Toleranzgrenzen für den Eigenbedarf, und bereits der Besitz geringster Mengen kann mit Haftstrafen geahndet werden.

Geografie und Klima

Durch die südliche Lage Albaniens, der natürlichen Begrenzung mit Adria und Ionischem Meer im Westen, sowie den Gebirgsketten im Norden und Osten sorgen die geografischen Gegebenheiten allgemein für trocken heiße Sommer und milde Winter mit viel Regen.

In der ***Küstenregion*** herrscht typisches ***Mittelmeerklima,*** die Tageshöchsttemperaturen liegen zwischen Mai und

Oktober im Mittel über 20 °C, in den heißesten Monaten Juli und August auch weit über 30 °C. In den Wintermonaten ist insbesondere im Dezember und Januar mit viel Regen zu rechnen, die Temperaturen fallen aber auch nachts meist nicht unter 0 °C.

Im ***Landesinneren*** dagegen herrscht ***kontinentales Klima*** mit heißen Sommern und kalten Wintern. In den Höhenlagen der Albanischen Alpen ist im Winter mit langen Kälteperioden zu rechnen, und es fällt viel Schnee.

Albanien ist ***erdbebenanfällig***, es liegt in einer seismisch aktiven Zone mit reger Tätigkeit.

Zahlungsmittel

Bargeld ist Hauptzahlungsmittel, Kreditkarten werden nur in größeren Geschäften, Restaurants oder Hotels angenommen. Gegebenenfalls kann auch an einigen Tankstellen nur mit Bargeld bezahlt werden. An ***Bankautomaten*** kann wie gewohnt mit der Kreditkarte Geld in Landeswährung abgehoben werden. Die Dichte an Bankautomaten ist in größeren Städten wesentlich höher als im Rest des Landes, weshalb es sich empfiehlt, vorausschauend den Bargeldbestand zu planen. ***Banken*** sind in der Regel an allen Werktagen zwischen 8.30 und 14.30 Uhr geöffnet.

Medizinische Versorgung

Die medizinische Versorgung in Albanien ist äußerst inhomogen. Während in der ***Universitätsklinik Tirana*** die meisten gängigen Krankheitsbilder diagnostiziert und behandelt werden können, herrscht in ***ländlichen und abgelegenen Orten Fachärztemangel.*** Einzelne Medikamente können temporär fehlen. Die Behandlung seltener Krankheitsbilder gilt als Herausforderung. Generell ist die Versorgung weit vom deutschen Standard entfernt, Operationen sollten ausschließlich im äußersten Notfall durchgeführt werden.

Es sollte unbedingt eine ***Auslandsreisekranken- und Rückholversicherung*** abgeschlossen werden, außerdem ist zu empfehlen, eine individuelle ***Reiseapotheke*** mitzuführen. Weitere Informationen unter www.auswaertiges-amt.de (Merkblatt Reiseapotheke).

Internet

Bis in die frühen 2000er-Jahre hinkte das albanische Telefonsystem dem europäischen Standard hinterher, Festnetzleitungen waren derart schlecht ausgebaut, dass es sich schwierig gestaltete, überhaupt eine Festnetznummer zu erhalten. Allerdings setzte der Boom des Mobilfunkmarkts sehr früh ein, sodass heute eine ***gute Infrastruktur*** vorherrscht.

Die EU-weite Vereinheitlichung der Roaminggebühren gilt nicht in Albanien, weshalb mit ***hohen Kosten*** für Telefonie, SMS und Surfen zu rechnen ist. Um teure Überraschungen bei der Mobilfunkabrechnung zu vermeiden, empfiehlt es sich, die mobilen Daten an der Grenze auszuschalten, Anrufe auf das Nötigste zu reduzieren und nach Möglichkeit nur das ***WiFi*** in Restaurants oder Campingplätzen zu nutzen. Wer stets kostengünstig telefonieren und surfen möchte, sollte sich eine ***albanische Prepaid-SIM-Karte*** anschaffen.

Netzspannung

Die Netzspannung beträgt **220 Volt** (50 Hz Wechselstrom). Die vorhanden Steckertypen entsprechen nur teilweise denen in Deutschland, die Mitnahme eines ***Steckdosenadapters*** ist empfohlen.

Freies Camping

Freies Stehen und sogar Zelten ist in Albanien ***generell geduldet,*** Ausnahmen bilden Nationalparks, hier muss man sich nach der örtlichen Regelung erkundigen. Außerdem sollte stets geprüft werden, ob man sich auf einem Privatgrundstück befindet. Daher unbedingt auf ***Hinweisschilder*** achten oder im Zweifel fragen.

Campinggas

In Albanien sind Stechkartuschen weit verbreitet und leicht zu finden.

Essen und Trinken

Die albanische Küche variiert zwischen ***mediterran und orientalisch.*** *Börek*, gefüllte Blätterteigtaschen, gibt es nahezu an jeder Ecke. Wie auf dem gesamten Balkan gibt es in den Restaurants den typischen Salat, bestehend aus Tomaten, Gurken, Zwiebeln, Paprika, Oliven. Die ***Hauptgänge*** sind überwiegend fleischlastig, verwendet werden meist Lamm, Ziege, Kalb, Rind und Geflügel – gegrillt oder als Auflauf. *Tave kosi* ist ein typisches Eintopfgericht mit Lammfleisch, Dickmilch und Eiern. Klassische ***Beilagen*** beziehungsweise Zutaten sind Reis, Kartoffeln, Weizen und Mais sowie Bohnen, Auberginen, Tomaten, Paprika und Kohl. Bei den ***Süßspeisen*** ist der orientalische Einfluss unverkennbar. Meist findet sich auf der Speisekarte auch das ein oder andere vegetarische Gericht, die vegane Küche konnte sich in Albanien allerdings noch nicht durchsetzen.

Es ist üblich ***Trinkgeld,*** zu geben, in der Regel rundet man den Rechnungsbetrag um 10 % auf.

Trinkwasser

Leitungswasser ist in Albanien gechlort und in der Regel ***nicht trinkbar.*** Als Trinkwasser, zum Kochen und Zähneputzen sollte Wasser in Flaschen oder Kanistern gekauft werden, wobei darauf zu achten ist, dass die Versiegelung noch intakt ist.

Das Wasser aus ***Brunnen in Bergdörfern*** ist meist sauber und genießbar.

Straßen und Verkehr

Einreise mit dem Pkw

Der **EU-Führerschein** reicht aus. Der ***Fahrzeugschein*** (Zulassungsbescheinigung Teil I) ist mitzuführen.

Grenzen

Die Einreise verläuft in der Regel beinahe beiläufig und ***unbürokratisch.*** Die Grenzübergänge sollten jedoch nicht bei Nacht passiert werden. Albanien kann über Montenegro, Mazedonien, Kosovo und Griechenland erreicht werden. Die Grenzen zu Montenegro bei Hani i Hotit und Muriqan sind 24 Stunden lang geöffnet,

Bild 1 + 2: Freies Stehen ist an den unwahrscheinlichsten Orten möglich (Buneci Beach)

ebenso die zu Mazedonien bei Qafa-Thana, Tushemisht, Blata und Gorica. Die Grenzen nach Griechenland bei Kapshtica und Kakavija sind ebenfalls rund um die Uhr geöffnet, die Übergänge bei Tre Urat und Qafe Bote nur zwischen 8 und 22 Uhr griechischer Ortszeit. Der größte Grenzübergang zum Kosovo ist bei Kukes, er ist 24 Stunden lang geöffnet. Wer auf seiner Reise später **Serbien** besuchen möchte, sollte es auf Grund der ***angespannten politischen Situation*** vermeiden, über ein anderes Land als Serbien in den Kosovo einzureisen.

Allgemeine Verkehrsregeln

Abblendlicht muss auch ***tagsüber*** immer eingeschaltet sein.

Ein Set **Ersatzlampen** muss mitgeführt werden, ebenso ein **Abschleppseil** und ein ***Reservereifen.***

Die ***Promillegrenze*** beträgt **0,1 ‰.**

Tempolimits

Innerorts: 40 km/h
Außerorts: 80 km/h
Schnellstraße: 90 km/h
Autobahn: 110 km/h

Autobahnen

Das **Autobahnnetz** Albaniens befindet sich noch ***im Aufbau.*** Die wichtigste Autobahn A1 verbindet Durrës über Tirana mit dem Kosovo, ist aber noch nicht vollständig fertiggestellt. Die beiden anderen Autobahnen A2 und A3 befinden sich ebenfalls noch im Bau. Ihre Gesamtlänge beträgt bisher ***weniger als 200 Kilometer,*** sie sind vor allem regional bedeutend. Autobahnen sind ***blau markiert.***

Die **Schnellstraßen** sind mit dem Kürzel SH gekennzeichnet, ***grün markiert*** und gut ausgebaut. Hier kommt man oft mit einer Reisegeschwindigkeit von 80–100 km/h vorwärts.

Maut

Es gibt derzeit ***nur eine mautpflichtige Autobahn*** in Albanien: Die A1 von Kukës Richtung Küste kostet 5 €.

Kraftstoff

Stand April 2023

Diesel – Diezel/Gasoil = 1,74 €
Benzin Bleifrei Super –
Benzine pa plumb = 1,68 €

In städtischen Gebieten ist die Tankstellendichte gut, die Öffnungszeiten sind oft 24 Stunden. Meist kann nur bar gezahlt werden, Kreditkarten werden eher selten angenommen. In ländlichen Gebieten dagegen sind Tankstellen nur vereinzelt zu finden, außerdem wird dort oft nur Diesel angeboten.

Verkehrskontrollen und Bußgelder

Es gibt zahlreiche Radar- und Polizeikontrollen. Die albanische Polizei ist ausländischen Fahrzeugen gegenüber zwar zurückhaltend, bei Verfehlungen sollte aber nicht mit einer zuvorkommenden Behandlung gerechnet werden. Bei Überschreitung der zulässigen Blutalkoholkonzentration (s.o.) drohen Geldstrafen zwischen 35 und 105 €.

Sonstiges

Es wird wenig umsichtig und kaum rücksichtsvoll gefahren, nach dem Motto: Wer später bremst ist länger schnell! Oft ist das Verhalten der anderen ***Verkehrsteilnehmer unberechenbar.*** Fahrzeuge fahren teilweise an Stellen von der Straße ab oder auf die Straße auf, an denen ein in Mitteleuropa geschulter Fahrer dies nicht erwarten würde. Trotz vieler Radarkontrollen wird das ***Tempolimit in der Regel überschritten.*** Eine besondere Gefahr stellen die ***waghalsigen Überholmanöver*** dar. Auch auf zweispurigen Straßen ist oft gerade genug Platz für drei nebeneinander fahrenden Autos. Dieser Spielraum wird tatsächlich genutzt. Die beiden nicht überholenden Fahrzeuge müssen in diesem Fall aber an den äußeren Rand ihrer jeweiligen Spur rücken. Auf allen Straßen sind auffällig ***viele Radfahrer*** unterwegs, auch auf den Schnellstraßen sollte mit diesen sehr viel langsameren Verkehrsteilnehmern gerechnet werden. Neben anderen Pkw teilt man sich die Straßen mit alten Traktoren, Pferdekutschen, Eselskarren, Radfahrern, Mopeds und Fußgängern. Außerdem mit Ziegen, Kühen oder anderen grasenden Tieren, die frei auf den Straßen umherlaufen, bei Tag und Nacht!

Die ***Straßen*** Albaniens gehören mit Abstand zu den ***schlechtesten in Europa.*** An sich sind die meisten Straßen gut befahrbar, die Gefahr liegt darin, dass sich der Zustand oft abrupt und ohne Vorwarnung ändert. Die großen ***Transitstrecken*** Richtung Montenegro, Griechenland und von Durrës in den Kosovo sind gut ausgebaut und in recht guter Qualität. ***Hauptstraßen*** dagegen sind zwar generell asphaltiert, aber oft in schlechtem Zustand. ***Abseits*** von Hauptstraßen fehlt oft der Straßenbelag. Generell muss mit tiefen Schlaglöchern, fehlendem Straßenbelag und plötzlichen Verengungen immer gerechnet werden. Außerdem stehen oft plötzlich Hunde, Ziegen oder Kühe auf der Fahrbahn. Nachts ist daher besondere Vorsicht geboten.

Auch mit dem Smartphone funktioniert die ***Navigation*** in Albanien ***unkompliziert und zuverlässig.*** In Richtung Kosovo eventuell mehrere Karten miteinander abgleichen.

Vor den zahlreichen Polizeikontrollen warnen sich entgegenkommende Fahrzeuge mittels ***Lichthupe.*** Das ist sehr hilfreich und sollte ernst genommen werden. Vor Überholmanövern und engen Kurven wird ***zur Warnung gehupt,*** darauf ist aber kein Verlass.

Auf zweispurigen Straßen wird erwartet, dass ***langsame Fahrzeug***e am rechten Rand ihrer Fahrbahn fahren. So kann in der Mitte der Straße überholt werden.

Festgefahren – Was tun?

Wer auf unwegsamen Straßen unterwegs ist oder einen abgelegenen Platz zum Übernachten sucht, dem kann es schnell passieren, dass sich die **Antriebsräder** des Autos in den weichen Untergrund **eingraben.** Besonders auf feuchten Wiesen, im Schlamm, Sand oder Schnee ist die Gefahr besonders groß. Ist Hilfe nah, kann es die einfachste Option sein, sich von einem weiteren Fahrzeug aus der Misere ziehen zu lassen. Doch wenn man ganz auf sich allein gestellt ist, kann die **Befreiung** eines festgefahrenen Autos zu einer echten Herausforderung werden.

Wichtig ist, Ruhe zu bewahren, wenn man merkt, dass man sich festgefahren hat. Bei jedem weiteren Versuch anzufahren, werden sich die Räder nur weiter eingraben. Das Problem ist die **fehlende Haftung** der Reifen auf dem nassen oder losen Untergrund. Durchdrehende Reifen nutzen sich nur sinnlos ab und machen weitere Bergungsversuche schwieriger. Der erste Schritt, um das Auto zu befreien, ist immer das **Freischaufeln.** Um die eingegrabenen Antriebsräder herum sollte so viel Erde, Sand oder Schnee wie möglich entfernt werden. Wer keine **Schippe** zur Hand hat, der kann mit einem **Stock** oder einem **Stein** arbeiten. Auch eine entsprechend **zurechtgeschnittene Plastikflasche** oder ein **Topf** können zur Not als Grabwerkzeug benutzt werden. Als nächstes gilt es **Grip** zu **erzeugen.** Dazu können Kieselsteine oder Stöcke vor die Räder gelegt werden. Vor allem im Sand taugen auch die **Fußmatten** hervorragend **als Anfahrtshilfe.** Achtung: Alles, was unter das Rad gerät, wird eventuell nach hinten wieder herausgeschleudert. Wenn die Möglichkeit besteht, die Reifen anschließend wieder aufzupumpen, kann etwas **Luft abgelassen** werden, um die Haftung zu erhöhen. Wer **Schneeketten** dabei hat, kann diese aufziehen. Nun die **Traktionskontrolle oder Antischlupfregelung abschalten** und langsam anfahren. Nach Möglichkeit erst wieder auf festem Untergrund zum Stehen kommen.

Sind all diese Bemühungen noch nicht von Erfolg gekrönt, gibt es **weitere Tricks,** die helfen können, das Auto zu befreien. Findet der Reifen auf dem Untergrund keinen Halt und hat sich eingegraben, kann das Auto **vor und zurück** aus dem Loch **geschaukelt** werden. Dafür minimal anfahren, das Auto zurückrollen lassen und mit erneutem Anfahren die schaukelnde Bewegung des Autos verstärken. Funktioniert besonders gut, wenn weitere Personen das Auto von außen anschubsen.

Ist das Auto immer noch nicht befreit, bedarf es ***weiterer Hilfsmittel.*** Um einem durchdrehenden Rad wieder Haftung zu geben, kann ein **Stock** oder ein **Stück Holz** mit einem ***Spanngurt oder Seil*** auf diesem befestigt werden. Hierfür muss man den Gurt durch eines der Felgenlöcher fädeln und den Stock so festzurren, dass dieser quer auf dem Reifen liegt. Fährt das Auto nun an, rollt der Reifen über den Stock und hat besseren Grip. Der Stock oder die Holzlatte können nach außen ein gutes Stück über den Reifen hinausragen. Nach innen, unter das Auto, sollte weder das Holz noch der Gurt reichen.

Nachdem das Auto erfolgreich befreit wurde, kann die Traktionskontrolle oder Antischlupfregelung wieder eingeschaltet werden.

Vorsicht beim Freischaufeln mit scharfen Gegenständen

Bild 1: Das Kloster Sveti Naum am Ohridsee | Bild 2: Blick auf Prilep

Nordmazedonien

25.713 km²

2.093.757

Schon bald wird Nordmazedonien nicht mehr zu den eher ungewöhnlichen Reiseländern in Europa gehören. Noch zählt es zu den wenig erschlossenen Touristendestinationen, doch das Land bemüht sich erfolgreich um steigende Besucherzahlen.

Gerade wer gerne in der Natur unterwegs ist, findet hier viel Raum für Aktivitäten. Zudem haben sich vor allem die historische Altstadt von Ohrid und der Ohridsee zu beliebten Reisezielen entwickelt. Die steil an den Hang gebauten traditionellen Stadthäuser und die mittelalterlichen Kirchenbauten sind besonders in Verbindung mit dem Bergpanorama um den See herum beeindruckend.

Wer sich nach etwas Trubel sehnt, der darf Skopje nicht verpassen. Die Hauptstadt mit ihren oberflächlichen Prunkbauten macht es Besuchern nicht leicht, einen authentischen Blick auf die Stadt und das Land zu erhalten. Wer sich aber bemüht, wortwörtlich hinter die Fassaden zu sehen, der kann hier viel Spannendes entdecken.

Länderfakten

Amtssprache:
Mazedonisch, Albanisch

Währung:
Mazedonischer Denar (MKD)

Wechselkurs: (April 2023)
1 Euro = 61,76 Mazedonische Denar

Staatsgründung:
Oktober 1991 (Unabhängigkeit von Jugoslawien)

Staatsform:
Parlamentarische Republik

Regierungssystem:
Parlamentarische Demokratie

EU: Nein

Schengener-Abkommen: Nein

Ethnien: Mazedonier (64 %), Albaner (25 %), Türken (4 %), Roma (2,7 %), Serben (1,8 %), Bosniaken (0,6 %)

Religionen: Orthodoxe Christen (64,8 %), Muslime (33,3 %)

Zeit:
UTC+1 MEZ, kein Unterschied zu Deutschland

Sternwarte Kokino 18

GPS:
N 42.263391,
E 21.953670

Um die Positionen der Sonne und des Mondes im Jahresverlauf beobachten und vorhersagen zu können, schlugen Gelehrte vor fast 4000 Jahren Markierungen in den zerklüfteten Stein des Tatičev Kamen. Mit ihrer Hilfe konnten sie unter anderem den Zeitpunkt der Sommersonnenwende vorhersagen, nach der sie ihre religiösen Rituale ausrichteten, die aber auch für die Landwirtschaft bedeutend war.

Die Sternwarte wäre ohne Beschilderung wohl kaum als solche zu erkennen, dennoch ist es ein außergewöhnlicher Ort inmitten malerischer Landschaft.

Nützliches

Öffnungszeiten und Eintritt: Der Gipfel kann rund um die Uhr besucht werden. Tagsüber kann es sein, dass ein Parkwärter 5 € Eintritt pro Person verlangt, Kinder zahlen keinen Eintritt.

Parken: ***An der Straße*** gibt es einen ausgewiesenen kostenlosen Parkplatz. Um zur Sternwarte zu kommen, muss man von hier aus dem Pfad bergan folgen und sich links halten.

GPS: N 42.26277974, E 21.95873394

Unser Schlafplatz: Auf dem Parkplatz der Sternwarte kann übernachtet werden. Schöner steht man ***an einer Picknickstelle in der Nähe.*** Hier gibt es einen großen überdachten Bereich und eine Grillstelle.

GPS: N 42.262750, E 21.937710

Skopje 23

GPS:
N 41.995970,
E 21.431479
(Zentrum)

Skopje kann auf eine über 2000-jährige Siedlungsgeschichte zurückblicken, bis 1991 war die Stadt am Vardar über die Provinz hinaus aber kaum von Bedeutung. Mit der Ausrufung der unabhängigen Republik Mazedonien änderte sich das blitzartig. Seit den 1980er-Jahren hat die Bevölkerung nicht nur um ein gutes Viertel zugenommen, auch das Stadtbild hat sich massiv verändert. Das Erscheinungsbild der Hauptstadt wird häufig als Indikator für den gesellschaftlichen und politischen Kurs des Landes betrachtet. Nachdem ein schweres Erdbeben 1963 etwa drei Viertel der Stadt zerstörte, erfolgte der Wiederaufbau vor allem unter pragmatischen Gesichtspunkten. Zunächst dominierte grauer Beton, oft in Form von Plattenbauten. In den

1990er-Jahren kamen moderne Elemente aus Stahl und Glas hinzu.

Mit dem Projekt „Skopje 2014“ setzte ab circa 2008 eine umfassende Welle der Antiquisierung ein. Nach dem Willen der konservativ-nationalistisch geführten Regierung sollte die historische mazedonische Identität in den Vordergrund treten und der Stadt einen klassischen und stattlichen Anklang geben. Dafür müssen in erster Linie die legendären Figuren des Alexander von Makedonien und seiner Mitstreiter herhalten. Die neoklassizistischen Gebäude, Statuen, Springbrunnen und Triumphbögen, welche seither die Innenstadt prägen, sind innenpolitisch nach wie vor heftig umstritten, weil sie ein historisches Erbe konstruieren, das weit über die Grenzen des heutigen Nordmazedonien hinausreicht und sich ethnische Minderheiten nicht repräsentiert sehen. In Griechenland, Albanien und Bulgarien reagierte man empört auf die als revisionistisch empfundene Symbolik, was zu einer direkten Verschlechterung der Beziehungen zu den Nachbarn führte. Die 2017 an die Macht gekommenen Regierungskoalition unter Führung der Sozialdemokraten sucht inzwischen wieder die Versöhnung mit seinen Nachbarn und prüft derzeit den Abriss beziehungsweise die Umbenennung einiger Monumente.

Die größte Stadt des Landes (Skopje hat mit seinen rund 420.000 Einwohnern etwa fünfmal so viele Einwohner wie die zweitgrößte Stadt des Landes, Kumanovo) ist allein wegen ihrer herausragenden Stellung etwas Besonderes. Hier kann man viel über die nordmazedonische Geschichte lernen und einen Einblick in das Leben jenseits ländlicher Regionen gewinnen.

Nützliches

Parken: Es gibt einige ***zentral gelegene große Parkplätze.*** Diese sind rund um die Uhr geöffnet (35 MKD pro Stunde). Von hier sind es etwa 10 Minuten zu Fuß in die Innenstadt.

GPS: N 41.9919544, E 21.4372959

Auf dem Festungshügel ***am Museum für Zeitgenössische Kunst*** kann kostenlos geparkt werden. Von hier sind es etwa 15 Minuten zu Fuß in die Innenstadt.

GPS: N 42.004240, E 21.73139

Vor dem Eingang zur Zitadelle kann ebenfalls umsonst geparkt werden.

GPS: N 42.00221, E 21.43263

Unser Schlafplatz: Die beiden Parkplätze ***auf dem Festungshügel*** (s.o.) geben auch passable Stellplätze für die Nacht ab.

Skopjes Stadtbild ist geprägt vom Neoklassizismus

Wäscherei: Die Wäsche bei ***Toneli*** wird über Nacht gewaschen, getrocknet und gebügelt. 7 € pro Maschine.

GPS: N 41.995229, E 21.423496

Adresse: Mitropolit Teodosij Gologanov 28

Sehenswert

Museum des mazedonischen Unabhängigkeitskampfes: Die ***lebensgroßen Wachsfiguren*** und ***riesigen Gemälde*** von historischen Figuren und Ereignissen geben dem Besucher tatsächlich ein Stück weit das Gefühl, in die Vergangenheit eingetaucht zu sein. Von der ersten Revolte gegen die osmanische Herrschaft bis zur kommunistischen Epoche des Landes wird hier den Kämpfern für einen unabhängigen mazedonischen Staat gehuldigt.

Es ist eines der ungewöhnlichsten und sehenswertesten Museen des Landes. Die teilweise drastischen Gewaltdarstellungen sind ***nicht für Kinder geeignet.***

GPS: N 41.99818, E 21.43352

Adresse: Iljo Vojvoda

Öffnungszeiten und Eintritt: Di–So 10–18 Uhr. Erwachsene/ermäßigt 300/120 MKD.

Holocaust Gedenkstätte für die mazedonischen Juden: Nachdem das Königreich Jugoslawien unter dem Angriff der Achsenmächte 1941 aufgelöst worden war, gelangte Mazedonien unter bulgarische Besatzung. Auf Druck des Deutschen Reichs erklärte sich die bulgarische Regierung 1943 bereit, die jüdische Bevölkerung ihrer Besatzungsgebiete an den SS-Vernichtungsapparat auszuliefern. Etwa 7400 mazedonische Jüdinnen und Juden wurden von der bulgarischen Polizei festgenommen, mit dem Zug nach Treblinka in Polen deportiert und dort ermordet. Im März 2011 wurde das **Holocaust Gedenkzentrum** im früheren jüdischen Viertel von Skopje eröffnet, um die Erinnerung an die Juden Mazedoniens zu bewahren. Im Vordergrund stehen weniger die Verbrechen der Nationalsozialisten als vielmehr die ***jüdische Kultur*** Mazedoniens und die ***Geschichte der jüdischen Gemeinschaft*** des Landes.

GPS: N 41.998611, E 21.433611

Adresse: 11-ti Mart

Öffnungszeiten und Eintritt: Di–Fr 9–19, Sa/So 9–15 Uhr. Erwachsene/ermäßigt 100/50 MKD.

Stadtmuseum Skopje: In dem während des großen Erdbebens 1963 beschädigten ***ehemaligen Bahnhofsgebäude*** ist das Stadtmuseum untergebracht. Einst einer der prächtigsten Bahnhöfe auf dem Balkan, ist er heute kaum noch als solcher zu erkennen. In seinen etwas düsteren und verwahrlosten Räumen findet sich eine kleine ***Ausstellung zum Beben***, das einen Großteil der Stadt zerstörte und mindestens 1000 Menschen das Leben kostete.

GPS: N 41.991155, E 21.429289

Adresse: Ss Cyril & Methodius

Öffnungszeiten und Eintritt: Di–Sa 9–17, So 9–13 Uhr. Pro Person 50 MKD.

Ohridsee 14

GPS: N 40.913954, E 20.740744 (Sveti Naum)

GPS: N 41.116947, E 20.801729 (Ohrid)

GPS: N 41.177650, E 20.676624 (Struga)

Mit seinem geschätzten Alter von 3–5 Millionen Jahren ist der Ohridsee einer der ältesten der Erde. Der See wird durch die albanisch-nordmazedonische Landesgrenze in zwei Hälften geteilt, der größere Teil liegt in Nordmazedonien. In seinen bis zu 290 Meter tiefen Gewässern finden sich zahlreiche Tierarten, die sonst nirgends auf der Welt vorkommen. An der hervorragenden Wasserqualität des Sees erfreuen sich aber nicht nur die Fische, sondern auch Besucher aus aller Welt. Immerhin ist der Ohridsee inzwischen eines der bekanntesten Reiseziele Nordmazedoniens. Baden und Bootfahren sind im Sommer dank des glasklaren Wassers die beliebtesten Aktivitäten rund um den See, außerdem in der Sonne faulenzen natürlich. Mit dem Kloster Sveti Naum und der Altstadt von Ohrid gibt es aber auch genug Möglichkeiten, die kulturellen und historischen Besonderheiten der Region näher zu entdecken.

Nützliches

Unser Schlafplatz. Aus Richtung des Prespasees kommend, führt die steile und kurvige P504 durch den ***Nationalpark des Galičica-Gebirges*** zum Ohridsee. Bevor sich die Straße von ihrem höchsten

Punkt hinab zum Ohridsee windet, bietet sich ein herausragendes Panorama auf den See. Hier finden sich einige gute Plätze für die Nacht.

Bei **N 40.95422, E 20.81373** von der Straße abfahren. Dem steilen Feldweg folgen. Für Wohnmobile ungeeignet. Super Platz in den Bergen, aber sehr ausgesetzt. Oft windig.

GPS: N 40.95499, E 20.81373

An der P504 gibt es weitere gute Schlafmöglichkeiten. Bei der Beschilderung zum Aussichtspunkt abfahren. Von der Straße etwa 200 Meter auf dem Schotterweg zum ***Aussichtspunkt.*** Hier gibt es einen überdachten Picknickbereich mit Blick über den See.

GPS: N 40.96512625, E 20.8117367

Es gibt einen weiteren ***großen Picknickbereich*** entlang der P504. Hier ist viel Platz, und es kann gut übernachtet werden. Auch für Wohnmobile sehr gut.

GPS: N 40.968512, E 20.814527

Sveti Naum

Das Kloster Sveti Naum und der umliegende Park gehören zu den ***beliebtesten Touristenzielen in Nordmazedonien.*** Zwar leben hier keine Mönche mehr, dafür fühlen sich die inzwischen heimischen Pfauen umso wohler. Um das Kloster herum liegen viele Cafés und Restaurants sowie Souvenirläden.

Beliebt sind die ***Bootsfahrten*** zu den glasklaren Quellen des Ohridsees (circa 600 MKD). Noch weitaus beliebter als das Kloster selbst sind vor allem die schönen ***Bademöglichkeiten*** auf beiden Seiten der Klosteranlage.

Nützliches

Öffnungszeiten und Eintritt: Juni–Aug. tägl. 7–20 Uhr. Das Kloster schließt den Rest des Jahres bei Einbruch der Dunkelheit. Die Besichtigung des Klosters ist kostenlos, es muss aber eine **Gebühr** von 200 MKD ***für den Galičica-Nationalpark*** entrichtet werden. Diese wird im Sommer an der Straße erhoben.

Parken: ***An der Klosteranlage*** gibt es einen kostenpflichtigen Parkplatz (150 MKD pro Tag).

GPS: N 40.915520, E 20.745250

Ohrid

Dicht an dicht drängen sich die traditionellen, nach oben hin breiter werdenden Ohrid-Häuser an die zum See hin abfallenden Hänge. Wer durch die steilen Straßen der Altstadt schlendert, kommt nicht umhin, den geradezu ***dörflichen Charakter*** der Stadt zu bemerken. Dazu trägt auch bei, dass in den schmalen Gassen kaum Autos fahren können. Wie eine ehemalige Hauptstadt sieht der Ort Ohrid zwar wirklich nicht aus, einige historische Bauwerke zeugen aber von solch einer ***bedeutenden Vergangenheit.*** Der bulgarische Zar Samuil machte Ohrid um 1000 n. Chr. zu seiner Residenzstadt. Aus dieser Zeit stammen die ***Festungsanlagen und Stadtmauern*** am höchsten Punkt der Stadt, von denen man über den ganzen See blicken kann. In der Folge wurde Ohrid zu einem bedeutenden Zentrum des orthodoxen Christentums, und hier soll sogar das kyrillische Alphabet erfunden worden sein.

Nützliches

Parken: Es gibt einen kostenlosen Parkplatz ***an der Altstadt*** mit öffentlichen Toiletten (0,50 €/30 MKD).
GPS: N 41.115220, E 20.794770

Wäscherei: ***Bubbles***
GPS: N 41.112000, E 20.808120
Adresse: Jane Sandanski 32
Öffnungszeiten: Mo–Sa 8–16 Uhr.

Ausrüstung: Die ***Okta-Tankstelle*** in Ohrid hält Aufsätze für beinahe alle gängigen ***Gasflaschen*** bereit, um diese zu befüllen. Eine Füllung kostet 3–4 €.
GPS: N 41.124420, E 20.789560
Adresse: Boulevard Turistichka

Aktivitäten

Baden: Die Altstadt von Ohrid hat einige winzige **Stadtstrände.** Um hierher zu gelangen, am Wasser entlang auf den Holzstegen in Richtung der Kirche des Johannes von Kaneo gehen. Hier reihen sich viele Bars und Restaurants aneinander, es können Liegestühle gemietet werden.
GPS: N 41.110734, E 20.791694
(Potpesh Strand)

Sehenswert

Kirche des heiligen Johann von Kaneo: Die ausgesetzte Lage auf einem Felsvorsprung hoch über dem See machten die kleine Kirche in den vergangenen Jahren nicht nur zu einem beliebten Fotomotiv, sondern sogar zum ***Wahrzeichen der Stadt.*** Der schöne Blick über den See und die umliegenden Berge tragen dazu min-

Die Kirche des heiligen Johann von Kaneo beeindruckt mit ihrer Lage über dem Ohridsee

destens ebenso bei wie die Kirche selbst. Das genaue Errichtungsdatum ist so unbekannt wie der Architekt, als sicher gilt aber, dass ***Einflüsse der armenischen Kirchenarchitektur*** auf die äußere Erscheinung zurückzuführen sind.

GPS: N 41.11102391, E 20.78890395

Haus der Familie Robev: Eines der stattlichsten Stadthäuser ließ der Kaufmann Konstantin Robev Mitte des 19. Jahrhunderts für seine Familie errichten. Im Inneren ist es mit ***aufwendigen Holzarbeiten*** von lokalen Meistern der Holzschnitzerei verziert.

Holzschnitzerei im Haus der Familie Robev

Heute beheimatet es das ***Stadtmuseum*** Ohrids. Ausgestellt sind neben historischen Fundstücken der Region viele künstlerische Holzschnitzarbeiten und verzierte Einrichtungsgegenstände.

GPS: N 41.112319, E 20.796080

Adresse: Tsar Samoil 62

Öffnungszeiten und Eintritt: Tägl. 9–15.30 Uhr. Erwachsene/ermäßigt 100/50 MKD.

Struga

Am nördlichen Ende des Ohridsees, wenige Kilometer von der albanischen Grenze entfernt, liegt der kleine Ort Struga. Wegen seiner schönen ***Kiesstrände*** ist es im Sommer ein beliebter Badeort, bleibt aber stets etwas ruhiger als das nahegelegene Ohrid. Um die Altstadt von Ohrid zu besuchen, ist Struga ein guter Ausgangsort. Zwischen den beiden Orten pendeln im Sommer ***Taxiboote***, das Auto kann also stehen gelassen werden.

Nützliches

Parken: ***Am Stadtpark*** von Struga gibt es einen großen kostenlosen Parkplatz an der Straße in unmittelbarer Nähe zum Ohridsee.

GPS: N 41.17354, E 20.68316

Campingplatz: Der kleine Campingplatz ***Camping Rino 2*** liegt direkt am Ufer des Ohridsees. Es gibt zwar keinen richtigen Strand, man kann aber baden. Von der Straße aus nicht zu übersehen. Die netten Besitzer sind sehr hilfsbereit und können viele Auskünfte zum See und seiner Umgebung geben. Das ganze Jahr geöffnet. Es gibt Waschmaschinen (4 €). Für zwei Personen und einen Camper/Van 13 € pro Nacht. Die Familie führt direkt nebenan ein Restaurant und vermietet auch Apartments. Alles sehr gepflegt.

GPS: N 41.15486, E 20.6508

Adresse: Kalishta

Web: www.campingrino.com

Wasser: Auf halbem Weg zwischen Skopje und dem Ohridsee findet sich direkt ***an der Nationalstraße A2/Europastraße E65*** eine Trinkwasserquelle.

GPS: N 41.63673, E 20.90309

Aktivitäten

Baden: In Struga gibt es ***drei Stadtstrände*** mit Kies, Duschen, Bars und Restaurants. Je einer liegt ***auf beiden Seiten des Schwarzen Drin.*** Der Fluss fließt in Richtung Norden aus dem See ab und teilt die Stadt in der Mitte.

GPS: N 41.172506, E 20.680296 (Ostufer)

GPS: N 41.173653, E 20.674991 (Westufer)

Der dritte Strand liegt etwa 1,5 Kilometer ***in Richtung Ohrid.***

GPS: N 41.171141, E 20.696636

Makedonium 29
(Ilinden Memorial)

GPS: N 41.377570, E 21.248489

Die Gedenkstätte in Kruševo ehrt die Kämpfer des Ilinden-Aufstands 1903 gegen die osmanische Herrschaft und die antifaschistischen Partisanen des Zweiten Weltkriegs. Obwohl schon 1974 erbaut, kam das Makedonium erst nach der Desintegration Jugoslawiens zu seiner Funktion als säkularer Tempel des mazedonischen Nationalismus. Hier finden regelmäßige Gedenkveranstaltungen, Besuche hochrangiger Politiker und Schulveranstaltungen statt. Dementsprechend gut ist die Anlage erhalten. Obwohl das Äußere des Denkmals zuerst polarisierte, Kritiker konnten sich mit der überdimensionalen Seemine nicht anfreunden, zieht der einem Morgenstern nachempfundene Bau viele Besucher aus dem ganzen Land an. Im Inneren finden sich abstrakte, künstlerische Darstellungen der einzelnen Etappen zur nordmazedonischen Staatswerdung.

Nützliches

Öffnungszeiten und Eintritt: Die offiziellen Öffnungszeiten sind ganzjährig Mo–Sa 7–16 Uhr. Die Anlage kann rund um die Uhr besucht werden, nur wer das Makedonium von innen sehen möchte, muss auf diese Zeiten Rücksicht nehmen. Gerade in der Nebensaison kann es sein, dass sich in der Frühe noch kein Angestellter blicken lässt. Dann entweder an einer der Verkaufsbuden am Parkplatz auf sich aufmerksam machen oder später wiederkommen. Erwachsene/ermäßigt 60/30 MKD.

Parken: Es steht ein großer, kostenloser Parkplatz ***mit Touristeninformation*** und Toiletten zur Verfügung.

GPS: N 41.375040, E 21.246850

Unser Schlafplatz: Am Makedonium vorbei führt eine unebene Straße den Hügel hinab zu einem ***kleinen Stausee.*** Direkt vor der niedrigen Staumauer, die von schmalen Fahrzeugen befahren werden kann, findet sich eine Einbuchtung, in der genau ein Van Platz findet. Sehr schöner und ruhiger Platz direkt am See. Dort kann auch gebadet werden. Für Wohnmobile allerdings nicht geeignet.

GPS: N 41.379800, E 21.244320

Deutlich abgelegener, aber auch nur 10 Minuten mit dem Auto vom Makedonium entfernt, kann ***am Bears Monument*** übernachtet werden. Zu diesem führt eine Stichstraße, daher ist es hier immer recht ruhig. Auch für Wohnmobile ideal.

GPS: N 41.33791, E 21.25793

In der Umgebung

Toše Proeski Gedenkmuseum: Gegenüber dem Ilinden Memorial befindet sich ein, dem Gedenken an den 2007 verunglückten ***Musiker Toše Proeski*** gewidmetes, Museum. Ausgestellt sind in erster Linie persönliche Gegenstände, Bühnenoutfits und Bilder des jungen Künstlers. Der nordmazedonische Popstar wurde in den frühen 2000er-Jahren zu einer nationalen Ikone. Zudem war er einer der wenigen Künstler, der in allen Nachfolgestaaten Jugoslawiens gleichermaßen erfolgreich war. Sein unerwarteter Tod löste länderübergreifend eine ungewöhnliche Betroffenheit aus. Sein öffentliches Eintreten für ein friedliches Miteinander hatten ihm großen Respekt verschafft. Posthum wurde er zum ***Ehrenbürger Nordmazedoniens*** erklärt.

GPS: N 41.374744, E 21.246518

Adresse: Nikola Karev, Kruševo

Öffnungszeiten und Eintritt: Di–So 9–16 Uhr. Pro Person 100 MKD.

Das Makedonium erinnert Kritiker an eine überdimensionale Seemine

Prilep ⑮⑰㉕

GPS:
N 41.346001,
E 21.555072
(Uhrenturm)

Schon kurz nach der Ankunft in dem überschaubaren Städtchen besteht kein Zweifel daran, dass es sich hier um das Zentrum des nordmazedonischen Tabakanbaus handelt. Jede freie Fläche entlang der Straßen und zwischen den Häusern wird im Sommer für die hölzernen Gerüste genutzt, auf denen an langen Schnüren in unzähligen Reihen die Tabakblätter zum Trocknen aufgereiht werden. Die auch als „Gold Prileps" bezeichneten Pflanzen sind wegen ihrer hohen Qualität weltweit bekannt und geschätzt. Nach dem Ende des jugoslawischen Sozialismus brachten sie die ersten ausländischen Devisen ins Land.

Am nördlichen Ende der Pelagonischen Ebene gelegen ist die Stadt neben den Tabakfeldern von einer kargen, außergewöhnlich schönen Felslandschaft umgeben. Tausende frei in der Ebene liegende Felsen geben die perfekte Kulisse für Wanderungen in dem Meer aus Felsen ab. Die Gneis-Granit-Mischung des Gesteins hat der Witterung freie Hand bei der Modellierung großartiger Formen und Strukturen gelassen. Kein Wunder, dass sich Prilep als ausgezeichnetes Bouldergebiet herumgesprochen hat.

Die Stadt und ihr Zentrum um den historischen Uhrenturm kommen bodenständig und unaufgeregt daher. Ausländische Besucher sind selten, touristische Infrastruktur gibt es dementsprechend nicht. Gerade das macht Prilep aber zu einem angenehm authentischen Ort. Nur einmal im Jahr, immer Mitte Juli, bricht in der Stadt ein ausgelassener Ausnahmezustand aus. Für vier Tage wird das Bierfest (Pivofest) mit über 200.000 Besuchern zelebriert. Das berühmte Barbecue sollte man auf keinen Fall verpassen!

Nützliches

Parken: Entlang der zentralen Hauptstraße Goce Delchev gibt es ***im Zentrum*** kostenpflichtige Parkplätze. Parkwächter kassieren und stellen ein Ticket aus. 20 MKD pro Stunde.

GPS: N 41.345433, E 21.552200

Unser Schlafplatz: Die Stadt auf der R1312 in Richtung Nordosten verlassen. Bei **N 41.364771, E 21.571439** links von der Straße in einen unebenen Feldweg abfahren. Dem schlechter werdenden Weg folgen. Tendenziell rechts halten und auf das Felsenmeer zuhalten. Hier ***am Fuße***

der Felsen steht man unbehelligt in wunderbarer Umgebung mit Blick auf die Stadt. Für Wohnmobile nicht geeignet.

GPS: N 41.37115, E 21.57159

Der Straße R1312 in Richtung Nordosten aus der Stadt folgen. Die links aufragenden Felsen passieren und bis zum Stausee weiterfahren. Direkt an der Straße tut sich rechter Hand ein großer Parkplatz auf. Von hier verzweigen sich einige Feldwege. Einfach Lieblingsplatz ***am Ufer des Sees*** aussuchen. Dieser Platz ist auch für Wohnmobile geeignet.

GPS: N 41.39056, E 21.59761

Der kleine Parkplatz ***am Stein-Elefanten in der Nähe der Markos-Türme*** gibt einen passablen Platz für die Nacht ab. Allerdings steht man hier relativ nah an den Häusern.

GPS: N 41.35886, E 21.54097

Aktivitäten

Bouldern: Nachdem der Petzl RocTrip 2014 mit einigen hochklassigen Kletterern im Schlepptau seine Zelte in Prilep aufgeschlagen hatte, wurde dem Felsenmeer vor den Toren der Stadt bis dahin ungekannte Aufmerksamkeit zuteil. Das „Bleau des Ostens" zaubert seither zuverlässig ein Strahlen auf die Gesichter aller Freunde des maximalkraftlastigen Vertikalsports. Viel Betrieb herrscht allerdings selten, so ist auch noch reichlich Potential für Neuerschließungen. Crashpads und das Topo bekommt man bei **Marko.** Am besten ein paar Tage im Voraus eine Mail schreiben.

Kontakt: belakaposki@gmail.com

Sehenswert

Markos Türme (Markovi Kuli): Hoch über der Ebene gelegen fügt sich die ***Festung des legendären König Marko*** perfekt in die zerklüfteten Hügel und Felsen ein. Obwohl Mauern und Gebäude nur noch teilweise erhalten geblieben sind, macht die Bauweise, die den Eindruck erweckt, Umgebung und Festung würden sich nahtlos miteinander verbinden, diese Festung zu einer der ungewöhnlichsten auf dem ganzen Balkan. Zur Zeit ihrer Nutzung war sie eine der unzugänglichsten und am leichtesten zu verteidigenden Festungen der ganzen Region.

Vom Stadtrand Prileps kann eine entspannte ***Wanderung*** auf den mit einem Kreuz aus Stahlträgern markierten höchsten Punkt der Festung unternommen werden. Eintrittsgebühr oder Öffnungszeiten gibt es keine. Am kleinen ***Parkplatz am Stein-Elefanten*** kann man parken. Hier findet sich auch ein winziges Freilufttheater. Vom Parkplatz aus den rot-weißen Markierungen oder dem 4x4-Feldweg, der zur Festung eine ausladende Linkskurve beschreibt, folgen.

GPS: N 41.35886, E 21.54097 (Parkplatz)

GPS: N 41.361600, E 21.538280 (Festung)

Burial Mound to the Unbeaten (Partisan Necropolis): Das im ***Park der Revolution*** errichtete Denkmal ehrt die circa 800 in den Kämpfen um Prilep gefallenen Partisanen des Zweiten Weltkriegs. Die zuerst 1941 von den Achsenmächten besetzte Stadt war Ort anhaltenden Widerstands und wurde nach bewaffneten Aufständen

Bild 1: Die Gegend um Prilep ist bei Boulderern beliebt | Bild 2: Markos Türme – einst unzugängliche Festung, heute beeindruckende Ruinen

wiederholt von deutschen und bulgarischen Truppen erobert, bis die Partisanen im November 1944 die Oberhand gewannen. Für diese Anstrengungen wurde Prilep 1975 als eine von acht Städten in Jugoslawien mit dem ***Ehrentitel „Stadt der Volkshelden“*** ausgezeichnet.

Für das Denkmal wurde der berühmte, in der Nähe Prileps abgebaute weiße Marmor ***Bianco Sivec*** verwendet. Dieses besteht aus acht Säulen, die Urnen oder Fackeln ähneln sollen, sowie einer runden, von oben einsehbaren Gedenkwand mit den eingravierten Namen der gefallenen Widerstandskämpfer.

Unweit des Denkmals im Park findet sich ein großer Kinderspielplatz. Entlang einer ins leere Feld laufenden Sackgasse zwischen dem Park und einer Sportanlage kann kostenlos geparkt werden.

GPS: N 41.33305, E 21.55472 (Parkplatz)

GPS: N 41.334073, E 21.554684 (Denkmal)

In der Umgebung

Felsenmeer: Den wie von einer riesigen Hand über der sanft hügeligen Landschaft ausgesäten Felsbrocken wird vor allem von Besuchern viel Bewunderung entgegengebracht. Die meisten der Einheimischen können diese Faszination nicht so recht teilen. Zwar gibt es immer wieder Sportveranstaltungen in dem sich ***nördlich der Stadt*** erstreckenden riesigen Areal, die meiste Zeit des Jahres aber sind ausländische Besucher und heimische Ziegen unter sich. Neben vereinzelten Boulder-Events findet regelmäßig im September ein ***Trailrunning-Marathon*** statt. Um die Gegend zu erkunden, sind die Markos-Türme (s.o.) ein guter Ausgangspunkt. Noch etwas mehr inmitten der Felsen kann auch an untenstehenden Koordinaten gestartet werden.

GPS: N 41.37115, E 21.57159

Demir Kapija 16

GPS: N 41.409243, E 22.244227 (Zentrum)

Seinen Namen bekam der Ort unter türkischer Herrschaft verliehen, er verweist auf die enge Schlucht, die der Vardar in die Kalksteinfelsen geschnitten hat und die Reisende auf ihrem Weg nach Süden passieren müssen. Wörtlich übersetzt bedeutet Demir Kapija so viel wie „Eisernes Tor“.

Ungefähr auf halber Strecke von Skopje nach Thessaloniki liegt Demir Kapija direkt an der wichtigsten Nord-Süd-Verbindung Nordmazedoniens, der A1 beziehungsweise E75. Der in den letzten Jahren behutsam einsetzende Tourismus konzentriert sich auf die beiden mal gegensätzlichen, mal komplementären Hauptaktivitäten in der Region: Outdoorsport und Weinverkostungen. Mag zunächst ungewöhnlich klingen, ist aber dank der teils hügeligen, teils felsig schroffen Landschaft nur naheliegend. Die vielen Sonnenstunden des Jahres tun ihr Übriges, um beide Zielgruppen glücklich zu machen.

Nützliches

Campingplatz: Die kleine Campingwiese des ***Rock Land Camp*** liegt am Rande der Ortschaft, wenige Minuten vom Ortskern entfernt. Küche, Duschen und Toiletten gibt es eigens im Haus. Der Name kommt nicht von ungefähr, der Betreiber Alex war früher Nationaltrainer der kasachischen Sportkletterer. Er hat die meisten der inzwischen 200 Kletterrouten der Region eingerichtet. Das ganze Jahr geöffnet, 5 € pro Person/Nacht. Alex und seine Frau halten das Camp super in Schuss und kommen meistens ein Mal am Tag vorbei, um nach den Gästen zu schauen.

GPS: N 41.401823, E 22.246440

Adresse: Dame Gruev street 36

Web: www.campingmacedonia.com

Bankautomat: ***An der Tankstelle*** im Ort gibt es einen Bankautomaten.

GPS: N 41.409343, E 22.242523

Kulinarisches: Der fruchtbare Boden und das bekömmliche Mikroklima machen Demir Kapija zum idealen Weinanbaugebiet. ***Royal Winery Queen Maria,*** das älteste Weingut Nordmazedoniens, wurde hier 1928 von Alexander I. Karađorđević, dem jugoslawischen König gegründet und nach seiner Frau Königin Maria benannt.

GPS: N 41.414147, E 22.233742

Adresse: Marshal Tito 63

Web: www.wineryqueenmaria.com

Öffnungszeiten und Preise: Tägl. 8–23 Uhr. Gehobene Preiskategorie.

Die Straße durch das Eiserne Tor wurde einst von einem massiven Wehrturm bewacht, der die Umgebung überblickte und als Kontrollpunkt für Reisende diente. In Erinnerung an den inzwischen zerstörten sogenannten Priesterturm (*Popova Kula*) ist das zweite Weingut von Demir Kapija, ***Popova Kula Winery,*** nicht nur nach diesem benannt, sondern orientiert sich auch architektonisch an den traditionellen Befestigungstürmen des Landes. Im Restaurant im Turm genießt man folglich einen hervorragenden Rundumblick über die Hügel, Wiesen und Wälder des Weinguts um Demir Kapija. Aus elf verschiedenen Rebsorten werden hier zwanzig unterschiedliche Weinsorten gekeltert. Klassischerweise werden bei einer Weinprobe fünf Weine ausgesucht, die mit entsprechendem Käse oder Schinken serviert werden. Auch wer sich gar nicht für Wein interessiert, ist im Restaurant mit gehobener lokaler Küche gut aufgehoben.

GPS: N 41.410861, E 22.226318

Adresse: Wine Boulevard No. 1

Web: www.popovakula.com.mk

Öffnungszeiten und Preise: Tägl. 8–23.30 Uhr. Gehobene Preiskategorie.

Der griechisch-mazedonische Namensstreit

Das historische **Königreich Makedonien**, dessen Zentrum in der Gegend des heutigen Thessaloniki lag, befand sich nach dem Tod Alexanders III. im Niedergang. In der 148 v. Chr. eingerichteten römischen Provinz Macedonia und späteren byzantinischen Verwaltungseinheit blieb sein Name aber bestehen. So etablierte sich die Bezeichnung für die Region, die heute die nördlichen Teile Griechenlands, das Staatsgebiet Nordmazedoniens und seine Grenzregionen zu Albanien und Serbien sowie den Südwesten Bulgariens umfasst. Ein eigener Staat mit diesem Namen bestand aber für zwei Jahrtausende nicht.

Nach dem **Ersten Balkankrieg** 1912 teilten die Gewinner das Gebiet der historischen Region Makedonien unter sich auf. Bulgarien behielt den östlichen Teil, das sogenannte Pirin-Mazedonien, Griechenland nahm sich das südliche Ägäis-Mazedonien, und Serbien verleibte sich den größten Teil, Vardar-Mazedonien, ein. Dieses nach dem Hauptfluss der Gegend benannte Gebiet sollte später die jugoslawische Teilrepublik Mazedonien bilden und entspricht heute den Grenzen der Republik Nordmazedonien. Griechenland gab seinen eroberten Gebieten den Namen **Generalgouvernement Makedonien.**

Nach dem **Zweiten Weltkrieg** setzte das Führungsgremium Jugoslawiens die 1943 beschlossene Errichtung einer **Republik Makedonien** in die Tat um. So erhielten die als Staatsvolk in die Sozialistische Föderative Republik Jugoslawien aufgenommenen Mazedoniern ein **eigenes Staatsgebiet.**

Als die jugoslawische Teilrepublik Mazedonien **1991** ihre **Unabhängigkeit unter dem Namen Mazedonien** erklärte und den sogenannten Stern von Vergina als Nationalflagge wählte, verweigerte die griechische Regierung unter Protest die diplomatische Anerkennung des neuen Landes. Grund hierfür waren befürchtete Gebietsansprüche Mazedoniens auf die griechische Region Makedonien. Sowohl Flagge wie auch Name wurden von Griechenland als griechisch bezeichnet, deren alleinige Verwendung Griechenland zustehe. Als NATO- und EU-Mitglied verhinderte Griechenland auch die diplomatische Anerkennung der Republik Mazedonien in diesen Organisationen. Auf dem Höhepunkt des Namensstreits verhängte Griechenland 1994 ein umfassendes **Handelsembargo gegen Mazedonien** und schloss die Grenzen zu seinem Nachbarstaat. Der Konflikt konnte erst beigelegt werden, als Mazedonien eine abgewandelte Nationalflagge wählte und von den Vereinten Nationen als ***Former Yugoslav Republic of Macedonia*** (F.Y.R.O.M) anerkannt wurde.

Zwar normalisierten sich die zwischenstaatlichen Beziehungen daraufhin weitestgehend, Griechenland machte aber seine Zustimmung zur Aufnahme Mazedoniens in die EU und die NATO weiterhin von der abschließenden Lösung der Namensfrage abhängig. Dies schadete vor allem Mazedonien erheblich, dessen internationale Integration nach dem Zerfall Jugoslawiens und der Unabhängigkeitserklärung 1991 über Jahre hinweg behindert wurde. Die beiden Regierungschefs Zoran Zaev und Alexis Tsipras begannen 2018, Verhandlungen zur endgültigen Beilegung des Disputs in die Wege zu leiten. Trotz massiven Protests nationalistischer Hardliner in beiden Ländern, die einen Kompromiss vehement torpedierten, einigten sich die beiden Politiker auf einen neuen Namen für Mazedonien, der ***Republik Nordmazedonien*** lauten sollte. Nachdem die Parlamente beider Länder der Namensänderung zugestimmt hatten, trat diese Anfang **2019** offiziell in Kraft.

Aktivitäten

Wandern: Um Demir Kapija kann man einige nette Wanderungen unternehmen. Zum Beispiel ***durch den Canyon*** zu den Dörfchen Celevec, Iberli und Koreshnica. Manche der anderen Wege erfordern allerdings Klettersteigsets. Mehr Infos und aktuelle Bedingungen am besten bei Alex vom ***Rock Land Camp*** (s.o.) erfragen.

Sportklettern: In den ***Felsen um Demir Kapija*** findet sich das derzeit am schnellsten wachsende Klettergebiet Nordmazedoniens. In insgesamt **18 Sektoren** finden sich einige lohnende Routen. Es gibt sowohl alpine als auch gut abgesicherte Mehrseillängen-Routen, überwiegend jedoch gut abgesicherte Sportkletterrouten. Die lohnendsten Sektoren sind hier Sahara, All inclusive, Kin Dza Dza, Hamburger Berg und Malchik s Palchik (das Topo findet sich unter www.campingmacedonia.com/tmp).

Für den größten Teil der Sektoren, die im Canyon liegen, kann auf einem kleinen Parkplatz zwischen den beiden Tunneln der alten Autobahn geparkt werden. Bei Alex, dem Betreiber des ***Rock Land Camp*** (s.o.), können geführte Exkursionen oder Kurse gebucht werden.

GPS: N 41.406837, E 22.259861 (Parkplatz)

Allgemeine Reiseinformationen

Touristeninformation

Exploring Macedonia – Macedonian National Portal of Tourism
Partizanski odredi 62
1000 Skopje, Nordmazedonien
Telefon: +389 23 08 01 11
contact@exploringmacedonia.com
www.exploringmacedonia.com

Notfälle

Deutsche Botschaft
Ul. Lerinska 59
1000 Skopje, Nordmazedonien
www.skopje.diplo.de
Öffnungszeiten: Mo–Do 8–12 und 14–16, Fr 8–12 Uhr.

Unter Tel. +389 23 09 39 00 erhält man die Nummer des ***Bereitschaftdienstes*** der Deutschen Botschaft.

Notfallrufnummern

Rettungsdienst	194
Feuerwehr	193
Polizei	192

Einreisebestimmungen

Als gültige Ausweisdokumente gelten (vorläufiger) ***Reisepass*** sowie ***Personalausweis.*** Das Dokument muss bei Einreise noch mindestens 6 Monate gültig sein. Für deutsche, schweizer und österreichische Staatsangehörige ist für einen (touristischen) Aufenthalt bis 90 Tagen kein Visum nötig. Laut Ausländerrecht müssen sich Ausländer ***innerhalb von 24 Stunden nach Einreise*** bei der nächsten Polizeistation ***registrieren.*** Übernachtet man in einem Hotel oder einer Pension, wird die Anmeldung bei der Polizei meist von der Unterkunft übernommen. Andernfalls muss man selbst die nächstgelegene Polizeistation aufsuchen und sich registrieren. Es wird nach dem Namen und der Adresse des Gastgebers gefragt, wer Wildcampen anstrebt, dem ist zu empfehlen, für die ersten 1–2 Nächte im Land einen Campingplatz anzusteuern, dessen Adresse kann man für die Registrierung angeben. Unterlässt man die Registrierung, läuft man Gefahr, ein Bußgeld bezahlen zu müssen. Tatsächlich registrieren sich aber die wenigsten Reisenden bei der Polizei. In der Regel gibt es auch dann keine Probleme bei der Ausreise.

Zollbestimmungen

An Tabakwaren dürfen zollfrei eingeführt werden: 200 Zigaretten oder 100 Zigarillos oder 50 Zigarren oder 250 g Tabak. Die zollfreie Menge für Alkohol beträgt: 1 l mit über 22 Vol.-%, oder 2 l mit unter 22 Vol.-%, 2 l Wein, 50 ml Parfum und 250 ml Eau de Toilette.

Geografie und Klima

Nordmazedonien ist ein Binnenland, zentral auf der südlichen Balkanhalbinsel gelegen. Das Klima lässt sich in drei Zonen unterscheiden. Im ***Osten*** herrscht ***gemäßigtes Kontinentalklima:*** Die Winter sind feucht kalt, die Sommer dagegen trocken heiß. Der ***westliche Landesteil***, angrenzend an Albanien, wird durch das ***Seeklima*** beeinflusst. Langen trockenen Sommern mit Höchsttemperaturen teilweise über 40 °C folgt ein milder, aber regnerischer Winter. Die ***trockenste Region*** des Landes ist der ***Nordwesten*** Richtung Serbien, hier fällt mit 400 mm Niederschlag im Jahr kaum Regen oder Schnee. In den ***Gebirgsregionen*** finden sich einige Gipfel mit über 2500 m Höhe. Hier fallen die Sommer vergleichsweise eher kurz und kühl aus. Der Winter dauert von November bis April an und bringt viel Schnee bei niedrigen Temperaturen.

Es kann zu ***Erdbeben*** kommen, da Nordmazedonien in einer seismisch aktiven Zone liegt.

Zahlungsmittel

In Skopje und weiteren ***größeren Städten*** ist das Abheben von Mazedonischen Denar (MKD) an ***Bankautomaten*** meist problemlos möglich, diese sind flächendeckend aufgestellt. In Städten kann auch mit ***EC- oder Kreditkarte*** gezahlt werden, insbesondere in größeren Restaurants, Geschäften oder Buchhandlungen. In ***ländlicheren Gegenden*** ist ***Bargeld*** noch Hauptzahlungsmittel, Bankautomaten finden sich gelegentlich in oder bei Tankstellen. Der Bargeldbestand sollte vorausschauend geplant werden. Oft wird auch der ***Euro als Zahlungsmittel*** akzeptiert. ***Banken*** sind in der Regel Mo–Fr zwischen 8 und 18 Uhr und samstags von 8 bis 13 Uhr geöffnet.

Medizinische Versorgung

Die medizinische Versorgung in Nordmazedonien ist gut, ***nahezu auf westeuropäischem Standard.*** Insbesondere auf dem Land sind Einrichtungen hygienisch und technisch nicht immer auf dem aktuellen Stand. Oft ist es schwierig, einen Deutsch oder Englisch sprechenden Arzt zu finden. Die Deutsche Botschaft führt eine aktuelle Liste mit Deutsch oder Englisch sprechenden Ärzten unterschiedlichster Fachrichtungen.

Internet

Da Nordmazedonien kein EU-Mitglied ist, sollten an der Grenze die mobilen Daten auf dem Smartphone ausgeschaltet werden, um keine Überraschung bei der Mobilfunkabrechnung zu erleben. Man rühmt sich damit, der erste Staat in Europa zu sein, in dem es ***flächendeckendes WLAN*** gibt. Zumindest in Skopje gibt es eine Vielzahl an Free-WiFi-Hotspots.

Die lokalen Netzanbieter haben eine ***gute Netzabdeckung*** und bieten ***Prepaid-SIM-Karten*** in verschiedenen Paketen an. Der Anbieter VIP bietet neben Prepaid-Touristen-Flatrate-Paketen mit variablen Datenvolumen die Möglichkeit, einen Sondertarif für Auslandsgespräche kostenlos hinzu zu buchen. Diese Option gilt für Deutschland, Österreich oder die Schweiz. In das ausgewählte Land kann man für eine günstige Rate telefonieren.

Netzspannung

Die Netzspannung beträgt **230 Volt** (50 Hz). Es werden keine Reisestecker-Adapter benötigt.

Freies Camping

Wildcampen ist in Nordmazedonien theoretisch ***verboten***, meist sind die Behörden ***allerdings tolerant.*** Von Ortschaften und Privatgeländen sollte man ausreichend Abstand halten. Es gibt immer wieder Sicherheitskräfte, die versuchen aus solchen Situationen ein paar Euro zu schlagen. Daher Abstand zu Gebäuden, Hauptstraßen und Privatgeländen halten und unauffällig verhalten.

Essen und Trinken

Die Küche des Landes wurde über Jahrhunderte von ***orientalischen und mediterranen Einflüssen*** geprägt. Oft verarbeitet werden Weizen, Mais und Reis. Angebaute Gemüsesorten sind Kartoffeln, Zwiebeln, Karotten, Kraut, Spinat, sowie Erbsen und Zwiebeln und je nach Wasserversorgung auch Paprika, Tomaten,

Vanlife in Nordmazedonien

Gurken und Auberginen. Die bedeutendsten Zuchttiere sind Rinder, Schafe, Ziegen und Schweine. Neben Äpfeln und Birnen wachsen Aprikosen, Feigen, Pflaumen, Kirschen und Wassermelonen, außerdem verschiedenste Nüsse. Im Südwesten werden Forellen und Barbengründlinge gefischt.

Zu den klassischen **Vorspeisen** gehören *Pinđur*, ein Aufstrich aus Paprika, Aubergine und Tomaten, oder *Torshi*, in Essig-Salz-Lake eingelegtes Gemüse.

Fleisch in Form von *Cevapcici*, *Sucuk*, Gulasch oder *Köfte* sind zu den meisten Gerichten beliebte **Beilagen.** Außerdem sind Eintöpfe wie *Gjuvec* in vielen Regionen **Nationalgericht.**

Die **Backwaren** *Börek* oder *Pita* sowie **Dessert-Klassiker** *Baklava*, *Halva* oder *Lokum* (Süßigkeit basierend auf Sirup aus Stärke und Zucker) finden sich natürlich auch in Nordmazedonien.

Trinkwasser

In den Städten Nordmazedoniens gibt es zwar gechlortes, aber sauberes Wasser, zur Verfügung gestellt durch die staatliche Wasserversorgung. Insgesamt beziehen 85 % der Gesamtbevölkerung ***Leitungswasser*** in Trinkwasserqualität.

Auf dem Land haben nur 27 % der Menschen zuverlässig sauberes Wasser. Sind die Dörfer nicht an die staatliche Wasserversorgung angeschlossen, wird Wasser aus lokalen Wasserleitungen bezogen oder aus **Brunnen oder Quellen** geschöpft. In ländlichen Regionen kommt es außerdem immer wieder zu ***Wasserknappheit.*** Gründe dafür sind unzureichend arbeitende Kläranlagen, veraltete Wasserleitungen, fehlende Wasserspeicher und mangelhafte Pumpsysteme. Um Magenverstimmungen vorzubeugen, sollte ***abgefülltes Wasser*** gekauft werden.

Sicherheit

Allgemein ist die Kriminalitätsrate in Nordmazedonien gering. In den Städten ist mit Taschendiebstahl und Autoaufbrüchen zu rechnen. Es sollten nur bewachte Parkplätze aufgesucht werden.

Korruption

In den letzten Jahren ist ein leichter Rückgang der Korruption zu vermerken. Dennoch kann man auf Sicherheitskräfte treffen, die versuchen, sich mit Touristen ihr Gehalt aufzubessern.

Straßen und Verkehr

Einreise mit dem Pkw

Der **EU-Führerschein** wird anerkannt und ist ausreichend. ***Fahranfänger***, die den Führerschein noch nicht länger als zwei Jahre besitzen, dürfen in der Kernnacht zwischen 23 und 5 Uhr kein Fahrzeug führen. Dies gilt nicht, wenn ein über 25 Jahre alter Beifahrer dabei ist, der im Besitz eines Führerscheins in der entsprechenden Kategorie ist. Die **Grüne Karte** gilt nur, wenn darauf Nordmazedonien vermerkt ist. Es werden nur noch Grüne Versicherungskarten mit der ***neuen Länderbezeichnung*** (alt: Mazedonien) akzeptiert. Hat man die Grüne Karte nicht dabei, oder ist Nordmazedonien darauf nicht vermerkt, ist an der Grenze eine ***Versicherung*** zu erwerben (Pkw etwa 40 € für 2 Wochen), die Leistung ist allerdings entschieden niedriger als in Deutschland. Es wird empfohlen, Zuhause eine zusätzliche ***Kurzkaskoversicherung*** abzuschließen.

Grenzen

Die nordmazedonischen Grenzbeamten machen sich bei Urlaubern meist kaum die Mühe, in den Pass zu schauen. Daher geht der Grenzübertritt oft sehr schnell. Nordmazedonien liegt aber auf der Westbalkanroute, auf der viele Migranten und Flüchtlinge nach Westeuropa reisen. Die ***Kontrollen*** an den nordmazedonischen Grenzen wurden daher ***verstärkt***, was wiederum die ***Wartezeiten an den Grenzübergängen*** verlängert. Es sollten nur offizielle Grenzübergänge genutzt werden. Unbekannte ohne gültige Papiere sollten auf keinen Fall bei der Einreise im eigenen Fahrzeug mitgenommen werden. Dies wird als ***Schleusung*** geahndet und mit einer ***Freiheitsstrafe*** von mindestens vier Jahren bestraft, sind Minderjährige beteiligt, sogar acht Jahre.

Allgemeine Verkehrsregeln

Auch ***tagsüber*** muss das ***Abblendlicht*** eingeschaltet sein.

Verlässt man außerhalb geschlossener Ortschaften wegen einer Panne oder eines Unfalls sein Fahrzeug, muss eine ***Warnweste*** getragen werden.

In Nordmazedonien ist es Pflicht, ein ***Abschleppseil*** mitzuführen.

Zwischen dem 15.11. und dem 15.03. herrscht ***Winterreifenpflicht.*** Die Mindestprofiltiefe liegt bei Fahrzeugen bis 3,5 t bei 4 mm, bei Fahrzeugen mit Allradgetriebe oder über 3,5 t bei 6 mm. Außerdem müssen Fahrzeuge über 3,5 t eine kleine ***Schneeschaufel*** mitführen.

Die ***Promillegrenze*** liegt bei **0,5 ‰**, für ***Fahranfänger*** liegt sie bei **0,1 ‰.**

Tempolimits

Die maximale zulässige Höchstgeschwindigkeit ist davon abhängig, wie lange man bereits den Führerschein hat. Die Angabe in Klammern bezieht sich auf die Probezeit (Führerschein weniger als 2 Jahre).

Innerorts: 50 km/h
Außerorts: 80 (60) km/h
Schnellstraße: 110 (80) km/h
Autobahn: 130 (100) km/h

Autobahnen

Die wichtigste Autobahn des Landes (A1) verbindet Skopje mit Griechenland in Richtung Thessaloniki. Die A1 ist nicht mit deutschen Autobahnen zu vergleichen, aber gut genug, um konstant mit etwa 100 km/h vorwärts zu kommen.

Darüber hinaus bestehen einige weitere Verbindungen, die aber vielfach eher Schnellstraßen ähneln.

Maut

Einige ***Autobahnabschnitte*** sind ***mautpflichtig.*** An den Mautstationen kann ***bar***

oder mit Kreditkarte gezahlt werden. Die Gebühren sind recht gering.

Kraftstoff

Stand April 2023

Diesel – Dizel/Eurodiesel = 1,20 €
Benzin Bleifrei Super (95 Oktan) – Eurosuper 95 = 1,37 €
Benzin Bleifrei Super Plus (98 Oktan) – Eurosuper 98 = 1,41 €

Unfall und Pannen

Ist man in einen Verkehrsunfall verwickelt, ist man mit ausländischem Kennzeichen verpflichtet, den Unfall bei der ***Polizei*** zu melden und aufnehmen zu lassen. Ohne ***Polizeiprotokoll*** können keine Schadensersatzansprüche geltend gemacht werden. Die Erstellung der Protokolle ist leider oft recht langwierig und dauert meist mehrere Wochen. Das Polizeiprotokoll muss persönlich abgeholt werden.

Wird ein Fahrzeug ***abgeschleppt,*** muss an beiden Fahrzeugen ein ***Warndreieck*** angebracht werden (Schleppfahrzeug: Front, abgeschlepptes Fahrzeug: Heck).

Verkehrskontrollen und Bußgelder

Verkehrsdelikte werden mit ***empfindlichen Geldstrafen*** geahndet. Falschparken kostet 150 €, gelegentlich wird sogar das Kennzeichen abgeschraubt und nur gegen Zahlung der Geldbuße wieder ausgehändigt. Man sollte sich daher penibel an die Verkehrsregeln halten. Strafmandate dürfen nur von Polizeibeamten in Uniform erteilt werden. Die Zahlung der Geldbuße wird nie an Ort und Stelle direkt an die Polizisten gezahlt, sondern ist ***bei der nächstgelegenen Bank oder Poststelle zu bezahlen.***

Sonstiges

Defensives Fahren ist geboten. Haarsträubende ***Überholmanöver*** von Einheimischen sind die größte Unfallgefahr. Auf breiten Schnellstraßen wird von langsamen Fahrzeugen erwartet, dass sie am rechten Rand ihrer Spur fahren, damit in der Straßenmitte überholt werden kann.

Die ***Qualität der Straßen*** verbessert sich stetig. Vielerorts gibt es neue Straßen. In abgelegenen Regionen gilt dies allerdings nur eingeschränkt.

Die Grenzübergänge nach Serbien und Kosovo sind für einige ***Navigationssysteme*** herausfordernd. Daher unterschiedliche Karten vergleichen.

Bild 1: Blick von der Festung Kaleto | Bild 2: Alexander-Newski-Kathedrale in Sofia

Bulgarien

110.994 km²

6.838.937

Geografisch und klimatisch wird Bulgarien einerseits vom Balkangebirge und den Gebirgszügen der Rhodopen, andererseits durch die Donauebene und die Oberthrakische Tiefebene definiert. Während im gebirgigen Westen alpines Klima herrscht, ist die Schwarzmeerküste von mildem mediterranem Klima geprägt. Zwischen langen Sandstränden liegen hier uralte Städtchen am Meer, die für ihre Architektur und Kirchenbaukunst berühmt sind. Wer genug Sonne getankt hat, der kann sich daran machen die unterirdische, kühle Welt der berühmten bulgarischen Höhlensysteme zu entdecken. Mal geht es in die Tiefe der weit verzweigten Tunnel auf den Spuren unserer jungsteinzeitlichen Vorfahren, mal richtet sich der Blick in die Höhe zum Deckengewölbe, das dem einer mit Licht gefluteten Kathedrale gleicht.

Geeint werden die gegensätzlichen Landesteile von der kulturellen Gemeinsamkeit, die besonders in der feinen bulgarischen Handwerkskunst und der hervorragenden Küche ihren Ausdruck findet. Dank seiner Vielfältigkeit ist Bulgarien bei jedem Wetter und zu jeder Jahreszeit ein tolles Reiseland.

Länderfakten

Amtssprache:
Bulgarisch

Währung:
Bulgarischer Lew (BGN)

Wechselkurs: (April 2023)
1 Euro = 1,96 Bulgarische Lew

Staatsgründung:
3. März 1878 (Unabhängigkeit vom Osmanischen Reich)

Staatsform:
Parlamentarische Republik

Regierungssystem:
Parlamentarische Demokratie

EU: Ja

Schengener-Abkommen: Nein

Ethnien:
Bulgaren (84 %), Türken (8 %), Roma (5 %)

Religionen:
Orthodoxe Christen (76 %), Muslime (12 %), Protestanten (1 %)

Zeit:
UTC+2 OEZ, eine Stunde Zeitverschiebung zu Deutschland

Eingang zur Festung Kaleto

Festung von Belogradtschik 19 21 14

GPS: N 43.623340, E 22.677943 (Festung Kaleto)

Web: www.muzeibelogradchik.com

Öffnungszeiten und Eintritt: April, Okt. tägl. 9–18, Mai, Sept. 9–19, Juni–Aug. 9–20, Nov.–März 9–17 Uhr. Erwachsene/ermäßigt 6/4 BGN.

Die kleine Stadt mit knapp 7000 Einwohnern liegt nordwestlich von Sofia im Vorbalkan. Umgeben ist sie von über 200 Felstürmen aus rotem Konglomeratgestein. Die hoch aufragenden Felsformationen entstanden einst am Grund eines Ozeans, der nach der Auffaltung des Balkangebirges die durch eingelagerte Eisenoxide gefärbten Felsen preisgab.

Etwa 100 Höhenmeter über dem Ort liegt die Festung Kaleto zwischen den unzugänglichen Felsen. Vom Eingang der Festung führt ein Pfad den Berg hinauf zum höchsten Punkt der Festung, dem sogenannten „Ersten Stein". Vor allem der Blick vom rückwärtigen Teil der Festung über die Konglomerat-Türme ist beeindruckend. Das Aussehen der Festung gab einst auch dem Ort seinen Namen – Weiße Burg. Bereits im 1. Jahrhundert errichteten die Römer hier eine Festung zum Schutz der Handelswege entlang der Donau. In zahlreichen Konflikten wurde die Festung von Byzantinern, Bulgaren und Türken zerstört, jedoch immer wieder aufgebaut. Während des Serbisch-Bulgarischen Kriegs

1885 diente die Festung das letzte Mal der Verteidigung, woraufhin es den serbischen Truppen nicht gelang, die Region zu besetzen.

Heute ist sie eine der am besten erhaltenen Festungen in ganz Bulgarien. Sie ist vom Ort zu Fuß oder mit dem Fahrzeug zu erreichen. Die Asphaltstraße befindet sich in gutem Zustand und ist für Pkw und Wohnmobile geeignet. Überall in und um die Stadt herum stehen Tafeln, die auf den Standort der Festung und der Felsen hinweisen.

Nützliches

Parken: Eine enge Straße führt zu einem gebührenpflichtigen Parkplatz direkt an der Festung (2,40 BGN pro Tag).
GPS: N 43.623800, E 22.676850

Unser Schlafplatz: Ruhiger Platz im Grünen. Die Zufahrt ist zunächst noch asphaltiert, danach Schotter. Für Wohnmobile ungeeignet.
GPS: N 43.617298, E 22.688999

Magura-Höhle ㉒

GPS:
N 43.728078,
E 22.582899

Öffnungszeiten und Eintritt:
Tägl. 9.30–18.30 Uhr (Einlass um 10, 12, 14 und 16 Uhr).
Erwachsene/ermäßigt 12/10 BGN.

Mit ihrer imposanten Länge von 2,5 Kilometern ist sie eine der größten Höhlen Bulgariens. Das vom Wasser ausgewaschene Tunnelsystem birgt die unterschiedlichsten Muster und Steinformationen. Allein die Höhle, in die zwei Eingänge führen, ist daher schon sehenswert. Einzigartig sind aber die Wandzeichnungen, die unterschiedlichste Motive wie tanzende und jagende Menschen, Tiere sowie Arbeitsgeräte und Pflanzen darstellen. Die frühesten Zeichnungen sind wahrscheinlich während der Bronzezeit (2200–800 v. Chr.) entstanden. Zudem wollen Wissenschaftler altertümliche Prototypen von 26 Buchstaben des kyrillischen Alphabets erkannt haben.

Nützliches

Führung: Eigentlich ist der Besuch nur im Rahmen einer ***geführten Tour*** durch die Höhle gestattet. Die Touren starten alle halbe Stunde und sind leider nicht immer auf Englisch. In der Nebensaison oder bei wenig Andrang werden Besucher auf eigene Faust in die Höhle geschickt, was aber nicht unbedingt schlecht ist. Es gibt zwar elektrisches Licht, eine ***Taschenlampe*** ist aber nicht verkehrt. Der Boden ist teils sehr glatt und rutschig!

Parken: Der Hauptparkplatz ***neben einem verlassenen Motel*** ist kostenlos. In der Hauptsaison kann es dennoch vorkommen, dass ein Parkwächter auf sich auf-

Wandmalereien in der Magura-Höhle

merksam macht. Am bequemsten ist es wohl, den geringen Betrag zu bezahlen.

GPS: N 43.727030, E 22.583970

Am zweiten Eingang gibt es auch einen Parkplatz. Von hier werden Besucher mit einem Zug-Wägelchen über die Straße zum Haupteingang befördert.

GPS: N 43.732240, E 22.577130

Unser Schlafplatz: Das ***Ufer des nahegelegenen Sees*** bietet jede Menge Platz, um eine ruhige Nacht zu verbringen. Dafür muss bei den GPS-Koordinaten **N 43.728 000, E 22.601100** von der Straße abgefahren und einem holprigen Feldweg gefolgt werden. Der Weg ist auch für Wohnmobile befahrbar, Vorsicht ist aber geboten. Gerade nach Regen kann der Weg unbefahrbar sein.

GPS: N 43.73343, E 22.59475

Auch kann ***am verlassenen Motel*** am Parkplatz der Höhle für eine Nacht gestanden werden. Besonders schön ist es nicht, aber praktisch.

GPS: N 43.726840, E 22.584290

Prohodna-Höhle ⑮

GPS:
N 43.175013,
E 24.074681

Öffnungszeiten und Eintritt: Es gibt keine Öffnungszeiten, der Eintritt ist frei.

Beim Hinabsteigen in die Höhle entsteht der Eindruck, einen riesigen Raum, ähnlich einer Kathedrale, zu betreten. Das matte Licht im Innern verdunkelt sich nie gänzlich, die etwa 30 Meter hohen Gewölbe an beiden Enden lassen genug Licht in den über 260 Meter langen Raum. Einzigartig machen die Höhle ihre zwei lichtgefluteten Öffnungen in der Mitte der Höhlendecke, die häufig als „Gottes Augen" bezeichnet werden.

Vom Parkplatz aus ist die Höhle leicht innerhalb weniger Minuten zu Fuß zu erreichen. Die beiden Eingänge verbindet ein gut begehbarer Weg. An den Wochenenden ist die Höhle vor allem von einheimischen Touristen sehr gut besucht, dafür ist man unter der Woche oft der einzige Besucher.

Nützliches

Parken: ***Vor dem kleineren der beiden Höhlen-Eingänge*** liegt ein großer Parkplatz, der in die umgebende Hügellandschaft übergeht. Hier kann kostenfrei geparkt werden. Der zweite Höhleneingang lässt sich nur zu Fuß erreichen.

GPS: N 43.1766, E 24.07565

Unser Schlafplatz: Der ***vor dem kleineren Höhlen-Eingang*** liegende Parkplatz eignet sich gut zum Übernachten. Keinesfalls sollte in der Höhle gezeltet oder übernachtet werden. Die Höhle betreffend gibt es derzeit keinerlei Vorschriften oder Regelungen. Um Einschränkungen zuvorzukommen und ein gedeihliches Miteinander von Touristen und Einheimischen zu erhalten, sollte die Höhle nicht überbeansprucht werden.

GPS: N 43.1766, E 24.07565

Wasser: Aus dem kleineren Höhlen-Eingang heraustretend, findet sich linker Hand in Richtung Straße eine **Quelle.**

Klettern – ein beliebter Sport in der Prohodna-Höhle

Aktivitäten

Klettern: In der Prohodna-Höhle sind derzeit ***93 Sportkletterrouten*** in den Graden 5b bis 9a eingerichtet. Ein Topo findet sich unter ***www.climbingguidebg.com.*** Das Klettern in der Höhle wird derzeit geduldet. Lokale Kletterer bitten darum, sich nur vorbildlich zu verhalten und ***nicht am Wochenende*** zu klettern.

In der Umgebung

Lukovit: Das kleine Karlukovo hat keine Geschäfte. Im etwa 10 Kilometer entfernten Lukovit finden sich mehrere Supermärkte, Restaurants und Tankstellen.

Das Diplomat Plaza Hotel & Resort hat ein kleines ***Hallenbad mit Spa-Bereich,*** das gegen Gebühr besucht werden kann.

GPS: N 43.205978, E 24.162503

Sofia 21

GPS: N 42.697583, E 23.321961 (Zentrum)

Die heutige Hauptstadt ist mit circa 1,2 Millionen Einwohnern die größte Stadt Bulgariens und eine der ältesten, ständig besiedelten Ortschaften Europas. Sie ist das überragende wissenschaftliche, kulturelle und wirtschaftliche Zentrum des Landes. Etwa jeder sechste Einwohner Bulgariens lebt in Sofia. Mit ihrem rund 10 Kilometer östlich der Stadt gelegenen internationalen Flughafen, dem Hauptbahnhof mit vielen internationalen Verbindungen, der Anbindung an die beiden internationalen Europastraßen 79 und 80 sowie als Ausgangspunkt der Autobahnen A1, A2 und A5 ist sie darüber hinaus der wichtigste Verkehrsknotenpunkt des Landes.

Die meisten Sehenswürdigkeiten Sofias liegen im Zentrum der Stadt um den circa 1,5 Kilometer langen Tsar-Osvoboditel-Boulevard zwischen der Adlerbrücke im Osten und dem Platz der Unabhängigkeit (pl. Nezavisimost) im Westen.

Nützliches

Parken: Es macht wenig Sinn, in der Innenstadt von Sofia mit dem Auto herumzufahren. Am besten möglichst zentral parken und dann zu Fuß und mit der U-Bahn die Stadt erkunden. Es gibt einen privaten Parkplatz ***in der Nähe der Löwenbrücke,*** dort gibt es eine U-Bahnstation (10 BGN pro Tag).

GPS: N 42.70285216, E 23.32230079

Adresse: ulitsa Sv. Sveti Kiril I Metodiy 61

Unser Schlafplatz: Der Platz ***zwischen zwei Flussarmen auf einer kleinen Landzunge*** ist ideal, um eine Nacht zu stehen. Links am Wasserkraftwerk vorbei und auf einem Feldweg immer weiter geradeaus. Vans können fast bis ans Ende der Landzunge fahren, Wohnmobile müssen etwas weiter vorne stehen bleiben. Auch bei Einheimischen zum Picknicken und Angeln beliebt. Von hier sind es mit dem Auto etwa 30 Minuten in die Stadtmitte.

GPS: N 42.585620, E 23.425880

Am Kambanite Park kann auch für eine Nacht gestanden werden. Hier gibt es einen großen Parkplatz mit Picknickbänken.

GPS: N 42.61881, E 23.38116

Aktivitäten

Walking Tours: Die etwa 2-stündigen Touren von **Free Sofia Tours** werden jeden Tag angeboten. Startpunkt ist dabei immer der Justizpalast (Sudebna Palata), Endpunkt die Alexander-Newski-Kathedrale. Auf der Website können die einzelnen Stationen der Tour eingesehen werden. Außerdem werden dort weitere, thematisch eingegrenzte Touren angeboten, z. B. eine „Communist Tour" und eine „Culture Tour". Für diese Führungen muss das Anmeldeformular auf der Website ausgefüllt werden; die Touren kosten etwa 10 € pro Person.

GPS: N 42.695219, E 23.320667 (Startpunkt)
Web: www.freesofiatour.com
Zeiten: Tägl. um 11 und 14 Uhr.

Immer Montag, Freitag, Samstag und Sonntag wird die **Street Art Tour** angeboten. Treff- und Startpunkt der 2-stündigen grundsätzlich kostenlosen Tour ist an der Statue der Sveta Sofia (Serdika Metro Station) beziehungsweise am Nationalen Kulturpalast (NDK). Um ganz sicherzugehen, dass eine Tour stattfindet, am besten auf der Website nachschauen. Ein kleiner Beitrag wird erwartet.

GPS: N 42.697973, E 23.321457 (Startpunkt)
Web: www.sofiagraffititour.com
Zeiten: Do–Mo um 15 Uhr.

Die etwa 2-stündige kostenlose **Food Tour** wird jeden Tag angeboten. Der Startpunkt liegt nahe der Russischen Kirche (Kirche Sveti Nikolai) im Crystal Park vor der Statue des Stefan Stambolov. Sie führt durch verschiedene Restaurants und endet etwa mittig auf dem Vitosha Boulevard. Eine Reservierung per E-Mail ist nicht nötig, wird aber empfohlen. Die maximale Teilnehmerzahl liegt bei 15 Personen. Aktuelle Informationen können am einfachsten der Facebook-Seite „Balkan Bites" entnommen werden.

GPS: N 42.694519, E 23.32948 (Startpunkt)
Web: www.balkanbites.bg
Zeiten: Tägl. um 14 Uhr (ausgenommen nationale Feiertage).

Sehenswert

Alexander-Newski-Kathedrale: Die zwischen 1904 und 1912 erbaute Kathedrale im ***neobyzantinischen Stil*** dient der bulgarisch-orthodoxen Kirche heute als Sitz ihres Patriarchen. Sie wurde zu Ehren der rund 20.000 gefallenen russischen Soldaten im Russisch-Osmanischen Krieg 1877–1878 und ihres Zaren Alexander II. von Russland errichtet. Benannt wurde sie nach dem Schutzpatron eben jenes „Befreierzaren" von der osmanischen Herrschaft, dem heiligen Alexander Nevski. Mit ihrer über 50 Meter hohen ***vergoldeten Hauptkuppel*** ist sie zum Wahrzeichen der bulgarischen Hauptstadt geworden.

GPS: N 42.695833, E 23.332956

Adresse: pl. Sveti Aleksandar Nevski (Platz des hl. Alexander Nevski)
Öffnungszeiten: Tägl. 7–19 Uhr.

Russische Kirche Sweti Nikolaj: Dort, wo heute die russisch-orthodoxe Kirche steht, befand sich bis zu ihrer Zerstörung 1882 nach dem Russisch-Osmanischen Krieg (1877–1878) eine muslimische Moschee. Seit ihrer **Fertigstellung 1914** ist die Kirche heute Zentrum der zahlreichen russischen Emigranten in Bulgarien. Mit ihren fünf vergoldeten Kuppeln und der farbigen Außengestaltung ist sie ein echter Hingucker.
GPS: N 42.6957, E 23.3291
Adresse: bul. Tsar Osvoboditel 3
Öffnungszeiten: Tägl. 8–18.30 Uhr.

Museum of Socialist Art: Das kleine Museum zeigt in wechselnden Ausstellungen Kunst und Propaganda der kommunistischen Ära Bulgariens von 1944 bis 1989 oder Ausstellungen moderner Kunst, die sich auf die kommunistische Periode beziehen. Zudem beherbergt es einen kleinen Vorführraum, in dem untertitelte Propagandafilme gezeigt werden.

Von den ***hunderten Statuen und Büsten*** kommunistischer Führer und Helden, die einst im ganzen Land an die Herrlichkeit des antikapitalistischen Gesellschaftssystems erinnern sollten, sind viele der postsozialistischen Wut zum Opfer gefallen. Einige konnten sich aber in den kleinen ***Garten vor dem Museum*** retten und bilden dort ein skurriles En-

Bild 1: Die Kirche Sweti Nikolaj | Bild 2: Statue im Garten des Museum of Socialist Art

semble. Etwas ab vom Schuss lässt sich das Museum auch mit der Metro erreichen (Metrostation: Joliot Curie/G.M. Dimitrov).

Neben dem Museum of Socialist Art liegt eine Kfz-Zulassungsstelle. Dort gibt es kostenpflichtige ***Parkplätze.*** Für einen Van oder Bus findet sich hier genug Platz.

GPS: N 42.665817, E 23.357365 (Parkplatz)
GPS: N 42.6657204, E 23.357776 (Museum)
Adresse: ul. Lachezar Stanchev 7
Web: www.nationalgallery.bg
Öffnungszeiten und Eintritt: Di–So 10–17.30 Uhr. Erwachsene/ermäßigt 6/3 BGN, donnerstags 2 BGN.

Nationales Historisches Museum: Das im 1974 erbauten, im ehemaligen Präsidentenpalast untergebrachte größte Museum des Landes ist allein schon wegen seiner ***Innenarchitektur*** einen Besuch wert. Die prunkvollen repräsentativen Säle beherbergen fünf verschiedene Ausstellungsteile zu den wichtigsten historischen Epochen des Landes. Zwar wird keine stringente Erzählung der bulgarischen Geschichte präsentiert, viele der Ausstellungsstücke sind aber auch für sich genommen bereits spektakuläre Artefakte. Amüsant ist zum Beispiel die aus über 6 Millionen Streichhölzern gefertigte Modell-Miniatur des Rila Klosters. Außerdem kann im ***original erhaltenen Sitzungssaal*** Platz genommen werden, in dem auf einer Krisensitzung der Kommunistischen Partei Bulgariens 1989 die Herrschaft Todor Schiwkows endete.

GPS: N 42.657029, E 23.271427
Adresse: ul. Vitoshko lale 16

Das Glocken-Monument

Web: www.nmnhs.com
Öffnungszeiten und Eintritt: Tägl. 10–18.30 Uhr; geschlossen an den offiziellen Feiertagen 1. Januar, 3. März, 25. Dezember. Erwachsene/ermäßigt/Kinder bis 6 Jahre 10/5/4 BGN.

In der Umgebung

Park Kambanite und Glocken-Monument: Die Vereinten Nationen riefen das Jahr **1979** zum ***Internationalen Jahr der Kinder*** aus, deren Bedürfnissen weltweit mehr Beachtung geschenkt werden sollte. Zu diesem Anlass versammelten sich im August Kinder aus aller Welt in Sofia und formten unter Aufsicht der UNESCO eine ***globale Kinderversammlung.*** Die mitgebrachten insgesamt 133 Glocken wurden in das **Monument** eingesetzt und machten es bis heute zum größten Perkussionsinstrument weltweit.

Der Park kann rund um die Uhr kostenlos besucht werden. Es gibt einen kleinen kostenlosen **Parkplatz** am Park Kambanite.

GPS: N 42.61737, E 23.37825 (Parkplatz)

GPS: N 42.61844, E 23.379198 (Monument)

Pool and Spa Complex Korali (Swimming Pool Pancharevo): Viele der öffentlichen Schwimmbäder, die während der kommunistischen Epoche errichtet wurden, sind heute nicht mehr wirtschaftlich und außer Betrieb. Auch an diesem etwas neueren Schwimmbad am Rande Sofias nagt der Zahn der Zeit, aber mit Blick auf den **Pancharevo See** lässt es sich hier dennoch herrlich im warmen Mineralwasser planschen.

Direkt vor dem Schwimmbad stehen kostenfreie **Parkplätze** zur Verfügung.

GPS: N 42.60298, E 23.40326

Adresse: ul. Samokovsko Shose 3a, Sofia

Web: www.koralite.com/en

Öffnungszeiten und Eintritt: Tägl. 9–19 Uhr. Pro Person 10 BGN.

Rilakloster 18 7 22

GPS: N 42.132934, E 23.339612

Adresse: Rila Monastery, Kyustendil District

Web: www.rilskimanastir.org/en

Öffnungszeiten und Eintritt: Klosteranlage: Mo–Do 6.30–19, Fr–So 6.30–19.30 Uhr, Eintritt frei; Klostermuseum: Juni–Sept. tägl. 8.30–19.30, Okt.–Mai tägl.

Das 927 gegründete Kloster des heiligen Iwan von Rila zählt vor allem dank seiner farbenfrohen Fresken zu einer der berühmtesten Sehenswürdigkeiten Bulgariens. Zerstörungen und Plünderungen im 15. Jahrhundert sowie ein Großbrand 1833 veranlassten die Mönche immer wieder zu Um- und Neubauten. Den ältesten Teil des Klosters bildet der Chreljo-Wehrturm aus dem 13. Jahrhundert. Im Mittelpunkt des Klosters findet sich die ab 1834 errichtete Klosterkirche Sweta Bogorodiza. Mit ihrer Deckenbemalung verfügt sie über die umfangreichste malerische Ausstattung eines im 19. Jahrhundert errichteten Gebäudes. Die ehemaligen Weinkeller des Klosters beherbergen heute das Klostermuseum. Hier werden Urkunden, Waffen, Holzschnitzarbeiten und Geschenke an das Kloster aus aller Welt ausgestellt.

Noch heute ist das Rilakloster das größte und bedeutendste Kloster Bulgariens. Wegen seiner überragenden Rolle als Ort der bulgarischen Geschichte, Literatur und Kultur wurde es 1983 in die Liste der Stätten des UNESCO-Weltkulturerbes aufgenommen. Seine Jahrhunderte währende Existenz und die Vielzahl an Werken berühmter bulgarischer Künstler machten es besonders in der Phase der nationalen Konsolidierung zur

8–16.30 Uhr. Erwachsene/ ermäßigt 8/2 BGN.

Projektionsfläche bulgarischer Identität. Im Kampf um ein unabhängiges Bulgarien diente das Kloster zudem vielen Freiheitskämpfern als Zufluchtsort.

Nützliches

Parken: Das Parken auf dem kleinen Parkplatz kostet 7 BGN pro Tag.

GPS: N 42.132934, E 23.339612

Unser Schlafplatz: Etwas unterhalb der sich parallel zum Rilska-Fluss in Richtung des Rilakloster schlängelnden Straße findet sich ein ***verlassenes Feriendorf.*** Die meisten der kleinen Hütten stehen mehr schlecht als recht ziemlich windschief da, vom großen Hauptgebäude ist nicht mehr viel übrig. Der ebene Parkplatz gibt einen guten Stellplatz ab, die noch intakte Terrasse lädt dazu ein, die Campingstühle mit Blick über den Fluss aufzustellen. Zugegeben etwas skurril. Von hier sind es etwa 10 Minuten mit dem Auto zum Rilakloster.

GPS: N 42.119080, E 23.291530

Ein schöner Stellplatz findet sich an einer etwas breiteren Stelle des Tals ***nah am Fluss.*** Dafür vom Kloster aus kommend nach ungefähr 7 Kilometern links abfahren, die kleine Brücke überqueren

Deckenmalerei im Rilakloster

und nach einer kurzen Steigung links abbiegen und dem Feldweg folgen. Nach wenigen hundert Metern teilt sich der Weg, und auf der rechten Seite ist Platz zum Stehen. Nicht für Wohnmobile geeignet, etwas Off-Road.

GPS: N 42.12109087, E 23.27928253

Kulinarisches: Im ***Restaurant Hotel Gorski Kut*** gibt es traditionell rustikale bulgarische Küche wie *Bob Chorba*, der im ganzen Land beliebte Bohneneintopf. Außerdem hervorragende Forelle aus der benachbarten Zucht.

GPS: N 42.116690, E 23.297500

Öffnungszeiten und Preise: Tägl. 8.30–23.30 Uhr. Mittlere Preiskategorie.

Wasser: ***Im Kloster*** gibt es einen ***Brunnen*** für Trinkwasser, an dem man seine Flasche auffüllen kann.

Für größere Mengen besser an unten genannten Koordinaten auffüllen.

GPS: N 42.11280811, E 23.3190102

Plovdiv 20

GPS: N 42.147745, E 24.748018 (Zentrum)

Die zweitgrößte Stadt Bulgariens mit 320.000 Einwohnern ist nach Sofia auch der zweitwichtigste Industriestandort des Landes. Bereits unter osmanischer Herrschaft entwickelte sich das damalige Filibe zu einem bedeutenden Handelsstandort zwischen Konstantinopel einerseits und Wien und Leipzig andererseits. Zu Leipzig unterhält Plovdiv noch heute eine Städtepartnerschaft. Mit seiner über achttausendjährigen Geschichte ist Plovdiv möglicherweise die älteste noch heute bewohnte Stadt Europas.

Geprägt wird das Stadtbild von den sechs Hügeln, über die sich das Stadtgebiet heute erstreckt. Nachdem Plovdiv die Bewerbung als Kulturhauptstadt Europas 2019 gewann, hat sich das Gesicht der Stadt stark verändert. Um für den mit europäischen Fördergeldern verbundenen Titel infrage zu kommen, müssen die Bewerber unter anderem ein zukunftsfähiges Entwicklungskonzept als auch kulturelle und künstlerische Relevanz im europäischen Kontext vorweisen. Viele einfache Behausungen und baufällige Gebäude sind seither aus dem Stadtbild verschwunden, dennoch wirken viele Stadtteile recht rau.

Sehenswert ist die Stadt vor allem um die drei zentralen Hügel (Trihalmie) im Zentrum der Stadt. Auf dem Altstadthügel, dem Nebet Tepe, stehen einige der prächtigsten Gebäude im sogenannten Plovdiver Barock. Sie zeugen vom einstigen Reichtum der Stadt. Wohlhabende Händler ließen sich hier im 19. Jahrhundert Häuser mit aufwendigen Verzierungen, Erkern und Holzvorbauten errichteten, für die Plovdiv berühmt ist.

Nützliches

Parken: ***Im Innenstadtbereich*** gibt es keine kostenlosen Parkplätze, dafür diverse kostenpflichtige Parkmöglichkeiten. ***Entlang der Straße*** kann gegen Gebühr geparkt werden. Dafür muss man eine SMS an 1332 mit Nennung des Kennzeichens schicken. 2 BGN pro Stunde. Hierfür wird aber eine bulgarische SIM-Karte benötigt.

Ein großer privater Parkplatz findet sich ***am Flussufer.*** Täglich von 8.30 bis 17.30 Uhr geöffnet (2 BGN pro Stunde). Länger parken ist nach Absprache möglich. Mit etwas Glück erwischt man sogar einen deutschsprachigen Parkwächter. Etwa 10 Minuten zu Fuß sind es in die Innenstadt.

GPS: N 42.15325103, E 24.74428275

Sehr zentral liegt ein privater Parkplatz. Täglich von 9 bis 19 Uhr geöffnet (2 BGN pro Stunde). Etwa 5 Minuten zu Fuß in die Innenstadt.

GPS: N 42.15008082, E 24.74569532

Unser Schlafplatz: Etwa 20 Minuten vom Stadtzentrum entfernt ***am Ufer eines kleinen Flusses.*** An der Brücke auf den Feldweg einbiegen und diesem etwa 300 Meter folgen.

GPS: N 42.188599, E 24.912901

Wäscherei: Es gibt eine kleine Wäscherei, das Personal spricht nur Bulgarisch.

GPS: N 42.15251424, E 24.74480152

Aktivitäten

Free Plovdiv Tour: Die kostenlosen, englischsprachigen Touren führen innerhalb von 2 Stunden per pedes zu allen wichtigen Sehenswürdigkeiten im Gebiet der Altstadt und werden von jungen Leuten aus Plovdiv geleitet. Der Startpunkt liegt vor dem Rathaus von Plovdiv, die Touren enden vor dem Monument der bulgarischen Einheit. Die Touren werden jeden Tag angeboten, eine Reservierung oder Anmeldung ist nicht nötig. Eine kleine Spende wird erwartet.

GPS: N 42.143940, E 24.74906 (Startpunkt)
Adresse: pl. Stefan Stambolov 1
Web: www.freeplovdivtour.com
Zeiten: Tägl. um 11 Uhr, Sa/So zusätzlich um 14 Uhr.

Außerdem werden geführte ***Touren durch das Stadtviertel Kapana*** angeboten. Hier kann ein Einblick in die örtliche Manufaktur von Schmuck und Kunst sowie in das lokale Handwerk gewonnen werden. Die Touren werden jeden Samstag und Sonntag angeboten und kosten 18 BGN. Der Startpunkt liegt ebenfalls vor dem Rathaus von Plovdiv.

Sehenswert

Kuyumdzhieva Haus (Ethnografisches Museum): Das schönste und beeindruckendste Gebäude der Altstadt beherbergt seit 1938 das Ethnografische Museum von Plovdiv. Das Haus stammt aus der Zeit der sogenannten ***Bulgarischen Renaissance*** und wurde 1847 für den wohlhabenden Händler Argir Hristov Kuyumdzhioglu erbaut. Mit seinen Erkerfenstern, den runden Dachgiebeln und den Holzbögen und -säulen im Inneren verbindet es östliche und westliche architektonische Traditionen und ist eines der besten Beispiele für die bulgarische Baukunst des 18. und 19. Jahrhunderts. Eben jener Zeit widmet sich auch die ***umfassende Ausstellungssammlung*** des Museums. Hier werden Eindrücke der regionalen Lebensweise der Region um Plovdiv konserviert.

GPS: N 42.15024956, E 24.75314392

Adresse: ul. Doctor Stoyan Chomakov 2

Web: www.ethnograph.info

Öffnungszeiten und Eintritt: Sommer Di–So 9–18, Winter Di–So 9–17 Uhr. Familien/Erwachsene/Studierende 10/6/2 BGN.

Klianti Haus: Das 1816 erbaute Haus ist eines der ältesten erhaltenen Gebäude aus der Zeit der ***Bulgarischen Renaissance.*** Trotz der eher unauffälligen äußeren Erscheinung ist ein Besuch absolut lohnenswert. Bis 2017 wurde es ***umfassend restauriert,*** einige Infotafeln und Bilder geben Aufschluss über die Arbeiten zur Wiederherstellung. Die mit kunstvollen und farbenprächtigen Holzschnitzereien, Einlegearbeiten und Ornamenten verzierten Decken und Wände machen den Besuch zu einem echten Vergnügen.

GPS: N 42.147484, E 24.752187

Adresse: ul. Todor Samodumov 3

Öffnungszeiten und Eintritt: Nov.–März tägl. 9–17.30, April–Okt. 9.30–18 Uhr. Familien/Erwachsene/ermäßigt 10/5/2 BGN.

Balabanovs Haus: Besonders die Wohnräume im ersten Stock mit ihren feinen Holzarbeiten und Ornamenten an Decken und Wänden machen das zu Beginn des 19. Jahrhunderts errichtete Haus zu einem ***herausragenden Zeugnis der regionalen Handwerkskunst.*** Im Erd- und Untergeschoss finden wechselnde Ausstellungen junger bulgarischer Künstler statt.

GPS: N 42.14995635, E 24.75166657

Adresse: ul. Konstantin Stoilov 57

Öffnungszeiten und Eintritt: Nov.–März Di–So 9–17.30, April–Okt. 9.30–18 Uhr. Familien/Erwachsene/ermäßigt 10/5/2 BGN.

Römisches Theater: Das römische Theater Plovdivs ist eines der am besten erhaltenen historischen Theater der Welt. Sein Bau erfolgte gegen Ende der Herrschaft des Kaisers Trajan wohl um 116–117 n. Chr. Etwa zwei Drittel der ursprünglichen Sitzreihen sind erhalten geblieben. Damit fasst das Theater heute noch circa 5000 Zuschauer. Vor allem lohnenswert ist der Besuch im Zuge einer der zahlreichen ***Livemusik-Veranstaltungen.*** Die Tickets können an der Touristeninformation oder am Theater gekauft werden.

GPS: N 42.146934, E 24.751089

Adresse: bul. Tsar Boris III Obendinitel 4

Öffnungszeiten und Eintritt: Nov.–März tägl. 9–17.30, April–Okt. 9.30–18 Uhr. Familien/Erwachsene/ermäßigt 10/5/2 BGN.

Bild 1: Das Ethnografische Museum | Bild 2: In der Innenstadt von Plovdiv | Bild 3: Die Aljoscha Statue auf dem Stadtberg

Aljoscha Statue: Die Statue des sowjetischen Soldaten auf dem zweithöchsten Hügel Plovdivs (Bunardzhik Tepe) ist von vielen Punkten der Stadt sichtbar. Die 1957 errichtete Figur erinnert an die Gefallenen der Roten Armee während der Befreiung Bulgariens im Zweiten Weltkrieg. Als ***Symbol der kommunistischen Herrschaft*** über das Land musste sie Vandalismus und einige Abrissversuche über sich ergehen lassen. Von der Plattform der Statue bietet sich der schönste Blick über die Stadt, Sehenswürdigkeiten wie das Theater und das Kapana Viertel lassen sich ausmachen.

Am Park des etwas abgelegenen Monuments gibt es einen kleinen ***Parkplatz.*** Hier können etwa vier Autos parken und es kann auch übernachtet werden. Für Wohnmobile ungeeignet, da die Zufahrt recht schmal ist. Von hier sind es zu Fuß etwa 10 Minuten zum Monument.

GPS: N 42.14709, E 24.73864 (Parkplatz)

GPS: N 42.14377365, E 24.73773622 (Statue)

Busludscha-Denkmal 17

GPS:
N 42.73571237,
E 25.39490249

Das äußerlich einem UFO gleichende Gebäude ist für viele Bulgaren zum Sinnbild der kommunistischen Ära des Landes geworden. Imposant anzusehen, im Inneren aber größtenteils zerstört und verfallen, diente es einst den bulgarischen Kommunisten als Ort für Zeremonien wie beispielweise Verdienstauszeichnungen, Gedenkfeiern und Zusammenkünfte.

Gewählt wurde für den 1981 anlässlich der 1300-Jahr-Feier Bulgariens eingeweihten Prunkbau eine geschichtsträchtige Umgebung, wurde doch hier die kommunistische Partei Bulgariens gegründet. Sollte das 7 Millionen Dollar teure Bauwerk in den 1980er-Jahren den Aufbruch ins Unendliche symbolisieren, so steht es heute eher für die verkorkste kommunistische Vergangenheit des Landes. Seinen Namen erbte das Denkmal von dem Berg, der es beheimatet, seit 1942 aber Chadschi Dimitar heißt.

Nützliches

Öffnungszeiten und Eintritt: Für das malerische Areal inmitten von Hügeln und Wiesen gibt es keine Öffnungszeiten oder Reglementierungen. Der Zutritt in das eigentliche Gebäude ist offiziell verboten. Inzwischen ist rund um die Uhr Wachpersonal vor Ort, welches das Gebäude betreut.

Parken: Die Straße zum Denkmal ist eine Sackgasse. Parkplätze finden sich an ihrem Ende ***entlang der Straße.***

Unser Schlafplatz: Dem Denkmal etwas vorgelagert findet sich ***zwischen niedri-***

gen Hügeln ein geschützter Platz, der wohl einmal zum Wenden von Reisebussen angelegt wurde. Hier kann ausgezeichnet frei gestanden werden.

GPS: N 42.735680, E 25.396000

In der Umgebung

Fist and Torch: Auch die ***kleinere Skulptur*** „Fist and Torch" an der westlichen Seite des Chadschi Dimitar ist einen Stopp wert. Direkt an der Straße.

GPS: N 42.73120259, E 25.38710281

Schipka-Denkmal: Der leicht passierbare ***Schipkapass*** verbindet als Knotenpunkt wichtiger Fernstraßen den Norden und Süden Bulgariens und ist seit Jahrhunderten einer der bedeutenden Übergänge des Balkangebirges. Hier fanden 1878 eine Reihe von Schlachten im Zuge des Russisch-Osmanischen Kriegs statt, die den Vormarsch osmanischer Truppen stoppten. Vor allem wegen der Teilnahme bulgarischer Freiwilligenverbände auf russischer Seite und der folgenden Befreiung von der türkischen Herrschaft sind die Kämpfe am Schipkapass zum ***historischen Bezugspunkt nationaler Identitätspolitik*** geworden. Als der erste bulgarische Kosmonaut Georgi Iwanow 1979 mit der *Sojus* 33 ins All startete, hatte er unter anderem Erde von der Spitze des Schipka-Berges im Gepäck.

Ein ***architektonisch vom Völkerschlachtdenkmal in Leipzig inspiriertes Denkmal*** ziert heute den Pass. Mit dem

Blick auf das Busludscha-Denkmal von der Skulptur „Fist and Torch" aus

Busludscha-Denkmal in der Ferne und den sich rundherum abzeichnenden Windkraftanlagen schafft es ein wahrlich epochales Panorama. Der Gipfel mit dem Denkmal kann rund um die Uhr besucht werden. Im Denkmal selbst befindet sich ein kleines **Museum.**

Es gibt einen kostenlosen ***Parkplatz*** in unmittelbarer Nähe zum Denkmal. Falls die Zufahrt zum Denkmal abgesperrt ist, kann weiter unten an der Straße geparkt werden. Von hier geht es eine steile und ziemlich lange, steinerne Treppe hinauf zum Gipfel.

GPS: N 42.766634, E 25.316646 (Schipkapass)

GPS: N 42.75265, E 25.32066 (Parkplatz)

GPS: N 42.748462, E 25.321529 (Denkmal)

Öffnungszeiten und Eintritt: Das Museum hat geöffnet April–Okt. tägl. 9–19, Nov.–März tägl. 9–17 Uhr. Erwachsene/ermäßigt 3/1 BGN.

Freilichtmuseum Etar 16

GPS:
N 42.803383,
E 25.349406

Adresse:
ul. General Derozhinski 144,
Gabrovo

Web:
www.en.etar.bg

Architektur, Handwerk und Kunst des ländlichen Bulgarien im 18. und 19. Jahrhundert wurden hier ein Denkmal gesetzt. Im Zentrum des Museums steht ein kleines Dorf im architektonischen Stil der Bulgarischen Renaissance. Die Stärke des gesamten Parks liegt dabei in seiner recht modernen, konservierenden Darstellung der vorindustriellen Lebenswelt.

Von der Kunstfertigkeit und technischen Raffinesse zeugen die vielen funktionstüchtigen wasserbetriebenen Anlagen sowie die im damaligen Verfahren hergestellten Schmuckstücke, Werkzeuge, Textilien, Küchengerätschaften und auch Musikinstrumente.

Alte Wassermühle im Freilichtmuseum

Nützliches

Öffnungszeiten und Eintritt: Mai–Sept. tägl. 9–19, Okt.–April tägl. 9–17 Uhr. Erwachsene/Studierende März–Nov. 10/4 BGN, Dez.–Feb. 5/2 BGN, freier Eintritt für Kinder.

Parken: ***An der Hauptstraße*** durch den Ort gibt es einen kostenlosen Parkplatz.

GPS: N 42.808040, E 25.351640

Wasser: ***Am Parkplatz*** an der Hauptstraße gibt es eine Wasserquelle.

GPS: N 42.808040, E 25.351640

Nessebar 19

GPS:
N 42.659477,
E 27.736330
(Altstadtzentrum)

Die Stadt ist im Wesentlichen in zwei Teile geteilt: die Altstadt, die auf einer Halbinsel liegend ins Meer ragt und die Neustadt auf dem Festland. Vor allem die über einen 400 Meter langen Damm mit dem Land verbundene außergewöhnliche Altstadt Nessebars ist besuchenswert. Ihre mit dem UNESCO-Weltkulturerbe ausgezeichneten Bauwerke liegen alle auf der nur 350 mal 850 Meter großen Insel. Im Laufe der Zeit hat sie sogar ein Drittel ihrer ursprünglichen Fläche verloren, da die Brandung stetig an ihr nagt.

Insbesondere ihre uralten orthodoxen Kirchen ziehen zahlreiche Besucher an. Im Laufe von über 1000 Jahren wurden auf der kleinen Halbinsel unzählige Kirchen errichtet. Fachleute bezeichnen Nessebar sogar als Lehrbuch der Sakralarchitektur, da immer wieder neue Kirchen aus unterschiedlichsten Epochen freigelegt werden. Aus diesem Grund wurde die gesamte historische Altstadt von Nessebar zu einem architektonischen und archäologischen Freilichtmuseum erklärt.

Nützliches

Parken: Wenn man ***über den schmalen Damm auf die Halbinsel*** fährt, liegt linker Hand ein sehr großer Parkplatz mit Toiletten. Für 24 Stunden werden 8 BGN berechnet. Es ist auch möglich, Tickets mit kürzeren Zeitspannen zu ziehen. Im hinteren Bereich des Parkplatzes kann ungestört übernachtet werden.

GPS: N 42.6599, E 27.7336

Unser Schlafplatz: ***Südlich von Nessebar auf den Klippen*** gelegen mit tollem Blick auf das Meer und den etwa 1,3 Kilometer langen Südstrand der Stadt. Die Anfahrt ist etwas holprig, aber gut zu schaffen. Hier ist sehr viel Platz, wenn es windig ist, steht man aber recht ausgesetzt.

GPS: N 42.647190, E 27.711450

Aktivitäten

Baden: Nessebar hat drei Strände, alle mit feinem Sand. Den höchsten Bekanntheitsgrad hat mit Sicherheit der 4,5 Kilometer lange **Sonnenstrand.** Die berühmt berüchtigte Party-Destination für feierwütige Pauschaltouristen schließt nördlich an die Halbinsel mit der Altstadt an. Von der Altstadt aus verkehren kleine Boote zum Strand und zurück.

GPS: N 42.6593741, E 27.7316219 (Ableger)
GPS: N 42.667470, E 27.707350 (Parkplatz)

Auf der anderen Seite der Halbinsel liegt der **Südstrand** der Stadt. Hier ist weniger los, es gibt zwei Kite- und Surfschulen. Am südlichen Ende des Strands gibt es einen FKK-Bereich.

GPS: N 42.653055, E 27.712096 (Parkplatz)

Außerdem gibt es den **Bunata Strand**, den Stadtstrand der Altstadt auf der Halbinsel.

GPS: N 42.659111, E 27.739599

Sehenswert

Pantokrator-Kirche: Die Pantokrator-Kirche ist mit ihrem ***auffälligen Streifenmuster aus verschieden gefärbten Ziegeln*** und den bunten Keramikverzierungen eine typische Vertreterin der mittelalterlichen bulgarischen Kirchen. Ihr außergewöhnlich guter Zustand gibt einen Einblick in die Baukunst dieser Epoche.

Besucher sind häufig über die kleinen Hakenkreuzsymbole im oberen Teil ihrer Fassade verwundert. Die mittelalterliche Verwendung dieses ***Sonnensymbols*** sollte an den ewig ausgefochtenen Kampf zwischen Gut und Böse erinnern.

GPS: N 42.658611, E 27.733333

Adresse: ul. Mitropolitska 13

Öffnungszeiten: Tägl. 9–20 Uhr.

Stephanskirche: Wegen ihrer aufwendigen und gut erhaltenen ***Wandmalereien*** ist die Stephanskirche die am häufigsten besuchte Kirche in Nessebar. Ihre Grundmauern stammen aus dem 10. Jahrhundert, die reichen Verzierungen wurden wie diverse Umbauten allerdings erst später hinzugefügt.

GPS: N 42.657778, E 27.733056

Adresse: ul. Ribarska 117

Öffnungszeiten: Tägl. 9–17 Uhr.

Die Pantokrator-Kirche

Im Wasser der ehemaligen Salzwerke ist Schwimmen überflüssig

In der Umgebung

Burgas Saltworks: Das mit Sicherheit ***außergewöhnlichste Badeerlebnis auf dem Balkan*** wartet genau hier. Wobei von baden fast nicht gesprochen werden kann. Nachdem zwei künstlich angelegte Becken, die ursprünglich der Salzgewinnung dienten, für Besucher geöffnet wurden, erfreut sich das ***Salzwerk*** vor allem bei Einheimischen großer Beliebtheit. Wie im Toten Meer macht der ***hohe Salzgehalt*** Schwimmen überflüssig, stattdessen treibt man auf der Oberfläche des dank Algen und Bakterien rosa-rot gefärbten Wassers. Dem mineralhaltigen Wasser und Schlamm werden heilende Wirkung zugesprochen. Die Einheimischen verfahren folgendermaßen: erst im rosafarbenen Salzwasser treiben, dann von Kopf bis Fuß mit Schlamm einreiben, einwirken lassen und schließlich im Meer abwaschen.

Der große kostenlose ***Parkplatz direkt am Meer*** eignet sich auch zum Übernachten. Hier ist immer etwas los und meistens stehen ein paar Camper in einer ruhigen Ecke.

GPS: N 42.533330, E 27.494060 (Parkplatz)
GPS: N 42.530982, E 27.4918716 (Salzwerk)
Öffnungszeiten und Eintritt: Die Salzbecken sind frei zugänglich. Für ein paar BGN können Umkleiden, Toiletten und Duschen am Imbiss genutzt werden. Hierfür Kleingeld mitbringen oder tauschen.

Sozopol 18

GPS:
N 42.425017,
E 27.696064
(Altstadtzentrum)

Da sich die Stadt dank ihrer malerischen Lage am Meer nach dem Zweiten Weltkrieg rasch zu einem beliebten Urlaubsort der Bulgaren entwickelte, blieb ihr Stadtbild von Eingriffen nach sozialistischen Vorgaben verschont. Statt Plattenbauten und Beton reihen sich auf der kleinen Halbinsel daher dicht an dicht die berühmten zweistöckigen Holzhäuser im Schwarzmeerstil.

Die idyllische Lage weit abseits der Hauptstadt zog schon früh Künstler, Schriftsteller und Journalisten an, die hier der Kontrolle der kommunistischen Machthaber zu entgehen versuchten. Der bis heute verwendete Beiname Sozopols als „Stadt der Maler und Fischer" stammt noch aus dieser Epoche. Und tatsächlich sind in den Sommermonaten auffällig viele junge Maler mit ihren Staffeleien und Farbpaletten in der Stadt zu sehen.

Bereits 1974 wurde die Altstadt unter Schutz gestellt und zum Freilichtmuseum erklärt. Einige der schönsten Häuser im Schwarzmeerstil finden sich in den Straßen ul. Apolonia und ul. Kiril i Metodiy.

Nützliches

Parken: ***Am Hafen*** gibt es einen großen Parkplatz. Von hier sind es in die Altstadt zu Fuß etwa 10 Minuten. In der Nebensaison werden die Gebühren nicht immer kassiert. Ansonsten für Pkw/Wohnmobile 6/12 BGN pro Tag.

GPS: N 42.424390, E 27.693590

Unser Schlafplatz: ***Auf der kleinen Landzunge südlich von Sozopol*** finden sich einige hervorragende Schlafplätze. Die Abfahrt von der Hauptstraße liegt in einer Kurve und ist zwischen den niedrigen Bäumen leicht zu übersehen. Von der Straße auf den Feldweg ist es recht holprig, hier vorsichtig fahren. Auch im Folgenden ist etwas Mut zum Off-Road-Fahren gefragt. Die ersten 20 Meter sind am schlechtesten. Für Wohnmobile ist der Platz wegen der Anfahrt ungeeignet. Der Stellplatz am Ende des Weges entschädigt aber für die Mühe.

GPS: N 42.37908, E 27.72018

Noch näher an der Stadt steht man ***auf einem unscheinbaren Hügel*** in der Nähe der Umgehungsstraße. Auch hier muss über einen Feldweg gefahren werden. Wenig spektakuläre, pragmatische Wahl.

GPS: N 42.408290, E 27.6867000

Kulinarisches: Bereits von Weitem hört man es zischen und sieht man es dampfen, wenn eine der mit Fleisch und Gemüse beladenen heißen Platten die Küche verlässt, für die das **Restaurant Mehana** gefeiert wird. Mit dem traditionellen *Satch* wird das Essen zubereitet und direkt am Tisch serviert. Darüber hinaus finden sich auf der Karte viele regionale Besonderheiten. Zum Beispiel der mit eingelegten grünen Feigen zubereitete Ziegenkäse. Genial. Der besonderen Rolle Sozopols bei der Herstellung von Rosenöl wird beim Dessert mit einem feinen Rosenmousse Geltung verliehen. In dem folkloristischen Restaurant sitzt man sehr schön an der Straße oder im Hof. Im Juni, Juli und August ab 19.30 Uhr Livemusik.

GPS: N 42.42424, E 27.69517

Adresse: ul. Apolonia 46

Öffnungszeiten und Preise: April–Okt. tägl. 10–24 Uhr. Mittlere Preiskategorie.

Aktivitäten

Baden: In unmittelbarer Nähe zur Cyrill und Methodius Kirche liegt der ***Stadtstrand der Altstadt.*** Es gibt viele Restaurants und Bars, und im Sommer ist hier natürlich ordentlich was los. Perfekt, um sich nach dem Stadtbummel noch mal etwas abzukühlen. Schöner Sandstrand.

GPS: N 42.421782, E 27.694441

Sehenswert

Cyrill und Methodius Kirche: Im Sommer 2010 wurden auf der vor Sozopol liegenden ***Insel Sweti Iwan*** einige Knochen eines Mannes gefunden, der wahrscheinlich im ersten Jahrhundert nach Christus im Nahen Osten gelebt hat. Da sich auf der Reliquie die Inschrift „Johannes der Täufer" fand, wird angenommen, es könnte sich um die sterblichen Überreste eben jener mystischen Figur handeln. Die Kirche in der Altstadt beherbergt in einer kleinen Schatulle die Fundstücke, wo sie auch besichtigt werden können.

GPS: N 42.421884, E 27.693588

Adresse: Khana Kruma Platz

Die Cyrill und Methodius Kirche

Allgemeine Reiseinformationen

Notfälle

Deutsche Botschaft Sofia
Uliza Frederic-Joliot-Curie 25
1000 Sofia, Bulgarien
www.sofia.diplo.de
Öffnungszeiten: Mo–Do 8.15–11.30, Fr 8.15–10.30 Uhr.

Notfallrufnummern

Notruf 112

Mit der EU-Notrufnummer kann sowohl über das Fest- als auch Mobilfunknetz Notfallhilfe angefordert werden, ganz gleich ob Polizei, Feuerwehr oder Rettungsdienst benötigt wird. Die Leitstelle wird den Notruf an die jeweilige Notfallhilfe weiterleiten.

Einreisebestimmungen

Als gültige Ausweisdokumente gelten (vorläufiger) ***Reisepass*** und ***Personalausweis.*** Da Bulgarien Mitglied der EU ist, wird kein Visum benötigt.

Zollbestimmungen

Bulgarien ist Mitglied der Europäischen Union, es gelten die ***allgemeinen Zollbestimmungen*** der EU.

Geografie und Klima

Der bulgarische Sommer ist ***gemäßigt kontinental:*** Im Sommer warm und trocken mit Durchschnittstemperaturen um 28 °C, der Winter dagegen ist mit einer Durchschnittstemperatur um -6 °C frostig. Die Temperaturen unterscheiden sich aber stark nach Region. Niederschläge variieren zwischen 30 mm im Februar und 90 mm im Juni, im Juli und August ist mit den geringsten Niederschlagsmengen zu rechnen.

Beste Reisezeit

Allgemein liegt die beste Reisezeit ***zwischen Mai und Oktober***, ab Juni ist die Wassertemperatur im Schwarzen Meer zum Baden geeignet und die Nächte mild. In den Höhenlagen herrschen auch im Hochsommer angenehme Temperaturen und laden zu Gebirgswanderungen ein. Ab Dezember ist mit Schnee zu rechnen, die ***Skisaison*** dauert bis März an.

Zahlungsmittel

An gekennzeichneten ***Bankautomaten*** kann problemlos mit Kredit- oder Bankkarte Bargeld in der Landeswährung abgehoben werden. Gegebenenfalls sollte vor Abreise das Geldinstitut kontaktiert werden, um sicherzustellen, dass die ***Bankkarte für das Ausland freigeschaltet*** ist. Der ***Geldumtausch*** ist Banken und offiziellen Wechselstuben vorbehalten, die Quittung sollte aufbewahrt werden. In der Regel können pro Abhebung maximal

400 BGN gezogen werden. Die Öffnungszeiten der **Banken** sind Mo–Fr 9–12 und 15–17 Uhr.

Medizinische Versorgung

Die Ausbildung der bulgarischen Ärzte ist gut, allerdings ist die ***medizinische Ausstattung*** der Krankenhäuser und Arztpraxen insbesondere in ländlichen Regionen weit von der in Deutschland entfernt. Die **Apotheken** führen die gängigen Medikamente, vieles ist im Ausland nicht verschreibungspflichtig. Ist man allerdings auf die Einnahme von bestimmten Medikamenten angewiesen, ist es ratsam, diese inklusive des Rezepts mitzunehmen. Außerdem sollte man genau wissen, was man in seiner Reiseapotheke mit sich führt und wozu die Medikamente gut sind, gegebenenfalls könnte bei einer Kontrolle nachgefragt werden.

Im Fall einer ***ärztlichen Behandlung*** wird von Ausländern oft erwartet, die Rechnung ***bar vor Ort zu zahlen,*** es wird empfohlen stets eine **Rechnung** anzufordern. Bei medizinischen Notfällen mit Krankenhausaufenthalt kann das Krankenhaus aber direkt über die Krankenkasse abrechnen. Die gegebenenfalls vorzulegende ***Europäische Versichertenkarte*** befindet sich auf der Rückseite der jeweiligen Krankenkassenkarte.

Bei einer Reise nach Bulgarien sind ***Standardimpfungen*** gegen Tetanus, Hepatitis A und Diphtherie, bei längeren Aufenthalten zusätzlich gegen Tollwut und Hepatitis B ***empfohlen.*** Wer sich viel in der Natur aufhält, sollte rechtzeitig über eine Impfung gegen die Frühsommer-Meningoenzephalitis (FSME), welche über Zeckenbisse übertragen wird, nachdenken, da eine Immunisierung mehrere Impftermine mit einigen Wochen Abstand erfordert.

Internet

Durch die ***EU-weite Abschaffung der Roaminggebühren*** kann auch in Bulgarien den heimischen Tarifen entsprechend das Mobilfunknetz genutzt werden. In ländlichen Gebieten ist allerdings mit ***Funklöchern*** zu rechnen. Wer Datenvolumen sparen möchte, kann das WiFi benutzen, welches in den meisten Restaurants oder Cafés angeboten wird.

Netzspannung

Die Netzspannung beträgt **240 Volt,** mit einem 50 Hertz-Wechselstrom. Es wird kein Reisestecker-Adapter benötigt.

Freies Camping

Die ***Zahl an Campingplätzen*** in Bulgarien ist ***sehr gering*** und Wohnmobilstellplätze sind sogar noch seltener. An der Küste befinden sich die meisten Campingplätze, im Landesinneren gibt es sie nur vereinzelt. ***Freies Camping*** ist offiziell ***verboten.*** Für eine Nacht ist es an abgelegenen Stellen kein Problem, wild zu campen. Wird man dennoch erwischt, wird man schlimmstenfalls aufgefordert, den Platz zu räumen. Mit etwas Glück bekommt man von den zuständigen Polizisten aber auch einen Tipp für einen besseren Platz.

Bild 1: Skurriler Ort zum Wildcampen – ein verlassenes Campingdorf in der Nähe des Rilaklosters | Bild 2 + 3: Gaskartuschen sind bei einem Roadtrip unerlässlich

Campinggas

Gaskartuschen sind auf dem gesamten Balkan allgemein ***gut erhältlich.*** Auch in den Geschäften kleinerer Ortschaften sollten sie zu finden sein, da für die Bewohner das Kochen mit Gas günstiger ist als mit Strom. Die Verbreitung der unterschiedlichen Marken kann variieren. Stechkartuschen sind auch in Baumärkten erhältlich, Kartuschen mit Schraubgewinde in Outdoor- und Alpinläden.

Essen und Trinken

Die bulgarische Küche ist reich an Obst, Gemüse, Käse und Fleisch, köstlich, abwechslungsreich und geprägt durch ***türkische sowie griechische Einflüsse.*** Landestypisch sind auch Rezepte mit Joghurt und Schafskäse. Neben Fleischgerichten gibt es auch viel Variation bei vegetarischen Speisen.

Wie in den meisten südeuropäischen Ländern wird dem **Frühstück** eher weniger Aufmerksamkeit geschenkt. Cafés mit Frühstücksangebot wird man vergebens suchen. Weit verbreitet sind aber Bäckerei-ähnliche Geschäfte, die *Banicharnici* (баничарници), wo es *Baniza* (баница) und *Mekiza* (Мекица) zu kaufen gibt. Bei *Baniza* handelt es sich um mit Schafskäse oder Hackfleisch gefüllte Blätterteigtaschen. *Mekiza* ist ein traditionelles mit Puderzucker bestreutes Teiggericht, welches an Krapfen erinnert.

Am Mittag und Abend werden je warme Speisen serviert. Als **Vorspeise** gibt es oft *Schopska*-Salat, der von einem Schnaps begleitet wird. *Schopska*-Salat ist eine Art gemischter Salat, welcher gegebenenfalls recht käselastig ausfallen kann. Eine weitere landestypische Vorspeise ist *Tarator*-Suppe aus Joghurt, verquirlt mit geraspelter Gurke und gemahlenen Walnüssen. Außerdem sind gefüllte Weinblätter (*Losowi sarmi*), *Bob-Tschorba* (Bohnensuppe) und *Schkembe-Tschorba* (Kuttelsuppe) Klassiker in der bulgarischen Küche.

Als **Hauptgang** gibt es häufig gegrillte Fleischgerichte, wie *Keftata* (Hackfleischklopse), oder *Kebabtscheta* (wie lange *Cevapcici*) und gefüllte Paprika (*Piperki Balneni*) mit Reis und Fleisch. An der Schwarzmeerküste wird auch gerne Fisch zubereitet.

Vegetarische Gerichte sind *Imam Bajalda* – aus dem Türkischen für „Der Imam fiel in Ohnmacht" (vor Entzücken, weil es ihm so gut geschmeckt hat) –, dabei handelt es sich um Auberginen mit Gemüsefüllung oder *Letscho*, ein würziges Gericht aus geschmorten Tomaten, Paprika und Zwiebeln.

Trinkwasser

Das Wasser ***aus der Leitung*** ist sauber, aber gechlort. Insbesondere in abgelegenen Gebieten ist von einer Nutzung des Leitungswassers abzuraten, unter Umständen können Magenverstimmungen auftreten.

Als Trinkwasser ist ***abgefülltes Wasser*** zu empfehlen, dieses kann problemlos überall gekauft werden. Beim Erwerb von abgepacktem Wasser ist auf die ***Original-Versiegelung*** zu achten.

Vegetarische Gerichte erfreuen sich in Bulgarien großer Beliebtheit (hier: Gemüsepfanne im Restaurant Mehana; siehe „Sozopol")

Sicherheit

Wie an allen öffentlichen Orten mit hohem Menschenaufkommen wie touristische Plätze, Flughäfen oder Bahnhöfe ist besondere Aufmerksamkeit wegen Taschendieben und Trickbetrügern geboten. Allgemein gilt, den Bargeldbestand eher klein zu halten und Geld sowie Ausweisdokumente, Führerscheine und Fahrzeugpapiere stets am Körper zu tragen und nicht im Auto zu verwahren. Inner- als auch außerorts ist mit Einbrüchen in verschlossene Autos zu rechnen. Das Fahrzeug sollte immer abgeschlossen werden und es sollten keine Wertsachen im sichtbaren Bereich liegen. Auch Fahrzeug-Diebstähle kommen vereinzelt vor, wobei höherpreisige ausländische Pkw bevorzugte Beute sind.

Korruption

Häufige Verkehrskontrollen auf Landstraßen und Autobahnen sind keine Seltenheit. Bußgelder sind ***nie bar*** zu entrichten. Sollte man dennoch dazu aufgefordert werden, ist es wichtig, dies zu verweigern und kein Extra-Geld zu zahlen, um „Big Problems" schnell aus der Welt zu schaffen. In diesem Fall sollte man sich die Fahrzeugnummer, den Namen des Beamten oder die Dienstnummer einprägen. Es gibt die Möglichkeit, beim bulgarischen Innenministerium ***Korruptionsfälle*** anzuzeigen.

Straßen und Verkehr

Einreise mit dem Pkw

Der ***EU-Führerschein*** reicht aus. Der ***Fahrzeugschein*** (Zulassungsbescheinigung Teil I) muss mitgeführt werden, eine Übersetzung ist in der Regel nicht erforderlich. Erfolgt die ***Einreise über ein Nicht-EU-Land,*** ist zu bestätigen, dass man im Reiseland die geltenden Versicherungsvorschriften erfüllt. Außerdem ist bei der Einreise die ***Grüne Karte*** vorzuweisen. Für Fahrten mit Gespann gilt: Anhänger müssen ebenfalls versichert sein, in einigen EU-Ländern ist für den Anhänger eine eigene Versicherung erforderlich. Hier ist empfehlenswert, sich beim Versicherer vor der Abreise zu erkundigen.

Für ***aus der Türkei kommende Fahrzeuge*** wurde eine ***gebührenpflichtige Desinfektionspflicht*** eingeführt, um die Ausbreitung von Maul- und Klauenseuche einzudämmen. Neben ***zusätzlichen Kosten*** (3–10 €) je nach Fahrzeug ist also an den türkisch-bulgarischen Grenzen auch mit ***Staubildung*** zu rechnen.

Insbesondere im Grenzgebiet wird ***dringend davon abgeraten, unbekannte Anhalter mitzunehmen.*** Bei einem illegalen Grenzübertritt eines Fahrzeuginsassen kann das Auto als Tatwerkzeug von den bulgarischen Behörden eingezogen werden. Vor dem Hintergrund, dass Bulgarien Transitland auf der ***Balkan-Route des internationalen Drogenschmuggels*** ist, drohen wegen Drogendelikten überführten Straftätern lange Haftstrafen. Wird man einer strafbaren Handlung beschuldigt, kann ein Ausreiseverbot für die Dauer der Ermittlungen und dadurch ein Zwangsaufenthalt in Bulgarien verhängt werden. Folgt eine Verurteilung, ist mit einem Verbot der Wiedereinreise zu rechnen.

Grenzen

Da es sich bei den bulgarischen Grenzen zu Serbien, der Türkei und Nordmazedonien um ***EU-Außengrenzen*** handelt und Bulgarien nicht Mitglied des Schengener Abkommens ist, ist an allen Grenzübergängen mit ***Pass- und Zollkontrollen*** zu rechnen. Insbesondere an verlängerten Wochenenden und in der Schulferienzeit kommt es regelmäßig an den Grenzübergängen Bulgariens zu Serbien und Rumänien durch den Transitverkehr in den Süden zu ***Staus mit Wartezeiten von mehreren Stunden.*** Nach Möglichkeit sollte zu diesen Zeiten die eigene Reise nicht auf Wochenendtage gelegt werden, um hohe Verkehrsaufkommen zu vermeiden. Die bulgarische Polizei und Grenzbeamte arbeiten in der Regel sehr professionell. Dies kann bedeuten, dass sich Reisende ausgiebigen Kontrollen ausgesetzt sehen. Kleine Grenzübergänge nicht bei Dunkelheit ansteuern.

Allgemeine Verkehrsregeln

Auch ***am Tag*** muss auf allen Straßen mit ***Abblendlicht*** gefahren werden.

Für alle Fahrzeuginsassen sind ***Warnwesten*** mitzuführen. Wird im Falle einer Panne oder Unfalls außerorts das Fahrzeug verlassen, ist von allen Insassen eine Warnweste zu tragen.

Zwischen dem 15.11. und 01.03. gilt ***Winterreifenpflicht.*** Es ist auf eine Profiltiefe von mindestens 4 mm zu achten.

Die ***Promillegrenze*** beträgt **0,5 ‰.** bei Überschreitung der zulässigen Blutalkoholkonzentration drohen dem Fahrzeugführer empfindliche Geldstrafen, außerdem ist mit einem Führerscheinentzug zu rechnen. In diesem Fall würden die bulgarischen Behörden den Führerschein an das Kraftfahr-Bundesamt im Heimatland übersenden, mit längeren Bearbeitungszeiten wäre zu rechnen.

Tempolimits

Innerorts: 50 km/h
Außerorts: 90 km/h
Autobahn: 130 km/h

Auf neueren Autobahnabschnitten ist ein Tempolimit von 140 km/h erlaubt, diese sind entsprechend beschildert.

Autobahnen

Bulgarien hat ***einige gut ausgebaute Autobahnen,*** deren Bau aber teilweise noch nicht abgeschlossen ist. Derzeit ist etwa die Hälfte der landesweit geplanten Strecke realisiert. Die wichtigste Ost West-Verbindung A1 von Sofia über Plovdiv nach Burgas ist 2014 fertiggestellt worden. Von ihr zweigt die A4 in Richtung türkischer Grenze und weiter nach Edirne ab. Fast fertiggestellt ist außerdem die A3, welche Sofia nach Süden mit Thessaloniki verbindet. Hier kommt man recht zügig voran. Die Bauarbeiten an der zweiten Ostwest-Verbindung A2, die im Norden des Landes verläuft, sind noch nicht abgeschlossen. Derzeit ist etwa ein Drittel dieser Verbindung von Sofia nach Warna fertiggestellt.

Autobahnen sind in Bulgarien ***grün*** beschildert, ***Nationalstraßen blau.***

Maut

Unabhängig davon, ob man plant, die Autobahnen zu benutzen oder nicht, muss kurz nach der Einreise nach Bulgarien eine ***obligatorische Vignette*** gekauft werden. Die günstigste Vignette kostet 9 BGN und ist von Freitag (12 Uhr) bis Sonntag (23.59 Uhr) gültig; bei einer Gültigkeit von 7/30 Tagen kostet sie 13/27 BGN. Es fallen keine weiteren Mautgebühren an.

Kraftstoff

Stand April 2023

Diesel – Diesel = 1,39 €
Bleifrei Super – 95 Oktan = 1,31 €
Bleifrei Super Plus – 98 Oktan H = 1,51 €

Das Mitführen von Kraftstoff in Reservekanistern ist verboten. Es ist aber auch nicht notwendig, da die Tankstellendichte und Kraftstoffqualität gut ist. Auch Autogas und Erdgas ist flächendeckend erhältlich, allerdings ist für Betankung mit Autogas ein Adapter notwendig.

Unfall und Pannen

Bei einer Verwicklung in einen Verkehrsunfall sollte unbedingt die **Polizei** kontaktiert werden und keinesfalls eine Schuldanerkenntnis abgegeben werden. Bei Sachschäden ist es empfehlenswert, den ***Europäischen Unfallbericht*** auszufüllen.

Beim Unfallgegner sollte nach dem Versicherungsnachweis oder der Grünen Versicherungskarte gefragt werden.

Verkehrskontrollen und Bußgelder

Das Tempolimit sollte unbedingt eingehalten werden, ***Polizeikontrollen*** sind keine Seltenheit. Bei angeblichen Geschwindigkeitsübertretungen sollte höflich, aber misstrauisch reagiert werden. Polizisten müssen bei Verkehrskontrollen ***reflektierende Schutzwesten*** tragen und sich mit einem ***Dienstausweis*** ausweisen. Sofern durch Verkehrsdelikte Bußgelder abzugeben sind, sind diese nie an die Polizisten, die die Kontrolle durchführen, zu zahlen. ***Geldstrafen*** sind stets ***per Bankeinzahlung*** zu begleichen.

Parken

Allgemein gilt: In ***Einbahnstraßen*** dürfen Fahrzeuge nur auf der ***linken Fahrbahnseite*** geparkt werden. Gebührenpflichtige ***Parkzonen*** sind farblich gekennzeichnet: In ***blauen Zonen*** beträgt die Höchstparkdauer 2 Stunden, in ***grünen*** 4 Stunden. Entsprechende Parkscheine können bei örtlichen Kiosken oder Händlern gelöst werden, die Entwertung erfolgt über das Eintragen von Datum und Uhrzeit.

In ***Sofia*** kann die Parkgebühr bequem per SMS gezahlt werden: Die SMS wird an 1302 für blaue Zonen und an 1303 für grüne Zonen geschickt. Die Abrechnung erfolgt über den Mobilfunkvertrag.

Sonstiges

Auffällig ist die hohe Zahl von ***Pferdegespannen*** im Straßenverkehr. Mit diesen recht langsamen Verkehrsteilnehmern sollte man rechnen, um Auffahrunfälle zu vermeiden. Es ist keine Seltenheit, dass ***unbeleuchtete Fahrzeuge*** oder ***Tiere*** nachts auf der Straße unterwegs sind. Damit einher geht eine gesteigerte Gefahr von Unfällen oder Fahrzeugschäden, weshalb Fahrten in der Dunkelheit gemieden werden sollten.

Die ***Straßen abseits der Hauptrouten*** sind teils beschädigt, allgemein aber in passablem Zustand, der aber nicht mit den westeuropäischen Ländern zu vergleichen ist. Mit großen Schlaglöchern, oder gar plötzlich fehlendem Straßenbelag ist stets zu rechnen.

Die ***Navigation*** funktioniert allgemein auch mit den gängigen Offline-Karten problemlos. Einige Karten haben allerdings Schwierigkeiten, über die Grenze zu Serbien zu navigieren. Manche Grenzübergänge sind nicht mehr geöffnet. Hier vor Ort über den aktuellen Stand der Dinge informieren.

Bild 1: Die Papingo Rock-Pools im Vikos-Aoos-Nationalpark |
Bild 2: Der Kanal von Korinth | Bild 3: Das Aquädukt von Kavala

Griechenland

131.957 km²

10.603.810

Länderfakten

Amtssprache:
Griechisch

Währung:
Euro (EUR)

Staatsgründung:
3. Februar 1830 (Unabhängigkeit vom Osmanischen Reich)

Staatsform:
Parlamentarische Republik

Regierungssystem:
Parlamentarische Demokratie

EU: Ja

Schengener-Abkommen: Ja

Ethnien:
Griechen (97 %), Türken (0,5 %), Nordmazedonier (0,4 %)

Religionen:
Orthodoxe Christen (97 %), Konfessionslose (2 %)

Zeit:
UTC+2 OEZ, eine Stunde Zeitverschiebung zu Deutschland

Die antiken Hochkulturen Griechenlands lieferten mit ihren politischen, kulturellen und wissenschaftlichen Errungenschaften entscheidende Impulse für die Entstehung der heutigen Zivilisation Europas. Die prächtigen Tempelbauten, Theater und Sportstätten, die noch heute bewundert werden können, sind Ausdruck der hohen kulturellen Entwicklung, der Baukunst sowie des Wohlstands über den die Stadtstaaten Griechenlands verfügten. Sie ermöglichen Besuchern eine Zeitreise in die antike Welt der Helden, Mythen und Legenden. Die großen Städte des Landes, Athen und Thessaloniki, mit ihren quirligen Cafés voller Menschen und Restaurants, deren Tische und Stühle über Bürgersteige bis auf die Straßen reichen, sind trotz ihrer gewichtigen Geschichte ganz im Hier und Jetzt zu Hause.

Die geruhsame und entschleunigte Seite des Landes lernt kennen, wer sich von den urbanen Zentren aufmacht, die oft dünn besiedelten Küsten- und Bergregionen zu erkunden. Das Landesinnere mit seinen Nationalparks und kleinen Städtchen mit gemütlichen Tavernen hat ebenso viel zu bieten wie die berühmten Badeorte mit ihren paradiesischen Stränden. Mit insgesamt 18 UNESCO-Welterbestätten wurde Griechenland dieser Titel so oft verliehen wie keinem anderen Land Südosteuropas.

Vikos-Aoos-Nationalpark 9 12 16 36

GPS:
N 39.951960,
E 20.7067780
(Vikos)

GPS:
N 39.882152,
E 20.748937
(Monodendri)

Die laut Guinness-Buch der Rekorde tiefste Schlucht der Welt, die Vikos-Schlucht, hat es ihrer abgeschiedenen Lage im Herzen des Vikos-Aoos-Nationalparks zu verdanken, dass trotz ihrer steigenden Bekanntheit nur relativ wenige Besucher ihren Weg hier in den Norden Griechenlands finden. Allen, die gezielt nach der entlegenen Ruhe inmitten dieser wilden Landschaft suchen, kommt dies zugute.

Vor allem für ausgedehnte Wanderungen, die in Europa ihresgleichen suchen, ist der Nationalpark der richtige Ort. Aber auch wer nicht wandern möchten, kann um den kleinen Ort Vikos viel entdecken.

Aktivitäten

Wandern: Die Schlucht erstreckt sich zwischen den Orten **Vikos** und ***Monodendri*** und kann in beide Richtungen innerhalb von 6 bis 8 Stunden durchwandert werden. Zurück zu seinem Ausgangspunkt gelangt man am besten mit dem ***Taxi.*** Die Fahrt kostet in eine Richtung etwa 35 €. Einfach in einer der Gaststätten nachfragen, dann kann ein Taxi bestellt werden.

Es gibt natürlich auch die Möglichkeit, ***kürzere Wanderungen*** zu unternehmen. Zum Beispiel von **Vikos** in die Schlucht hinab zur **Angastromeni-Quelle.** Der etwa 30-minütige Abstieg führt auf den Boden der Schlucht, wo das glasklare und eiskalte Wasser aus dem Boden tritt und Mutige zu einem Bad einlädt. Für den Rückweg sind 45–60 Minuten zu veranschlagen.

GPS: N 39.94862, E 20.71371 (Quelle)

Von **Monodendri** aus kann das verlassene, an den Rand der Schlucht gebaute ***Kloster Agia Paraskevi*** besucht werden. Der etwa 20-minütige Weg dorthin ist eher ein Spaziergang als eine Wanderung, lohnt des Ausblicks wegen aber allemal. Sowohl in Vikos als auch in Monodendri weisen Schilder den Weg zu den genannten Orten.

GPS: N 39.886469, E 20.754127 (Kloster)

Vikos

Die winzige, namensgebende Siedlung am nördlichen Ende der Schlucht, liegt am höchsten Punkt einer kurvenreichen Stichstraße. Ohne Durchgangsverkehr fügt sich der ganze Ort still in die majestätische Umgebung ein. Aus dieser Atmosphäre speist sich wohl auch die gelassene Ruhe seiner Bewohner, die Besucher herzlich empfangen. Kurz nach dem Ortseingang weist ein Schild unterschiedliche Wanderwege aus. Die einzige größere Straße führt zur Kirche in der Ortsmitte. Hier kann kostenfrei geparkt werden.

Die Vikos-Schlucht

Nützliches

Unser Schlafplatz: Von der Straße nach Vikos in einen unscheinbaren Kiesweg abfahren. Nach den ersten holprigen Metern wird der Weg besser. Diesem etwa 800 Meter bis zu einer ***kleinen Kapelle*** folgen. Für Wohnmobile ist der Weg zu schlecht. Sehr schöner Platz ***in der Natur.*** Morgens und abends kommen die Kühe zu Besuch, die auf die Weide getrieben werden.

GPS: N 39.94005, E 20.69182

Mit tollem Blick über die zerklüftete, fast alpine Landschaft kann auf einem kleinen Parkplatz ***an der Bundesstraße Epar. Od. Kalpakiou-Papigkou*** übernachtet werden. Auch für Wohnmobile ideal.

GPS: N 39.949, E 20.66235

Tief im Tal unter Vikos, ***direkt am Fluss,*** findet sich ein großer Parkplatz, auf dem auch schön übernachtet werden kann. Im seichten Wasser kann gebadet werde, an tieferen Stellen ist die Strömung recht stark.

GPS: N 39.944213, E 20.686908

Circa 45 Minuten von Vikos entfernt, kurz vor dem Grenzübergang nach Albanien, liegt eine ***kleine Quelle*** nah an der Hauptstraße. Es gibt ein Schild das auf die „Mana Nerou Quelle" hinweist. In den unscheinbaren Feldweg einbiegen, nach wenigen Metern kommt eine ***große Wiese.*** Hier kann sehr idyllisch übernachtet werden.

GPS: N 40.048150, E 20.621920

Bankautomat: In der abgelegenen Region gibt es nicht allzu viele Bankautomaten. Einer steht ***in Papingo.***

GPS: N 39.968400, E 20.719710

Kulinarisches: Kaum zu übersehen, kurz nach dem Ortseingang von Vikos linker Hand liegt das für sein Wildschweingulasch bekannte ***Restaurant Hristoforos Tsoumanis.*** Ob es Wild gibt oder nicht, hängt von der Jagd ab, grundsätzlich wird das ganze Jahr geschossen. Wer hier kein Glück hat, kann sich aber mit einer der vielen anderen hervorragenden Optionen trösten.

GPS: N 39.951655, E 20.706874

Öffnungszeiten: Tägl. 12–21.30 Uhr.

Am Wochenende versammelt sich im ***Restaurant Chani*** schon mal das ganze Dorf. Dementsprechend familiär ist die Atmosphäre. An der Straße wird gegrillt, im Sommer erstrecken sich die Tische zu beiden Seiten der Hauptstraße. Das obligatorische *Souvlaki* ist ebenso empfehlenswert wie die vegetarischen Gerichte. Zum Beispiel *Briam*, die traditionelle Gemüsepfanne. Im Nachbarort von Vikos, Aristi, gelegen.

GPS: N 39.93394, E 20.67189

Wasser: ***An der Stichstraße*** in Richtung Vikos findet sich eine ***angelegte Wasserstelle*** zum Auffüllen der Reserven.

GPS: N 39.939, E 20.69071

Aktivitäten

Wandern: Ein toller Aussichtspunkt und eine schöne Gelegenheit für ein Picknick kann vom Ort in wenigen Minuten zu Fuß erreicht werden. Hier bietet sich ein guter Blick in die Schlucht Richtung Süden.

GPS: N 39.950970, E 20.708320

In der Umgebung

Papingo Rock-Pools: Der vom Wasser ausgewaschene ***Canyon mit seinen vielen großen und kleinen Becken*** oberhalb des Dörfchens Papingo, wird im Sommer zum Badeziel für alle, die eine kühle Erfrischung suchen. Eine außergewöhnliche Bademöglichkeit in dieser gebirgigen Region des Landes!

Auch außerhalb der Badesaison ist der kleine Canyon sehenswert. Der Lauf des Wassers schnitt über Jahrhunderte durch den Stein, legte dabei seine ***vielschichtige Struktur*** frei und formte seine Oberfläche mit allen erdenklichen Rundungen und Kurven.

Vom ***Parkplatz an der Straße*** sind es nur wenige Stufen bergan zu den ersten Becken.

GPS: N 39.972600, E 20.726010 (Parkplatz)

Monodendri

Luftlinie sind es nicht viel mehr als 15 Kilometer nach Vikos, dennoch liegen beide Orte in komplett unterschiedlicher Umgebung. Der fast alpine Charakter von Vikos fehlt im etwas größeren Monodendri, das deutlich ebener liegt und dementsprechend einfacher zu erreichen ist, gänzlich. Hier gibt es einige Unterkünfte und Restaurants. Vom zentralen Parkplatz in Richtung Dorfmitte die erste Abzweigung rechts geht es in die Schlucht Richtung Vikos. Geradeaus durch das Dorf beginnt der Weg zum Kloster Agia Paraskevi.

Nützliches

Info-Zentrum: Hier gibt es einige Auskünfte zum östlich gelegenen ***Pindos-Nationalpark*** und den möglichen Aktivitäten. Die Menge der Informationen ist aber überschaubar.

GPS: N 39.83119, E 20.72039

Web: www.pindosnationalpark.gr/de

Öffnungszeiten: Mo–Sa 8.30–15.30 Uhr.

Parken: Am besten parkt man auf dem ***zentralen***, kostenfreien Parkplatz.

GPS: N 39.88158, E 20.74898

Unser Schlafplatz: Kurz vor Monodendri findet sich eine hübsch angelegte ***Picknickstelle an der Straße.*** Für eine Nacht steht man hier ganz gut.

GPS: N 39.87747, E 20.74526

Tankstellen: Es gibt ein paar Tankstellen um den Pindos-Nationalpark herum, ihre Zahl hält sich aber in Grenzen.

Die meisten Tankstellen liegen ***entlang der Nationalstraße 20*** von Kozani nach Ioannina.

GPS: N 39.77842, E 20.74964 (Tankstelle 1)

GPS: N 39.98434, E 20.66769 (Tankstelle 2)

Meteora 8 14 15 27

GPS: N 39.703716, E 21.629674 (Kalambaka)

Kaum ein europäisches Naturphänomen zieht Besucher so in seinen Bann wie die steinernen Felstürme in den Ausläufern des Pindos-Gebirges. Bis zu 450 Meter erheben sich die freistehenden Nadeln aus Konglomerat-Gestein bei Kalambaka in die Höhe. Auf ihren unzugänglichen Spitzen thronten einst über 20 orthodoxe Klöster. Bei Nebel oder Wolken scheint es, als schwebten die Klöster in der Luft. Jede Tageszeit und jedes Licht bringen eine ganz eigene Atmosphäre mit sich. Wie einige der ausgesetzten Klöster und Einsiedeleien ursprünglich entstanden, ist bis heute ein Rätsel. Schließlich bedurfte es oft haarsträubender Kletterei ohne jedes technische Hilfsmittel, um auf die Gipfel zu gelangen. Manche sagen daher, in Meteora liege der Ursprung des Felskletterns.

Heute sind noch sechs der Klöster bewohnt und können besichtigt werden. Jedes einzelne Kloster unterscheidet sich hinsichtlich der Lage, Größe und Bauweise von den anderen. Nur die wenigsten werden alle sechs Klöster besuchen, es würde aber bestimmt auch nicht langweilig. Schwieriger wird es allerdings dadurch, dass jedes Kloster zu jeweils eigenen Tagen geöffnet ist. Die Sommeröffnungszeiten gelten vom 1. April bis 31. Oktober, die Winteröffnungszeiten vom 1. November bis 31. März. Es gelten recht strenge Bekleidungsvorschriften. Für Männer sind lange Hosen und im Optimalfall lange Ärmel erwünscht. Für Frauen mindestens bedeckte Schultern, im besten

Fall auch lange Ärmel und ein langer Rock. An den Eingängen der Klöster kann ein Stofftuch ausgeliehen werden, um gegebenenfalls beim Outfit noch etwas nachzubessern.

Nützliches

Parken: Die Klöster haben ***jeweils eigene kostenlose Parkplätze.***

Unser Schlafplatz: Es gibt ein großes Gelände ***an einer kleinen Kapelle*** mit Picknick-Bänken und einem Basketballplatz. Sehr idyllisch und ruhig. Die Zufahrt ist so schmal, dass ein Van gerade so hindurch passt. Für Wohnmobile unmöglich.

GPS: N 39.723110, E 21.649550

In einer Haarnadelkurve kurz unterhalb des Kloster Roussánou findet sich ein Parkplatz, auf dem etwa 4–5 Autos stehen können. Nicht wahnsinnig schön, aber hier kann gut übernachtet werden.

GPS: N 39.718520, E 21.633790

Campingplatz: ***Camping Vrachos Kastraki*** ist ein sehr zentral gelegener Campingplatz in Kastraki. Von Sanitäranlagen bis Rasenflächen alles tipptopp. Sehr netter Besitzer, bei allen Anliegen hilfreich. Kochstellen sind kostenlos nutzbar, es gibt Waschmaschinen und einen Pool. Hier bekommt man außerdem aktuelle Kletterführer. 10 € pro Person/Nacht.

GPS: N 39.71314, E 21.61576

Adresse: Camping Vrachos, Kastraki

Web: www.campingkastraki.com/de

Aktivitäten

Klettern: Die Felstürme von Meteora sind ***eines der außergewöhnlichsten Klettergebiete der Welt.*** Wer nach stundenlanger Kletterei auf einem der Gipfel ankommt, wird sich rückblickend immer an das unglaubliche Panorama und das Gefühl von Erhabenheit erinnern und einen tiefen Respekt vor dieser gewaltigen Natur verspüren. Es dominieren ***Mehrseillängenrouten***, die Absicherung ist ***alpin.*** Es gibt aber auch einige besser abgesicherte ***Sportkletterrouten.***

Nach langen Streitigkeiten zwischen Kletterern und Mönchen darf heute an allen Felsen geklettert werden, auf denen kein bewohntes Kloster steht. Sowohl das historisch-sächsische als auch das aktuelle ***Auswahl-Topo*** gibt es ***beim Camping Vrachos Kastraki*** (s.o.).

Sehenswert

Kloster Metamórphosis: Das ***größte und älteste der bestehenden Klöster*** wurde im 14. Jahrhundert gegründet. Von hier ging die weitere Bautätigkeit auf den Meteora-Türmen aus, und das Kloster hatte eine herausragende Funktion bei der Organisation der Gemeinschaft der Klöster.

Mit seinen vielen Ausstellungsstücken und historisch bedeutenden Artefakten hat es auch die Rolle als ***Museum der Klostergemeinschaft*** inne.

GPS: N 39.726746, E 21.627548

Öffnungszeiten: Sommer Mi–Mo 9–17, Winter Do–Mo 9–16 Uhr.

Kloster Varlaám: Gegenüber beziehungsweise neben dem Kloster Metamórphosis liegt das ***zweitgrößte Kloster*** in Meteora. Wer von Kastraki aus die Straße in Rich-

Die Felsenklöster von Meteora

tung der Klöster hinauffährt, der sieht es hoch über dem kleinen Kloster Agios Nikólaos Anapavás (s.u.) auf der linken Seite thronen.

Von seinen Terrassen bietet sich ein ***besonders schöner Blick über die Berglandschaft*** in Richtung Kalambaka.

GPS: N 39.725265, E 21.630488

Öffnungszeiten: Sommer Sa–Do 9–16, Winter Sa–Do 9–15 Uhr.

Kloster Agios Nikólaos Anapavás: Von Kastraki kommend ist dieses das erste Kloster, das man als Besucher erreicht. Es liegt recht nah an der Straße auf einer ***vergleichsweise kleinen Steinnadel.***

Obwohl das Gebäude über 60 Jahre verlassen war, konnte es wieder ***restauriert*** und in Stand gesetzt werden. Der begrenzte Platz auf dem Plateau ließ die Erbauer ihr ganzes Können aufwenden, um das Kloster förmlich an den Stein zu kleben.

GPS: N 39.723755, E 21.624474

Öffnungszeiten: Sommer tägl. 9–17, Winter Sa–Do 9–14 Uhr.

Kloster Roussánou: Das Kloster wird als zweites von Kastraki aus erreicht, es liegt nach einer engen Kurve rechter Hand. Es steht recht weit im Tal ***sehr ausgesetzt*** auf einem Felsriegel. Von den höher gelegenen Klöstern, aber auch von der Straße hat man oft einen guten Blick auf das ***spektakuläre Bauwerk,*** daher ist es eines der beliebtesten Fotomotive. Der Zustieg war früher ein regelrechtes Wagnis. Inzwischen gibt es eine Brücke, um zum Kloster zu gelangen. Das Kloster ist ***eines von zwei Nonnenklöstern*** in Meteora.

GPS: N 39.721387, E 21.631824

Öffnungszeiten: Sommer Do–Di 9–17.45, Winter Do–Di 9.30–14 Uhr.

Kloster Agía Triáda: Um das Kloster der Heiligen Dreifaltigkeit zu erreichen, müssen Besucher einem schmalen Pfad zum Fuße des Felsens folgen und dort den Aufstieg über die in den Stein gehauenen Stufen beginnen.

Das ***spektakuläre Panorama*** um das Kloster wurde für einige Szenen des ***James-Bond-Films*** „In tödlicher Mission" genutzt.

GPS: N 39.713283, E 21.636276

Öffnungszeiten: Sommer Mo–Fr 9–19, Sa/So 6.30–19, Winter Fr–Di 9–16 Uhr.

Kloster Agíos Stephános: Das Luftlinie am nächsten an Kalambaka gelegene Kloster Agíos Stephános ist von der Straße über eine kleine Brücke sehr leicht zu erreichen. Heute wird es ausschließlich ***von Nonnen bewohnt.***

GPS: N 39.709693, E 21.639656

Öffnungszeiten: Sommer Di–So 9–13.30 und 15.30–17.30, Winter Di–So 9–13 und 15–17 Uhr.

Kalambaka

Trotz seiner Rolle als wichtigstem Ausgangspunkt für Besuche nach Meteora hat sich der Ort etwas angenehm Ruhiges und Gelassenes bewahrt. Ab den frühen Morgenstunden bevölkern Städter und Touristen gleichermaßen die Cafés um den zentralen Ortskern, und bis in den späten Abend wird hier in den Restaurants geschmaust und getrunken.

Nützliches

Touristeninformation: Das Tourist Information Center Kalambaka ***im Erdgeschoss des Rathauses*** ist ein guter Anlaufpunkt für Informationen rund um die Region.

GPS: N 39.707025, E 21.623100

Adresse: Vlachava 1

Öffnungszeiten: Mo–Fr 8.30–20.30, Sa/So 9–16 Uhr.

Parken: ***Am Digital Projection Centre*** (s.u.) gibt es viele kostenfreie Parkplätze, einige sogar im Schatten. Von hier ist es nicht weit bis ins Ortszentrum.

GPS: N 39.708370, E 21.619330

Kulinarisches: Die überragende Auswahl an Kuchen und *Baklava* und besonders die vielfältigen Variationen von *Bougatsa,* das vor allem in Nordgriechenland verbreitete Blätterteiggebäck, schreiben in Kalambaka fast einen Pflichtbesuch in der ***Konditorei Vavitsas*** vor. An der Straße gibt es nur wenige Sitzplätze, aber wer sich für eine Tagestour zu den Meteora-Klöstern mit Proviant eindecken will, der ist hier genau richtig.

GPS: N 39.706816, E 21.622935

Adresse: Rodou 2

Öffnungszeiten: Tägl. 8–18 Uhr.

Für alle Kaffeeliebhaber ist das ***Café Ithomi*** die erste Adresse im Ort. Riesige Auswahl verschiedenster Kaffee-Kreationen. Obendrein freundliches Personal und gutes WiFi.

GPS: N 39.706693, E 21.623171

Adresse: Rodou 3

Öffnungszeiten: Mo–Sa 7–23, So 8–23 Uhr.

Wäscherei: Es gibt in Kalambaka derzeit keinen Waschsalon, es ist aber möglich, ***im Hotel King*** den Wäscheservice auch als Nicht-Gast in Anspruch zu nehmen. Waschen und Trocknen 10 € pro Maschine. Die Wäsche wird zum nächsten Tag fertig gemacht.

GPS: N 39.703305, E 21.630942

Adresse: Trikalon 97

Ausrüstung: Bei ***ΧΛΙΒΑΣ Gas*** gibt es eine große Auswahl an Gaskochern und Gasflaschen sowie Zubehör.

GPS: N 39.704870, E 21.624710

Adresse: Sidirodromou 13

Aktivitäten

Radfahren: Das Team des noch jungen Unternehmens ***Meteora E-Bike*** bietet verschiedene Touren an (Straße und MTB), es können aber auch nur die Räder geliehen werden. Touren ab 35 €. Mit dem E-Bike radelt man auch die heftigen Anstiege locker hoch und hat noch Puste, um die atemberaubende Natur und den herrlichen Ausblick zu genießen. Geniale Möglichkeit, die Landschaft Meteoras und die Klöster kennenzulernen.

GPS: N 39.706831, E 21.622496

Adresse: Ioanninon 3

Web: www.meteoraebike.com

Sehenswert

Digital Projection Centre of Meteoras History and Culture: Hier wird ein ***35-minütiger Film*** über die Konglomerattürme Meteoras und die auf ihnen errichteten Klöster gezeigt. Englische Vorführungen gibt es um 13.30, 14.30 und 15.30 Uhr. Der Eintritt ist kostenlos.

GPS: N 39.708370, E 21.619330

Adresse: Nikolaou Plastira 100

Ioannina 35

GPS: N 39.666989, E 20.851910 (Zentrum)

Die Hauptstadt der Region Epirus bekam in touristischer Hinsicht lange Zeit wenig Aufmerksamkeit. Doch das zu Unrecht! Auch wenn sie – zugegeben – ohne spektakuläre Sehenswürdigkeiten auskommen muss, ist Ioannina der perfekte Ort, um in das Griechenland abseits der Touristenströme einzutauchen. Die vielen ausgezeichneten Restaurants mit moderner griechischer Küche, Cafés und Süßigkeitengeschäfte machen die Stadt am Pamvotida-See besonders für Feinschmecker interessant.

Nützliches

Parken: In der Stadt kann es ein schwieriges Unterfangen werden, einen Parkplatz zu finden, geschweige denn einen kostenlosen. Am einfachsten ist dies ***direkt am See.*** Ein Parkplatz liegt unmittelbar ***an der alten Stadtmauer.*** Hier gehört aber ein wenig Glück dazu.

GPS: N 39.664286, E 20.859610

Auch in unmittelbarer Nähe zum See, etwas südlich der Altstadt. ***Am kleinen Park vor dem Hotel Du Lac Congress Center*** gibt es viele kostenlose Parkplätze. Zu Fuß sind es von hier etwa 15 Minuten an der Seepromenade entlang bis in die Altstadt. Auch eine Option für die Nacht. Eher praktisch als schön.

GPS: N 39.659377, E 20.861522

Unser Schlafplatz: Die Stadt auf der E951 in **Richtung Süden** verlassen. Nach den Autohäusern, ein gutes Stück vor dem IKEA, findet sich auf der rechten Seite der Straße ein ruhiger Stellplatz ***zwischen Bäumen.*** Für eine Nacht ist der Platz in Ordnung. Es gibt einige hölzerne Picknickbänke.

GPS: N 39.56525, E 20.86404

Kulinarisches: Etwas versteckt im Hinterhof liegt das **Mpoukia Mpoukia,** doch wer es endlich gefunden hat, der wird gar nicht mehr gehen wollen. Spezialisiert ist das Restaurant auf *Mezzes*, kleine vorspeisenartige Gerichte zum Teilen. Ihren Ursprung haben sie wohl auf der Arabischen Halbinsel, die große Beliebtheit in Griechenland geht auf den türkischen Einfluss zurück.

GPS: N 39.661662, E 20.848970

Adresse: Akadimias 4

Öffnungszeiten und Preise: Mo–Sa 13–2, So 13–24 Uhr. Mittlere Preiskategorie.

Sehr bunt und einladend gestaltet und zentral an der Altstadt gelegen ist das **Balsamico.** Üppige Auswahl an griechischen Klassikern wie *Souvlaki*, *Halloumi* oder *Giaourtlou.* Außerdem Fisch und Meeresfrüchte und sogar einige vegetarische Gerichte.

Die Fetije-Moschee

GPS: N 39.671697, E 20.856774
Adresse: Georgiou Soutsou 17
Öffnungszeiten: Tägl. 12–24 Uhr.

Der in Ioannina gegründete Familienbetrieb **Kolionasios Baklava Gold** exportiert sein *Baklava* inzwischen in die ganze Welt. Doch wer wirklich in die Welt der berühmten Süßigkeit eintauchen will, der muss nach Ioannina kommen und erfährt die Qual der Wahl, aus über fünfzig Sorten *Baklava* seinen Favoriten suchen zu müssen.

GPS: N 39.672146, E 20.857045
Adresse: Leoforos Karamanli 39
Öffnungszeiten: Tägl. 9–23 Uhr.

Wäscherei: **LaundryKing**, Maschine ab 3 €.

GPS: N 39.662069, E 20.848774
Adresse: Napoleontos Zerva 23
Öffnungszeiten: Tägl. 7–24 Uhr.

Sehenswert

Altstadt: Im Nordosten von Ioannina liegt die ummauerte Altstadt mit ihrer ***Festung.*** Auf ihrem Gelände finden sich das ***Byzantinische Museum***, das ***Silberschmiedemuseum*** und die ***Fetije-Moschee.*** Besonders die aufwendig restaurierten Zierarbeiten in der Moschee sind sehenswert. Aber auch die Museen sind einen Abstecher wert. Das Byzantinische Museum zeigt in erster Linie wertvolle Ikonostasen, die Bestandteil des orthodoxen Kirchenbaus sind. Im Silbermuseum werden prunkvolle Schmuckstücke ausgestellt, für deren Anfertigung die Silberschmiede von Ioannina berühmt sind.

GPS: N 39.67074, E 20.86219 (Festung)
Öffnungszeiten und Eintritt: Mi–Mo 10–18 Uhr. Erwachsene/ermäßigt 4/2 €.

Lefkada 1 13 14 34

GPS: N 38.833489, E 20.707561 (Zentrum)

Brückennutzung: Auto u. Van/Lkw 3/7 €.

Wo das unendliche Hellblau aus Himmel und Meer an feinen weißen Sandstrand stößt, dort beginnt die Insel Lefkada. Klingt zwar kitschig, ist aber tatsächlich so. Kaum irgendwo in Europa findet man solch karibische Verhältnisse.

Dank einer schwimmenden Brücke ist die Insel vom Festland sehr einfach zu erreichen. Der Tourismus spielt wirtschaftlich zwar eine Rolle, es gibt aber kaum große Hotelanlagen oder touristische Infrastruktur. Große Teile der Insel sind von wilder Natur, schroffen Klippen und natürlich den fantastischen Stränden geprägt. Viele kleine Ortschaften sind bisher nur wenig durch die Einflüsse des Festlands gewandelt, und zur Mittagszeit kann man hier auf der Hauptstraße eine Stecknadel fallen hören.

Nützliches

Unser Schlafplatz: Der langgestreckte ***Schotterweg entlang des Gialos Beach*** (s.u.) bietet sehr viele Plätze, um mit dem Auto zu stehen und zu übernachten. Entsprechend beliebt ist die Ecke bei Campern, Vanlifern und Overlandern.

GPS: N 38.66897, E 20.55753

In der Nähe des südlichsten Punktes der Insel, dem ***Kap Lefkada,*** finden sich ***entlang der Straße*** immer wieder gute Möglichkeiten zum Übernachten.

GPS: N 38.568330, E 20.549360

Direkt ***am Kap*** gibt es ***am Ende der Stichstraße*** einen kleinen Parkplatz auf dem häufig Wohnwagen stehen. Es geht aber schöner.

GPS: N 38.563062, E 20.543030

Wasser: ***Brunnen*** auf der Westseite der Insel nahe des Örtchens Komilio, direkt ***an der nordsüdlich verlaufenden Hauptverbindungsstraße*** (Epar. Od. Lefkas – Vasilikis).

GPS: N 38.71703, E 20.60347

Gialos Beach

Der ruhige Strand erfreut sich vor allem bei Campern und Vanlifern großer Beliebtheit. Es gibt zwar zwei Strandbars, sonst aber keine touristische Infrastruktur. Die lange Schotterstraße entlang des Strandes bietet viele gute Möglichkeiten, um mit dem Auto zu stehen und zu übernachten. Die Zufahrtsstraße zum Strand ist zwar sehr steil und kurvenreich, dafür ist sie aber ganz neu geteert worden.

GPS: N 38.66897, E 20.55753

Porto Katsiki

Der wiederholt zum schönsten Strand des Landes gewählte Porto Katsiki verzaubert mit spektakulärer Kulisse. Der schmale Streifen mit weißem Kieselstrand wird von azurblauem Wasser und steil abfallenden weißen Kalkklippen eingerahmt. Paradiesischer geht es beinahe nicht. Der vielleicht bekannteste Strand des Mittelmeers zieht in der Hochsaison natürlich entsprechend viele Besucher

Am Gialos Beach

an. Es gibt einige Restaurants und Geschäfte. Parken auf dem großen Parkplatz oberhalb des Strands kostet 8 € pro Tag.
GPS: N 38.602650, E 20.550010

Egremni Beach

An dem langen und gänzlich unverbauten Strand herrscht oft mehr Ruhe als an seinen Nachbarn. Dabei steht er diesen mit seinem weißen Sand und dem karibisch blauen Wasser in nichts nach. Vom kostenpflichtigen Parkplatz geht es zu Fuß einige Stufen die letzten Meter hinunter.
GPS: N 38.637625, E 20.559574

Pefkoulia Beach

Vom Festland kommend ist dies einer der ersten Strände auf der Insel, eine kleine Strandbar gibt es auch. Wenn man etwas am Strand entlang läuft, erreicht man einen sehr ruhigen und naturbelassenen Abschnitt. Hier kann geparkt werden:
GPS: N 38.802770, E 20.630810

Thessaloniki 9 26

GPS:
N 40.637664,
E 22.944725
(Zentrum)

Die zweitgrößte Stadt des Landes wurde über Jahrhunderte maßgeblich durch ihre Nähe zur Türkei geprägt. Sowohl im Byzantinischen als auch im Osmanischen Reich war sie nach Konstantinopel das wichtigste wirtschaftliche und wissenschaftliche Zentrum. Angeführt von Ismail Enver und Mustafa Kemal ging 1908 von Thessaloniki die Jungtürkische Revolution aus, in deren Folge der osmanische Sultan abgesetzt wurde. Erst 1912 wurde die Stadt im Laufe des Ersten Balkankriegs Teil Griechenlands. Nach Ende des Ersten Weltkriegs vereinbarten die Türkei und Griechenland einen Bevölkerungsaustausch, der insgesamt etwa 1,6 Millionen Menschen betraf. Von diesen Zwangsumsiedlungen war besonders die Region um Thessaloniki betroffen. Während muslimische Einwohner die Stadt verlassen mussten, siedelten sich christlich-orthodoxe Vertriebene aus Anatolien an.

Dank mehrerer Hochschulen mit insgesamt über 100.000 Studierenden hat sich das moderne Thessaloniki im Kontrast zu seinen teils Jahrtausende alten Bauwerken einen sehr jungen und offenen Charakter bewahrt. Das heimliche Zentrum der Stadt liegt dementsprechend entlang der Promenade zwischen altem Hafen und weißem Turm, wo sich unzählige Bars, Cafés und Restaurants aneinanderreihen.

Nützliches

Parken: Am praktischsten parkt man auf dem zentral ***in der Innenstadt*** gelegenen Parkplatz (2 € pro Stunde).

GPS: N 40.63441163, E 22.93799303

Eine weitere Option ist das ***Parkhaus Heleexpo*** in der Nähe des Olympischen Museums. Bis maximal 2 Meter Höhe. Die ersten 2 Stunden jeweils 2 €, jede weitere Stunde 1 €.

GPS: N 40.62513788, E 22.95531498

Ausrüstung: Das kleine Geschäft bei den untenstehenden Koordinaten führt sowohl ***Gasflaschen*** als auch Kocher und Grills sowie Zubehör.

GPS: N 40.63570, E 22.93895

Öffnungszeiten: Mo–Fr 9–14.30 Uhr.

Xasiotis Gas ist auch ein gut sortiertes Geschäft mit Gasflaschen und Kochern.

GPS: N 40.63561482, E 22.95134509

Sehenswert

Museum der Fotografie: Als landesweit einzige Einrichtung seiner Art nimmt das Museum sowohl die technische als auch die künstlerische Seite der Fotografie in den Blick. Neben der Sammlung historischer Aufnahmen wechseln sich Ausstellungen mit häufig ***gesellschaftskritischem Anspruch*** ab. Welcher Blick auf soziale Themen und gesellschaftliche Prozesse wird von den Künstlern geschärft und welche Reaktionen bringt die beobachtete Gesellschaft den Werken entgegen? Kurz, was ist die Wirkung der Fotografie? Dieses Wechselspiel zwischen Gesellschaft und Fotografie zu beleuchten, ist neben der Förderung der Fotografie als Kunst das erklärte Ziel des Museums.

GPS: N 40.632766, E 22.935549

Adresse: Warehouse A, Pier A, Hafen

Web: www.thmphoto.gr/?lang=EN

Öffnungszeiten und Eintritt: Di–So 11–19, Fr bis 22 Uhr. Erwachsene/ermäßigt 2/1 €

Atatürk-Museum: Direkt neben dem türkischen Konsulat werden im schön restaurierten ***Geburtshaus des türkischen Staatsgründers*** gut aufbereitet verschiedene Etappen und Ereignisse aus dem Leben Mustafa Kemals präsentiert. Eine kritische Betrachtung der Person bleibt dabei erwartungsgemäß aus, dennoch lohnt ein Besuch der vielen interessanten Informationen zur Stadt Thessaloniki und den griechisch-türkischen Beziehungen wegen. Gegebenenfalls wird beim Betreten der Reisepass geprüft.

GPS: N 40.635876, E 22.954234

Adresse: Apostolou Pavlou 17

Öffnungszeiten und Eintritt: Di–So 10–17 Uhr. Der Eintritt ist kostenlos.

Olympisches Museum: Anhand seiner großen Sammlung an Sportgeräten und Equipment schlägt das Museum den Bogen von den antiken Olympischen Spielen und deren Disziplinen zu den Spielen der Neuzeit. Besonders die ***Erfolge griechischer Sportler*** stehen im Mittelpunkt und machen die Ausstellung mit Anekdoten und persönlichen Gegenständen lebendig. Die ursprünglich ehrgeizige interaktive Agenda scheint derzeit nicht mehr aufrechterhalten zu werden, der gesamte Gebäudekomplex ist etwas heruntergekommen.

GPS: N 40.627523, E 22.964071

Bild 1: Die Atatürk-Collage im Atatürk-Museum | Bild 2: Mazedonische Schilde an der Statue Alexander des Großen | Bild 3: Der Weiße Turm

Adresse: Olympic Museum Thessaloniki
Agiou Dimitriou & 3is Septemvriou
Web: www.olympicmuseum-thessaloniki.org
Öffnungszeiten und Eintritt: Mo–Fr 9–19, Sa 10–16, So 10–14 Uhr. Der Eintritt ist frei.

Weißer Turm: Einst bildete der Turm die östlichste Spitze der Stadtmauer von Thessaloniki. Seinem Verwendungszweck unter türkischer Herrschaft als ***Foltergefängnis*** nach, wurde er zunächst als „Roter Turm" bezeichnet.

Nachdem Thessaloniki im Verlauf des Ersten Balkankriegs unter griechische Kontrolle fiel, ließen die neuen Machthaber den Turm symbolisch weiß tünchen. Heute beherbergt er ein kleines ***Museum*** für byzantinische Kultur und Stadtgeschichte.

GPS: N 40.626526, E 22.948308
Web: www.lpth.gr
Öffnungszeiten und Eintritt: Tägl. 8–20, im Winter 8.30–15.30 Uhr. Pro Person 2 €.

Rotunde des Galerius: Um den ***Titel der ältesten christlichen Kirche*** konkurrieren derzeit gleich mehrere historische Bauten weltweit. Die Rotunde, die ursprünglich als Tempel oder Mausoleum gebaut worden war, hat in diesem Wettstreit mindestens aussichtsreiche Chancen, den Sieg, so eine Entscheidung möglich ist, davonzutragen. Zahlreiche Erdbeben und Brände haben ihr seit ihrer Errichtung zu Beginn des 4. Jahrhunderts zwar sichtbar zugesetzt, dennoch sind die ***Deckenmosaike auf Goldgrund*** immer noch bemerkenswert.

Das später hinzugefügte Minarett verrät die zwischenzeitliche Nutzung des Gebäudes als Moschee, heute dient sie keinem religiösen Zweck mehr, sondern nur als ***Museum.***

GPS: N 40.633469, E 22.952960
Adresse: Plateia Agiou Georgiou Rotonta 5
Öffnungszeiten und Eintritt: Mo, Mi–Fr 8.30–15.30, Sa/So 8.30–15 Uhr. Pro Person 2,50 €.

Kavala 17 8

GPS: N 40.937748, E 24.410884 (Zentrum)

Geziert von ungewöhnlichen Bauwerken aus sehr verschiedenen historischen Epochen und umgeben von erstklassigen Stränden liegt Kavala im Nordosten Griechenlands. Die lange Zeit für ihren Tabak berühmte Stadt zählt zu den schönsten der Region.

Die gut organisierten Arbeiter der Tabakindustrie bescherten Griechenland 1934 den ersten kommunistischen Bürgermeister, was der Stadt den nicht ganz ernst gemeinten Beinamen „Moskau Griechenlands" einbrachte. Das feucht subtropische Klima und die vielen Sonnenstunden des Jahres strafen diesen Vergleich aber Lügen.

Nützliches

Touristeninformation: Es gibt eine Touristeninformation ***im Zentrum*** der Stadt.

GPS: N 40.936538, E 24.411444

Adresse: Ionos Dragoumi & El. Venizelou

St. Eleftherias Square

Öffnungszeiten: Tägl. 8–20.30 Uhr.

Parken: Auf dem großen, kostenpflichtigen Parkplatz ***am Hafen*** steht man zentral unweit der Burg und des Aquädukts. Hier darf auch übernachtet werden.

GPS: N 40.93377, E 24.4125

Mit etwas Glück findet man ***östlich der Festung am Meer*** einen kostenlosen Parkplatz. Für Wohnmobile ist hier aber zu wenig Platz. Sehr zentral.

GPS: N 40.937423, E 24.417796

Unser Schlafplatz: Mit herrlichem Blick über das Meer und die Küste steht man hier ***auf einer kleinen Anhöhe am Örtchen Nea Iraklitsa.*** In unmittelbarer Nähe liegt ein kleiner Strand mit Duschen und einigen Restaurants. Nach Kavala sind es mit dem Auto etwa 20 Minuten.

GPS: N 40.864520, E 24.324020

Aktivitäten

Baden: In und um Kavala liegen ***unzählige kleine und große Strände,*** die allermeisten mit schönem Sand. Wer an der Küste entlangfährt, kann sich seinen Favoriten suchen, oder sogar regelrecht Strand-Hopping betreiben, ohne dafür lange umherfahren zu müssen.

Der große ***Kalamitsa Strand*** am westlichen Ende von Kavala ist sehr bequem zu erreichen und bietet alles, was man braucht, um es gleich mehrere Tage auszuhalten. Vom kostenlosen Parkplatz sind es nur wenige Meter ans Wasser, es gibt Duschen, Umkleiden sowie einige Bars und Restaurants.

GPS: N 40.921224, E 24.382912 (Parkplatz)

Der große, weniger organisierte ***Perigiali Strand*** liegt im östlichen Teil der Stadt. Es gibt Duschen, Umkleiden und kostenlose Parkplätze. Unter einigen Bäumen findet man sogar Schatten.

GPS: N 40.945511, E 24.430934 (Parkplatz)

Sehenswert

Aquädukt von Kavala: Die Fundamente des Aquädukts stammen noch aus der Römerzeit, die gegenwärtige Struktur allerdings aus dem 16. Jahrhundert. Um die Wasserversorgung Kavalas zu gewährleisten, ließ Sultan Suleiman der Prächtige das ***280 Meter lange Aquädukt*** in Stand setzen.

Mit einer Höhe von bis zu 25 Metern überbrückt es einen tiefer gelegenen Teil der Stadt, der sich wie ein kleines Tal zwischen der Festung und dem höchsten gegenüberliegenden Punkt erstreckt. Von hier war der spektakuläre Bau mit einer mehr als ***6 Kilometer langen Überlandleitung*** mit der Quelle verbunden, die das Wasser für die Brunnen, Bäder und Moscheen der Stadt lieferte. Das Aquädukt führt noch heute mitten durch die Stadt, in einige seiner Bögen wurden sogar kleine Häuser gesetzt.

GPS: N 40.936888, E 24.415470

Akropolis von Kavala: Um die beiden wichtigsten Metropolen des spätantiken römischen Reichs, Rom und Konstantinopel, zu verbinden, bedurfte es einer direkten und schnellen Landverbindung. Für diesen Zweck führte die Via Egnatia von Konstantinopel quer über die Balkanhalbinsel bis in die Gegend ums heutige Vlora in Albanien. Von hier musste über die **Meerenge von Otranto** übergesetzt werden, um auf dem gegenüberliegenden italienischen Festland der **Via Appia** nach Rom folgen zu können.

Der Zweck der Befestigungsanlagen von Kavala war ursprünglich die Überwachung und der Schutz der besonders wichtigen **Via Egnatia.** Ihre heutige Struktur bekam sie allerdings erst im 15. Jahrhundert. Die recht kleine Festung ist selbst wenig spektakulär, besonders der **Rundumblick** von ihrem Mittelturm aber sehr schön. Auch das Aquädukt und sein außergewöhnlicher Verlauf durch die Stadt sind von hier gut zu sehen.

GPS: N 40.934980, E 24.415333

Adresse: Isidorou 18

Öffnungszeiten und Eintritt: Mai–Sept. tägl. 8–21, Okt. und April tägl. 8–20, Nov.–März tägl. 8–16 Uhr. Erwachsene/ermäßigt 2,50/1,50 €.

Mohammed Ali Museum: Das einst größte Gebäude der Stadt ist bis heute eines der prächtigsten Beispiele **osmanischer Architektur** in Griechenland. Hier wurde um 1770 eine der mystischsten Figuren seiner Zeit und bis heute schillernde Persönlichkeit geboren.

Das Osmanische Reich stellte 1801 eine Flotte zusammen, um das von Napoleon besetzte Ägypten zurückzuerobern. Unter den Soldaten befand sich **Mohammed Ali,** Sohn eines Tabakhändlers aus Kavala. Während des erfolgreichen Feldzugs stieg er in der Armee auf und nutzte den ausbrechenden Machtkampf innerhalb der osmanischen Streitkräfte, um seine Konkurrenten auszuschalten. Er wurde zunächst Gouverneur der osmanischen Provinz Ägypten, machte sich aber weitestgehend unabhängig und begründete eine **Herrschaftsdynastie,** die das Land **bis 1953** regierte.

Das Haus und die Wohnräume wurden aufwendig restauriert und können besichtigt werden.

GPS: N 40.931225, E 24.414720

Adresse: Mehmet-Ali-Platz

Öffnungszeiten und Eintritt: Do–So 10–14 Uhr. Erwachsene/ermäßigt 5/3 €.

Tabakmuseum: Ab Mitte des 19. Jahrhunderts erlangte der Anbau, die Weiterverarbeitung und der Handel von **Tabak eine große Bedeutung** für die Stadt, deren Bewohner bis dahin überwiegend vom Fischfang lebten. In dieser Blütezeit Kavalas ließen sich europäische Handelsfirmen in der Stadt nieder, tausende Arbeitsplätze wurden geschaffen, und es entstand ein wohlhabendes Bürgertum.

Bis heute stehen in der Stadt viele **herrschaftliche Häuser** wohlhabender Tabakhändler dieser Zeit. Ebenso prägend für das Stadtbild sind die großen **Tabaklager,** von denen ebenfalls noch einige zu sehen sind.

Das Tabakmuseum ist im **Gebäude der Nationalen Tabak-Organisation** untergebracht. Neben der Darstellung der kommerziellen Verarbeitung der Tabakpflanze wird die gesellschaftliche Bedeutung dieses Industriezweiges hervorgehoben.

GPS: N 40.938133, E 24.406938

Adresse: Kon/nou Paleologou 4

Web: www.tobaccomuseum.gr

Öffnungszeiten und Eintritt: Di–Fr 9–16, Sa/So 10–14 Uhr. Erwachsene/ermäßigt 2/1 €, Kinder frei.

Makrygialos 16 15

GPS: N 40.413087, E 22.610511 (Promenade)

Der kleine Ort am Meer eignet sich für einen Zwischenstopp auf dem Weg vom Nordosten in den Süden des Landes, oder andersherum. Hier ist nicht viel los, es gibt eine nette Strandpromenade, einige Cafés und Restaurants und einen Strand mit Duschen. Bis nach Thessaloniki sind es mit dem Auto etwa 45 Minuten.

Nützliches

Unser Schlafplatz: Direkt ***an der Promenade*** kann man übernachten.

GPS: N 40.409020, E 22.610740

Alternativ kann man ***in einer Seitenstraße*** der Strandpromenade stehen.

GPS: N 40.40991, E 22.61039

Ausrüstung: Direkt ***neben dem Super Market Zennoy*** gibt es einen Laden. Hier können Campinggasflaschen getauscht werden.

GPS: N 40.41538, E 22.60561

Delphi 2 13 33

GPS: N 38.48176013, E 22.50289306 (Eingang)

Öffnungszeiten und Eintritt: Mai–Okt. tägl. 8–20, Nov.–April tägl. 8–15 Uhr. Erwachsene/ermäßigt 12/6 €.

Den Griechen der Antike galt Delphi als der Mittelpunkt der Welt. Hier wurde Apollon, der Gott des Lichts und der Heilung verehrt. Mit dem Orakel entwickelte sich Delphi zur wichtigsten Kultstätte der hellenistischen Welt. Vor allem begüterte Gäste stellten hier Fragen über ihre Zukunft und bekamen durch Pythia, der weissagenden Priesterin, einen Orakelspruch. Diese Prophezeiungen wurden anschließend von den Priestern des Tempels interpretiert. Die Pythia saß im Apollontempel auf einem Dreifuß über einem Erdspalt, aus dem dem Mythos zufolge berauschende Dämpfe austraten. Es wird vermutet, dass diese Dämpfe – oder der Sauerstoffmangel – die Priesterin in einen Trancezustand versetzten. Ein zu tiefer Atemzug soll bereits tödlich gewesen sein. Wissenschaftler sind sich allerdings bis heute noch nicht einig, um welche Gase es sich handelte.

Die Olympischen Spiele

An den Kultstätten Olympia, Delphi, Korinth und Nemea wurden im antiken Griechenland zu **Ehren der Götter** im Rahmen religiöser Feierlichkeiten auch sportliche Wettkämpfe abgehalten. Von den vier Austragungsorten der ***Panhellenischen Spiele*** entwickelte sich Olympia zum bedeutendsten. Die Spiele dort waren das älteste der Sportfeste und überdauerten auch am längsten. Verehrt wurde Zeus, der mächtigste aller Götter. Ausgetragen wurden Laufwettbewerbe, Pferderennen, unbewaffnete Zweikämpfe und ein Wettbewerb im Fünfkampf, der aus Diskuswerfen, Weitsprung, Wettlauf, Speerwerfen und Ringkampf bestand.

Bedeutend waren die ***Olympischen Spiele*** vor allem in politischer Hinsicht. Hier fanden hohe Vertreter aus allen Teilen der griechischen Welt zusammen. Die heiligen Stätten durften nur ***ohne Waffen*** betreten werden, so war ein sicherer Aufenthalt für alle Besucher garantiert. Für die ständig untereinander zerstrittenen griechischen Staaten wurde Olympia zum ***Symbol der friedlichen Gemeinsamkeit.*** Die ersten Spiele wurden vermutlich um 700 v. Chr. abgehalten.

Der Einfluss des Römischen Reichs, der 394 v. Chr. schließlich in ein ***Verbot aller heidnischen Feste*** gipfelte, versetzte den Spielen einen ersten Schlag. Invasionen und Plünderungszüge erschwerten die Veranstaltung zudem. Durch Überschwemmungen und Erdbeben wurden die antiken Spielstätten schließlich verschüttet und gerieten in Vergessenheit. Erst Ende des 18. Jahrhunderts wurden sie wiederentdeckt. Hundert

Überreste der Anlage von Delphi

Jahre später begann die systematische Erforschung der antiken Stätten. Die von deutschen Wissenschaftlern zwischen 1875 und 1881 durchgeführten Grabungen wurden von einer interessierten Öffentlichkeit begleitet. In diesem Zuge gelangte die Idee der Olympischen Spiele erneut zu großer Popularität. Sowohl in Griechenland als auch in Großbritannien, Deutschland und Frankreich begeisterten sich viele Menschen für die Aussicht, die ***Spiele in internationalem Maßstab*** wieder aufleben zu lassen. Allen voran Pierre de Coubertin, Generalsekretär eines großen französischen Sportverbands, arbeitete daran, den Olympischen Spielen in möglichst großem Rahmen ein modernes Format zu geben. Zentral für den überzeugten Pazifisten war die ***Idee des friedlichen Wettstreits unter den Nationen.*** Statt sich auf den Schlachtfeldern zu bekämpfen, sollte sich die Jugend der Welt in sportlichem Wettkampf messen. Menschen unterschiedlichster Herkunft sollten einander näherkommen und nationaler Egoismus überwunden werden. Coubertin gründete 1894 das ***Internationale Olympische Komitee*** (IOK), welches zwei Jahre später die ersten Olympischen Spiele der Neuzeit in Athen ausrichtete.

Das Olympische Komitee hatte schon früh beschlossen, die Spiele ***alle vier Jahre in einem anderen Land*** stattfinden zu lassen. Zu den ***Sommerspielen*** kamen 1924 die ersten Olympischen ***Winterspiele*** hinzu. Mit dem Erfolg des zunächst kleinen Sportfestes stieg das Prestige des ausrichtenden Landes ungemein an. So nutzte beispielsweise ***Jugoslawien*** die Winterspiele 1984, um sich der Welt als ***modernes sozialistisches Land*** zu präsentieren. Dies waren die ersten Olympischen Spiele auf der Balkanhalbinsel seit 1896. Auch die Teilnehmer- und Besucherzahlen stiegen in der Geschichte der Spiele stetig. Hatten an den ersten neuzeitlichen Spielen in Athen gerade einmal 250 Athleten aus insgesamt 14 Ländern teilgenommen, so waren es 2008 in Peking bereits 11.000 Athleten aus 204 Ländern.

In Verbindung mit diesem Wachstum stehen allerdings auch ***erheblich gestiegene Kosten*** für den Ausrichter. Die Sommerspiele 2004 in Athen kosteten schätzungsweise 7 Milliarden Euro. Viel Geld, das dem wirtschaftlich angeschlagenen Land später fehlen sollte. Den größten ***Imageverlust*** bescherten den Olympischen Spielen das Bekanntwerden zahlreicher ***Korruptions- und Dopingskandale,*** die das Prinzip des fairen Wettkampfs beschädigten. Kritiker des Mega-Events sehen die olympische Idee schon länger in den Hintergrund gedrängt. Stattdessen stünde die ***Profilierung einzelner Staaten*** im Vordergrund. An Aktualität hätte das Jahrtausende alte Leitbild von friedlicher Völkerverständigung jedenfalls nichts verloren.

Dank seiner überragenden Bedeutung als Heiligtum empfing das Orakel Besucher aus dem ganzen Mittelmeerraum und wurde zu wichtigen Unterfangen wie Kriegsführung oder der Gründung neuer Siedlungen befragt. Die Priesterschaft von Delphi verfügte damit über weitreichendes Wissen und konnte Zusammenhänge herstellen und Entwicklungen erahnen, die über die wirren Orakelsprüche der Pythia hinausgingen.

Heute ist nicht mehr allzu viel von der einst prächtigen Tempelanlage erhalten. Zu den Highlights gehören neben dem Archäologischen Museum das Theater und das Stadion von Delphi. Das Stadion liegt am höchsten Punkt der Anlage und konnte bis zu 6500 Zuschauer fassen. Keine historische Sportanlage Griechenlands ist so gut erhalten. Sie war Austragungsort der Pythischen Spiele, die zu Ehren Apollons abgehalten wurden und nach den Olympischen Spielen die wichtigsten dieser Art waren. Ebenfalls sehr gut erhalten ist das Theater mit seinem Blick über das Tal und die Ruinen des Apollon-Tempels. Hier fand der musische Teil der Spiele statt. Das hervorragende Museum sollte auf keinen Fall verpasst werden; am besten sogar vor den historischen Stätten besuchen. Hier werden die schönsten Ausgrabungsfunde aus dem antiken Delphi gezeigt.

Nützliches

Parken: Direkt ***bei den Ausgrabungsstätten*** stehen kostenlose Parkplätze an der Straße zur Verfügung.

GPS: N 38.480146, E 22.500130

Unser Schlafplatz: Am westlichen Ende von Delphi kurz vor der Ortschaft in Richtung der Taverna Chalet Maniati abbiegen. Dann der Straße geradeaus folgen, bis diese ***an einem kleinen Parkplatz*** endet. Sehr ruhiger Platz für die Nacht mit schönem Blick über das Tal.

GPS: N 38.48026, E 22.48026

Wasser: ***Am Örtchen Arachova,*** östlich von Delphi, gibt es eine ***Trinkwasserquelle.*** Direkt neben der Quelle liegt das Geschäft eines Teppichhändlers.

GPS: N 38.48349, E 22.57697

Ausrüstung: Es gibt einen kleinen ***Supermarkt in Delphi.*** Hier bekommt man das Nötigste.

GPS: N 38.48002, E 22.49190

Öffnungszeiten: Tägl. 9–23.30 Uhr.

Der nächste größere ***Supermarkt*** findet sich ***im Örtchen Arachova.*** Hier gibt es Gaskartuschen mit Gewinde.

GPS: N 38.48151, E 22.57822

Öffnungszeiten: Mo–Fr 9–21, Sa 9–20 Uhr.

Kap Melagavi 3 12 32

GPS:
N 38.028498,
E 22.850070
(Leuchtturm)

Eine beeindruckendere Kulisse hätte sich der kleine, trutzige Leuchtturm, der seit über 120 Jahren auf dem ausgesetzten Kap allen Elementen trotzt, nicht aussuchen können. Die schroff abfallenden weißen Klippen des Kaps und das blau und türkis funkelnde Meer geben besonders bei Sonnenuntergang ein perfektes Bild ab. Vom Parkplatz ist man innerhalb von 15 Minuten hierhergelaufen.

Nützliches

Parken: ***Am Ende der Straße*** findet sich ein kostenloser Parkplatz. Von hier sind es etwa 15 Minuten zu Fuß zum Leuchtturm auf dem Kap.

GPS: N 38.028700, E 22.853200

Unser Schlafplatz: ***Entlang der Zufahrtsstraße zum Kap*** finden sich viele Möglichkeiten, um für eine Nacht zu stehen.

Aktivitäten

Baden: Am Kap liegt die Ausgrabungsstätte Heraion in einer ***malerischen kleinen Bucht*** mit glasklarem Wasser. An dem kleinen Kiesstrand ist zwar immer etwas los, aber die friedliche Atmosphäre wird dadurch kaum gemindert. Achtung, es gibt Seeigel.

GPS: N 38.028040, E 22.852725

Die Badestelle an der Ausgrabungsstätte Heraion

In der Umgebung

Kanal von Korinth: Schon die antiken Römer versuchten sich am Bau eines Kanals ***an der schmalsten Stelle des Peloponnes.*** Er sollte den Schiffsweg um die Halbinsel um mehr als 300 Kilometer verkürzen. Sie scheiterten aber mit diversen Versuchen. Wer mit dem Auto über den Kanal fährt, der den Peloponnes 1893 schließlich in eine Insel verwandelte, indem er ihn vom Festland abtrennte, wird gar nicht merken, dass er gerade den Kanal überquert.

Um die ***schnurgerade, etwa 80 Meter tiefe künstliche Schlucht*** zu würdigen, muss eigens zu Fuß auf eine der Brücken gestiegen werden. Der Blick hinab und entlang des Kanals mit seinen senkrecht abfallenden, wie mit einem Messer gezogenen Steilwänden, ist besonders dann spektakulär, wenn sich ein Schiff durch die schmale Passage zwängt.

GPS: N 37.927054, E 22.994511 (Alte Brücke, Auto- und Fußgängerbrücke)

Bungee Jumping: Der Anblick der schnurgeraden Schlucht vermittelt bereits ein Gefühl von luftiger Ausgesetztheit. Wem Anschauen nicht genügt, der muss zu ***Zulu Bungy***, um die Tiefe des Kanals hautnah zu erfahren. Seit 2002 lässt das Zulu-Team begeisterte Adrenalinjunkies durch den Kanal fliegen. Eine Voranmeldung ist normalerweise nicht nötig.

GPS: N 37.927646, E 22.994803

Web: www.zulubungy.com

Zeiten und Preise: Jan.–Aug. Di–So 10–18 Uhr, Sept.–Nov. nur Sa/So. Pro Person 80 €.

Athen 7 10 28

GPS: N 37.975638, E 23.734688 (Zentrum)

Mit ihren über 3 Millionen Einwohnern ist Athen nicht nur die mit Abstand größte Stadt Griechenlands, sondern auch der Balkanhalbinsel. Was heute als Athen bezeichnet wird, war ursprünglich eine Ansammlung kleinerer Vorstädte mit Athen selbst als Zentrum. Diese Struktur prägt die Stadt bis heute. Viele der Viertel, von denen manche einen beinahe dörflichen Charakter haben, verstehen sich als eigene nachbarschaftliche Gemeinschaften. Für Außenstehende ist dies kaum zu durchschauen, die enorme Wohndichte und das ständige wuselige Chaos machen Athen teils zu einer echten Herausforderung, aber auch zu einer der lebendigsten und buntesten Städte Europas.

Der überragenden Bedeutung Athens als kulturelles und künstlerisches Zentrum wurde 1985 mit der Verleihung des Titels zur ersten Kulturhauptstadt Europas Rechnung getragen. Allen voran die Rolle des Stadtstaats als Geburtsort der Demokratie im 5. Jahrhundert v. Chr. macht ihre historische Bedeutung aus. Nach der Beseitigung des Königtums setzte ein etwa 200 Jahre dauernder Prozess struktureller Reformen ein, der zur Herausbildung der attischen Demokratie führte, deren Kerninstitution die Volksversammlung war. Jeder in der Volksversammlung anwesende Vollbürger war abstimmungsberechtigt und besaß das Recht, seine Meinung zu äußern. Daher gilt die attische Demokratie als erste auf dem Prinzip der Volkssouveränität gegründete politische Ordnung.

Die Führungsrolle Athens unter den griechischen Stadtstaaten und der damit verbundene Reichtum ermöglichten die spektakulären Bauten in der Stadt, vor allem auf der Akropolis. Zum Prestige der Stadt trug außerdem ihre Funktion als intellektuelles Zentrum Griechenlands bei.

Nützliches

Parken: Im Innenstadtbereich gibt es viele private kostenpflichtige Parkplätze. Bis zu einer Höhe von zwei Metern kann man ins ***Parkhaus Metro Parking*** fahren. Sehr zentral ***in der Nähe des Syntagma-Platzes*** gelegen.

GPS: N 37.975004, E 23.731283

Adresse: Patroou 8

Web: www.metropark.gr/en

Wer kostenlos parken möchte, der fährt am besten ***auf den Lykabettus.*** Hier gibt es einen großen Parkplatz. Keine Wertsachen im Auto lassen. In die Innenstadt dauert es zu Fuß 30–45 Minuten. Mit der Seilbahn geht es schneller.

GPS: N 37.98306, E 23.74609

Ebenfalls kostenlos kann ***am Alimos Yachthafen*** geparkt werden. Gute Option für Wohnmobile oder große Busse. Von hier kann mit der Tram T5 in etwa 40 Minuten direkt zum Syntagma-Platz gefahren werden. Ein Ticket mit 90 Minuten Gültigkeit kostet 1,50 €.

GPS: N 37.915970, E 23.702890 (Parkplatz)

GPS: N 37.913179, E 23.708665 (Tramstation Marina Alimou)

Unser Schlafplatz: ***Auf dem Lykabettus*** gibt es einen kleinen und einen großen Parkplatz. Beide sind gut zum Übernachten geeignet und kostenfrei. Als Treffpunkt junger Leute ist der Park sehr beliebt, daher ist besonders am Wochenende bis spät in die Nacht viel los. Die Straßen um den Berg herum sind ausgesprochen schmal und gleichzeitig steil. Mit einem Van oder Bus ist es anspruchsvoll, aber möglich, hierher zu gelangen. Mit dem Wohnmobil läuft man Gefahr, stecken zu bleiben.

GPS: N 37.98386, E 23.74609 (gr. Parkplatz)

GPS: N 37.98227, E 23.742427 (kl. Parkplatz)

Für Wohnmobile ist auf dem weitläufigen Parkplatz ***am Alimos Yachthafen*** genug Platz. Hier kann kostenlos geparkt werden. Für eine Nacht in Ordnung. Eher zweckmäßig, aber ruhig.

GPS: N 37.915970, E 23.702890

Kulinarisches: Das nette familiengeführte ***Restaurant Scholarhio*** unweit des Akropolis-Hügels feiert in nicht allzu ferner Zukunft sein hundertjähriges Bestehen. Das allein will schon was heißen. Zudem sind die rustikalen Gerichte wirklich empfehlenswert, zum Beispiel das *Spetzofai*. Hierbei handelt es sich um ein Pfannengericht mit würziger griechischer Wurst, Paprika, Auberginen und Tomaten. Früher vor allem im Winter beliebt, daher oft feurig. Toll sind auch die gemischten Platten zum Teilen.

GPS: N 37.972503, E 23.729407

Adresse: Tripodon 14, Plaka

Web: www.scholarhio.gr

Öffnungszeiten: Tägl. 11.30–0.30 Uhr.

Wer schon früh morgens auf der Suche nach einem anständigen Frühstück ist, der wird am Syntagma-Platz fündig. Einige Cafés servieren hier Sandwiches, Küchlein und Heißgetränke, zum Beispiel das ***Peri Cafe.***

GPS: N 37.975034, E 23.733850

Adresse: Mitropoleos 1

Web: www.pericafe.gr

Öffnungszeiten: Mo–Fr 6.30–21, Sa 8–19, So 9–20 Uhr.

Wäscherei: In Athen gibt es 12 Waschsalons der Firma ***Easywash.*** Einige liegen

Blick über Athen und die Akropolis

sehr zentral in der Innenstadt und sind tägl. 7–24 Uhr geöffnet. Waschen und Trocknen dauert insgesamt etwa eine Stunde. Es können Münzen gewechselt und Waschmittel gekauft werden. Waschen ab 3 €, Trocknen ab 1 €. Die Website (englisch) listet alle Standorte.

Web: www.easywashathens.gr/en

Sehenswert

Akropolis: Aus Gründen der Verteidigung wählten die frühen griechischen Siedler in der Regel Anhöhen mit steilen Hängen zur Errichtung ihrer Befestigungsanlagen. Im Laufe der Zeit wandelten sich diese Anlagen häufig zu ***Kultstätten mit wichtigen Tempelanlagen.*** So auch die Athener Akropolis. Ihre heutige Struktur geht auf die Initiative Perikles, einem der führenden Staatsmänner Athens während des 5. Jahrhunderts v. Chr., zurück. Nach der Zerstörung der alten Tempel durch die Perser ließ er die Oberstadt auf dem Festungshügel komplett neu gestalten. Die beiden größten daraufhin errichteten Tempel, das der Stadtgöttin Athena geweihte Parthenon und das Erechtheion, gehören bis heute zu den berühmtesten antiken Bauwerken der Welt. Zwar wurde die attische Demokratie hier nicht geboren, doch trat später im Dionysostheater am Südhang des Akropolis-Hügels die Volksversammlung (Ekklesia) als oberster Souverän des Stadtstaates zusammen.

Mit ihren prunkvollen Bauten demonstrierte die Athener Akropolis die Macht und den Reichtum der damals noch jungen Demokratie. Bis ins 17. Jahrhundert waren die antiken Bauwerke weitestgehend intakt. Erst Belagerung und Beschuss durch die Venezianer sowie der Raub der Skulpturen durch die Briten beschädigten sie schwer.

GPS: N 37.971583, E 23.725766

Öffnungszeiten und Eintritt: April–Okt. tägl. 8–20, Nov.–März tägl. 8–17 Uhr. Erwachsene/ermäßigt 20/10 €, Studierende u. Kinder frei.

Akropolis Museum: Das exzellente, moderne Museum weiß die Akropolis meisterhaft in Szene zu setzen. Durch seine Lage am Fuße der Akropolis hat man den Festungshügel perfekt im Blick, während man die im Museum aufbewahrten ***Originalexponate*** bestaunen kann. Neben vielen antiken Statuen kann die berühmte ***Giebelverzierung des Partenons,*** der Fries, aus nächster Nähe begutachtet werden. Die ursprünglich 160 Meter lange Darstellung der jährlichen Festivitäten zu Ehren der Göttin Athene zeigt insgesamt an die 600 Menschen- und Tierfiguren, Streitwagen und Gottheiten. Im Akropolis Museum sind etwa 50 Meter des originalen Frieses ausgestellt, die übrigen Teile sind Repliken. An die 80 Meter werden bis heute gegen den Willen der griechischen Regierung im British Museum in London aufbewahrt. Weitere Teile sind über ganz Europa verteilt.

Im zweiten Stock des Museums ist das wahrscheinlich ***außergewöhnlichste Restaurant der Stadt*** untergebracht. Der Blick auf die Akropolis sucht seinesgleichen. Seit seiner Eröffnung 2009 begrüßt das Museum jährlich circa 5 Millionen

Besucher. Um die Mittagszeit muss mit mindestens 30 Minuten Wartezeit gerechnet werden.

GPS: N 37.968422, E 23.728486

Adresse: Dionysiou Areopagitou 15

Web: www.theacropolismuseum.gr/en

Öffnungszeiten und Eintritt: Nov.–März Mo–Do 9–17, Fr 9–22, Sa/So 9–20 Uhr; Erwachsene/ermäßigt 10/5 €. April–Okt. Mo 9–17, Di–Do, Sa/So 9–20, Fr 9–22 Uhr; Erwachsene/ermäßigt 15/10 €.

Hadrianstor: Zu Ehren des römischen Kaisers Hadrian veranlasste der Athener Stadtrat ***131 n. Chr.*** den Bau des Tores. Bereits zu römischer Zeit entwickelte sich das Ehrenmonument zu einer beliebten Sehenswürdigkeit. Zwar sind die zugehörigen Statuen verloren gegangen, aber obwohl das Tor nie verschüttet wurde und stets den Witterungen ausgesetzt war, ist es außergewöhnlich gut erhalten.

GPS: N 37.97014, E 23.732024

Adresse: Leoforos Vasilisis Amalias 51-45

Akademie von Athen: Von den vier berühmten Philosophieschulen des antiken Athens war die ***Schule des Platon*** die äl-

Das Hadrianstor

teste und langlebigste. Ihr Name leitet sich vom Unterrichtsort, dem **Akademeia** genannten Hain des Akademos ab, den Platon erwarb, um dort zu unterrichten. Die Mitglieder der Gemeinschaft aus Lehrern und Schülern, die sich mit philosophischen Fragen befassten und der Lehre des Platon folgten, wurden bald als Akademiker bezeichnet. Die Teilnahme am Unterricht war kostenlos, und unter den Lernenden sollte ungeachtet von Abstammung, sozialem Rang oder Geschlecht größtmögliche Gleichheit gelten. Bis ins hohe Alter lehrte Platon an der Akademie und wurde auf ihrem Grundstück beerdigt.

Spätestens ab dem 6. Jahrhundert geriet der größte Teil der antiken Philosophie in Vergessenheit. Das sich ausbreitende monotheistische Christentum kannte keinen Platz für den weltanschaulichen Pluralismus der nebeneinander bestehenden Philosophieschulen. Ab dem 16. Jahrhundert entstanden, dem Vorbild der akademischen Idee folgend, vor allem in Italien humanistische Bildungseinrichtungen. Die **Akademie von Athen** wurde 1926 als **Zentrum der Bildung in Griechenland** als moderne Nachfolgerin der antiken Akademie des Platon gegründet. Der neoklassizistische Bau gehört zu den beeindruckendsten des Landes. Durch den Haupteingang hindurch treten Besucher in den Plenarsaal, dessen Wände ein insgesamt 50 Meter langes Wandgemälde ziert, das einzelne Etappen der Prometheus-Sage zeigt. Mit der Universität von Athen und der Nationalbibliothek in direkter Nachbarschaft bildet die Akademie auf halben Weg zwischen dem Syntagma-Platz und dem Omonia-Platz die sogenannte **Athener Trilogie** und das intellektuelle Zentrum der Stadt.

GPS: N 37.98007, E 23.734061
Adresse: Panepistimiou 28
Web: www.academyofathens.gr/en
Öffnungszeiten: Nov.–März tägl. 8.30–15, April–Okt. tägl. 8.30–19 Uhr.

Lykabettus: Die **höchste Erhebung im Stadtgebiet,** der Lykabettus, sticht mit seinen knapp 280 Metern Höhe deutlich aus dem weißen Häusermeer Athens hervor. Vom Syntagma-Platz startend dauert der Aufstieg auf den Gipfel etwa eine halbe Stunde. Ein kleiner Pfad schlängelt sich durch den angelegten Wald, und mit jedem erklommenen Meter wird das Panorama spektakulärer. Vom höchsten Punkt bietet sich ein hervorragender Blick über die Stadt, die Akropolis und im Westen bis ans Meer. Auf dem Gipfel des Lykabettus steht außerdem eine kleine Kirche mit schönen byzantinischen Fresken, und es gibt ein Restaurant. Besonders abends ist der Blick auf die beleuchtete Akropolis außergewöhnlich.

Wer nicht den ganzen Weg zu Fuß gehen möchte, hat zwei weitere Optionen: Entweder kann man **mit dem Auto** oder **mit der Seilbahn** auf den Berg gelangen. Die Seilbahn (*Teleferik*) verkehrt im 30-Minuten-Takt von 9 Uhr bis Mitternacht, zwei Fahrten kosten 7 €. Der Fußweg auf den Berg beginnt einige Meter neben der Seilbahnstation.

GPS: N 37.98386, E 23.74609 (Parkplatz)
GPS: N 37.980327, E 23.744012 (Seilbahn)

Antikes Theater von Epidauros 6 11 29

GPS:
N 37.596220,
E 23.079422

Das Theater wurde im 4. Jahrhundert v. Chr. als eines von vielen Bauwerken des Asklepios-Heiligtums errichtet. Während die umliegenden Tempel und Gebäude durch Plünderungen zerstört wurden, überstanden die in den Hang eingefügten Zuschauerränge unter einer Schicht aus Schutt und Pflanzenteilen beinahe unbeschädigt mehrere tausend Jahre.

Der Blick hinab auf die kleine runde Spielfläche und die dahinter liegenden Berge lässt Besucher immer wieder geradezu andächtig auf einem der oberen Ränge Platz nehmen. Dank der ausgezeichneten Akustik sind selbst die leisesten Geräusche aus der Bühnenmitte noch ganz oben hörbar.

Nützliches

Öffnungszeiten und Eintritt: März und Okt. tägl. 8–18, April und Sept. tägl. 8–19, Mai–Aug. tägl. 8–20, Nov.–Feb. tägl. 8–17 Uhr. Erwachsene/Kinder 12/6 €, Studierende frei.

Parken: ***Vor dem Eingang*** zu den historischen Stätten steht ein riesiger, kostenloser Parkplatz zur Verfügung.
GPS: N 37.596301, E 23.075313

Ausblick von den oberen Rängen

Unser Schlafplatz: Gerade in der Hauptsaison lohnt sich das frühe Aufstehen, um das Theater zumindest für eine kurze Weile ganz in Ruhe genießen zu können. Es macht also Sinn, recht nah an der Anlage zu übernachten. Auf dem ***offiziellen Parkplatz*** ist das Übernachten aber verboten. ***Etwas abseits*** kann ohne Problem übernachtet werden.
GPS: N 37.5988, E 23.07188

Aktivitäten

Baden: Der schnellste Weg ans Meer führt zu dem etwa 30 Minuten entfernten Örtchen ***Palea Epidaurus.*** Hier gibt es einige Geschäfte, Restaurants und Campingplätze sowie einige nette Abschnitte mit Kiesstrand.
GPS: N 37.633491, E 23.153943

In der Umgebung

Sunken City: Etwa 100–200 Meter vor der Küste ***im flachen Meer*** finden sich die ***Überreste eines römischen Gutshofes.*** Im Ort finden sich nur wenige Hinweisschilder zur „Sunken City“. Von einem kleinen kostenlosen Parkplatz (für etwa zehn Autos) findet sich wenige Meter zu Fuß in nördlicher Richtung am Strand ein Wegweiser, der ins Meer deutet. Mit Schwimmbrille und Schnorchel lassen sich Fundamente, Grundmauern und einige gut erhaltene Gefäße ausmachen.

GPS: N 37.624840, E 23.156060 (Parkplatz)

Monemvasia 5 30

GPS: N 36.687432, E 23.052904 (Festungsruinen)

Verborgen auf der Rückseite eines schroffen und unzugänglichen Felsens im Meer, nur über einen dünnen Ast mit dem Land verbunden, liegt die kleine Gemeinde Monemvasia. Hoch über ihr, auf dem beinahe 200 Meter über dem Wasser aufragenden Plateau, wacht seit Jahrhunderten ihre uneinnehmbare Festung. Diese einzigartige Lage machte den Ort einst zu einem wichtigen maritimen Handelszentrum, der aber bis in die 1970er-Jahre beinahe gänzlich verlassen worden war. Inzwischen ist der Ort mit seinen vielen Cafés, Restaurants und Unterkünften, die sich überall im Labyrinth der dicht gebauten traditionellen Steinhäuser verstecken, wieder ziemlich lebendig.

Nützliches

Parken: Direkt nach der Brücke gibt es ***auf der Insel*** einen großen kostenlosen Parkplatz. Von hier bietet sich eine Wanderung auf das Plateau an.

GPS: N 36.687489, E 23.043426

Auf dem Festland direkt am Meer gibt es einen weiteren kostenlosen Parkplatz.

GPS: N 36.68838, E 23.03668

Unser Schlafplatz: Die beiden Parkplätze an und auf der Insel sind im Prinzip perfekt zum frei Stehen, übernachten ist hier aber offiziell verboten. Ein guter Platz findet sich etwa 10 Autominuten nördlich von Monemvasia ***direkt am Meer.*** Eine schmale Schotterstraße führt zu einem Strand mit Duschen.

GPS: N 36.716810, E 23.022730

Aktivitäten

Baden: ***Rechts und links der Brücke,*** die auf die Insel führt, findet sich jeweils ein

Zufahrt zur Insel

kleiner Kieselstrand. Auf der Insel gibt es weitere Bademöglichkeiten. ***An der Straße*** zum Städtchen Monemvasia gibt es zwei angelegte Badestellen mit Duschen, und wer den Ort etwa zur Hälfte durchquert und sich dann rechts in Richtung Meer hält, findet eine weitere kleine Badestelle ***außerhalb der Stadtmauer.***
Festival: Jedes Jahr wird im Sommer am 23. Juli die ***Befreiung von der türkischen Herrschaft*** mit Feuerwerk, Tanz und Gesang gefeiert.

Valtaki Beach 4 31

GPS: N 36.789090, E 22.582220 (Parkplatz)

GPS: N 36.789229, E 22.585906 (Schiffswrack)

Der lange Sandstrand in der Nähe von Gythio ist besonders bei Campern und Vanlifern beliebt. Ohne Restaurants oder Geschäfte ist hier bis auf Tagesbesucher wenig los. Besonders macht ihn zudem das Wrack der gestrandeten Dimitrios, die in den 1980er-Jahren direkt am Strand auf Grund lief. Um ihre Herkunft ranken sich diverse Mythen, möglicherweise wurde das Schiff für die Schmuggelei zwischen Griechenland und der Türkei benutzt oder ihre Besitzer wollten sie aufgrund ihrer Unrentabilität während eines Sturms sinken lassen.

Es gibt einen kostenlosen Parkplatz, der sehr schön direkt am Strand liegt. Hier stehen immer viele Vans und Wohnmobile. Früh aufstehen, auf die flachen Dünen am Strand klettern und auf den Sonnenaufgang warten lohnt sich.

Die gestrandete Dimitrios

Allgemeine Reiseinformationen

Touristeninformation

Tourist Information Office (Akropolis)
Dionysiou Areopagitou 18–20
11742 Athen, Griechenland
Telefon: +30 210 33 10 529
www.visitgreece.gr
Öffnungszeiten: Mo–Sa 8–21, So und Feiertage 9–18 Uhr.

Notfälle

Botschaft der Bundesrepublik Deutschland
Karaoli & Dimitriou 3
10675 Athen, Griechenland
Telefon: +30 210 72 85 111
www.griechenland.diplo.de
Öffnungszeiten: Mo–Fr 9–12 Uhr.

Notfallrufnummern

Rettungsdienst	166
Polizei	100

Einreisebestimmungen

Für deutsche Staatsangehörige gelten für die Einreise als gültige Ausweisdokumente ***Reisepass***, vorläufiger Reisepass, ***Personalausweis*** und vorläufiger Personalausweis.

Zollbestimmungen

Die ***Bestimmungen der EU*** für die Ein- und Ausfuhr von Waren gelten auch in Griechenland. Grundsätzlich werden keine Kontrollen durchgeführt, Stichproben an den Grenzen sind aber jederzeit möglich. Verteidigungssprays, auch solche die in Deutschland erlaubt sind, sind in Griechenland verboten, sie sollten nicht im Fahrzeug mitgeführt werden. Der Erwerb und Besitz von Rauschgiften wird hart bestraft, es gibt keine Toleranzmengen für den Eigenbedarf.

Geografie und Klima

Allgemein herrscht in Griechenland ***mediterranes Klima***, wobei nur von ***drei Jahreszeiten*** gesprochen wird: dem kurzen Frühling von März bis Mai, dem langen trocken-heißen Sommer von Mitte Mai bis Oktober und dem milden feuchten Winter dazwischen. Im Sommer fällt quasi kein Regen, im Winter geht er nur in den Gebirgsregionen als Schnee nieder. Insgesamt fällt im Jahr im Norden und Westen mehr Niederschlag als im Süden.

Griechenland liegt in einer seismisch aktiven Zone, es muss stets mit ***Erdbeben*** gerechnet werden.

Zahlungsmittel

Zum Geldabheben stehen ausreichend ***Bankautomaten*** bereit. Je nach Konditionen der Hausbank können allerdings empfindlich hohe Transaktionsgebühren verlangt werden. In sehr kleinen Ortschaften findet man unter Umständen keinen Bankautomaten und muss ***bar bezahlen.*** In sehr touristischen Regionen ist

Info

Feiertage in Griechenland

Viele Sehenswürdigkeiten in Griechenland sind für Studierende mit dem Studentenausweis kostenlos zu besichtigen. An einigen Feiertagen sind Museen und Sehenswürdigkeiten geschlossen, an anderen ist der Besuch für alle kostenlos.

Feiertage in Griechenland, an denen Museen und Sehenswürdigkeiten ***geschlossen*** sind:

1. Januar
25. März (griechischer Nationalfeiertag)
Ostersonntag
1. Mai
25. Dezember
26. Dezember

Feiertage in Griechenland, an denen Museen und Sehenswürdigkeiten **kostenlos** besucht werden können:

6. März (Gedenktag für Melina Mercouri)
18. April (Internationaler Tag des Denkmals)
18. Mai (Internationaler Museumstag)
Letztes Wochenende im September (Europäischer Tag des Denkmals)
28. Oktober (Ochi-Tag)
Jeder erste Sonntag im Monat (Nov.–März)

Bargelderhalt und bargeldlos zahlen in der Regel kein Problem.

Hinweis: Innerhalb der **Euro-Zone** werden für bargeldlose Zahlungen mit Debit- und Kreditkarten ***keine Transaktionsgebühren*** mehr verlangt.

Medizinische Versorgung

Die medizinische Versorgung ist in den **Städten** gut, auf den Inseln oder sehr ***ländlichen Gebieten*** fehlt es oft an diagnostischen Geräten wie CT oder MRT.

Mit einer ***gesetzlichen Krankenversicherung*** hat man auch in Griechenland Anspruch auf dringend erforderliche medizinische und zahnmedizinische Behandlungen, sowohl in zugelassenen Praxen als auch in Krankenhäusern. Eine ***Europäische Krankenversicherungskarte*** muss vorgelegt werden, diese befindet sich auf der Rückseite jeder Versichertenkarte. Dennoch ist es möglich, dass die Behandlungskosten vor Ort in bar bezahlt werden müssen und eine Rückerstattung dann später beantragt werden muss.

In den **Sommermonaten** kommt es gelegentlich zu Ausbrüchen des durch tagaktive Mücken verbreiteten **West-Nil-Fiebers.** Die Infektion verläuft in der Regel unauffällig, selten kommt es zu schweren neurologischen Symptomen. Es gibt keine Schutzimpfung oder spezifische Behandlung. Auf eine gründliche Expositionsprophylaxe für Mückenstiche sollte daher geachtet werden. Weitere Informationen sind der Website des Auswärtigen Amts zu entnehmen.

Internet

4G-Netzausbau ist in Griechenland ***flächendeckender*** als in Deutschland, an sehr ***abgeschiedenen Orten*** ist allerdings noch mit ***Funklöchern*** zu rechnen. Dank der Abschaffung von Roaming-Gebühren innerhalb der EU kann der heimische Mobilfunktarif genauso genutzt werden wie daheim.

Netzspannung

Die Netzspannung beträgt **230 Volt** (50 Hz). Für die Nutzung griechischer Steckdosen wird kein Reisestecker-Adapter benötigt.

Freies Camping

Generell ist das freie Stehen im Wohnmobil oder wilde Campen im Zelt auf allen öffentlichen Flächen wie Stränden, Waldrändern oder archäologischen Stätten ***verboten.*** Vom Zelt-Aufschlagen ist abzuraten, denn die Bußgelder sind wirklich empfindlich. Ist man mit dem Bus oder Wohnmobil unterwegs, ist die Lage etwas entspannter. Es ist erlaubt, zu parken, aber nicht zu campen. An frequentierten Orten sollte man daher nicht direkt zum Frühstück die Campingstühle, Tisch und Markise ausrollen. In der Nebensaison, ***im Landesinneren*** oder an recht verlassenen Orten stört es in der Regel niemanden, wenn man dort mit dem Campinggefährt steht, solange man kein Verbotsschild direkt missachtet, hinter sich aufräumt, kein Feuer oder Lärm macht und nur sehr wenige Tage bleibt.

Campinggas

Auch in kleineren Ortschaften findet man ***Stechkartuschen*** oder ***3-kg-Gasflaschen*** zum Tauschen in Supermärkten oder kleinen Haushaltswarengeschäften. Der Preis für die 3-kg-Flasche liegt meist bei 12–15 €. Gelegentlich sind die zum Tausch angebotenen Flaschen sehr alt oder angestrichen. Das ist unterwegs kein Problem. Um daheim die Flasche aber wieder getauscht zu bekommen, sollte darauf geachtet werden, im Ausland eine Flasche zu bekommen, die zumindest blau ist, wenn man schon „Campinggas“ nicht mehr lesen kann.

Exkurs

Der Ochi-Tag

Jährlich wird in ganz Griechenland am **28. Oktober** der **Ochi-Tag** gefeiert. Er erinnert an die Ablehnung des von Benito Mussolini 1940 an Griechenland gestellten Ultimatums, die Besetzung strategisch wichtiger Punkte zuzulassen. Die Forderung der Achsenmächte soll der Regierungschef Ioannis Metaxas einzig mit dem Wort „Ochi“ (dt. Nein) zurückgewiesen haben. Mit dem unmittelbar folgenden Angriff italienischer Streitkräfte fand sich Griechenland in den ***Zweiten Weltkrieg*** verwickelt.

Bild 1: Abendessen am Strand, ein Vorteil des Vanlife |
Bild 2: Das Osterlamm gart auf der Straße

Essen und Trinken

Fisch- und Fleischliebhaber kommen in Griechenland voll auf ihre Kosten. In den Küstenregionen gibt es stets frisch gefangenen Fisch, und an Feiertagen oder Familienfesten wird auch mal ein Schaf über offenem Feuer auf der Straße gegrillt. Generell wird viel mit Knoblauch, frischen Kräutern und Olivenöl gekocht.

Als ***Vorspeisenklassiker*** sollte man mindestens einmal den ***griechischen Salat mit Feta*** gekostet haben. Weitere ***typische Gerichte*** sind der Auflauf *Moussaka* oder die gefüllten Weinblätter *Dolmades*. Das Ganze wird mit Joghurt mit Honig, *Baklava* oder *Kataifi* (Engelshaar) und einem *Ouzo* abgerundet.

Trinkwasser

Generell ist die Qualität von ***Leitungswasser*** in Griechenland auf Trinkwasser-Niveau. Gegebenenfalls kann es in den Sommermonaten aber dazu gekommen, dass das Wasser mit Chlor versetzt wird. Daher empfiehlt es sich, zunächst am Wasser zu riechen oder einen Schluck zu testen. Schmeckt das Wasser chlorhaltig, sollte auf ***abgefülltes Wasser*** zurückgegriffen werden. Der Verzehr von chlorhaltigem Wasser kann zu Magenverstimmungen und Übelkeit führen.

Sicherheit

In touristischen Regionen ist mit Kleinkriminalität (Taschendiebstahl, Autoaufbruch) zu rechnen. Man sollte keine Wertsachen und Papiere im unbewachten Pkw zurücklassen.

Länderspezifischer Sicherheitshinweis

Insbesondere auf der ***Fährverbindung zwischen Patras und Igoumenitsa*** versuchen Migranten unbemerkt in Lkw und Wohnmobilen als ***blinde Passagiere*** nach Italien zu gelangen. Zum Aufspringen beziehungsweise ***Verstecken im Fahrzeug*** nutzen sie die Wartezeit während Verkehrsstaus, an roten Ampeln in Patras oder Standzeiten auf Rastplätzen. Werden die Personen von der Polizei entdeckt, werden oft ***Strafverfahren*** gegen die Fahrer ***wegen Menschenschmuggels*** eingeleitet und die Fahrzeuge beschlagnahmt. Bevor auf die Fähre aufgefahren wird, sollte unbedingt sorgfältig geprüft werden, ob sich nicht unberechtigterweise jemand auf, unter oder im Fahrzeug befindet.

Straßen und Verkehr

Einreise mit dem Pkw

Der **EU-Führerschein** im Scheckkartenformat ist ausreichend. Der **Fahrzeugschein** (Zulassungsbescheinigung Teil 1) ist vorzuzeigen. Das gültige amtliche Kennzeichen reicht in der Regel als Nachweis für eine gültige Kfz-Haftpflichtversicherung. Es wird dennoch empfohlen, die **Grüne Karte** mitzuführen. In Deutschland zugelassene Pkw dürfen in Griechenland für höchstens sechs Monate innerhalb von 12 Monaten gefahren werden. Bei Überschreitung ist mit Stilllegung des Fahrzeugs und Bußgeldern zu rechnen.

Grenzen

Bei den Grenzübergängen zwischen Griechenland und Albanien, Nordmazedonien und der Türkei handelt es sich um ***EU-Außengrenzen.*** Es ist mit längeren Wartezeiten aufgrund gründlicher **Kontrollen** zu rechnen. Bulgarien wendet den Schengen-Acquis bis dato nur teilweise an, daher werden auch hier Personenkontrollen durchgeführt und es ist ebenfalls mit Wartezeiten zu rechnen.

Um lange Staus zu vermeiden, sollten für Grenzüberfahrten die Wochenenden allgemein gemieden werden. Die **Einreise** verläuft allgemein aber ***unkompliziert.*** Kleine Grenzübergänge machen teils spontan **Mittagspause** und schließen bereits um 20 Uhr.

Allgemeine Verkehrsregeln

Autos dürfen das ***Abblendlicht tagsüber nicht einschalten,*** außer bei schlechten Sichtverhältnissen. Ausgenommen davon sind Fahrzeuge mit ***automatischem Tagfahrlicht.***

Im ***Kreisverkehr*** gilt meist ***rechts vor links.*** Das bedeutet, dass derjenige, der in den Kreisverkehr einfährt, Vorfahrt hat. Dies ist aber verwirrenderweise ***nicht immer der Fall.*** Immer genau die **Beschilderung** beachten.

Hinweisschilder mit Orts- oder Richtungsangaben stehen gewöhnlich entweder gleichzeitig in griechischen und lateinischen Schriftzeichen oder es folgen zwei Schilder hintereinander.

Bis dato gibt es ***keine Warnwestenpflicht*** in Griechenland. Es wird ***empfohlen,*** trotzdem für alle Fahrzeuginsassen ***Warnwesten mitzuführen.***

Die **Promillegrenze** beträgt **0,5 ‰,** bei Fahranfängern gilt Nulltoleranz.

Tempolimits

Innerorts: 50 km/h
Außerorts: 90 km/h
Autobahn: 130 km/h

Autobahnen

Die griechischen Autobahnen sind in der Regel in ***exzellentem Zustand*** und gut zu befahren. Dazu trägt sowohl das relativ geringe Verkehrsaufkommen als auch die flächendeckende Beleuchtung bei Nacht bei. Einzig die ***Anzahl der Tankstellen*** ist recht ***gering.*** Wer plant, eine weitere Strecke zu fahren, der sollte vorher tanken. Die **Schilder** auf Griechenlands Autobahnen sind ***grün.***

Maut

Viele Autobahnabschnitte sind ***mautpflichtig,*** aber bei moderaten Preisen. Die Gebühren liegen für Pkw pro Strecke meist zwischen 2 bis 4 €, sie können bei der Auffahrt an den **Mautstationen** in bar oder mit Kreditkarte bezahlt werden.

Kraftstoff

Stand April 2023

Diesel – Diezel/Gazoil = 1,63 €
Bleifrei Super 95 –
Amoliwdi Wensina = 1,93 €

Das Mitführen von Kraftstoff in Reservekanistern ist nicht erlaubt.

Unfall und Pannen

Kommt es bei einem Unfall zu Personenschäden, muss zwingend die **Polizei** verständigt werden. Bei Sachschäden wird empfohlen, die nächstgelegene Polizeistation aufzusuchen, den Unfall zu melden und den ***Europäischen Unfallbericht*** auszufüllen.

Verkehrskontrollen und Bußgelder

Generell darf die Polizei das ***Bußgeld nicht vor Ort*** verlangen. Die Strafen für Verkehrsvergehen fallen empfindlich aus: Nicht nur hohe Bußgelder werden verordnet, die Polizei nimmt bei Falschparken gelegentlich auch direkt das amtliche Kennzeichen mit und händigt es erst nach Zahlung des Bußgeldes wieder aus. Der Betrag der Geldstrafe wird um 50 % reduziert, wenn innerhalb von 10 Tagen nach dem Bescheid gezahlt wird.

Parken

Folgende Markierungen zeigen an, wie geparkt werden darf:

Gelb = ***Parkverbot.***

Blau = ***kostenpflichtiges Parken.***

Weiß = ***freies Parken.***

Es gibt verschiedene Arten von ***Halteverbotsschildern:*** Die Schilder mit einem senkrechten Strich gelten in ungeraden Monaten, die mit zwei Strichen in geraden Monaten.

Sonstiges

Das ***Fahrverhalten*** der Griechen ist im Allgemeinen recht entspannt und umsichtig. Einzig in Großstädten, allen voran in Athen, ist der Verkehr oft eine Herausforderung.

In ***abgelegenen Regionen*** können Steine oder Baumteile auf der Straße liegen. Auch sind Ziegen- oder Schafherden keine Seltenheit. Die **Straßen** sind allgemein aber ***sehr gut.***

Die ***Navigation*** ist im ganzen Land ***unkompliziert.***

Balkan »inside«

Traditionelle Küche auf dem Balkan

Die jahrhundertelange Präsenz des Osmanischen Reichs prägte die Küche der südosteuropäischen Staaten.

Leidenschaft Fußball

» Mit einer langen Tradition gehört Fußball in Südosteuropa zu den mit Abstand beliebtesten Breiten- und Publikumssportarten. «

Balkan »inside«

Die neue Seidenstraße

Über ein Jahrtausend lang verband die historische Seidenstraße die Städte des Mittelmeeres ***Konstantinopel und Kairo*** über den Landweg mit den Handelsmetropolen des fernen Chinas wie ***Peking und Nanking.*** Von etwa 115 v. Chr. bis in das 13. Jahrhundert hinein diente dieses über 10.000 Kilometer lange Netz von Karawanenstraßen als Beförderungsroute für Güter, Reisende, Technologie und Ideen und verband auf einzigartige Weise Asien mit Europa. Für die Beteiligten war der ***Austausch zwischen Ost und West*** von ungeheurer Bedeutung. Für sie bedeutete der globalisierte Waren- und Kulturaustausch ***materielle und ideelle Bereicherung.*** Nicht umsonst wurde der historisch positiv besetzte Name der Seidenstraße jüngst von China wiederbelebt.

In Anlehnung an dieses historische, höchst komplexe Handelsnetz veröffentlichte die chinesische Regierung im März 2015 eine Erklärung, in der sie einen Plan für ein umfassendes Konzept zur Errichtung einer von China ausgehenden ***Seidenstraße des 21. Jahrhunderts*** ankündigte. Die größte und wichtigste Aufgabe ist dabei zunächst die Schaffung und der ***Ausbau weitreichender Infrastruktur.*** Geeignete Straßen, Zuglinien, Pipelines, Häfen und Flughäfen sowie Strom- und Telekommunikationsnetze müssen bereitgestellt werden, will China seine ehrgeizigen Pläne verwirklichen.

» Über 65 Länder soll sich das neue Seidenstraßen-Netz erstrecken, ein Gebiet, in dem 4,4 Milliarden Menschen leben. «

Bereits im Sommer 2013 konnte die ***Güterzugverbindung Zhengzhou – Duisburg*** eingeweiht werden. Der Trans-Eurasia-Express benötigt für die 11.000 Kilometer Landweg etwa zwei Wochen. Weitere Varianten dieser Verbindung erreichen Istanbul, Hamburg oder Rotterdam.

China und der Balkan

Doch was hat das chinesische Seidenstraßenprojekt mit den Staaten Südosteuropas zu tun? Auf dem Balkan investiert China Milliarden in die oft heruntergewirtschaftete Infrastruktur mit dem Ziel, ***effiziente Transportwege von China nach Westeuropa*** zu etablieren. Die Balkanländer sind auf diesem Weg ein wichtiger Transitkorridor. An vielen Orten errichten chinesische Unternehmen Straßen, Brücken, Flughäfen, Industrieparks und Zugtrassen. Sie kaufen Häfen, Kraftwerke und Schiffbauunternehmen, und chinesische Banken vergeben Kredite in beachtlicher Höhe. Für die kleinen Balkanstaaten sind das äußerst willkommene Investitionen.

Am meisten Beachtung unter den chinesischen Projekten fand die ***Übernahme***

Die Pelješac-Brücke soll Dubrovnik mit dem Rest des kroatischen Festlandes verbinden

des griechischen Hafens Piräus und der Bau der Mitte 2022 fertiggestellten ***Pelješac-Brücke***, die Dubrovnik mit dem Rest des kroatischen Festlandes verbindet.

» In erster Linie geht es bei dem chinesischen Engagement aber um Kredite für die südosteuropäischen Regierungen. «

Die Kreditvergabe ist dabei aber stets an die Auflage geknüpft, chinesische Unternehmen mit Aufträgen zu versorgen. Diese bringen ihre eigenen Arbeiter und Materialien mit, das Geld fließt also zu einem Teil wieder direkt zurück nach China. Diese Praxis ist für die chinesische Wirtschaft ein ***Konjunkturpaket*** von beachtlichem Umfang.

Auch wenn sich vor allem aus der EU viele kritische Stimmen erheben, die den wachsenden Einfluss Chinas in Südosteuropa misstrauisch beobachten, konnten neuere Studien keine Anzeichen für eine befürchtete Schuldenfallen-Diplomatie seitens Chinas feststellen. Der Vorwurf lautete, China vergäbe absichtlich hohe Kredite an zahlungsschwache Regierungen, um diese dem politischen Willen Pekings zu unterwerfen. Auf Seiten der EU lässt sich dennoch ***Sorge über die chinesischen Geschäfte*** erkennen. Beruhigend kann an dieser Stelle vielleicht die Feststellung wirken, dass dem Investitionsvolumen nach noch immer die EU der mit Abstand wichtigste Partner der Balkanstaaten bleibt.

Der Internationale Strafgerichtshof für das ehemalige Jugoslawien

Der Schock saß tief, als Berichte über das Ausmaß der im ehemaligen Jugoslawien begangenen ***Menschenrechtsverletzungen*** die Aufmerksamkeit der europäischen Öffentlichkeit erlangten. Krieg und Genozid waren plötzlich zum ersten Mal seit Ende des Zweiten Weltkriegs zurück in Europa. Trotz eindeutiger Warnungen und Hilfsgesuche konnten sich die reichen und militärisch potenten EU-Staaten nicht aufraffen, dem nationalistischen Morden in Südosteuropa Einhalt zu gebieten.

Das Massaker von Srebrenica

Zum Symbol der europäischen Tatenlosigkeit und der systematischen Vernichtung nach ethnischen Gesichtspunkten wurde der kleine Ort ***Srebrenica im Osten Bosnien und Herzegowinas.*** Trotz der Anwesenheit niederländischer Blauhelm-Soldaten wurden hier im Juli 1995 ***mehr als 8000 Bosniaken*** durch serbische Militäreinheiten ermordet. Das Massaker von Srebrenica war zwar das mit den meisten Opfern, aber bei Weitem nicht das einzige im Laufe der Jugoslawienkriege. Ziel der militärischen Führungen auf allen Seiten war es, territoriale Gewinne zu machen und durch Mord und Vertreibung ethnisch homogene Regionen zu schaffen. Sowohl Bosniaken und Kroaten als auch Serben wurden Opfer dieser „Ethnischen Säuberungen".

Der Internationale Strafgerichtshof

Auf Vorschlag des damaligen deutschen Außenministers Klaus Kinkel wurde im Mai 1993 ***in Den Haag*** ein ***Internationaler Strafgerichtshof*** eingerichtet, der für die Verfolgung schwerer, in den Jugoslawienkriegen seit 1991 begangener Verbrechen zuständig war. Nicht Sieger sollten über Besiegte urteilen, sondern unabhängige Ermittler, Ankläger und Richter sollten, ausgestattet mit einem UNO-Mandat, über Kriegsverbrecher richten.

» Insgesamt wurden 161 Personen vor dem sogenannten Haager Tribunal angeklagt, etwa die Hälfte von ihnen wurde verurteilt, davon 60 Serben sowie Kroaten, Kosovo-Albaner und Bosniaken. «

Zu Beginn seiner Tätigkeit befasste sich der Gerichtshof mit Angeklagten eher niedrigen militärischen Ranges. Das erste Urteil fällte er 1994. Die Nachfolgestaaten Jugoslawiens zeigten sich aber unwillig, mutmaßliche Täter an das Tribunal zu überstellen. Da ***Prozesse nur gegen per-***

sönlich Anwesende geführt werden konnten, war dies jedoch grundlegende Voraussetzung für die Aufarbeitung der Verbrechen. Die EU machte die Überstellung gesuchter Personen zur Bedingung für Finanzhilfen und wirtschaftliche Zusammenarbeit mit Serbien, Kroatien und Bosnien und Herzegowina. Auch die Eröffnung möglicher EU-Beitrittsverhandlungen waren an diese Bedingungen geknüpft. Dennoch blieben hochrangige beschuldigte Politiker und Militärs jahrelang unauffindbar. Erst im **Juli 2011** konnte der letzte Angeklagte, Goran Hadžić, festgenommen werden.

Die ***größte mediale Aufmerksamkeit*** wurde den Prozessen gegen den ehemaligen serbischen Präsidenten Slobodan Milosevic sowie gegen Radovan Karadzic und Ratko Mladic zuteil. Milosevic starb noch während des Prozesses in Haft, die anderen beiden serbisch-bosnischen Anführer wurden wegen **Völkermords** zu ***lebenslangen Haftstrafen*** verurteilt. Im Laufe von insgesamt etwa 11.000 Prozesstagen sagten 4600 Zeugen vor den Richtern des Tribunals aus. Neben den Urteilen gegen Einzelpersonen stellten diese auch die Mitschuld Kroatiens am Bosnienkrieg fest. Hatten die beiden ehemaligen Staatspräsidenten Kroatiens und Bosnien und Herzegowinas, Franjo Tudjman und Alija Izetbegovic, etwas länger gelebt, wäre es wohl auch gegen sie zur Anklage gekommen.

Vonseiten des Strafgerichtshofs wurden ***vier Errungenschaften*** im Zusammenhang mit der Tätigkeit des Tribunals genannt: Für die Täter gibt es ***keine Hoffnung auf Straffreiheit,*** jeder Kriegsverbrecher muss sich für seine Handlungen verantworten; die ***Tatsachen und Fakten*** über die begangenen Verbrechen wurden ***festgestellt und dokumentiert;*** den Opfern und Hinterbliebenen wurde ***Gehör und Anerkennung*** verschafft; die ***Weiterentwicklung internationalen Rechts,*** die zeigt, dass Kriegsverbrecher zur Rechenschaft gezogen werden.

Trotz aller Erfolge musste der Strafgerichtshof in Den Haag auch ***einige haarsträubende Niederlagen*** einstecken.

» Nicht gegen alle militärischen Befehlshaber und Kriegstreiber reichten am Ende die Beweise. «

Einen Tiefpunkt stellte der ***Freispruch zweier kosovarischer UÇK-Kommandeure*** dar, der vermutlich nur zustande kam, weil alle Zeugen der Anklage ermordet oder eingeschüchtert worden waren. Im Dezember 2017 stellte der Internationale Strafgerichtshof für das ehemalige Jugoslawien seine Arbeit nach Abschluss des letzten Strafverfahrens ein. Seine Arbeit führen die jeweiligen nationalen Gerichte weiter. Zu hoffen bleibt, dass mit der Aufklärung und Bewältigung der Grausamkeiten die Weichen für eine Aussöhnung unter den vormaligen Kriegsparteien gestellt werden.

Das Schengener Abkommen und die EU

Zu den großen Errungenschaften der Europäischen Union gehört die ***enge Kooperation*** der europäischen Staaten in einem Verbund, dessen Mitglieder durch keine wahrnehmbaren Grenzen getrennt sind. Einzig auf der Karte sind die Ländergrenzen weiterhin sichtbar. Dem zugrunde liegt die bereits 1954 getroffene Entscheidung, den ***Zusammenschluss der europäischen Völker*** weiter zu vertiefen. Der seither entstandene „Raum der Freiheit, der Sicherheit und des Rechts", wie das offizielle Konzept der EU heißt, ermöglicht EU-Bürgern, aber auch Nicht-EU-Bürgern mit entsprechendem Visum, das ungehinderte Reisen innerhalb der Europäischen Union. Klingt zunächst einfach und übersichtlich, wären da nicht diverse Ausnahmen und Sonderfälle.

Tatsächlich entscheidend für die Bewegungsfreiheit ohne Grenzkontrollen ist das 1985 geschaffene und seither mehrmals erneuerte ***Schengener Abkommen.*** Innerhalb des Schengen-Gebietes entfallen die Personenkontrollen an den Landesgrenzen. An den Außengrenzen zu Drittstaaten werden Reisende nach einem einheitlichen Standard kontrolliert; haben sie ein nach ebenfalls einheitlichen Bedingungen ausgestelltes Visum erhalten, können auch sie sich im Schengen-Raum ohne weitere Kontrollen bewegen. Allerdings sind nicht alle Mitglieder der EU Teil des Schengen-Raums und nicht alle Staaten des Schengener Abkommens Teil der EU. So sind Island, Norwegen, Liechtenstein und die Schweiz Teil des Schengen-Raums, aber nicht der EU und vier EU-Staaten sind dem Schengener Abkommen nicht beigetreten: Irland, Rumänien, Bulgarien und Zypern.

Erst wenn die Beitrittskandidaten in der Lage sind, die Außengrenzen effektiv zu kontrollieren, das ***Schengener Informationssystem*** anzuwenden und mit Strafverfolgungsbehörden der anderen Schengen-Staaten zusammen zu arbeiten, wird ihrem Beitrittsantrag stattgegeben. Sollte ein Schengen-Staat seine „ganzheitliche innere Sicherheit aufgrund einer ernsthaften Bedrohung" gefährdet sehen, ist es ihm gestattet, auch an den Binnengrenzen vorübergehend wieder Grenzkontrollen durchzuführen, aber nicht länger als 30 Tage am Stück.

Die EU-Beitrittskandidaten

Als erstes südosteuropäisches Land trat ***Griechenland*** 1981 in die aus der Europäischen Gemeinschaft für Kohle und Stahl hervorgegangene **Europäische Gemeinschaft (EG)** ein. Vorhergegangen war ein vor allem durch die Benelux-Staaten, Italien und Deutschland vorangetriebener Prozess, der auf den ***Abbau wirtschaftlicher Beschränkungen*** sowie der starken ***Einigung und Zusammenarbeit*** unter den Mitgliedstaaten abzielte. In mehreren Erweiterungsrunden schlossen sich sowohl nord- als auch südeuropäische Länder der EG und späteren EU an. Attraktiv machten den Beitritt ***rechtliche Vereinheitlichungen***, der ***Abbau bürokratischer Formalitäten***, die ***Reise- und Arbeitsfreiheit*** und in einigen Fällen ***Wirtschafts- und Strukturhilfen***.

In Vorbereitung auf die erste ***EU-Osterweiterung*** 2004 formulierte der Europäische Rat ***politische und wirtschaftliche Kriterien***, die potentielle Beitrittskandidaten zu erfüllen haben. Zu den Kriterien gehören unter anderem die Wahrung der Menschenrechte, eine demokratische und rechtsstaatliche Grundordnung sowie eine funktionsfähige und wettbewerbsfähige Marktwirtschaft mit offenen Märkten gegenüber dem Ausland.

Griechenland wurde als erstes südosteuropäisches Land Mitglied der EG (hier: Blick über Athen)

Die EU für eine bessere Zukunft

Für die Staaten des ehemaligen Jugoslawiens entwickelte sich die EU nach dem Zusammenbruch der sozialistischen Föderation schnell zum ***wichtigsten außen- und wirtschaftspolitischen Bezugspunkt.*** Slowenien und Kroatien hatten bereits zu jugoslawischen Zeiten versucht, ihre Autonomie gegenüber Belgrad auszuweiten, mit dem Ziel, engere Verbindungen nach West- und Mitteleuropa zu knüpfen. Da sie wirtschaftlich vergleichsweise leistungsfähig waren und ihre innere Ordnung nach den kriegerischen Auseinandersetzungen zu Beginn der 1990er-Jahre wieder an Stabilität gewann, stand ihrem EU-Beitritt bald nichts mehr im Wege. ***Slowenien*** wurde 2004, ***Kroatien*** 2013 Mitglied der EU. ***Bulgarien*** trat 2007 bei.

Diesen gelungenen Beispielen der Integration in das Europäische Staatenbündnis eifern die übrigen ehemals jugoslawischen Staaten sowie Albanien nach.

» Die Erwartungen, die in einen möglichen EU-Beitritt gelegt werden, sind derweil gewaltig. «

Erklärte Ziele sind allen voran die ***wirtschaftliche Entwicklung*** und eine ***Verbesserung des Lebensstandards.*** Ausgeprägt ist auch die ***Hoffnung auf Versöhnung*** der teils bitter verfeindeten Ethnien unter der Ägide der EU. Der langfristige Beitritt zur EU wird z. B. in Nordmazedonien, Kosovo und Montenegro als geradezu alternativlos betrachtet und stellt einen wichtigen ***Ansporn für Reformen und Modernisierung*** dar.

Der Weg zum Mitgliedsstaat

Der EU-Vertrag spricht jedem europäischen Land das Recht zu, einen Antrag auf EU-Mitgliedschaft zu stellen. Durch einstimmigen Beschluss der Mitgliedsländer kann einem Antragsteller daraufhin der ***Status eines Beitrittskandidaten*** vergeben werden. In den folgenden Beitrittsverhandlungen werden Reformen und Maßnahmen festgelegt, die ein Kandidat vor seinem Beitritt zu erfüllen hat. Mit dem sogenannten ***Versprechen von Thessaloniki*** sicherte die EU den westlichen Balkanstaaten zu, ihre Aufnahme zu unterstützen und anzuerkennen, dass deren Zukunft in der EU läge.

Zu den Kandidaten, die ***aktive Beitrittsverhandlungen*** führen, gehören derzeit ***Montenegro*** und ***Serbien.*** Für sie ist ein EU-Beitritt bis 2025 anvisiert. Die Beitrittskandidaten Albanien und Nordmazedonien führen derzeit keine Gespräche. Die Unterstützung der Beitrittskandidaten durch die EU soll Reformen auf den Gebieten der Beschäftigung, Sozialpolitik, Bildung, Landwirtschaft und Bildungs- und Verwaltungsinstitutionen ermöglichen. Dafür wurden seitens der EU im Zeitraum von 2014 bis 2020 etwa 11 Milliarden Euro zur Verfügung gestellt. Diese ***Förderung und Unterstützung*** sind zur wichtigsten Entwicklungsperspektive der Länder des westlichen Balkans geworden.

Kroatien: jüngstes Mitglied der Eurozone

Seit zum ***01. Januar 2002*** 12 Staaten der Europäischen Union (Belgien, Deutschland, Finnland, Frankreich, Griechenland, Irland, Italien, Luxemburg, Niederlande, Österreich, Portugal und Spanien) den ***Euro als gemeinsame Währung*** einführten, sind mit Slowenien, Malta, Zypern, Slowakei, Estland, Lettland und Litauen von 2007 bis 2015 sieben weitere EU-Mitglieder der Währungsunion beigetreten. ***Kroatien*** folgte Anfang 2023 und ist damit das jüngste Mitglied in dieser Gemeinschaft, seit es den ***Euro zum 01. Januar 2023*** als offizielle Währung einführte und dieser die Kroatische Kuna als Landeswährung ersetzte.

» Folglich verfügen nun 20 der 27 EU-Staaten über die gemeinsame Währung. «

Die europäischen Kleinststaaten ***Monaco, Vatikanstadt, Andorra*** und ***San Marino*** haben den Status assoziierter Euronutzer, die ***eigene Euro-Münzen*** in geringen Auflagen prägen lassen dürfen, ***ohne Mitglied der Eurozone zu sein.*** Zudem nutzen ***Kosovo*** und ***Montenegro*** den ***Euro*** de facto ***als Zahlungsmittel.***

Von der Währungsumstellung erhofft sich Kroatien vor allem ***wirtschaftlichen Nutzen.***

» Über 70 Prozent der Touristen, die das Land jedes Jahr besuchen, kommen aus Ländern der Eurozone. «

Für sie wird ein Urlaub in Kroatien nun noch bequemer sein, da kein Geldwechsel mehr nötig ist und Preise einfacher zu vergleichen sind. Außerdem bietet die gemeinsame Währung ***europäischen Unternehmen*** Planungssicherheit und befreit von Transaktionskosten, was ***Investitionen*** attraktiver macht.

Darüber hinaus ist der Euro deutlich ***widerstandsfähiger*** gegen Krisen und Spekulationen als „kleine" Währungen. In Folge des Angriffskriegs Russlands gegen

die Ukraine und die daraufhin steigende Inflation verlor der Euro zwar merklich an Wert, im Vergleich zum ungarischen Forint und dem polnischen Złoty fiel der Wertverlust aber recht gering aus.

» Unmittelbar nach der Währungsumstellung haben kroatische Verbraucherinnen und Verbraucher einen leichten Preisanstieg für Dinge des alltäglichen Bedarfs beobachten können. «

Dieser Anstieg der Preise ist jedoch ***kein Automatismus***, viel mehr nutzte der Einzelhandel die Chance, unbemerkt seinen Profit zu erhöhen. Der kroatische Wirtschaftsminister kündigte an, ***Preisdeckelungen*** einzuführen, falls dies nötig sein sollte.

Insgesamt ist der Beitritt Kroatiens zur Eurozone als ein weiterer erfolgreich gemeisterter Schritt in der ***wirtschaftlichen Entwicklung*** des Landes zu betrachten. Zusammen mit Slowenien stellt Kroatien ein positives Beispiel dafür dar, wie durch die ***starke Anbindung an die EU*** innerhalb von wenigen Jahren aus einem noch in den 1990er-Jahren kriegszerrütteten Staat eine wirtschaftlich stabile Demokratie entstehen kann.

Insbesondere für die Westbalkanstaaten sind diese Beispiele und die Perspektive zum EU-Beitritt ***wichtige Anreize*** für Verbesserungen bei Rechtsstaatlichkeit und Korruptionsbekämpfung.

Das Verhältnis der Balkanstaaten zur Türkei

Beinahe 500 Jahre lang war das ***Osmanische Reich*** unumstritten die vorherrschende Macht auf der Balkanhalbinsel. Erst im Zuge des ersten Balkankriegs 1912 mussten sich die Heere des Sultans bis an den Bosporus zurückziehen. Griechenland, Bulgarien, Serbien und Montenegro hatten sich zusammengetan, um ihre nationalstaatlichen Gebiete auszuweiten und die als Knechtschaft empfundene ***Fremdherrschaft*** abzuschütteln. In dieser Phase der nationalen Konsolidierung wurde das geschwächte Osmanische Reich zum ultimativen Gegenpol erklärt, vor dessen Kontrast die neu entstandenen Staaten ihre Identität konstruieren und schärfen konnten. Es galt, sich möglichst in jeder Hinsicht vom osmanischen Erbe abzugrenzen, das gleichzeitig einen stabilen Bezugspunkt bot.

» Das jahrhundertelange Zusammenleben der vielen Ethnien und Religionsgemeinschaften in dem Vielvölkerreich prägt die Balkanstaaten bis heute. «

Dies schlägt sich in vielen verschiedenen Bereichen des Alltags nieder: in der Sprache, dem Essen, der Musik sowie auch der Architektur.

In den ***Unabhängigkeits- und Grenzkriegen*** gegen das Osmanische Reich stand für Gemeinsamkeiten jedoch wenig Aufmerksamkeit zur Verfügung. Betonung der Differenzen und nationalistische Hetze waren stattdessen an der Tagesordnung. Am nachhaltigsten hat diese Polarisierung das Verhältnis Griechenlands zum Osmanischen Reich und nach dessen Zusammenbruch 1922 zur Türkei beschädigt. Wichtigster Ausgangspunkt der bis heute ungeklärten Grenzstreitigkeiten und Feindseligkeiten zwischen den beiden Ländern ist der unmittelbar an den Ersten Weltkrieg anschließende ***Griechisch-Türkische Krieg.***

Der griechisch-türkische Konflikt

Die leitende Parole der ***griechischen Nationalbewegung*** seit Mitte des 19. Jahrhunderts war die „Megali Idea" (Große Idee). Ihre Vertreter forderten die Wiedererrichtung eines hellenistischen Großreichs, das ebenso die Westküste Kleinasiens umfassen sollte wie das als Hauptstadt propagierte Konstantinopel. Diese Gebiete gehörten einst zu den Kerngebieten der griechischen Kultur, hatten aber seit der Eroberung des byzantinischen Reiches durch die Osmanen eine eigene Entwicklung in deren Reich durchlebt. Während des Griechisch-Türkischen Kriegs versuchte Griechenland die ***Megali Idea*** militärisch umzusetzen. Teil der Kriegsstrategie war es, die türki-

Spuren des Hellenismus in Thessaloniki

sche Bevölkerung aus den eroberten Gebieten zu vertreiben oder zu ermorden. Die unter Mustafa Kemal konsolidierten türkischen Streitkräfte wehrten den griechischen Angriff erfolgreich ab und begannen ihrerseits gegen die griechische Bevölkerung vorzugehen.

Im Zuge der sogenannten ***Kleinasiatischen Katastrophe*** kam es zur flächendeckenden ***Vertreibung*** und später zum staatlich vereinbarten ***Bevölkerungsaustausch.*** Orthodoxe Christen wurden gezwungen, die Türkei zu verlassen, im Gegenzug wurde die muslimische Bevölkerung Griechenlands vertrieben.

» Insgesamt mussten infolge der Kleinasiatischen Katastrophe circa 1,6 Millionen Menschen ihre Heimatregionen verlassen. «

Die Folge war ein ***tiefes Trauma,*** sowohl auf griechischer als auch auf türkischer Seite, das normale zwischenstaatliche Beziehungen bis heute erschwert. Die ungeklärten Besitzansprüche in der Ägäis und der Zypernkonflikt erscheinen als Konfliktherde lächerlich, gehen aber auf dieses zerrüttete Verhältnis zurück.

Beide Staaten leisten sich immer noch völlig ***überproportionierte Streitkräfte.*** Ihre motorisierten Bodentruppen könnten es zahlenmäßig gemeinsam mit dem Rest Europas aufnehmen. Der ständig schwelende Konflikt wird daher als der wohl explosivste in Europa bezeichnet.

» Die Beziehungen zwischen den beiden NATO-Mitgliedern Griechenland und Türkei sind aktuell so schlecht wie lange nicht. «

Zu den Balkanstaaten mit großem muslimischen Bevölkerungsanteil, Albanien, Kosovo und Bosnien und Herzegowina, aber auch zu Serbien und Nordmazedonien, unterhält die Türkei deutlich bessere Beziehungen. Als ***Kreditgeber für Infrastrukturprojekte*** und als ***Handelspartner*** hat sie ihre Bedeutung für die Westbalkanstaaten kontinuierlich ausgebaut. Zudem finanziert sie kulturelle Projekte, allen voran muslimische Einrichtungen und Moscheen. In der albanischen Hauptstadt ***Tirana*** wird auf türkische Kosten derzeit die ***größte Moschee der Balkanhalbinsel*** gebaut.

Ganz offen formulieren türkische Offizielle die ***Motive*** hinter der mannigfaltigen Zusammenarbeit: Die Türkei will ihren ***Einfluss auf dem Balkan*** wieder vergrößern, Regierungen an sich binden und insbesondere die jungen Menschen dieser Länder für die Türkei gewinnen.

» Mit einer offensiven Außenpolitik will die Türkei das Erbe des Osmanischen Reiches antreten. «

Erdogan formulierte im November 2012, die Türkei müsse überall dort zugegen sein, wo ihre Ahnen einst waren. Die innenpolitische Krise der Türkei seit 2016 und die sich verschlechternde wirtschaftliche Situation des Landes verpassten diesem ehrgeizigen Projekt jedoch einen herben Dämpfer. Das Geld wurde schlicht knapp. Zudem werden die vielen strukturellen Probleme der westlichen Balkanstaaten als Folge der osmanischen Herrschaft betrachtet. ***Korruption und Vetternwirtschaft*** hatten bereits im dezentralen Verwaltungs- und Steuersystem der Osmanen Tradition. Statt über einen professionellen Beamtenapparat zu verfügen, der eine festgelegte Summe an Steuern einzog, mussten sich die Sultane in ihrem riesigen Reich auf relativ autonome Statthalter verlassen. Diese nutzten ihre Freiräume, um sich selbst zu bereichern und Freunden und Familie lukrative Posten zu verschaffen.

» Erschwerend für die türkischen Bemühungen auf dem Balkan kommt hinzu, dass die ersten Regierungen Befürchtungen angemeldet haben, die anhaltende türkische Wirtschaftskrise könnte bei zu starker Abhängigkeit auf ihre Länder übergreifen. «

Auch die besondere Empfindlichkeit gegenüber türkischer Bevormundung und das schlechte Verhältnis Erdogans zur EU ist für die Regierungschefs zwischen Belgrad und Tirana ein Grund, auf der Hut zu sein. Sie wollen ihre Chancen auf einen EU-Beitritt keinesfalls durch die Nähe zu dem unberechenbaren Autokraten gefährden, der sein Land zu klein findet und dessen Grenzen in Frage stellt. Der langsame oder stagnierende Beitrittsprozess zur EU hat aber unter den Balkanländern auch zu Enttäuschung geführt. Neben Russland und der Türkei ist die ***EU als Partner nicht alternativlos.*** Entscheidend wird sein, wer wirtschaftlich am meisten zu bieten hat. Bisher ist da die EU klar im Vorteil. Mit einem Anteil von circa 75 Prozent ist sie nach wie vor der wichtigste Außenhandelspartner der Westbalkanländer.

Griechenland: Wirtschaft und Krise

Schlagzeilen machte Griechenland in den vergangenen Jahren vor allem wegen seiner ***finanziellen Schwierigkeiten***, die beinahe dazu führten, dass das Land die Eurozone verlassen musste. Das Bild Griechenlands als chronischer Pleitekandidat mit schwacher Wirtschaft hat sich in den turbulenten Jahren der Wirtschaftskrise vielen fest ins Gedächtnis gegraben. Dieses Bild ist aber zu großen Teilen falsch. Nachdem Griechenland 1974 wieder zu einem demokratischen Regierungssystem zurückgekehrt war, stieg die wirtschaftliche Leistung des Landes konstant an. Zwar wurde die griechische Wirtschaft, wie auch die der meisten Industrieländer, hart von der Ölkrise 1979/80 getroffen, konnte aber nach fünf Jahren zu einem ***Wachstumskurs*** zurückfinden, der sich zunehmend beschleunigte.

Das Jahr **2000** markierte den Beginn eines ***wirtschaftlichen Höhenflugs***, der dem Land bereits 2001 den Beitritt zur Eurozone ermöglichte.

» Zwischen den Jahren 2000 und 2008 verdreifachte sich das griechische Bruttoinlandsprodukt (BIP) beinahe. «

Zu diesem Zeitpunkt war die wirtschaftliche Leistung Griechenlands höher als die der anderen neun südosteuropäischen Staaten zusammengenommen. Den wirtschaftlichen Abschwung im Zuge der ***Finanzkrise ab 2008*** bekam auch Griechenland zu spüren. Nachdem herausgekommen war, dass Griechenland und Italien das Ausmaß ihrer ***Staatsverschuldung*** mit Hilfe der Investmentbank Goldman Sachs jahrelang verschleiert hatten, stiegen die Zinssätze für langfristige griechische Staatsanleihen massiv in die Höhe.

» Griechenland konnte ab 2010 seine Schulden nicht mehr begleichen und keine neuen Kredite an den Finanzmärkten aufnehmen. «

Um den Staatsbankrott zu verhindern, beantragte Ministerpräsident Papandreou offiziell ***Finanzhilfe bei der EU*** und dem Internationalen Währungsfond (IWF). Unter der Voraussetzung rigider Sparmaßnahmen beschloss die Troika aus IWF, EU und EZB, ***Notkredite*** für Griechenland zur Verfügung zu stellen. Nach Ansicht vieler Ökonomen verschärfte der von der Troika auferlegte radikale Sparkurs die Krise allerdings sogar noch, da Geld für Investitionen und Konsumausgaben fehlte, das die Konjunktur wieder hätte ankurbeln können. ***Massive Einbrüche der Binnennachfrage*** waren die Folge.

Im Rahmen von insgesamt drei sogenannten ***Rettungspaketen*** wurden bis 2018 knapp 300 Milliarden Euro aufgebracht, um die Zahlungsfähigkeit Griechenlands aufrecht zu erhalten. Dabei handelten die kreditgebenden EU-Staaten keinesfalls aus reiner Nächstenliebe. Insbesondere deutsche und französische Banken hatten Griechenland viel Geld geliehen und wären bei einem griechischen Staatsbankrott in erhebliche Schwierigkeiten geraten. Die Befürchtung ging um, dass die Wirtschaftskrise so auf andere Länder übergreifen und sogar das Ende des Euros herbeiführen könnte.

Die ***Auswirkungen der Krise*** waren für die Bevölkerung Griechenlands katastrophal. Die ***Arbeitslosenquote*** schoss in die Höhe, viele Betriebe mussten ***Insolvenz*** anmelden, und ***staatliche Sozialleistun-***

Traumhafte Strände in Griechenland kurbeln den Tourismus an

gen wurden gestrichen oder auf ein Minimum reduziert. Die Reformen und Sparprogramme brachten vielen Menschen in Griechenland bittere ***Armut und Perspektivlosigkeit.***

Zehn Jahre nach Ausbruch der weltweiten Finanzkrise erklärte die EU im ***August 2018*** die Griechenlandkrise für beendet, da sich Griechenland seither wieder selbst am Kapitalmarkt finanzieren kann. Tatsächlich kam das Wirtschaftswachstum ab 2016 wieder in Gang. Ursachen waren gestiegene ***ausländische Investitionen*** und der **Tourismus** als Einnahmequelle. Das größte Problem bleibt aber die ***hohe Staatsverschuldung***, die höchste in Europa. Damit ist Griechenland der Krise längst nicht entkommen. Ausschlaggebend wird sein, wie aufgesetzte Wirtschaftsförderprogramme und Reformen aufgehen. Prognosen sehen durchaus Chancen für einen erneuten Erfolgskurs.

Traditionelle Küche

Die jahrhundertelange Präsenz des ***Osmanischen Reichs*** auf der Balkanhalbinsel hat tiefe kulturelle und gesellschaftliche Spuren hinterlassen. Besonders prägend ist bis heute der ***Einfluss auf die traditionelle Küche*** der südosteuropäischen Staaten. Beinahe jedes Land zwischen Österreich und der Türkei zählt eine Variante von *Burek* (türkisch *Börek*) und *Ba-*

Baklava mit Pistazien und Honig

klava zu seinem kulturellen Erbe. Aus den nationalen Küchen sind die beiden Gerichte nicht wegzudenken, die beinahe überall angeboten werden.

Beim ***Burek*** handelt es sich um ein zumeist herzhaftes ***Blätterteiggericht***, das ähnlich einem Strudel mit Fleisch oder Schafskäse oder aber seltener mit Pilzen, Kartoffeln oder Kürbis gefüllt wird. Je nach Füllung kann es als Alltags- oder Festessen warm oder kalt serviert werden. Auch als Nachtisch mit süßer Füllung aus Äpfeln, Kirschen oder Johannisbeeren eignet es sich hervorragend. In vielen kleinen Bäckereien und Geschäften bekommt man ein großes Stück direkt auf die Hand.

Der genaue Ursprung des ***Baklava*** lässt sich heute nicht mehr genau klären. In Deutschland ist das ***süße Gebäck*** mit Nüssen und Honig oder Sirup inzwischen dank türkischen Einflusses bekannt. Die Gemeinsamkeit der unterschiedlichen Varianten liegt in seiner Grundstruktur. Für diese werden hauchdünne Lagen Filoteig geschichtet und im Ofen gebacken. Zutaten können Pistazien, Walnüsse oder Mandeln sein. Regionale Rezepte werden mit Zimt, Rosenwasser, Honig oder Zitronensaft verfeinert.

Sprachen in Südosteuropa

Die Voraussetzungen zur gemeinsamen Verständigung auch über Landesgrenzen hinweg sind in Südosteuropa denkbar ideal. Alle auf dem Balkan gesprochenen Sprachen gehören der ***indogermanischen Sprachfamilie*** an. Zur Untergruppe der südslawischen Sprachen gehören heute die Amtssprachen Sloweniens, Kroatiens, Bosnien und Herzegowinas, Serbiens, des Kosovos, Montenegros, Nordmazedoniens und Bulgariens. Unter den südslawischen Sprachen wird weiter unterschieden zwischen den östlichen südslawischen Varianten Bulgarisch und Mazedonisch und den übrigen westlichen südslawischen Sprachen. Die Folge dieser Verwandtschaft ist, dass sich Bulgaren und Mazedonier ***ohne größere sprachliche Barrieren*** verständigen können und Kroaten, Serben, Bosnier und Montenegriner nahezu die gleiche Sprache sprechen. Sie teilten sich als offizielle Amtssprache ab der Mitte des 19. Jahrhunderts das ***Serbokroatische,*** das aber viele verschiedene Dialekte kennt.

» Die später geschaffenen Standardsprachen dieser vier Länder basieren alle auf dem štokavischen Dialekt. «

Am entschiedensten scherten die Slowenen schon früh aus dem gemeinsamen Sprachsystem aus. Viele der slowenischen Intellektuellen lehnten die um 1830 entstandene Bewegung des ***Illyrismus*** strikt ab, die für eine kulturelle, ethnische und politische Einigung aller Südslawen warb und sich um die Schaffung einer gemeinsamen Standardsprache bemühte. Trotz des Engagements slowenischer, kroatischer und serbischer Sprachwissenschaftler und Politiker, die eine gemeinsame Basis für eine zu schaffende südslawische Standardsprache bilden wollten, kam das Projekt nie richtig in Schwung. Um die Jahrhundertwende zum 20. Jahrhundert erfolgte schließlich die unabhängige Kodifizierung der slowenischen Sprache.

Die serbokroatische Sprache

Obwohl das Serbische und das Kroatische aufgrund der Jahrhunderte langen Trennung der Sprachräume ***eigene Entwicklungen*** zu zeigen begannen – die Mehrheit der Serben lebte im Osmanischen Reich während der Großteil der Kroaten dem Habsburgerreich zugehörte – gelang den Vertretern des Illyrismus beziehungsweise Panslawismus die ***Vereinheitlichung beider Sprachen.*** Eigene sprachliche Varianten und Ausdrücke blieben aber bestehen. Zwar waren einige Fragen der Grammatik und Orthografie unterschiedlich gelöst worden und das Kroatische verwendete ***lateinische Buchstaben,*** das Serbische hingegen ***kyrillische,*** trotzdem setzte sich die ***normierte serbokroatische Standardsprache*** im Laufe des 19. Jahrhunderts erfolgreich durch. Diese wurde im 1918 gemeinsam geschaffenen Staat der Südslawen, dem Königreich der Serben, Kroaten und Slowenen, zur Amtssprache erklärt. Gemäß der Auffassung, wonach diese drei Ethnien ein einziges Volk seien, wurde die Sprache offiziell als ***Serbokroatoslowenisch*** bezeichnet. Da sich die slowenische Standardsprache jedoch erheblich vom Serbokroatischen unterschied, wurde innerhalb des slowenischen Sprachraums de facto weiterhin das Slowenische als Amtssprache verwendet.

Die Frage nach der Gemeinsamkeit oder Unterschiedlichkeit der südslawischen Sprachen war immer schon eine politische. Hatte der ***Panslawismus*** die Ähnlichkeiten betont, versuchten die Faschisten in Kroatien während des Zweiten Weltkrieges mit der Verbannung serbischer Begriffe eine eigene kroatische Sprache zu schaffen. Im sozialistischen Jugoslawien hingegen wurde wieder festgehalten, dass es sich um eine Sprache handele, die aber verschiedene Aussprachen und Alphabete kenne. Das Serbische wurde als „östliche Variante", das Kroatische als „westliche Variante" des Serbokroatischen bezeichnet.

» Mit den Unabhängigkeitsbestrebungen der jugoslawischen Teilrepubliken Kroatien und Slowenien ab den 1980er-Jahren erhielt die Diskussion durch die wortführenden nationalistischen Kräfte erneut Aktualität. «

Diese verstrickten sich in die Forderung, dass ein Volk seine Sprache nach sich selbst benennen dürfen müsse, selbst wenn diese Sprache mit der Sprache eines anderen Volkes identisch sei.

Eigene Sprachen für eigene Staaten

Nach dem ***Zerfall Jugoslawiens*** definierten die Nachfolgestaaten Serbien, Kroatien, Bosnien und Herzegowina und Montenegro jeweils ***eigene Amtssprachen.*** Sie sind heute als die vier serbokroatischen Standardvarietäten ***Serbisch, Bosnisch, Kroatisch*** und ***Montenegrinisch*** anerkannt. Ebenso wie das Kroatische verwendet das Bosnische lateinische Buchstaben, das Montenegrinische wie das Serbische kyrillische. Die verheerenden Folgen der nationalistischen Spaltung, der unter anderem die Einteilung der Menschen in Sprachgruppen zugrunde liegt, wollen aber vor allem jüngere Generationen in diesen vier Ländern nicht mehr einfach hinnehmen.

» Anfang 2017 riefen Intellektuelle aus Kroatien, Serbien, Bosnien und Herzegowina und Montenegro zur Unterzeichnung einer Deklaration zur gemeinsamen Sprache auf. «

In kurzer Zeit fand die Aktion große Unterstützung und ein breites Medienecho. Die Unterzeichner prangern damit die „negativen gesellschaftlichen, kulturellen und wirtschaftlichen Folgen politischer Manipulationen durch Sprache und der aktuellen Sprachpolitik" an. Besonders wird kritisiert, dass unter dem Vorwand, sie würden verschiedene Sprachen sprechen, Schüler in multinationalen Regionen immer noch aufgrund ihrer nationalen Zugehörigkeit in getrennte Schulen oder Klassen aufgeteilt werden. Diese Praxis stärkt rechtspopulistische Parteien, die Unterschiede betonen und Feindseligkeiten unter den Bevölkerungsgruppen zu schüren versuchen.

Griechisch: Eine Sprache für sich

Zu den ältesten noch heute gesprochenen Sprachen Europas gehört das ***Griechische,*** das zudem sehr früh ein ***eigenes Alphabet*** entwickelte; bereits im 9. Jahrhundert v. Chr. wurde dieses vom phönizischen Alphabet abgeleitet. Aufgrund wiederholter Neuerungen und Reformen entwickelte sich aber auch die griechische Sprache im Laufe der Zeit. Rückblickend lassen sich ***drei Sprachstufen*** ausmachen. Ausgehend vom ***Altgriechischen,*** das bis zum Ende der Antike verwendet wurde, über das **Mittelgriechische,** das die Verwaltungs- und Staatssprache des Byzantinischen Reichs bildete, entwickelte sich das **Neugriechische,** das erst 1976 endgültig kodifiziert und als offizielle griechische Amtssprache festgelegt wurde.

Zuvor standen sich zwei, aus dem Alt- und Mittelgriechisch hervorgegangene Sprachformen gegenüber: die ***Dimotiki*** als volkstümliche, natürliche Muttersprache der Griechen und die ***Katharevousa*** als offizielle Staats- und Literatursprache. Entschieden wurde der Streit um die „Griechische Sprachfrage", welche der beiden als offizielle Sprache zu gelten habe, schließlich weitestgehend zugunsten der Dimotiki. Als Synthese von Dimotiki und Katharevousa weist das moderne Neugriechisch ein starkes Übergewicht der Volkssprache auf.

Weitere Sprachen auf dem Balkan

Gewisse ***Einflüsse des Griechischen*** lassen sich auch ***im Albanischen*** feststellen. Auch Entlehnungen aus dem Südslawischen und Türkischen sind bekannt.

Allerdings weist die albanische Sprache ***keine direkte Verwandtschaft zu den anderen indogermanischen Sprachen*** auf. Innerhalb des Albanischen gibt es ***zwei große Dialektgruppen,*** deren Sprachräume durch den Fluss Shkumbin getrennt werden. In seinem Norden wird das ***Gegische,*** im Süden das ***Toskische*** gesprochen. Geschrieben wurde lange sowohl mit lateinischen als auch in arabischen und griechischen Buchstaben. Auf dem ***Kongress von Monastir*** (Bitola) wurde 1908 das bis heute gültige einheitliche Alphabet der albanischen Schriftsprache festgelegt. Erst Mitte des 20. Jahrhunderts wurde auf der Grundlage des Toskischen die ***Albanische Standardsprache*** entwickelt. Sie ist neben Serbisch auch die Amtssprache im Kosovo.

> **» Eine der am weitesten verbreiteten Fremdsprachen in Südosteuropa ist inzwischen Deutsch. «**

Viele zurückgekehrte Gastarbeiter bringen ihre Sprachkenntnisse mit. Zudem steigt das Interesse an Sprachkursen stetig. Gerade junge Leute planen ein Studium oder eine Ausbildung in Deutschland oder möchten zum Arbeiten dorthin. Für Reisende ist das angenehm und praktisch, da Sprachbarrieren oft entfallen.

Balkan-Pop

Unter dem Label „Balkan-Pop" begann Anfang der 2000er-Jahre der Höhenflug eines Musikstils, den bis dahin niemand auf dem Radar hatte und zunächst auch kaum jemand einzuordnen wusste. Wenig überraschend, handelte es sich doch zumindest bei dem Begriff um eine waschechte ***Neuschöpfung.*** Ausgehend von

Frankfurt, der Residenzstadt des späteren King of Balkan-Pop und Hauptprotagonisten der Szene, Shantel, trat die Mischung aus westlicher elektronischer Tanzmusik und traditioneller südosteuropäischer Volksmusik ihren Siegeszug durch die Clubs an. Plötzlich durchstießen Bläserfanfaren die wummernden Bässe, das Akkordeon lief den Synthies den Rang ab. Doch was war passiert?

Ihren Anfang nimmt die Erzählung stets in den Tagen, als Shantel auf den Spuren seiner Großeltern die Bukowina bereiste. Von der damaligen Clubmusik gelangweilt, begann er nach seiner Rückkehr ***Elemente südosteuropäischer Volksmusik*** in sein musikalisches Schaffen einfließen zu lassen. Der Erfolg seiner Partyreihe „Bucovina Club" und der in diesem Zusammenhang entstandenen Alben gab dem zunächst irgendwo unter Weltmusik eingeordneten Mix ein eigenes Profil, das sich promoten und vermarkten ließ. Den Erfolg erklärt sich Shantel mit der ***Emotionalität und Authentizität*** der dabei stets temporeichen Musik.

An dieser Stelle melden sich Kritiker, um Zweifel an der Echtheit der Pop-Variante „ihrer" Volksmusik anzumelden. Den Konservativen ist die Weiterentwicklung ein Dorn im Auge.

» Tatsächlich ist Balkan-Pop in den Ländern der Balkanhalbinsel gar kein Begriff. «

Dort wird vor allem unter dem Oberbegriff ***Turbo-Folk*** gefeiert. All das hält die oft jungen Künstler mit familiärem Bezug zu den Balkanländern, die zwischen Istanbul und Tel Aviv, Berlin und New York westliche und östliche Musik und Kultur verschmelzen lassen, kaum davon ab, ihre Kreativität selbstbewusst unter Beweis zu stellen. Sie nennen das dann Gypsy Grooves, Balkan-Folk, Bucovina-Dub, Jugo-Punk, Balkan-Beats, Karpaten-Ska, R'n'Balkan oder eben Balkan-Pop.

Der Kanun

Beim Kanun handelt es sich um das lange Zeit nur mündlich überlieferte, uralte ***Gewohnheitsrecht*** Nordalbaniens. Die Unzugänglichkeit der nordalbanischen Bergregionen schuf abgeschottete Gemeinschaften, in denen die Rechtsgrundsätze zentraler staatlicher Macht nur eine geringe Rolle spielten. So blieb der Kanun, der möglicherweise sogar aus vorrömischer Zeit stammt, bis in die Neuzeit erhalten. Er regelt ***Ehe- und Erbrecht*** sowie ***Schuld- und Strafrecht.*** Außerdem klärt er Fragen des Landwirtschafts-, Fischerei- und Jagdrechts. Mit Hilfe dieser Rechtssammlung wurden Streitigkeiten durch die Oberhäupter der Familien oder des Dorfes geklärt.

Es gab verschiedene Varianten des Kanun, die des Lekë Dukagjini wurde be-

In den Wehrtürmen Albaniens konnte sich ein von der Blutrache Verfolgter in Sicherheit bringen

reits früh schriftlich festgehalten und ist daher am besten bekannt. Zentraler Pfeiler ist die ***Ehre des Mannes***, die es zu wahren galt. Frauen spielten nur eine untergeordnete Rolle. Die Einhaltung eines gegebenen Ehrenwortes galt als unbedingte Pflicht. Aus diesem Ehrenkodex leiteten sich die Richtlinien für die Gesellschaft und die Rechte und Pflichten des Mannes ab.

» Mord oder vorsätzlicher Schaden an einer Person waren grundsätzlich mit Gleichem zu vergelten und verwickelten ganze Familien über Generationen in Blutrachekonflikte. «

Der albanische Autor ***Ismail Kadare*** machte diese verheerende Praxis zum Gegenstand seines vielbeachteten Romans „Der zerrissene April".

Auf der anderen Seite leitete sich aus dem Kanun eine in Mitteleuropa sonst komplett ungekannte ***Gastfreundschaft*** ab. Reisende waren in unwirtlichen Bergregionen darauf angewiesen, ein Obdach gewährt zu bekommen. Es galt daher als Pflicht, einen Fremden als Gast aufzunehmen. Für die Dauer des Aufenthalts war der Hausherr für das Wohlergehen und die Sicherheit des Gastes verantwortlich. Dieses ***System der Solidarität*** führte dazu, dass viele Juden während des Zweiten Weltkriegs auf der Flucht vor den Nationalsozialisten in Albanien ***Zuflucht und Schutz*** fanden. Die albanische Bevölkerung konnte es vielerorts nicht mit ihrem Ehrenkodex vereinbaren, Namenslisten oder gesuchte Personen auszuliefern und brachte Juden bei sich unter oder besorgte ihnen gefälschte Pässe. Nicht nur überlebten fast alle Juden in Albanien den Krieg.

» Albanien war sogar das einzige von Deutschland besetzte Land Europas, in dem nach dem Holocaust mehr Juden lebten als vorher. «

Während der kommunistischen Herrschaft wurde die Anwendung des Kanuns vehement unterdrückt, in den 1990er-Jahren etablierte sich aber insbesondere die ***Blutrache*** wieder. Kirchenvertreter und zivilgesellschaftliche Organisationen setzen sich seither mit Versöhnungsprojekten für die Beilegung der Fehden ein.

Die Mythen und Sagen der griechischen Götterwelt

Viele Figuren und Helden der griechischen Epen sind uns noch heute allgegenwärtige Begriffe, deren symbolische Bedeutung allgemein bekannt ist. Wenn im Kinderzimmer Chaos herrscht, wir uns darum sorgen, dass wir uns online einen Trojaner einfangen könnten, oder der Hermesbote endlich den online bestellten und lang ersehnten Reiseführer

Der griechischen Götterwelt so nah – auf der Akropolis in Athen

liefert, dann lebt in all diesen sprachlichen Bildern die beinahe 3000 Jahre alte ***Gedankenwelt der frühen griechischen Dichter.*** Als wichtigster gilt gemeinhin **Homer,** der mit seinen Werken „Ilias“ und „Odyssee“ die ersten und einflussreichsten Dichtungen der abendländischen Literatur schuf. Daneben gibt die Theogonie von **Hesiod** Auskunft über die griechische Götterwelt.

Homers Werke

In der ***Ilias*** schildert Homer einen Zeitabschnitt des ***Trojanischen Krieges,*** wobei in der fiktiven Erzählung immer wieder Götter und Fabelwesen auftauchen, um Einfluss auf die Geschehnisse zu nehmen. Der Raub der Helena durch Paris, Sohn des trojanischen Königs Priamos, versetzt den Ehemann der Helena, Menelaos, in solchen Zorn, dass er ein Heer sammelt und nach Troja segelt, um seine Frau zurückzugewinnen. Angeführt wird das griechische Heer von seinem Bruder Agamemnon. Trotz langjähriger Belagerung gelingt es nicht, die Stadt einzunehmen. Erst durch eine von Odysseus erdachte List wird Troja schließlich eingenommen und zerstört. Zum Schein geben die Griechen die Belagerung auf, hinterlassen aber ein riesiges hölzernes Pferd. Die Trojaner, erleichtert über das Ende des Krieges, ziehen das Pferd in die Stadt, woraufhin die im Bauch versteckten griechischen Kämpfer ihrem zurückgekehrten Heer die Stadttore öffnen. Nach der Brandschatzung Trojas kehren Menelaos und Helena in ihre Heimat zurück und leben dort als Herrscher Spartas.

In der **Odyssee** behandelt Homer die ***Irrfahrt des Königs Odysseus*** und seiner Gefährten auf der Heimkehr aus dem Trojanischen Krieg. Auf dem Heimweg wird sein Schiff etliche Male an unbekannte Inseln getrieben, wo er auf wenig wohl gesonnene Fabelwesen trifft und unzählige Abenteuer bestehen muss. Erst nach 20 Jahren gelingt es ihm, seine Heimat Ithaka zu erreichen und zu seiner Frau Penelope zurückzukehren.

» Die Werke Homers markieren nach verbreiteter Ansicht den Beginn der europäischen Kultur- und Geistesgeschichte. «

Nicht nur dienten seine Epen im antiken Griechenland den oft untereinander zerstrittenen Stadtstaaten dazu, ein gemeinsames griechisches Zusammengehörigkeitsgefühl zu entwickeln, auch auf die ***römische Kultur und Literatur*** hatten sie beträchtliche Wirkung. Mit der Renaissance im 15. und 16. Jahrhundert, die das Ende des Mittelalters in Europa einleitete, fand eine starke Rückbesinnung auf die kulturellen Leistungen der griechischen und römischen Antike statt. Die europäische Literatur, Baukunst, Bildhauerei und Malerei, aber auch Film und Fotografie greifen in dieser Folge bis heute Themen und Gedanken Homers auf und interpretieren seine Werke.

Hesiods Götterwelt

Eine einzige, allgemeingültige Version der Entstehungsgeschichte der Welt, der Götter und der Menschen konnte sich in der griechischen Mythologie zwar nie durchsetzen.

» Eine der ältesten und am weitesten verbreitete Fassung der Schöpfungsgeschichte ist jedoch mit der Theogonie Hesiods überliefert. «

Laut dieser Darstellung stand am Anfang das Chaos, aus dem die Gottheiten der Erde, der Unterwelt, der Liebe, der Finsternis und der Nacht hervorgingen. Unter deren Nachkommen entbrannte ein Krieg, den Zeus und seine Geschwister schließlich für sich entscheiden konnten. Mit diesem Sieg bricht die ***Herrschaft der Olympischen Götter*** an. Neben diesen zwölf auf dem Olymp residierenden Gottheiten, von denen später auch die römischen abgeleitet wurden, kannten die Griechen zahlreiche weitere Götter und Halbgötter, die u. a. aus Ehen mit Menschen entstanden.

Zu den bekanntesten Sagen neben der Irrfahrt des Odysseus und den Geschehnissen um den Trojanischen Krieg gehören die ***Sage des Prometheus,*** der den Menschen das Feuer bringt und dafür von Zeus bestraft wird, die ***Sage des Ikarus,*** der mit seinen selbst gebauten Flügeln der Sonne zu nahe kommt und ins Meer stürzt sowie die ***Sage von Theseus,*** der sich mithilfe eines ausgelegten Fadens im Labyrinth des Minotaurus zurechtfindet und diesen tötet.

Leidenschaft Fußball

Mit einer langen Tradition gehört Fußball in Südosteuropa zu den mit Abstand ***beliebtesten Breiten- und Publikumssport arten,*** das nach seiner Verbreitung Anfang des 20. Jahrhunderts rasch einen hohen gesellschaftlichen Stellenwert entwickelte. Importiert wurde das Fußballspiel in den 1870er-Jahren von englischen Hafenarbeitern, die in Rijeka beschäftigt waren. Kein Wunder also, dass der 1912 gegründete kroatische Fußballverband der älteste auf dem Balkan ist. Dank dieses Erbes waren die kroatischen Vereine Hajduk Split und Dinamo Zagreb auch die einzigen, die in der höchsten jugoslawischen Fußballliga die Dominanz serbischer Vereine zumindest zeitweise unterbrechen konnten. Wie auch politisch, gab auf dem Platz ansonsten Belgrad den Ton an. Die beiden Belgrader Clubs, Partizan und Roter Stern, spielten lange auf ***europäischem Spitzenniveau.*** Ein Grund hierfür war die erbitterte Rivalität zwischen den beiden Teams und deren Fangruppen, die stets für Ansporn sorgte. Aus der Begegnung wurde schnell eines der ***international wichtigsten Stadtderbys.*** Die weltweit ausgestrahlten Begegnungen im „Ewigen Derby“ erfreuen sich Dank des inzwischen geradezu mythischen Rufs eines hohen Zuschauerinteresses. Im Stadion selbst tritt das Spiel derweil immer wieder in den Hintergrund, wenn verfeindete Hooligan-Gruppen auf den Rängen ihre Fehden austragen. Sowohl in der serbischen Liga als auch im direkten Duell mit dem Stadtrivalen Partizan, dem zweiterfolgreichsten Fußballclub des Landes, hat Roter Stern eindeutig die Nase vorn.

Team Jugoslawien

In internationalen Turnieren konnte die jugoslawische Herren-Auswahl ***zwei europäische Vizemeistertitel*** erringen. Ihr letztes Spiel verloren die Jugoslawen im März 1992 gegen die Niederlande. Wegen der Balkankriege trat bei der anstehenden Europameisterschaft trotz erfolgreicher Qualifikation kein gemeinsames Team mehr an. Jugoslawien wurde von der UEFA durch den Zweiten der Qualifikationsgruppe, Dänemark, ersetzt. Dem dänischen Team, das sich ursprünglich gar nicht für den Wettbewerb qualifiziert hatte, gelang die Sensation, als es im EM-Finale den amtierenden Weltmeister Deutschland mit 2:0 schlug.

» Ein hypothetischer Kader aus den aktuell besten Spielern der ehemaligen jugoslawischen Staaten würde heute nach Marktwert zu den zehn teuersten Teams der Welt gehören. «

Vor allem verantwortlich sind dafür die auf dem internationalen Transfermarkt begehrten ***kroatischen Profis.*** Deren Nationalteam entwickelte sich im Verlauf der WM 2018 zum ***Geheimfavoriten*** und scheiterte im Finale nur an Frankreich, nachdem es im Halbfinale schon England aus dem Turnier gekickt hatte. Der Mittelfeldspieler Luka Modrić wurde für seine Leistung mit dem Goldenen Ball als bester Spieler des Turniers ausgezeichnet. Im selben Jahr wurde er als erster Kroate zum ***FIFA-Weltfußballer*** des Jahres gewählt.

Erfolge und Ultras

Die Fußballgeschichte kennt sogar noch einen weiteren solchen ***Außenseitererfolg,*** deren unerwartete Protagonisten die Spieler eines südosteuropäischen Teams waren. Bei der EM 2004 in Portugal gelang es ***Griechenland*** gegen Frankreich und Tschechien zu siegen und Portugal im Finale, wie bereits in der Vorrunde, zu schlagen. Dieser Erfolg kam für die Fußballfachwelt mindestens so überraschend wie für die Griechen selbst, deren letzte Teilnahme bei einer Europameisterschaft zu diesem Zeitpunkt bereits ganze 24 Jahre zurücklag. Dementsprechend sahen die Wettquoten zu Beginn des Turniers aus. Wer am ersten Spieltag 10.000 Euro auf Griechenland gesetzt hätte, der wäre circa drei Wochen später durch den griechischen Finalsieg Millionär geworden. Der griechische Erfolg wurde maßgeblich mit der Arbeit des ***deutschen Trainers Otto Rehhagel***, mit dem Spitznamen Rehakles geehrt, in Verbindung gebracht. Er hatte das Nationalteam zu einer gut aufeinander abgestimmten Mannschaft gemacht, deren defensive Einstellung die europäischen Topmannschaften nicht knacken konnten. Nach dem Turnier wurde Rehhagel der Posten des deutschen Nationaltrainers angeboten, den er aber ablehnte.

Von diesen Erfolgen abgesehen, erhalten Begegnungen der südosteuropäischen Nationalteams häufig wegen eines anderen Themas Aufmerksamkeit, und zwar den ***Zusammenstößen nationalistischer Ultras-Fangruppen.*** Ein solcher gilt vielen sogar als Auslöser der Unruhen zwischen Kroaten und Serben, die schließlich bis zum Krieg eskalierten. Noch vor der Partie Dinamo Zagreb gegen Roter Stern Belgrad am 13. Mai 1990 kam es zu heftigen ***Schlägereien*** zwischen den Hooligan-Gruppen, die ihre Krawalle schließlich ins Stadion trugen wo Polizei und Spieler Teil der Auseinandersetzung wurden. Das Spiel wurde gar nicht erst angepfiffen, ***die Teams mussten evakuiert werden.*** Obwohl gar nicht gespielt wurde, zeigte der Fußball sich im Maksimir-Stadion in Zagreb von seiner dunkelsten Seite. Vorsätzlich geplant eskalierte in der aufgeheizten Stimmung der Hass zwischen den Volksgruppen zum ersten Mal zu einem Konflikt, der schon bald ungleich größere Dimensionen annehmen sollte. Aus gewaltbereiten Fußballfans wurden Milizionäre, aus Krawall wurde Krieg.

» Auch heute sind Spiele zwischen serbischen und kroatischen oder albanischen Mannschaften ein echtes Politikum. «

Beleidigungen, Ausschreitungen und Spielabbrüche tragen zu dem weiterhin angespannten Verhältnis bei. Immerhin: Haben Spieler und Trainer den Ressentiments vor nicht allzu langer Zeit noch eingeheizt, sind heute viele auf Beschwichtigung aus. Ein kroatischer Profi lenkte auf Nachfrage unlängst sogar ein, auf Bitte eines serbischen Spielers würde er mit diesem sogar Trikots tauschen. Der Fußball spielte in der Vergangenheit oft eine unrühmliche Rolle, wurde instrumentalisiert und für nationalistische Zwecke missbraucht. Vielleicht kann er jetzt helfen, dass einstige Feinde wieder aufeinander zugehen.

Alexander von Makedonien

Man könnte sagen, als Sohn des makedonischen Königs Philipp II. war Alexander, der später den Beinamen „der Große“ tragen würde, von Geburt an für eine politische Laufbahn vorbestimmt. Was er aus der Chance seiner aristokratischen Herkunft machen würde, hätten aber selbst wohlwollende Zeitgenossen kaum für möglich gehalten. Noch zu Alexanders Kindertagen wurde das kleine ***Königreich Makedonien*** am nördlichen Rand des griechischen Siedlungsraums kaum als ernstzunehmende Macht wahrgenommen. Den griechischen Stadtstaaten galten die Makedonier lange Zeit als archaisch und unzivilisiert. Erst Alexanders Vater machte sich daran, sein Reich substanziell zu vergrößern. Schließlich gelang ihm sogar die Unterwerfung beinahe ganz Griechenlands. Grundlegend für diesen Erfolg waren mehrere raffinierte ***Militärreformen,*** die dem makedonischen Heer die Überlegenheit auf dem Schlachtfeld sicherten. Auf diesen militärischen Vorteil sollte Alexander seine weiteren Eroberungen aufbauen. Nach der Ermordung seines Vaters, die Mitwisserschaft Alexanders wird vermutet, folgte er auf den Thron. Zwar bestand eine ständige ***Rivalität*** zwischen den griechischen Stadtstaaten und dem makedonischen Königreich, die Bewunderung Alexanders für die griechische Philosophie, Kunst und Wissenschaft soll aber beträchtlich gewesen sein.

Nach der Konsolidierung seiner Macht wandte er alle Aufmerksamkeit dem ***Persischen Reich*** zu. Dessen territoriale Größe war zu jener Zeit unübertroffen. Für über 150 Jahre hatten sich die Griechen erfolgreich den persischen Angriffen widersetzen können, zu einer weitreichenden Offensive waren sie aber nie in der Lage gewesen. Zu diesem Gegenschlag holte Alexander nun aus. Im Zuge seines 334 v. Chr. begonnenen, rund zehnjährigen ***Eroberungsfeldzugs*** breitete sich die griechische Kultur über weite Teile der damals bekannten Welt aus.

» Alexanders Regierungsantritt wird als der Beginn der Epoche des Hellenismus betrachtet. «

Während des sogenannten Alexanderzugs, der die makedonischen Heere bis an die Ausläufer des Himalayas bringen sollte, eroberten sie Ägypten, Teile der Arabischen Halbinsel, das heutige Syrien und Irak sowie das Gebiet zwischen Kaspischem Meer und Indischem Ozean, inklusive des Perserreichs.

Vom Eroberer zum Mythos

Nachdem er die persischen Schatzkammern geplündert hatte, schickte Alexander einen Teil seiner makedonischen Kämpfer zurück in die Heimat. Diese waren des jahrelangen Eroberungskriegs müde und hatten bereits gedroht, ihre Gefolgschaft für weitere Unternehmungen zu verweigern. Auch Alexander kehrte in Richtung Westen zurück, wo er von Babylon ausgehend die Eroberung der Arabischen Halbinsel plante. Mitte des Jahres 323 v. Chr, kurz vor dem geplanten Aufbruch seines Heereszugs, erlag er jedoch einer ***plötzlichen schweren Krankheit.*** In Alexandria wurde ihm eine prunkvolle Grabstätte errichtet, die noch für spätere römische Kaiser ein bedeutender Ort der Verehrung sein sollte.

Der Tod Alexanders bedeutete auch das ***Ende seines Weltreiches.*** Sowohl Auseinandersetzungen innerhalb der makedonischen Aristokratie als auch das Machtstreben Alexanders mächtiger Feldherren stürzten das Reich in den ***Bürgerkrieg.*** Alexanders Familie konnte ihren Machtanspruch nicht durchsetzen, der größte Teil fand kurz nach ihm den Tod. Da keiner der möglichen Nachfolger alleine stark genug war, das Reich zu beherrschen, zerfiel dieses in mehrere sogenannte Diadochenreiche.

Im Nachhinein wurden die Person Alexanders und sein Eroberungszug sehr unterschiedlich bewertet. Einerseits wurde er bereits zu Lebzeiten zu einer ***mythischen Figur,*** um die sich viele Sagen rankten und der Bewunderung und Achtung entgegengebracht wurde. Andererseits wurden seine militärischen Zerstörungen und Grausamkeiten besonders von den unterworfenen Persern, aber auch von den Griechen kritisiert. Sein Lebenswandel stand in starkem Kontrast zu deren philosophischen Grundsätzen der Mäßigung und Selbstbeherrschung.

Trotz dieser Kritik übte seine Lebensgeschichte eine ***anhaltende Faszination*** auf Menschen aller Kulturkreise aus. Sowohl in der europäischen, arabischen, persischen als auch hebräischen Literatur findet sich eine umfassende Alexanderrezeption.

» Insbesondere in Nordmazedonien ist seine Figur seit der Unabhängigkeitserklärung 1991 Gegenstand der staatlichen Identitätspolitik geworden. «

Dabei wird versucht, eine historische Kontinuität vom antiken Reich Makedonien zum heutigen Staat Nordmazedonien zu konstruieren. Die staatlich verordnete ***Verehrung Alexanders des Großen*** schlägt sich nieder in der Gestaltung der Innenstadt Skopjes mit Denkmälern und Prachtbauten, als auch in der Benennung des Hauptstadtflughafens nach dem antiken Helden.

International wird diese plötzliche Vereinnahmung der Jahrtausende alten Figur Alexanders mit milder Nachsicht belächelt. Nicht jedoch in ***Griechenland.***

» Denn aus griechischer Sicht ist der Alexander-Mythos ganz klar Teil des griechischen kulturellen Erbes. «

So schafft es der mal als Held, mal als Schurke begriffene Alexander auch 2000 Jahre nach seinem Tod noch, die Gemüter zu erhitzen.

Josip Broz Tito: Partisanenheld und sozialistischer Diktator

Der langjährige Staatschef des sozialistischen Jugoslawien Josip Broz, genannt Tito, gehörte zu den außergewöhnlichsten Politikern seines Jahrhunderts. Dabei waren seine Ausgangsbedingungen für eine politische Laufbahn alles andere als ideal. Im Norden Kroatiens 1892 in einfachen Verhältnissen geboren, absolvierte er nach der Schule eine Ausbildung zum Schlosser. Sein Drang, die Welt zu erkunden, führte ihn u. a. nach Wien, München und Mannheim, wo er als Gastarbeiter für Daimler arbeitete. Der Einberufung in die ***österreichisch-ungarische Armee*** 1913 folgte die Entsendung an die Ostfront des Ersten Weltkriegs, wo er in russische Kriegsgefangenschaft geriet. Während des Revolutionsjahrs 1917 wurde er aus der Gefangenschaft entlassen, woraufhin er sich den ***kommunistischen Bolschewiki*** anschloss und auf deren Seite im Russischen Bürgerkrieg kämpfte. 1920 kehrte er nach Kroatien zurück, das in der Zwischenzeit Teil des neu geschaffenen ***Königreichs Jugoslawien*** geworden war.

Als Mitglied der ***Kommunistischen Partei Jugoslawiens (KPJ)*** organisierte er Arbeiterstreiks und engagierte sich für die demokratisch gewählte Regierung im Spanischen Bürgerkrieg, die sich gegen die Nationalisten Francos zur Wehr setzen musste. Wegen politischer Agitation wurde er in seiner Heimat mehrmals inhaftiert und verbrachte einige Jahre im Gefängnis. Zum ***Generalsekretär der KPJ*** wurde er 1940 ernannt. In dieser Funktion musste er nach dem Überfall Deutschlands auf Jugoslawien und die Sowjetunion 1941 untertauchen.

» Er entwickelte sich zur herausragenden Führungsfigur der jugoslawischen Kommunisten. «

Diese führten den Kampf gegen den Faschismus an und besiegten diesen schließlich.

Ein unumstrittener Anführer

Bereits während des Krieges liefen die Planungen, das besetzte und unter den Faschisten aufgeteilte Jugoslawien wieder zusammenzuführen. Nach Kriegsende verfügte keine politische Kraft über mehr Glaubwürdigkeit und Bewunderung als die kommunistischen Partisanen. In deren Reihen war die Autorität Titos unumstritten. Niemand konnte es wagen, ihm seine ***Führungsrolle im künftigen Jugoslawien*** streitig zu machen.

Nach Kriegsende wurde Tito ***Ministerpräsident*** der Volksrepublik Jugoslawien. Er verfolgte das Ideal eines sozialistischen, aber von der Sowjetunion unabhängigen Staates, in dem kein Platz für ausgrenzenden Nationalismus war, sondern alle Volksgruppen in „Brüderlichkeit und Einheit" leben sollten. Diese Devise wurde zum ***Leitmotiv*** Titos Innenpolitik. Zu ihrer praktischen Umsetzung wurden für alle öffentlichen Institutionen Quoten eingeführt, die über ihre ethnische Zusammensetzung bestimmten. Die Hoffnung war, dass die Menschen Jugoslawiens gemeinsame Ähnlichkeiten erkennen und ihre gegenseitigen Beziehungen und Abhängigkeiten ausbauten, um nationalen Hass und Spaltung zu überwinden.

Die ***Umgestaltung Jugoslawiens in einen sozialistischen Staat*** äußerte sich in den Enteignungen und Verstaatlichungen der jugoslawischen Unternehmen und in der Annahme einer neuen Verfassung 1953, woraufhin Tito in das Amt des ***Staatspräsidenten*** gewählt wurde. Dieses wurde ihm später ***auf Lebzeit*** zugesprochen. Zudem hatte er das Amt des Parteivorsitzenden der KPJ inne, der einzigen politischen Partei des Landes.

» Um ihn entwickelte sich ein starker Personenkult, der in staatlich organisierten Massenveranstaltungen und Zeremonien seinen Ausdruck fand. «

Im Mittelpunkt dieser Feiern stand stets Tito als Held des nationalen jugoslawischen Mythos, der zur grundlegenden Legitimation der kommunistischen Einparteienherrschaft wurde. Unter ihrer Führung hatten sich die Menschen Jugoslawiens selbst vom Faschismus befreit und eine neue staatliche Ordnung errichtet. Niemand verkörperte diesen Mythos so sehr wie Tito.

Während seine Macht innenpolitisch unangefochten blieb, führte ihn sein Beharren auf jugoslawische Autonomie bald auf ***Konfrontationskurs mit der Sowjetunion.*** Der sogenannte ***Titoismus*** sah neben weitreichenden Selbstbestimmungsrechten für die jugoslawischen Republiken ein höheres Maß an politischen und wirtschaftlichen Freiheiten vor, als Stalin es gutheißen konnte. Neben der Selbstverwaltung der Betriebe und offener Grenzen für Gastarbeiter und Touristen beanspruchte Tito ***außenpolitische Unabhängigkeit,*** die auch eigenständige Beziehungen zum Westen umfasste.

Politische Forderungen

Für Titos Außenpolitik entscheidend sollte sein Konzept der ***friedlichen Koexistenz unterschiedlicher Gesellschaftssysteme*** werden. Auf seine Einladung kamen 1961 Staatschefs aus aller Welt in Belgrad zusammen, um die Bewegung der ***Blockfreien Staaten*** ins Leben zu rufen. Unter den 25 afrikanischen und asiatischen Staaten waren Indien, Ägypten, China und Indonesien vertreten. Die Blockfreien kritisierten die Spaltung der Staatengemeinschaft in zwei konkurrierende Lager und warnten vor der Gefahr eines Dritten Weltkrieges. Dieser begegneten sie mit der Forderung nach friedlicher Koexistenz und Abrüstung.

Den Anfang der 1970er-Jahre vorgetragenen Forderungen nach ***mehr nationaler Unabhängigkeit der kroatischen Teilrepublik*** begegnete Tito mit Unverständnis. Er ließ die wichtigsten Initiatoren des sogenannten ***Kroatischen Frühlings*** inhaftieren, da er durch deren Demonstrationen das Prinzip der Brüderlichkeit und Einheit gefährdet sah.

» Eine neue, 1974 verabschiedete Verfassung gab dem Verlangen der Republiken nach größerer Autonomie jedoch nach. «

Diesem lag das Problem zu Grunde, dass die Entwicklungs- und Einkommensunterschiede zwischen den jugoslawischen Republiken trotz der Bemühungen der Kommunisten nie ausgeglichen werden konnten. Die Kluft des Wohlstandsgefälles und der wirtschaftlichen Leistungsfähigkeit wurde immer größer. Während sich wohlhabende Republiken wie Slowenien und Kroatien durch den Staatshaushalt ungerecht belastet sahen, fühlten sich die ärmeren Republiken abgehängt und vernachlässigt. So schürten ***Verteilungskonflikte***, die durch wirtschaftliche Krisenerscheinungen noch verschärft wurden, nationalistische Vorurteile.

Titos Tod und die Folgen

Mit dem Tod Titos 1980 verlor Jugoslawien seine ***herausragende Integrationsfigur.*** Seine Anziehungskraft, aber auch seine autoritäre Herrschaft hatten die jugoslawische Föderation zusammengehalten. Zu seinem Begräbnis in Belgrad erschienen viele Staatspräsidenten und hochrangige Politiker, um seiner Person und seinen Errungenschaften Respekt zu erweisen.

» Gemessen an der Anzahl kondolierender Politiker und Staaten war die Beerdigung Titos die bis zum damaligen Zeitpunkt weltweit größte. «

Nicht gelungen war es Tito, den nationalistischen Spuk nachhaltig aus den Köpfen der Menschen zu verbannen. Seinen Nachfolgern gelang es nicht, auf die drängenden ökonomischen und sozialen Fragen Antworten zu finden, die über den historischen Führungsanspruch der KPJ hinausgingen. Dieser verlor zunehmend an Legitimation und führte das Land schließlich in die Staatskrise.

» In deren Folge zerbrach Jugoslawien mit Ausbruch der kriegerischen Auseinandersetzungen zwischen den Republiken. «

Was war Jugoslawien?

Der Name Jugoslawien bedeutet aus dem Serbokroatischen übersetzt so viel wie ***Südslawien.*** Etwa 300 Millionen Menschen weltweit sprechen eine der rund 20 slawischen Sprachen oder Dialekte als Muttersprache. Die Staaten mit mehrheitlich Slawisch sprechender Bevölkerung werden in drei Gruppen gegliedert: die ***ostslawischen Staaten*** Russland, Belarus und Ukraine, die ***westslawischen Staaten*** Polen, Tschechien und Slowakei, sowie die ***südslawischen Staaten*** Slowenien, Kroatien, Serbien, Kosovo, Montenegro, Bosnien und Herzegowina, Albanien und Bulgarien.

Ein Staat, der für sich beanspruchte, den größten Teil der Südslawen unter seinem Dach zu vereinen, gründete sich erst 1918 nach dem Ende des Ersten Weltkriegs. Mit dem Zerfall Österreich-Ungarns erklärte der Nationalrat der Slowenen, Kroaten und Serben die ***Unabhängigkeit*** der Südslawen ***von der Habsburgermonarchie.*** Ursprünglich hatten die wichtigsten Vertreter der Kroaten und Slowenen eigene Staatsbildungen angestrebt. Der Furcht einflößende Imperialismus Italiens bewog sie aber dazu, der ***Vereinigung aller südslawischen Völker in einem Staat*** zuzustimmen. Zu diesem gehörten auch Bosnien sowie Montenegro, das sich zuvor Serbien angeschlossen hatte und das heutige Nordmazedonien, welches seit dem Ersten Balkankrieg unter serbischer Herrschaft stand. Erster König des neu geschaffenen Königreichs der Serben, Kroaten und Slowenen wurde ***König Peter I.***, der vorherige König Serbiens. Die Umbenennung in ***Königreich Jugoslawien*** erfolgte 1929 unter ***König Alexander Karađorđević,*** der mit Hilfe der Armee die Verfassung des Staates außer Kraft setzte und eine ***Königsdiktatur*** errichtete.

Auch die nach dem Zweiten Weltkrieg gegründete Föderative Volksrepublik Jugoslawien vollzog einen Namenswandel. Ab 1963 lautete die Selbstbezeichnung ***Sozialistische Föderative Republik Jugoslawien.*** Sie umfasste die heutigen Staaten Slowenien, Kroatien, Serbien, Bosnien und Herzegowina, Nordmazedonien, Montenegro und Kosovo. An der Spitze des Staates stand für fast vier Jahrzehnte der diktatorische Staatschef ***Josip Broz,*** genannt ***Tito.*** Von 1945 bis 1953 bekleidete er das Amt des Ministerpräsidenten, von 1953 bis 1980 das des Staatspräsidenten. Er machte Jugoslawien zum Vorreiter der Bewegung der ***Blockfreien Staaten,*** die sich gegen die Blockbildung und Konfrontation zwischen Ost und West stellten und stattdessen friedliche Koexistenz und Abrüstung forderten.

Mit dem Tod Titos 1980 verlor Jugoslawien seine herausragende Integrationsfigur, die den Zusammenhalt des Staates garantiert hatte. Aus der Zunahme von politischen, wirtschaftlichen und sozialen Problemen entwickelte sich eine langanhaltende Krise, die in ***Bürgerkrieg*** und schließlich zum ***Zerfall Jugoslawiens*** führte. Nach der Unabhängigkeitserklärung der anderen Einzelstaaten bildeten Serbien und Montenegro von 1992 bis 2003 die ***Bundesrepublik Jugoslawien.*** Danach bildeten beide Staaten den Staatenbund Serbien und Montenegro. Mit der Unabhängigkeitserklärung Montenegros 2006 löste sich jedoch auch dieses letzte Überbleibsel Jugoslawiens auf.

Die Geschichte im Überblick

Die Wiege Europas

Die ***Minoische Kultur*** auf Kreta und die ***Mykenische Kultur*** auf dem griechischen Festland waren die ersten in Europa, die sich durch systematische Landwirtschaft und Arbeitsteilung sowie durch eigenständige Kunst und Schrift zu Hochkulturen entwickelten. Insbesondere die ***Periode der griechischen Klassik*** ab 500 v. Chr. stellte eine Zeit großer kultureller Entfaltung dar, deren architektonische Monumente, geschichtliche und lyrische Werke und Erkenntnisse auf den Gebieten der Physik und Mathematik eine fundamentale Basis für die Entwicklung Europas schufen. Unter der Vorherrschaft Athens fanden zudem bis dahin ungekannte politische und philosophische Konzepte Anwendung. Die mit dem Regierungsantritt Alexanders III. von Makedonien 336 v. Chr. anbrechende ***Epoche des Hellenismus*** verbreitete die griechische Kultur weit über den Mittelmeerraum hinaus bis in Teile Zentralasiens.

Im Laufe seiner Geschichte gehörte das, vermutlich im 7. Jahrhundert v. Chr. begründete, antike ***Königreich Makedonien*** zu den größten Reichen der damaligen Zeit, bis es 146 v. Chr. im Römischen Reich aufging. Prägend für die makedonische Politik war stets die Lage zwischen den Einflusssphären des Persischen Reichs und der griechischen Stadtstaaten. Mit beiden Nachbarn lagen die Könige Makedoniens wiederholt im Streit, erst Philipp II. konnte die Vormachtstellung seines Reiches in Griechenland sichern. Sein Sohn Alexander schließlich holte im Zuge seines legendären ***Alexanderzuges*** zur Eroberung der halben bekannten Welt aus. Bis zu seinem Tod im Jahre 323 v. Chr. beherrschte er beinahe die gesamte Balkanhalbinsel, große Teile Zentralasiens und des Nahen Ostens. In dieser Phase war die Vorherrschaft Makedoniens ausschlaggebend für eine zuvor nicht dagewesene Verbreitung der griechischen Lebensweise und Kultur. Diese Zeit des Hellenismus brachte für die Bewohner des Reiches eine kurze Periode des Wohlstands, die durch Intensivierung des Handels und Steigerung der Exporte ausgelöst wurde. Auch nach dem ***Zerfall des Alexanderreichs*** blieben die griechische Kultur und Sprache wichtige zivilisatorische Ankerpunkte sowohl im Römischen als auch im Byzantinischen Reich.

Obwohl nach der ***endgültigen Niederlage des Makedonisches Reiches*** im Jahr 168 v. Chr. sowie der ***Zerstörung Korinths*** 146 v. Chr. infolge der Eingliederung ins Römische Reich für fast zwei Jahrtausende kein unabhängiges Griechenland bestand, prägen die politischen, kulturellen und wissenschaftlichen Errungenschaften der griechischen Hochkulturen bis heute die Zivilisation Europas.

Besiedelung der Westbalkanregion

Die westliche Balkanhalbinsel wurde erstmals im 5. Jahrhundert v. Chr. durch illyrische Stämme besiedelt, die von Osten her einwanderten. Nachdem sie in mehreren Konflikten dem Römischen Reich unterlagen, mussten sich die zuvor unabhängigen Illyrer der ***Eingliederung als Provinz Illyricum*** beugen und wurden Rom gegenüber tributpflichtig. Spektakuläre Spuren dieser Zeit finden sich mit dem Diokletianpalast in Split und dem Amphitheater in Pula. Die schwer zugänglichen Bergregionen des Hinterlandes machten es einigen Stämmen aber leicht, der ***Romanisierung*** zu entgehen. Mit der Teilung des Römischen Reichs

Das römische Amphitheater in Pula

395 n. Chr. wurde auch die Provinz Illyricum in zwei Gebiete geteilt. Bis heute lässt sich diese Teilung anhand der Konfession der früh christianisierten Bevölkerung nachvollziehen. Im Westen der Balkanhalbinsel leben vorwiegend Christen römisch-katholischer Konfession, im Südosten hingegen eher Christen orthodoxen Glaubens.

Der ***Expansionsdrang der Römer*** richtete sich nicht nur gen Osten, im Laufe des ersten Jahrhunderts v. Chr. eroberten sie zudem weite Teile des heutigen Österreichs, Sloweniens und Kroatiens und unterteilten dieses Gebiet in die Provinzen Noricum, Pannonien und Dalmatia. Die dort siedelnden keltischen und illyrischen Stämme wurden unter anderem durch starke wirtschaftliche Einbindung in der Eisen-, Kupfer- und Goldproduktion des Reiches romanisiert. Aus der Herrschaftszeit des ***Gaius Iulius Caesar*** stammt die sogar bis heute gültige Bezeichnung der slowenischen Alpen als ***Julische Alpen.***

Trotz der stark befestigten Nordgrenze des Römischen Reichs entlang der Donau, kam es immer wieder zu ***Einfällen germanischer Stämme*** nach Italien. Der endgültige ***Rückzug des Römischen Reichs*** ließ bis zum Ende des 6. Jahrhunderts die Einwanderung slawischer Stämme zu, die den östlichen Alpenraum besiedelten. Diese begründeten das ***Fürstentum Karantanien***, das durch die Expansionspolitik Karls des Großen unter ***bayerische Oberhoheit*** gelangte und christianisiert wurde. Noch Jahrhunderte lagen Handel, Kirche und Politik der Region maßgeblich in deutscher Hand.

Die ersten Fürstentümer

Bis ins frühe 7. Jahrhundert n. Chr. hatte das Römische Reich die Kontrolle über weite Teile seines Territoriums auf dem Westbalkan verloren.

» Der Machtschwund Roms ermöglichte es den eingewanderten Slawen im heutigen Bosnien, Serbien, Montenegro und Kroatien, eigene Fürstentümer zu errichten. «

An diese Hochphase erinnerte noch die Nationalflagge Bosniens in den 1990er-Jahren, die dem Wappen der Familie Kotromanić entsprach. Bis heute ist das Schild mit sechs Lilien auf blauem Grund bei öffentlichen Veranstaltungen zu sehen und gilt als Zeichen der Bosniaken.

Die slawischen Fürsten rangen stets mit dem erstarkten ***Bulgarischen Reich*** und dem ***Byzantinischen Reich*** um die Vormachtstellung in der Region. Sie alle hatten aber der ***osmanischen Expansion*** gegen Ende des 14. Jahrhunderts in Richtung Westen nichts entgegenzusetzen. Trotz des vehementen Widerstands der christlichen Fürsten Serbiens und Bosniens gegen die Einfälle des Osmanischen Reichs wurde das gemeinsame Koalitionsheer 1389 in der ***Schlacht auf dem***

Amselfeld geschlagen. In der Folge weiterer Siege erlangte das Osmanische Reich im Laufe des 15. Jahrhunderts so die Herrschaft über große Teile der Balkanhalbinsel. Die **_osmanische Herrschaft_** beschränkte sich, ähnlich wie die der Römer, lange Zeit aber nur auf die Küstenregionen und die größeren Städte. Die bergige, unzugängliche Geografie der Balkanhalbinsel ermöglichte so stets eine **_gewisse Autonomie_** ihrer Bewohner gegenüber den zentralen Machthabern.

Konflikt mit dem Osmanischen Reich

Die immer weiter ausgreifende **_Expansion des Osmanische Reichs_** in Richtung Westen ließ Kroatien schließlich bis auf einen schmalen Streifen zwischen Adria und Donau schrumpfen. Nachdem die kroatische Königsdynastie der Trpimirović wegen fehlender männlicher Nachkommen ausstarb, gingen die **_kroatischen Fürstentümer_** 1102 einen **_Staatsverband mit Ungarn_** ein, der bis zur Auflösung der Habsburgermonarchie 1918 halten sollte. In dieser Zeit übte der König Ungarns auch das Amt des kroatischen Königs in Personalunion aus. Insbesondere Österreich-Ungarn kam daher die Verantwortung zu, diese Gebiete gegen osmanische Angriffe zu verteidigen. Zu diesem Zweck beschlossen die Habsburger die massive Befestigung ihrer Grenzgebiete, die ganz auf die Reichsverteidigung ausgerichtet wurden. Diese **_1800 Kilometer lange Militärgrenze_** bestand vom 16. bis zum 19. Jahrhundert und wurde von allen Ländern des Habsburgerreiches finanziert. Oberösterreich, Niederösterreich, Krain, Kärnten und Salzburg mussten für die kroatische Militärgrenze aufkommen. Der **_Stadtstaat Dubrovnik_** (Ragusa) konnte seine Unabhängigkeit durch geschickte Verhandlungen bewahren und arbeitete dafür mit den Osmanen zusammen.

Nach der **_Eroberung Konstantinopels_** durch das Osmanische Reich 1453 gelangte auch der größte Teil Griechenlands unter die beinahe 400 Jahre andauernde Herrschaft des türkischen Sultans, einzig die Ionischen Inseln gelangten nie unter seine Kontrolle. Der Peloponnes und Teile der griechischen Inseln wurden zudem zeitweilig von Venedig beherrscht. Die neuen Landbesitzer, die für ihre Dienste im Heer des Sultans als hochrangige Offiziere mit Anteilen an den eroberten Gebieten belohnt worden waren, beuteten die zuvor freien griechischen Bauern rücksichtslos aus und sorgten für eine **_Deurbanisierung und Verarmung der Bevölkerung._** In der Folge kam es zu zwei Wellen **_griechischer Migrationsbewegungen._** Zunächst verließen viele Intellektuelle das Land in Richtung Westeuropa, zudem versuchten Teile der Landbevölkerung der türkischen Administration in den schwer zugänglichen Bergregionen des Landes zu entgehen. Einer kleinen Schicht privilegierter Griechen gelang es jedoch, hohe Ämter am Hof des Sultans zu bekleiden und dadurch über ansehnlichen Wohlstand und Einfluss zu verfügen. Sie besetzten oft zentrale Stellen in der osmanischen Verwaltung, nicht zuletzt wegen ihrer Sprachkenntnisse. Außerdem fanden Griechen als Händler und in der orthodoxen Kirche gedeihliche Nischen.

Das Zeitalter des Nationalismus

Im Lauf des 17. Jahrhunderts erlitten die osmanischen Heere teils verheerende Niederlagen gegen mitteleuropäische Streitkräfte. Besonders nach der **gescheiterten Belagerung Wiens** 1683 wurde die Schwäche des riesigen Reiches offenbar, seine inneren Kapazitäten effizient und schlagkräftig zu mobilisieren. Die **Niederlage des Osmanischen Reichs** im Russisch-Türkischen Krieg 1877/78 schuf eine günstige Ausgangslage für die entstehenden nationalistischen Bewegungen auf dem ganzen Balkan.

In **Bulgarien** fand eine Epoche ihren Höhepunkt, die heute als **Bulgarische Nationale Wiedergeburt** verklärt wird. Die erste demokratische Verfassung wurde im April 1879 in Tarnowo beschlossen. Bulgarien wurde konstitutionelle Monarchie und führte als erstes Land der Region das allgemeine Männerwahlrecht ein. Ebenso regen Zulauf erhielten die nationalistischen Bewegungen in den übrigen europäischen Gebieten des Osmanischen Reichs. Die **jungtürkische Revolution** 1908 sorgte für tieferes Chaos und stürzte **Albanien** und ehemals **Mazedonien** in bürgerkriegsähnliche Zustände. Die Anhänger der jungtürkischen Regierung, der alten osmanischen Eliten und der Nationalbewegungen bekämpften sich untereinander bis aufs Messer. Nach zwei erfolgreichen albanischen Aufständen erklärte Ismail Qemali Ende 1912 die **albanische Unabhängigkeit.**

Im Oktober 1912 erklärten Bulgarien, Serbien, Griechenland und Montenegro dem Osmanischen Reich den Krieg. Trotz der anhaltenden Schwächung der Türken in Europa, gebot der Sultan bis dahin über ein zusammenhängendes Territorium, das von Konstantinopel bis kurz vor Sarajevo reichte. Die nun im **Balkanbund** alliierten Staaten sahen die Chance gekommen, die jahrhundertelange Herr-

Die Architektur von Plovdiv ist geprägt von der Epoche der Nationalen Wiedergeburt

schaft der Osmanen auf der Balkanhalbinsel zu beenden. Innerhalb weniger Monate waren die osmanischen Truppen geschlagen und zogen sich bis auf 100 Kilometer vor Konstantinopel zurück. Infolge des **Ersten Balkankriegs** konnten alle vier Staaten ihre Fläche auf Kosten des Osmanischen Reichs um etwa das Doppelte ihrer vorherigen Größe ausdehnen.

Dennoch war das Bündnis nur von kurzer Dauer, die genaue Verteilung der eroberten Territorien sorgte für Streit. Insbesondere Bulgarien sah die Vorkriegsvereinbarungen nicht eingehalten. Im Juni 1913 griffen bulgarische Truppen erfolglos griechische und serbische Stellungen an und leiteten den ***Zweiten Balkankrieg*** ein. Die daraufhin ausgesprochenen Kriegserklärungen Griechenlands, Serbiens, Rumäniens und des Osmanischen Reichs bedeuteten die militärische Überforderung Bulgariens von allen Seiten. Bereits im August desselben Jahres musste Bulgarien fast alle im Ersten Balkankrieg gemachten Eroberungen wieder abtreten. Dennoch behielt es zwischen Griechenland und dem Osmanischen Reich einen schmalen Zugang zum Mittelmeer.

Auf der **Londoner Botschafterkonferenz** im Mai 1913 sollte die Neuordnung des Balkan nach dem Rückzug des Osmanischen Reiches geklärt werden. Vor allem Österreich-Ungarn wollte eine zu große Ausweitung serbischen Gebiets verhindern, insbesondere sollte es keinen Zugang zum Mittelmeer erhalten. Die ***Furcht vor russischer Einflussnahme im Mittelmeer*** bewog schließlich auch Italien und Großbritannien, die ***Schaffung eines eigenen Albanischen Staates*** als Pufferzone zu unterstützen. Albanien wurde als eigenständiger, neutraler Staat mit der Staatsform der konstitutionellen Monarchie unter Führung eines ausländischen Fürsten anerkannt, verlor aber einige Gebiete, wie z. B. den Kosovo, an seine Nachbarn. Die Lösung der vielen ethnischen Probleme der Region wurde auf der Konferenz nicht angepackt, sondern nur aufgeschoben.

Angespannt blieb auch die Lage in Bosnien. Die **Annexion Bosniens** stellte sich im Nachhinein für Österreich-Ungarn als ***fataler außenpolitischer Fehler*** heraus. Die Provinz warf kaum Einnahmen ab und das Osmanische Reich verhängte aus Protest ein **Handelsembargo**, das die gesamte Wirtschaft Österreich-Ungarns belastete. Neben der nun innenpolitischen Aufgabe, die bosnischen Serben in Schach halten zu müssen, bestand akute Kriegsgefahr durch Russland und Serbien, die sich als panslawistische Schutzmächte zu profilieren suchten. Die angespannte Lage beflügelte nationalistische Bewegungen aller Lager. Die beiden Balkankriege fanden 1912/13 noch ohne Beteiligung der Großmächte statt, der Balkan wurde nun aber als Pulverfass betrachtet, dessen Explosion nur eine Frage der Zeit sei. Ein großer Krieg um den Balkan schien wahrscheinlich. Das tödliche Attentat serbisch-nationalistischer Verschwörer auf den Thronfolger Österreich-Ungarns, Franz Ferdinand, im Juni 1914 in Sarajevo lieferte den europäischen Monarchien schließlich den Vorwand, um Europa in den lange erwarteten Krieg zu stürzen. Der ursprüngliche Konflikt zwischen Serbien und Österreich-Ungarn trat vor dem ausbrechenden Weltkrieg schnell in den Hintergrund. Infolge der **Ermordung Franz Ferdinands** kam es in Bosnien zu **Ausschreitungen** gegen serbische Bosnier und ihre Wohnhäuser und Geschäfte. Hinter der Organisierung der **Pogrome** standen die österreich-ungarischen Behörden. Sie stellten ein vorwiegend aus Bosniaken bestehendes Schutzkorps auf, das für die ***Ermordung, Inhaftierung und Vertreibung tausender Serben*** in Bosnien und Herzegowina verantwortlich war.

» Das erste Mal in der Geschichte des Landes wurde ein substanzieller Teil der Bevölkerung seiner Ethnie wegen verfolgt und terrorisiert. «

Während des **Ersten Weltkriegs** stellten die österreich-ungarischen Provinzen Slowenien, Kroatien und Bosnien Truppen für den Kampf der Habsburgermonarchie gegen Serbien, Montenegro und Russland. Mit dem Eintritt Italiens 1915 in den Ersten Weltkrieg wurde Slowenien entlang der Soča (ital. Isonzo) besonders verheerend von den Kampfhandlungen getroffen. Entlang der Alpenfront kamen über eine Million Soldaten beider Seiten ums Leben. Die ***Niederlage der Mittelmächte*** machte aber den Weg frei für die ***Unabhängigkeit der südslawischen Gemeinschaften*** innerhalb des auseinanderbrechenden Habsburgerreichs.

Das Königreich der Serben, Kroaten und Slowenen

Die Vertreter der einzelnen südslawischen Ethnien erklärten nach dem Zerfall Österreich-Ungarns ihre **Unabhängigkeit.** Obwohl Kroatien und Slowenien zunächst eigene Staatsbildungen anstrebten, bewegte sie die Furcht vor dem aggressiven Nachbarn Italien dazu, dem nun neu geschaffenen Königreich der Serben, Kroaten und Slowenen beizutreten. Unter der Herrschaft des vorherigen serbischen Königs Peter I. wurden auch Bosnien, das heutige Nordmazedonien und Montenegro in dieses Reich integriert. ***Innenpolitische Konflikte*** ließen jedoch nicht lange auf sich warten. Bereits in diesem ersten jugoslawischen Staat wurde die **Vormachtstellung Serbiens** insbesondere von Slowenen und Kroaten als belastend empfunden. Die ***Kroatische Bauernpartei,*** nach dem Ersten Weltkrieg zur stärksten kroatischen Partei aufgestiegen, forderte unter Berufung auf das Selbstbestimmungsrecht der Völker ***stärkere Autonomierechte*** für die einzelnen südslawischen Ethnien und die Errichtung einer kroatischen Republik. Dem entgegen beschloss die **Verfassungsge-**

bende Versammlung 1921 die ***Abschaffung der historischen Provinzen.*** Im Gesamtstaat begünstigte dies die zahlenmäßig stärkste Ethnie, die Serben.

Nachdem ein radikal-nationalistischer Abgeordneter serbischer Herkunft fünf Abgeordnete der Kroatischen Bauernpartei erschoss, ließ König Alexander I. alle politischen Parteien verbieten und errichtete eine ***Königsdiktatur.*** Die kroatischen Nationalisten schworen Rache und riefen zum bewaffneten Kampf gegen die als Unterdrücker wahrgenommenen Serben auf. Äußere Bedrohungen, allen voran durch Italien, hielten das Reich trotz dieser innenpolitischen Turbulenzen aber zusammen.

Zweiter Weltkrieg

Der ***Angriff Deutschlands 1941*** zwang die Königreiche Jugoslawien und Griechenland zur Kapitulation, woraufhin die eroberten Gebiete unter Deutschland, Italien und Kroatien aufgeteilt wurden. An der Spitze der ***faschistischen Ustascha-Bewegung*** proklamierte Ante Pavelić den Unabhängigen Staat Kroatien. Das von Deutschland kontrollierte Marionetten-Regime verfolgte Serben und andere Minderheiten mit dem mörderischen Ziel ihrer totalen Vernichtung. In Slowenien begann die ***Enteignung und Deportation*** der Bevölkerung zur Zwangsarbeit mit der Absicht, die von Deutschland besetzten Gebiete Kärntens, der Krain und der Untersteiermark zu germanisieren und an das Deutsche Reich anzuschließen. Zu diesem Zweck wurden dort deutschsprachige Bürger aus Teilen des heutigen Rumäniens, Moldawiens und der Ukraine angesiedelt. In Serbien wurde eine ***Kollaborationsregierung*** unter deutscher Kontrolle eingesetzt, die vorrangig die Ausbeutung der Bodenschätze und Rohstoffe für die deutsche Kriegswirtschaft betrieb. Die faschistischen Terror-Regime verloren innerhalb kürzester Zeit massiv an Rückhalt in der Bevölkerung. So gelang es den Partisanen Titos 1944 in großen Teilen Jugoslawiens die Herrschaft zu übernehmen.

Von allen besetzten Ländern Südosteuropas hatte ***Griechenland*** die erdrückensten Abgaben zu leisten, was den ***wirtschaftlichen Zusammenbruch*** des Landes und ***katastrophale Hungerkatastrophen*** zur Folge hatte. Im Laufe des Zweiten Weltkriegs verlor das Land beinahe 10 % seiner Bevölkerung. Selbst im Widerstand gegen das nationalsozialistische Besatzungsregime blieb aber der tiefe Riss in der griechischen Gesellschaft zwischen Linken und Rechten bestehen, die sich erbittert bekämpften.

» Beinahe im Anschluss an den Zweiten Weltkrieg stürzte diese Feindschaft das Land in einen drei Jahre andauernden Bürgerkrieg. «

Die von den USA und Großbritannien unterstützten rechts-konservativen Kräfte konnten diesen schließlich für sich entscheiden. Viele Bürgerrechte und Freiheiten blieben den Griechen in den folgenden Jahren verwehrt, außenpolitisch und wirtschaftlich konnte sich das Land aber stabilisieren. 1952 trat Griechenland der NATO bei. In Erwartung eines Wahlsieges der Sozialisten bei den Parlamentswahlen organisierte eine Gruppe rechtsextremer Offiziere unter der Führung von Georgios Papadopoulos 1967 einen ***Staatsstreich,*** den sogenannten ***Obristenputsch*** und errichtete eine ***Militärdiktatur,*** die das Land innenpolitisch auf einen antimodernen und repressiven Kurs führte und außenpolitisch isolierte. Einzig die USA waren bereit, das Regime zu unterstützen, da sie wichtige Militärbasen in Griechenland unterhielten. Erst 1974 wurde die Junta nach einem Aufstand am Polytechnikum von Athen und der Eskalation des Zypernkonflikts abgesetzt und das Land kehrte zu einer demokratischen Ordnung zurück.

Sozialistische Republik Jugoslawien

Bereits 1943 legte der ***Antifaschistische Rat der Nationalen Befreiung Jugoslawiens,*** das höchste Entscheidungsgremium der kommunistischen Partisanen, unter der Führung Titos die grundlegende Entscheidung, einen gesamt-jugoslawischen Staat schaffen zu wollen. Dieser sollte die heutigen Staaten Slowenien, Kroatien, Serbien, Bosnien und Herzegowina, Nordmazedonien, Montenegro und Kosovo umfassen. Entgegen serbischer und kroatischer Ambitionen setzte sich auf dem ersten Parteitag der jugoslawischen Kommunisten nach Kriegsende die Ansicht durch, Bosnien und Herzegowina könne nicht zwischen Serbien und Kroatien aufgeteilt werden, da Serben und Kroaten auf diesem Gebiet zu sehr vermischt lebten und die Muslime sich bisher nicht klar für eine Nationalität entschieden hätten.

Innerhalb Jugoslawiens gehörte ***Bosnien und Herzegowina*** stets zu den wirtschaftlich schwächsten Regionen. Die massenhafte Abwanderung serbischer Bosnier nach Serbien bewirkte eine Verschiebung der demografischen Verhältnisse zugunsten der muslimischen Bosniaken, die ab Mitte der 1960er-Jahre den größten Bevölkerungsanteil stellten. Erst zu dieser Zeit wurde begonnen, die Bosniaken als eigene und gleichberechtigte Volksgruppe zu betrachten. Hierbei stand aber weniger die im sozialistischen Jugoslawien ohnehin marginalisierte Frage des Glaubens im Vordergrund, als vielmehr der Versuch, den Bosniaken eine eigene ethnische, von der Religion unabhängige Identität zu geben. Die Volkszählung von 1991 bildete folgende Bevölkerungsverhältnisse ab: 43,7 % bezeichneten sich als Bosniaken, 31,4 % als Serben und 17,3 % als Kroaten.

An der Spitze Jugoslawiens stand für fast vier Jahrzehnte der diktatorische Staatschef Josip Broz, genannt **Tito.** 1945–

53 bekleidete er das Amt des ***Ministerpräsidenten***, 1953-80 das des ***Staatspräsidenten.*** Er machte Jugoslawien zum Vorreiter der Bewegung der Blockfreien Staaten, die sich gegen die Blockbildung und Konfrontation zwischen Ost und West stellten und stattdessen friedliche Koexistenz und Abrüstung forderten. Mit dem ***Tod Titos 1980*** nahmen politische, wirtschaftliche und soziale Probleme zu und es entwickelte sich eine lang anhaltenden Krise, die in Bürgerkrieg und dem ***Zerfall Jugoslawiens*** mündete.

Unzufrieden mit den innenpolitischen Strukturen und Verteilungsmechanismen waren allen voran Kroatien und Slowenien. Da ***Kroatien*** über eine relativ produktive Wirtschaft verfügte, war es eine der wohlhabendsten Republiken Jugoslawiens. Eine der ***wichtigsten Einnahmequellen*** war ab den 1960er-Jahren der ***Tourismus*** an der Adria. In der Folge stemmte Kroatien deutlich größere Teile des jugoslawischen Haushalts als die meisten anderen Republiken. Dass dieses Geld für Investitionen in Kroatien fehlte, führte zu großem Unmut. Mit der Forderung, die Zahlungen an die Zentralregierung in Belgrad zu verringern, ging der ***Ruf nach stärkerer Autonomie*** der Republiken und ***wirtschaftlicher Dezentralisierung*** einher.

Auch ***Slowenien*** sah sich durch zu hohe Abgaben wirtschaftlich ausgebeutet. Bei weniger als 10 % der jugoslawischen Gesamtbevölkerung trug Slowenien mehr als 20 % des Bundeshaushalts. Von Slowenien ging das später im gesamten Jugoslawien adaptierte ***Wirtschaftsmodell der Arbeiterselbstverwaltung*** aus, welches im Gegensatz zur zentral gelenkten Planwirtschaft der Sowjetunion stand und eine unabhängige Entwicklung des Sozialismus für sich beanspruchte. Die Beschäftigten wählten die Direktoren ihrer Unternehmen selbst und entschieden innerhalb eines gewissen Rahmens über Investitionen, Löhne, und die Produktionsplanung. Trotz der zwischenzeitlichen Rückeroberung der Macht durch konservative Kreise, setzte ab den 1980er-Jahren eine Phase kultureller, künstlerischer und intellektueller Freiheit ein. Die Übernahme der ***Kontrolle über die Kommunistische Partei*** durch den Reformer Milan Kučan leitete eine unumkehrbare Entwicklung in Richtung einer freieren Wirtschaft und mehr politischer Pluralität ein. Mit dieser Linie begaben sich die Slowenen auf Konfrontationskurs mit Belgrad. Insbesondere Slobodan Miloševićs nationalistischer Zentralismus war für viele slowenische Intellektuelle nicht mit ihren Forderungen nach Unabhängigkeit, Demokratie und Achtung der Menschenrechte in Übereinstimmung zu bringen.

Nirgends aber war der ***Ruf nach wirtschaftlicher und gesellschaftlicher Liberalisierung*** so laut wie in Kroatien. Bei Demonstrationen in Zagreb gingen tausende Studierende für die weitgehende Unabhängigkeit des kroatischen Staates von der föderativen Republik Jugoslawien auf die Straßen. Auch die Kommunistische Partei Kroatiens schloss sich diesen Forderungen an. Jugoslawiens Staats- und Parteichef Tito, der die fortschreitende ***Integration der jugoslawischen Republiken*** forcierte, wies die Forderungen als nationalistisch zurück. Er ließ die gesamte kroatische Parteiführung 1971 absetzen und etwa 2000 führende Personen mussten sich vor Gericht verantworten und wurden verurteilt. Zwar hatte Tito den Protest als illegitim abgestempelt, für die konkreten Forderungen zeigte er sich aber offen.

» Bereits 1974 wurde eine neue Verfassung verabschiedet, die den jugoslawischen Republiken weitere Autonomierechte einräumte. «

Auch das ***Recht auf Sezession*** wurde verfassungsmäßig festgehalten. Mit dem Tod Titos 1980 ging die herausragende integrierende Instanz Jugoslawiens verloren. ***Nationalistische Streitigkeiten*** wurden nicht länger unterdrückt oder moderiert, sondern entfalteten ihre ganze Sprengkraft auf die jugoslawische Gesellschaft.

Den Forderungen Kroatiens und Sloweniens nach mehr Eigenständigkeit begegnete der serbische Präsident Slobodan Milošević mit Ablehnung. Aus seiner Sicht musste das ***vereinte Jugoslawien*** erhalten bleiben, um allen, über die sechs Teilrepubliken verstreut lebenden Serben eine ***gemeinsame Heimat*** zu geben. In Belgrad bestand nicht der Wille, von dem eingeschlagenen Kurs verstärkter Zentralisierung abzurücken. Die Führungen in Zagreb und Ljubljana beharrten hingegen auf ihren Autonomiebestrebungen.

» Im Juni 1991 erklärten Slowenien und Kroatien gemeinsam den Austritt aus dem Staatsverband Jugoslawien. «

Die daraufhin entsandten jugoslawischen Streitkräfte sollten die ***Kontrolle Belgrads*** über die beiden abtrünnigen Republiken wiederherstellen. Dieser Versuch scheiterte jedoch am ***gut organisierten Widerstand*** der slowenischen Territorialverteidigung und an der geringen Kampfmoral der Kroaten und Bosnier innerhalb der jugoslawischen Streitkräfte. Nach nur zehn Tagen wurde der Konflikt unter Vermittlung der Vereinten Nationen, der EG und der österreichischen Regierung von Vertretern Sloweniens, Kroatiens und Jugoslawiens beigelegt. Begünstigt wurde diese schnelle Beendigung bei relativ wenigen Opfern durch die geografische Lage Sloweniens und die recht homogene Bevölkerungsstruktur. Sowohl den jugoslawischen Panzereinheiten als auch der Luftwaffe war es unmöglich, die alpinen nördlichen Regionen Sloweniens zu erreichen und zu kontrollieren. Außerdem lebte die sehr kleine serbische Minderheit Sloweniens recht verstreut und stellte keine plausiblen Forderungen

Die sogenannten Rosen von Sarajevo markieren die Granateinschläge während des Bosnienkriegs

nach einem Anschluss an Serbien. Bis 1992 war **Slowenien** von der Mehrheit der internationalen Staatengemeinschaft als ***unabhängiger Staat*** anerkannt worden. Bereits 2004 trat das Land der EU und 2007 der Eurozone bei.

Viel länger und blutiger verliefen die ***serbischen Interventionen in Kroatien und Bosnien.*** Mit Unterstützung der jugoslawischen Armee und serbischen Paramilitärs erklärten sich die Serben in Kroatien unter dem Namen ***Republik Serbische Krajina*** ihrerseits für unabhängig und kontrollierten bereits 1991 etwa ein Drittel des ursprünglich kroatischen Staatsgebietes. In den folgenden vier Kriegsjahren rangen beide Seiten in erster Linie um Territorialgewinne. Die ***Vertreibung und Ermordung*** von Angehörigen der jeweils anderen Gruppe aus den eroberten Gebieten war dabei expliziter Teil der Kriegsstrategie. Mehrere hunderttausend Menschen wurden zu Flüchtlingen, viele mussten mehrfach ihr Zuhause aufgeben. Wegen des 1992 ausgebrochenen Kriegs in Bosnien und Herzegowina suchten weitere Vertriebene in Kroatien Zuflucht. Zeitweise beherbergte das Land etwa 700.000 Geflüchtete, was einem Bevölkerungszuwachs von 15 % entsprach. Bis 1995 konnten die kroatischen Streitkräfte den größten Teil des ursprünglich kroatischen Staatsgebiets zurückerobern.

In Bosnien kam es besonders in den durch serbische Bosnier kontrollierten Gebieten zur ***systematischen Vernichtung*** der Zivilbevölkerung nicht-orthodoxer

Konfession. Da Serben und Kroaten von ihren jeweiligen Patronage-Staaten mit Waffen und Ausrüstung versorgt wurden, hatten besonders in den ersten Kriegsjahren die bosniakischen Streitkräfte den schwersten Stand. Sie belastete zudem das ***umfangreiche Waffenembargo*** gegen alle jugoslawische Republiken. Dennoch wurden allein in den ersten zwei Kriegsjahren schätzungsweise Waffen im Wert von 1,3 Milliarden Dollar nach Bosnien importiert. Um die Zivilbevölkerung vor Übergriffen zu schützen, richtete die UN mit Hilfe der NATO vielerorts ***Schutzzonen*** und ein landesweites ***Flugverbot für militärische Flüge*** ein. Die entsandten UNPROFOR-Einheiten waren ihrer Truppenstärke und Bewaffnung entsprechend aber nicht im Geringsten in der Lage, dem Morden und Verwüsten Einhalt zu gebieten und sahen drastischen Menschenrechtsverletzungen tatenlos zu. Die fortwährenden Angriffe serbischer Einheiten auf UN-Schutzzonen und die gut dokumentierten ***Massaker an bosniakischen Flüchtlingen*** bewog die NATO im Auftrag der UNO ab August 1995, Luftangriffe gegen Stellungen und Kommandopunkte der serbischen Armee und Milizen zu fliegen.

Nach ***Verhandlungen*** unter Vorsitz der USA unter Bill Clinton unterzeichneten der serbische Präsident Slobodan Milošević, der kroatische Präsident Franjo Tuđman und der Vorsitzende im bosnisch-herzegowinischen Präsidium Alija Izetbegović in Dayton (Ohio) ein ***Abkommen*** über die Beendigung der Kampfhandlungen. Milošević, der für die Eskalation der Kriege in Slowenien, Kroatien, Bosnien und Herzegowina und im Kosovo maßgeblich mitverantwortlich gemacht wurde, sah sich innenpolitisch zunehmend mit Misstrauen konfrontiert. Die ***isolierte und perspektivlose Situation Serbiens*** und die durch die NATO herbeigeführten militärischen Niederlagen delegitimierten seine Herrschaft. Nachdem er sich zum Sieger der Präsidentschaftswahlen im September 2000 erklärte, wurde er durch einen Volksaufstand, die sogenannte ***Bulldozer Revolution***, gestürzt. Da die finanzielle Unterstützung der internationalen Staatengemeinschaft für Serbien von der Auslieferung des ehemaligen Machthabers abhängig gemacht wurde, ließ ihn der serbische Ministerpräsident Zoran Đinđić verhaften. Milošević wurde 2001 an den ***Internationalen Strafgerichtshof in Den Haag*** ausgeliefert.

Nach der ***Unabhängigkeitserklärung*** der anderen Einzelstaaten bildeten ***Serbien und Montenegro*** von 1992 bis 2003 die ***Bundesrepublik Jugoslawien.*** Danach bildeten beide Staaten den ***Staatenbund Serbien und Montenegro.***

» Mit der Unabhängigkeitserklärung Montenegros 2006 löste sich jedoch auch dieses letzte Überbleibsel Jugoslawiens auf. «

Gegen den Widerstand Russlands wurde Montenegro 2017 Mitglied der NATO.

Die kommunistischen Regime finden zur Demokratie

Nach dem Zweiten Weltkrieg gingen neben Griechenland auch Bulgarien und Albanien außerhalb Jugoslawiens ihre eigenen Wege als unabhängige Staaten. Unter Todor Schiwkow wurde **Bulgarien** 1955 ***Mitglied der UNO und des Warschauer Pakts.*** Im Jahr zuvor war Schiwkow Erster Sekretär der Kommunistischen Partei Bulgariens geworden und sollte dieses Amt bis zu seinem erzwungenen Rücktritt 1989 bekleiden. Von allen Staatsoberhäuptern des Pakts wurde er damit derjenige mit der längsten Amtszeit. Er hielt Bulgarien auf ***streng sowjetischem Kurs*** und machte sogar den Vorschlag, Bulgarien mit der Sowjetunion zu verschmelzen. Im Vergleich zu anderen sozialistischen Staaten gab es in Bulgarien lange Zeit nur sehr wenig organisierten Widerstand gegen die Alleinherrschaft der kommunistischen Partei. Die zunehmend repressive Politik Schiwkows, vor allem gegen Muslime, führte zu seinem Sturz und dem Machtverlust der Kommunisten. Ihre Herrschaft wurde 1990 durch freie Wahlen beendet.

» Bulgarien berief eine verfassungsgebende Volksversammlung ein und gab sich eine demokratische Verfassung. «

Auch in ***Albanien*** etablierten die Kommunisten, mit Enver Hoxha an der Spitze, unter Ausschaltung jeglicher Opposition eine ***Einparteienherrschaft.*** Ihre Herrschaft legitimierten sie mit ihrer führenden Rolle im antifaschistischen Befreiungskampf. Engster Verbündeter des jungen Regimes wurde das sozialistische Jugoslawien, insbesondere in der Wirtschaftspolitik und in Fragen der militärischen Zusammenarbeit. Zeitweilig war sogar der Anschluss Albaniens an die Föderation im Gespräch. Als sich das Verhältnis zwischen der Sowjetunion und Jugoslawien verschlechterte, vollzog die albanische Führung jedoch eine ***radikale Kehrtwende*** ihrer Haltung zu Jugoslawien. Alle jugoslawischen Berater wurden des Landes verwiesen, gemeinsame Abkommen mit dem Nachbarland gekündigt und die Grenzen geschlossen. Damit begann die etwa 40 Jahre andauernde Phase der ***Isolation Albaniens*** von der Außenwelt. Zunächst stärkte der Bruch mit Jugoslawien die Beziehungen zur Sowjetunion, doch bereits 1961 überwarf sich Enver Hoxha mit Chruschtschow, der ihm zu Reformen geraten hatte. Auch die versuchte Anlehnung an das maoistische China war nur von kurzer Dauer.

Zwar gelang dem kommunistischen Regime eine grundlegende ***Modernisierung des Landes,*** so stieg die Alphabetisierungsrate massiv an, und das Land konnte ausreichend Lebensmittel für seine Bevölkerung produzieren, doch die Kosten der Abschottung und der Ausrichtung auf komplette Autarkie waren immens.

» Ihre Herrschaft sicherten die Kommunisten mit einer nahezu lückenlosen Überwachung und Unterdrückung der albanischen Bevölkerung. «

Tausende vermeintliche ***Gegner des Regimes*** wurden ***ermordet oder verschwanden,*** über 100.000 Menschen landeten in den Internierungslagern der Staatssicherheit. Die Welle der Revolutionen des Jahres 1989 schwappte trotz anhaltender Isolation auch nach Albanien über und beendete schließlich die kommunistische Herrschaft. 1992 übernahm die Demokratische Partei unter Sali Berisha die Regierung und öffnete das Land, drei Jahre später wurde Albanien in den Europarat aufgenommen.

Eine durch Betrügereien in der Finanzwirtschaft ausgelöste tiefe wirtschaftliche, politische und gesellschaftliche ***Krise,*** in deren Lauf viele Albaner ihr gesamtes Vermögen verloren, entlud sich im März 1997 in ***Aufständen und Plünderungen.*** Die staatliche Ordnung außerhalb Tiranas brach komplett zusammen, woraufhin die Regierung um ausländische Hilfe bat. Italien, Frankreich, Spanien, die Türkei, Rumänien, Griechenland, Österreich und Dänemark entsandten insgesamt 6000 Soldaten, um geordnete Neuwahlen zu ermöglichen, woraufhin 1998 eine ***neue demokratische Verfassung*** per Referendum angenommen wurde.

Brüderlichkeit auf dem Balkan – Albanien und der Kosovo

Der Weg in die EU

Die nach Kriegsende deutlich verbesserte wirtschaftliche Lage Kroatiens, die Etablierung einer stabilen und funktionstüchtigen Demokratie und glaubhafte Mitarbeit bei der Aufarbeitung kroatischer Kriegsverbrechen ebneten den Weg des Landes in die Europäische Union. ***Kroatien*** wurde 2013 Mitglied des Staatenverbunds. Nach Sloweniens Beitritt 2004 ist es seitdem der ***zweite Nachfolgestaat des ehemaligen Jugoslawien,*** der Mitglied der EU wurde.

Den Status von ***offiziellen Beitrittskandidaten*** haben derzeit Albanien, Serbien, Montenegro und Nordmazedonien.

Anhang

Literaturtipps

- *Juli Zeh:* **Die Stille ist ein Geräusch: Eine Fahrt durch Bosnien.** Goldmann Verlag, Frankfurt a. M. 2003. Die Autorin schildert in diesem Roman die Eindrücke ihrer Reise durch Bosnien, die sie im Sommer 2001 unternahm. Dabei blickt sie auf ein Land, das sich nur langsam vom Krieg erholt und weiterhin auf der Suche nach Normalität ist.
- *Ivo Andrić:* **Die Brücke über die Drina.** dtv, München 2013. Vier Jahrhunderte umfasst diese Chronik, in der der Autor vom Zusammenleben der Nationen und Religionen in der Gegend um Višegrad erzählt. Im Mittelpunkt steht dabei symbolisch die bis heute erhaltene Mehmed-Paša-Sokolović-Brücke, die zunächst unter osmanischer und später unter österreichisch-ungarischer Herrschaft den östlichen und den westlichen Teil der Stadt verband. Das erstmals 1945 veröffentliche Werk ist der wahrscheinlich wichtigste Klassiker jugoslawischer Literatur und war für die Auszeichnung Andrićs mit dem Literaturnobelpreis 1961 entscheidend. In einzelnen Abschnitten unheimlich brutal in seiner Schilderung verschiedenster Gewalttaten. Nichts für schwache Nerven.
- *Ismail Kadare:* **Chronik in Stein.** FISCHER Taschenbuch, Frankfurt a. M. 2012. Das Buch gilt als literarisches Denkmal an die Stadt Gjirokastra, deren einzigartige Bauweise ausführlich beschrieben wird. Die eng aneinander liegenden, burgähnlichen Wohnhäuser aus Stein, die am steilen Berghang stehen, sind bis heute charakteristisch für das Stadtbild. Geschildert wird das Schicksal der Stadt und ihrer Bewohner während des Zweiten Weltkriegs, die unter den Kämpfen und häufig wechselnder Besatzung zu leiden hatten.
- *Maria Todorova:* **Die Erfindung des Balkans: Europas bequemes Vorurteil.** Primus Verlag, Darmstadt 1999 (nur noch antiquarisch erhältlich). Die aus Sofia in Bulgarien stammende Professorin für Geschichte setzt sich in ihrer Arbeit mit dem westlichen Blick auf die Staaten und Menschen Südosteuropas auseinander. Dabei beschreibt sie die häufig negativen Stereotype, die auf die Balkan-Region projiziert werden und fordert dazu auf, eigene Sichtweisen zu überdenken.
- *Mark Mazower:* **Der Balkan.** Berliner Taschenbuch Verlag, Berlin 2007 (nur noch antiquarisch erhältlich). Der Balkan stellte schon immer die Brücke zwischen Europa und Asien dar. Damit bildete die Region auch stets die Konfliktlinie, an der westliche und östliche Machtinteressen und Religionen aufeinandertrafen. Der Autor schildert spannend und aufschlussreich die Veränderungsprozesse, denen Südosteuropa ausgesetzt war, von der osmanischen Eroberung bis zur Besetzung des Kosovo durch Nato-Truppen im Jahr 1999.
- *Cody McClain Brown:* **Chasing a Croatian Girl: A Survivor's Tale.** Zagreb 2015 (bisher nur auf Englisch erschienen). Humorvoll setzt sich der Autor mit den Eigenheiten der kroatischen Kultur auseinander, die er hautnah erleben darf, nachdem er eine Kroatin heiratet und ihr in ihre Heimatstadt Split folgt.

Register

Danksagung

Mein Dank gilt meinen Eltern, die mich stets bestärkt und unterstützt haben die Welt zu erkunden. (M. David Brecht)
Ich danke meinen Eltern für ihre Geduld und Unterstützung für all meine Pläne und Ziele und für das Vertrauen, dass manchmal ein langer Weg zum besten Ergebnis führt. (Stefanie Hardt)

Die Autoren

Stefanie Hardt

Als promovierte Naturwissenschaftlerin ist sie nicht nur vertraut mit Neuronen, Nephronen und Axonen, sondern auch Expertin für Reisedestinationen, Exkursionen und Länderinformationen. Auf Reisen wie im alltäglichen Leben ist es ihr Organisationstalent, das stets dafür sorgt, dass sie den Überblick behält und sie zur Herrscherin der Excel-Tabellen und Logbücher macht. Neben ihren Aufgaben als Roadtrip-Sicherheitsbeauftragte und Küchenchefin gilt ihr großes Interesse der Fotografie. Auf mehreren Rundreisen hat sie besonders die landschaftliche und kulinarische Vielfalt Südosteuropas beeindruckt.

M. David Brecht

Sein Studium der Politikwissenschaften ließ genug Zeit und Freiraum, um die Balkanhalbinsel kreuz und quer mit dem Auto, Rad und Zug zu bereisen. Den ausgebildeten Klettertrainer und bekennenden Action-Seeker haben zunächst vor allem die Steilwände und abgeschiedenen Winkel Südosteuropas angezogen, aber auch die tollen Strände und die herausragenden Kulturdenkmäler haben ihren Eindruck hinterlassen. Ihm ist kein Tipp zu abgelegen, um ihm nicht nachzugehen und keine Piste zu steil, um den betagten Campingbus nicht hinaufzujagen. Besonders fasziniert ihn der historische, politische und soziale Kontext der Balkanländer und ihrer Sehenswürdigkeiten.

Für mehr Infos und Einblicke folgt ihnen auf Instagram **@transcontinental_traveler**

Impressum

M. David Brecht, Stefanie Hardt

Roadtrip Handbuch Balkan-Halbinsel

erschienen im

Reise Know-How Verlag Peter Rump GmbH
Osnabrücker Straße 79, 33649 Bielefeld

2. Auflage 2023

Printed in Germany

ISBN 978-3-8317-3748-2

Redaktion, Gestaltung und Karten
der Verlag, Thomas Buri
Druck und Bindung
mediaprint solutions GmbH, Paderborn

Bibliografische Information der Deutschen Nationalbibliothek
Die Deutsche Nationalbibliothek verzeichnet diese Publikation in der Deutschen Nationalbibliografie; detaillierte bibliografische Daten sind im Internet über http://dnb.dnb.de abrufbar.

Reise Know-How Bücher finden Sie in allen gut sortierten Buchhandlungen. Falls nicht, kann Ihre Buchhandlung unsere Bücher hier bestellen:
D: Prolit, prolit.de und alle Barsortimente
A: Freytag-Berndt und Ataria KG, freytag-berndt.com
CH: AVA Verlagsauslieferung AG, ava.ch
B, LUX, NL: Willems Adventure, willemsadventure.nl
oder direkt über den Verlag: **www.reise-know-how.de**

Bildnachweis

Titel: Adobe Stock ©Esquire
Hinterer Umschlag: 1–3: ©die Autoren
Hannah Kretschmer: S. 152, 366, 375, 400
Aneta Niemitz: S. 50, 70, 71, 77, 159, 161
stock.adobe.com: S. 39: ©Calin Stan; S. 82: ©Stepo; S. 99: ©sitriel; S. 116: ©Bernd Jürgens; S. 132: ©Matyas Rehak; S. 166 (1): ©Roman Babakin; S. 194 (3): ©Emil; S. 202: ©Nikolai Sorokin; S. 228 (3): dudlajzov; S. 237: ©Vitex; S. 372: ©rustamank; S. 382: ©Anna; S. 387: ©studiodr
commons.wikimedia.org: S. 21: https://commons.wikimedia.org/wiki/File:The_Negro_Motorist_Green_Book.jpg
alle weiteren Fotos: ©die Autoren

Schreiben Sie uns!

Wir hoffen, dass Ihnen dieses Roadtrip-Handbuch gefällt und es Ihnen ein guter Begleiter auf einer außergewöhnlichen und spannenden Reise ist.

Weil ein Reiseführer von Erfahrungen lebt, sind wir an Ihren Erlebnissen interessiert: Haben Sie in unserem Buch einen Stellplatz entdeckt, den es nicht mehr gibt, eine Sehenswürdigkeit, die wir noch nicht aufgeführt haben, oder eine falsche Adresse? Dann schreiben Sie uns! **Wir nehmen jeden Hinweis und jede Kritik ernst und arbeiten kontinuierlich daran, die Bücher aktuell zu halten und immer weiter zu verbessern.** Jede Mail wird gelesen und beantwortet. Auch wenn wir nicht jeden Wunsch erfüllen können, machen wir uns immer Gedanken über Ihre Anmerkungen.

Schreiben Sie uns:
per Mail an info@reise-know-how.de oder an
Reise Know-How Verlag Peter Rump GmbH, Postfach 140666, 33626 Bielefeld

Wenn sich Ihre Infos direkt auf das Buch beziehen, würde uns die Angabe der Seitenzahl und der Auflagenzahl bzw. des Erscheinungsjahres Ihrer Ausgabe die Arbeit sehr erleichtern. Besonders hilfreiche Beiträge und Ergänzungen zu den Büchern belohnen wir mit einem Sprachführer Ihrer Wahl aus der über 240 Bände umfassenden „Kauderwelsch"-Reihe.

Herzlichen Dank und gute Reisen
Ihr Reise Know-How Verlag

Liebe Leserin, lieber Leser,

ein unabhängiger Verlag für unabhängig Reisende – das sind wir, der Reise Know-How Verlag aus Bielefeld, eines der letzten Familienunternehmen in der Branche. Obwohl wir zu den größten Reiseführerverlagen Deutschlands gehören, ist der familiäre Umgang miteinander in allen Bereichen des Verlagslebens zu spüren: In der Geschäftsführung in zweiter Generation, in einer wertschätzenden Arbeitsatmosphäre, in der Nähe zu unseren frei arbeitenden Autorinnen und Autoren, im engen Austausch mit unseren Leserinnen und Lesern – und auch in der Zusammenarbeit mit Druckereien in Deutschland, in denen wir ausschließlich und regional unsere Bücher produzieren. Die sollen schließlich erst mit Ihnen auf große Reise gehen.

Alles, was wir in unsere Bücher und Landkarten stecken, soll Ihnen eines ermöglichen: Auf Ihre ganz eigene, individuelle Weise die Welt zu entdecken. Wir wünschen Ihnen viel Freude und unvergessliche Erlebnisse mit diesem Roadtrip-Handbuch.

Es grüßen herzlich
Peter Rump & Wayan Rump